Gesetz über Ordnungswidrigkeiten

dtv

Schnellübersicht

Gesetz über Ordnungswidrigkeiten

mit Auszügen aus
der Strafprozessordnung,
dem Jugendgerichtsgesetz,
dem Straßenverkehrsgesetz,
der Abgabenordnung u.a.

Textausgabe mit ausführlichem Sachregister
und einer Einführung
von Richter am Amtsgericht Carsten Krumm,
Amtsgericht Dortmund

27., neu bearbeitete Auflage
Stand: 1. November 2022

dtv

www.dtv.de
www.beck.de

Sonderausgabe
dtv Verlagsgesellschaft mbH & Co. KG,
Tumblingerstraße 21, 80337 München

Gesamtherstellung: Druckerei C. H. Beck, Nördlingen
(Adresse der Druckerei: Wilhelmstraße 9, 80801 München)
Umschlagtypographie auf der Grundlage
der Gestaltung von Celestino Piatti

CO_2 neutral
chbeck.de/nachhaltig

ISBN 978-3-423-53179-5 (dtv)
ISBN 978-3-406-80080-1 (C. H. Beck)

Inhalt

Abkürzungsverzeichnis

ABl.	Amtsblatt
ÄndG	Änderungsgesetz
ÄndVO	Änderungsverordnung
AO	Abgabenordnung
BAnz.	Bundesanzeiger
Bek.	Bekanntmachung
BGBl. I, II, III	Bundesgesetzblatt Teil I, II, III
BS	Bereinigte Sammlung
DVO	Durchführungsverordnung
EGAO	Einführungsgesetz zur Abgabenordnung
EGOWiG	Einführungsgesetz zum Gesetz über Ordnungswidrigkeiten
EGStGB	Einführungsgesetz zum Strafgesetzbuch
EVertr.	Einigungsvertrag
G	Gesetz
GBl.	Gesetzblatt
GSNW	Sammlung des bereinigten Landesrechts Nordrhein-Westfalen (1945–1956)
GVBl., GVOBl.	Gesetz- und Verordnungsblatt
GVNW	Gesetz- und Verordnungsblatt für das Land Nordrhein-Westfalen
idF	in der Fassung
JGG	Jugendgerichtsgesetz
JMBl.	Justizministerialblatt
OWiG	Gesetz über Ordnungswidrigkeiten
OWVO	VO zur Bekämpfung von Ordnungswidrigkeiten
RdErl.	Runderlass
RegBl.	Regierungsblatt
RGBl.	Reichsgesetzblatt
SGVNW	Sammlung des bereinigten Gesetz- und Verordnungsblatts für Nordrhein-Westfalen (Loseblattausgabe)
StAnz.	Staatsanzeiger
StGB	Strafgesetzbuch
StPO	Strafprozessordnung

Abkürzungsverzeichnis

StrEG .... Gesetz über die Entschädigung für Strafverfolgungsmaßnahmen
StVG .... Straßenverkehrsgesetz
1. StVRG .... Erstes Gesetz zur Reform des Strafverfahrensrechts

VB .... Verwaltungsbehörde
VO .... Verordnung
VwZG .... Verwaltungszustellungsgesetz

WiStG .... Wirtschaftsstrafgesetz

ZPO .... Zivilprozessordnung

Einführung

Von Richter am Amtsgericht Carsten Krumm
Amtsgericht Dortmund

1. Das OWiG

Das gegenwärtig geltende Gesetz über Ordnungswidrigkeiten trat 1968 in Kraft. Es sollte kleinere Gesetzesüberschreitungen entkriminalisieren und korrespondierte so zeitgleich mit einer Reform des Strafrechts. Dieses hatte bis dahin drei Deliktsarten unterschieden: Verbrechen, Vergehen und Übertretungen, von denen der Gesetzgeber die Übertretungen nun tilgte. Einen kleinen Teil der Übertretungen stufte er zu Vergehen auf, den größten Teil formte er zu Ordnungswidrigkeiten um und unterstellte sie dem OWiG.

Für eine solche umfassende Neugestaltung und Neugewichtung gab es viele Gründe. Unter ihnen stechen die so genannte Entkriminalisierung hervor, verfassungsrechtliche Erfordernisse sowie die Gesetzgebungsabsicht einer kostengünstigeren Praktizierung der Ahndung von Bagatelldelikten.

So löste das OWiG von 1968 die Ordnungswidrigkeiten aus dem Strafrecht, gab die Ahndungszuständigkeit der Verwaltung und beschränkte die Justizzuständigkeit bei ordnungswidrigem Fehlverhalten grundsätzlich auf das Verfahren nach Einspruch gegen die Entscheidung der Verwaltung. Das Bundesverfassungsgericht hat in der Lösung des Gesetzgebers keinen Verstoß gegen Art. 92 GG gesehen und das OWiG als verfassungsgemäß anerkannt.

2. Straftat und Ordnungswidrigkeit

Das Strafgesetzbuch von 1871 hatte die Straftaten in Verbrechen, Vergehen und Übertretungen eingeteilt. Die Übertretungen waren also Straftaten. Der Gesetzgeber von 1968 tilgte den Begriff der Übertretung, setzte den Begriff der Ordnungswidrigkeit fest und konstatierte mit legislativer Autorität, dass die Ordnungswidrigkeiten keine Straftaten seien. Seitdem werden die Ordnungswidrigkeiten prinzipiell vom Strafrecht ferngehalten, materiell-rechtlich und verfahrensrechtlich.

Das Übrige ergibt sich dann. Wenn Ordnungswidrigkeiten keine Straftaten sind, dann ist die Rechtsfolge einer Ordnungswidrigkeit, die Geldbuße, auch keine Geldstrafe, und wenn weder über Straftaten noch über Strafen verhandelt wird, ist das Verfahren auch kein Strafverfahren und muss nicht notwendig durch Richter betrieben werden. Um das besser verstehen zu können, sei etwas weiter ausgeholt. Wo Recht ist, ist auch Rechtswidrigkeit. Die Rechtsordnung reagiert auf Rechtswidrigkeit gestaffelt. Manche Rechtsverstöße vermerkt sie nur und lässt sie folgenlos, manche versieht sie mit der Anordnung, dass der Verstoß, sofern er andauert, ausgeräumt wird oder dass die Folgen des Verstoßes beseitigt werden. Für manche, stärker missbilligte Verhaltensweisen aber verlangt das Gesetz eine Sanktion. Die Sanktion als solche bezweckt nicht, jedenfalls nicht primär, die Wiederherstellung des verletzten Rechts oder des geschädigten Zustands, sondern bezweckt und bewirkt das oben schon genannte Übel der zu verhängenden Sanktion.

Darin unterscheiden sich Straftatbestand und Bußgeldtatbestand noch nicht. Sie unterscheiden sich auch nicht dadurch, dass es innerhalb der gesteigerten Missbilligung von Verhalten immer Grade der Missbilligung gibt. Im Anschluss an den Rechtszustand nach 1877 hätte es auch 1968 naheliegen können, innerhalb des Strafrechts für sämtliche Taten, die man als ahndungswürdig ansieht, eine Bagatellzone vorzusehen. Eine entsprechende Hinzufügung zu Art. 92 GG hätte den Weg geebnet. Kleine Diebstähle, geringe Nötigungen, Hausfriedensbrüche, Straßenverkehrsdelikte – eben allgemein die Taten von geringer Vorwerfbarkeit hätten als Straftatbestände fortbestehen können. In Bagatellfällen hätten Polizei oder Verwaltung geahndet und gegen ihre Entscheidung hätte es dann eine Anfechtungsmöglichkeit an den Richter gegeben, so wie es Art. 19 Abs. 4 GG verlangt. Diese Lösung hätte bei geringem legislatorischem und späterhin auch geringem praktischem Aufwand ein einheitliches materielles Strafrecht bewahrt und verfahrensrechtlich einige wenige Kompetenznormen verlangt.

Nicht so der Gesetzgeber. Er entschied sich zunächst 1952 und dann in einer weiteren Reform 1968, gegen eine solche allgemeine Bagatellgrenze und für ein Modell, welches die Bagatelldelikte prinzipiell in zwei Sorten einteilt und *typischerweise* zuordnet. Unter allen Verhaltensweisen, die er so stark missbilligt, dass sie eine Ahndung verlangen, unterscheidet er seitdem danach, ob sie strafwürdig sind oder nicht. Die ersten bleiben Straftaten, die anderen werden zu Ordnungswidrigkeiten. Straftaten sind typischerweise stark zu missbilligen, die Ordnungswidrigkeiten typischerweise schwach.

Die Unterscheidung zog formal eine klare Scheidung beider Rechtsmaterien nach sich, weil das Gesetz jedes Delikt ausdrücklich nach seiner Kategorie benennt. Für Straftaten gibt es Strafen, für Ordnungswidrigkeiten die Geldbuße. Freilich muss seitdem innerhalb der getrennten Teile darüber hinweggesehen werden, dass nur das Typische die Sortierung rechtfertigt. Schwere Ordnungswidrigkeiten sowie leichte Straftaten ändern nun ihren Rechtscharakter nicht mehr. Beispielsweise bleibt der Diebstahl einer Postkarte Diebstahl und das Fahren mit überhöhter Geschwindigkeit vor einem Kindergarten bleibt ebenso eine Ordnungswidrigkeit wie der ungenehmigte Abriss eines denkmalgeschützten Gebäudes, welches einer Stadt ihr Gesicht gab.

Das geltende Recht unterscheidet mit anderen Worten nicht mehr quantitativ nach der Schwere der einzelnen missbilligten Tat, und ein Gesetzgeber, der sich von der Abwägung zwischen schwer und leicht keinen Gewinn versprach, musste etwas finden oder erfinden, um den typischen Unterschied zwischen Straftat und Ordnungswidrigkeit festzulegen und das war die generalisierte *sozialethische Bewertung* eines Verhaltens. Als These des geltenden Rechtszustandes gelten Straftaten generell als sozialethisch verwerflich, Ordnungswidrigkeiten dagegen nicht.

In mehreren Zusammenhängen hatte die strafrechtliche Rechtsprechung bereits früher den Begriff der Sozialethik gebraucht, bevor ihn der Gesetzgeber für seine fundamentale Unterscheidung nutzte, beide haben ihn bisher nicht konturieren können. Die Begriffsverwendung stellt vor, dass es, zur Differenzierung von Rechtsnormen, ethische Normen gibt. Diese haben mit Sozialem zu tun, sei es, dass sie von der Gesellschaft stammen oder für die Gesellschaft aufgestellt wurden oder beides zugleich; und vielleicht ist das Einzige, was man darüber sagen kann, dieses, dass es sich bei der sozialethischen Wertung jedenfalls nicht um individuelle Einschätzungen eines Einzelnen handelt. Sicher erscheint auch, dass die Einteilung zwischen Straf- und Ordnungsrecht bisher auch nie Gegenstand einer soziologischen Umfrage war zum Zweck, die Ansicht der Gesellschaft über die Unterscheidung zu erkunden, und so blieb das Unterscheidungskriterium von Anfang an nur ein Wort und ein Auftrag an den Gesetzgeber, mit dem Wort etwas anzufangen.

Die Rechtswirklichkeit hat sich über die Unsicherheiten im Grundbegriff nie viel Sorgen gemacht und stattdessen das Praktikable der vom Gesetzgeber gefundenen Lösung genutzt. Will seitdem der Gesetzgeber ein Verhalten missbilligen und einen Ahndungstatbestand setzen, wägt er bei sich das Sozialethische ab, kann sich dabei ziemlich frei entscheiden und braucht niemandem die Gründe anzugeben, warum er einen Bußgeldtatbestand setzt und keine Strafnorm oder umgekehrt. Lediglich die schwersten Delikte sind dem Strafrecht vorbehalten, und da sie dort seit langem versammelt stehen, ist theoretisch also wenig zu tun. Im Verlauf der Rechtsentwicklung ist allerdings festzustellen, dass der Gesetzgeber sich bei seiner Auswahlentscheidung immer häufiger auf die Form einer Ordnungswidrigkeit besinnt, so dass die Anzahl der Bußgeldtatbestände mittlerweile unüberschaubar groß geworden ist.

Das Bundesverfassungsgericht hat dem Gesetzgeber diese Gestaltungsfreiheit eingeräumt und der Begriff der Sozialethik gestattet ihm ohnehin fast alles. Aber auch dem Rechtsunterworfenen und Rechtsanwender fällt es leicht, sich zurecht zu finden; zwar nicht sogleich mit § 1 OWiG, der nicht sehr klar formuliert ist, wohl aber mit Hilfe der in § 1 OWiG enthaltenen Regel, dass man die Ordnungswidrigkeit an ihrer Rechtsfolge zuverlässig erkennen kann. Rechtsfolge der Ordnungswidrigkeit ist immer die Geldbuße. Taucht dieser Begriff auf, geht es also um Ordnungswidrigkeiten und dann um die Anwendung des OWiG. Werden für ein Verhalten andere Sanktionen angedroht, geht es um Strafrecht, um Disziplinarrecht, Verwaltungsrecht, je nachdem.

Immer wieder rücken Ordnungswidrigkeiten wegen empfundener Strafwürdigkeit zu Straftaten auf (etwa was heute in § 315d StGB geregelte Fahrzeugrennen angeht). Auch andersherum kann Derartiges stattfinden (vgl. etwa Diskussionen um Entkriminalisierung von Beförderungserschleichungen oder von Drogendelikten im Zusammenhang mit Eigenkonsum).

3. Reichweite des Ordnungswidrigkeitengesetzes

Verfassungsrechtlich gehört das Ordnungswidrigkeitenrecht, allen theoretischen Unterscheidungen zum Trotz, weiterhin zum Strafrecht. Gemäß Art. 74 Abs. 1 Nr. 1 GG besteht die konkurrierende Gesetzgebungskompetenz: Die Länder können eigenes Ordnungswidrigkeitenrecht setzen, sofern der Bund die Materie noch nicht geregelt hat. Das hat er prinzipiell mit dem OWiG getan und damit festgelegt, wie materiell-rechtlich und verfahrensmäßig mit den einzelnen Ordnungswidrigkeiten umzugehen ist, außerdem hat der Bund einzelne Bußgeldtatbestände gesetzt. Über diese Materien dürfen die Länder nichts mehr regeln. Sie können nur noch in Feldern eigener Regelungskompetenz Ahndungstatbestände setzen und haben davon auch Gebrauch gemacht.

Räumlich gilt das OWiG nur für solche Ordnungswidrigkeiten nach Bundes- oder Landesrecht, welche innerhalb des Gebietes von Bund oder Bundesland begangen wurden (§ 5 OWiG). Dazu kommen noch die deutschen Schiffe und Flugzeuge im Ausland. Nur in seltensten Fällen hat ein deutsches Spezialgesetz Taten, die im Ausland begangen wurden, als innerstaatlich ahndbare Ordnungswidrigkeit bezeichnet.

Einführung

Bei den innerstaatlich begangenen Ordnungswidrigkeiten ist es gleichgültig, ob ein In- oder ein Ausländer sie beging. Lediglich für Diplomaten und fremde Streitkräfte gelten Ausnahmen.

Dieses strenge Territorialprinzip, wie es im Grundsatz ebenso in den anderen Staaten gilt, würde vor allem für die Delikte im Straßenverkehr dazu führen, dass häufig Auslandstaten Deutscher und Inlandstaten von Ausländern nur bei sofortigem Zugriff zur Ahndung gebracht werden könnten. Mit dem Überqueren der in Europa ohnehin durchlässigen Grenzen hätten viele Maßnahmen bestenfalls symbolischen Wert. Daher konnte es gerade hier auf Dauer nicht beim strengen Territorialprinzip bleiben.

Von großer praktischer Bedeutung ist daher das Internationale Ordnungswidrigkeitenrecht. Es bleibt hier beim Grundsatz, dass die Staaten nicht Auslandsordnungswidrigkeiten nach eigenem oder fremdem Recht ahnden. Das Internationale Ordnungswidrigkeitenrecht regelt – außerhalb des OWiG – die Rechtshilfe der Staaten in Bußgeldsachen. Wie im Strafrecht helfen sich die Staaten wechselseitig bei der Verfolgung von Auslandsordnungswidrigkeiten. Der Einsatz betrifft sowohl die Zusammenarbeit bei der Ermittlung von Delikten wie bei der Vollstreckung von Geldbußen, die nach dem jeweiligen anderen Recht rechtskräftig verhängt wurden.

Die Rechtslage ist hier sehr zerklüftet. Man kann sie in drei Normschichten einteilen. Zuerst gibt es innerstaatliche Normen, in der Bundesrepublik insbesondere im Gesetz über die Internationale Rechtshilfe in Strafsachen (IRG), welche als deutsches Recht für deutsche Stellen regeln, wann und in welchem Umfang diese innerstaatlichen Stellen den ausländischen Stellen Rechtshilfe leisten dürfen. Das IRG enthält auch Regelungen über Ordnungswidrigkeiten. Insbesondere findet aufgrund der Umsetzung des Rahmenbeschlusses 2005/214/JI des Rates vom 24.2.2005 über die Anwendbarkeit des Grundsatzes der gegenseitigen Anerkennung von Geldstrafen und Geldbußen nach §§ 87 ff. IRG eine Vollstreckung ausländischer Geldsanktionen auch in Deutschland statt nach einem Verfahren, das in großen Teilen dem OWiG nachgebildet ist. Deutsche Bußgelder dagegen können mittlerweile auch in anderen europäischen Staaten durch den auch dort umgesetzten Rahmenbeschluss leichter als früher vollstreckt werden.

Zweitens hat die Bundesrepublik in mehreren multilateralen Verträgen, die zum Teil mit unterschiedlichen Vertragspartnern geschlossen wurden, generelle Vereinbarungen über Rechtshilfe – auch in Ordnungssachen – abgeschlossen, welche das IRG ergänzen, insbesondere aber den deutschen Verfolgungsbehörden auch die Möglichkeit geben, vom ausländischen Vertragspartner die Mitwirkung zu verlangen. Im Bußgeldbereich ist das Schengener Abkommen wegen seiner besonders weitreichenden und den Alltag ergreifenden Zusammenwirkungspflicht bekannt geworden. Weitere Intensivierungen stehen für die nächste Zeit an.

Drittens hat die Bundesrepublik mit einer großen Anzahl von Staaten jeweils zweiseitige Abkommen getroffen. In diesen Verträgen stehen immer die strafrechtlichen Anliegen der Aus- und Durchlieferung, sowie andere wechselseitige strafrechtliche Hilfen im Vordergrund. Aber je nach Formulierung werden ausdrücklich oder implizit auch Ordnungswidrigkeiten erfasst und führen zur Gelegenheit oder sogar Verpflichtung wechselseitiger Unterstützung. Teilweise werden die bilateralen Verträge durch die multilateralen ergänzt oder verändert, teilweise gehen sie über diese auch hinaus, sodass bei manchen Vertragsstaaten, etwa der Schweiz oder den Niederlanden, für den Bürger der Unterschied nicht mehr sehr erkennbar wird, auf welcher Seite der Grenze er seine Ordnungswidrigkeit beging.

Für die konkrete Tat gilt immer das Ordnungsrecht des Tatorts. Bei dessen Erkenntnis und Durchsetzung ist im Einzelfall in den drei genannten Normschichten nachzuprüfen, wie weit die Pflichten reichen, welche Behördenstufe anzusprechen ist und welche Hilfstätigkeiten zu erwarten sind.

Davon zu unterscheiden ist das Recht der Europäischen Gemeinschaft, ein eigenes Bußgeldrecht zu entwickeln. Von diesem Recht wurde erst zögernd Gebrauch gemacht. Den einstweilen wichtigsten Fall bilden die Verstöße gegen das Europäische Kartellrecht, die mit Bußgeldern der EU geahndet werden können. Sie richten sich nach eigenen Regeln, werden von besonderen supranationalen Organen verhängt und haben einen eigenen Rechtsweg. Damit hat das OWiG nichts zu tun. Zu erwarten ist, dass sich die Europäische Rechtsentwicklung auch hier ausbreiten wird. Im Strafrecht ist der Gedanke eines Europäischen Strafrechts seit längerem im Gespräch, es gibt in wachsendem Umfang internationale Strafgerichtsbarkeit. Ob und wie das Ordnungsrecht dem nachfolgen, vielleicht auch vorausgehen wird, bleibt abzuwarten.

4. Die Systematik des Gesetzes

Das OWiG ist in drei Teile eingeteilt. Im ersten wird das materielle Ordnungsrecht geregelt, im zweiten das prozessuale, und im dritten Teil stehen einzelne weithin unzusammenhängende Tatbestände.

Als materielles Ahndungsrecht bezeichnen wir die Gesamtheit der Normen, die regeln, was wann und wie zu ahnden ist. Das formelle Recht enthält diejenigen Normen, welche das Verfahren regeln, in welchem erkannt wird, ob eine Vorschrift verletzt wurde, was als Rechtsfolge verhängt wird und wie die Rechtsfolge zu vollstrecken ist.

Das materielle Ahndungsrecht besteht – wie im StGB – aus einem Allgemeinen und dem Besonderen Teil.

Der Allgemeine Teil ist in §§ 1–34 OWiG geregelt. Wie im Strafrecht umfasst der Allgemeine Teil jene Anordnungen, welche, die Einzeltatbestände ergänzend, auf alle oder auf eine Vielzahl von Tatbeständen anwendbar sind. Geregelt werden außerdem einige Grundsätze des Ordnungswidrigkeitenrechts, die räumliche und zeitliche Ahndbarkeit von Ordnungswidrigkeiten, deren Begehungsweisen, Irrtum, Versuch, Rechtfertigungsgründe usw., außerdem Art und Bemessung der Rechtsfolgen sowie die Verjährung in ihren beiden Formen als Verfolgungs- und Vollstreckungsverjährung.

Der Besondere Teil ist die Gesamtheit sämtlicher Ahndungstatbestände inner- und außerhalb des OWiG. Gleichgültig, wo sich die Tatbestände finden, so werden sie doch sämtlich nach dem OWiG behandelt. Das heißt, auf sie findet der Allgemeine Teil des OWiG ebenso Anwendung wie dessen Regelungen über das Verfahren. Das gilt auch für die Ordnungstatbestände nach Landesrecht.

Es war die Absicht des OWiG, das materielle Recht selbstständig und vor allem abschließend zu regeln. Aus den §§ 1–34 OWiG – immer im Zusammenhang mit einem Tatbestand des Besonderen Teils – ergibt sich, ob ein menschliches Verhalten als Ordnungswidrigkeit vorgeworfen und verfolgt werden kann. Die Abgeschlossenheit der Regelung will zeigen, dass das OWiG eine prinzipiell andere Rechtsmaterie regelt als das StGB, weil die Ordnungswidrigkeiten eben prinzipiell keine Straftaten sind. Die angestrebte Verselbstständigung ist jedoch nur formal. Der Sache nach ist die Ähnlichkeit mit dem Strafrecht offenkundig. Erstens regelt das OWiG im Allgemeinen Teil dieselben Rechtsmaterien wie der Allgemeine Teil des StGB, zweitens ist eine große Anzahl der Regelungen wortgleich oder zumindest sehr ähnlich formuliert wie die entsprechenden Strafvorschriften und drittens ist es unvermeidlich, dass die Denkfiguren, welche im Strafrecht außerhalb und parallel zum Gesetzestext entwickelt wurden, auch auf das Ordnungswidrigkeitenrecht übertragen werden können und müssen. Es besteht nicht die geistige Freiheit, hier etwas vollkommen Neues nur darum zu kreieren, damit dem Postulat der grundsätzlichen Geschiedenheit der Rechtsmaterien Gehorsam geleistet werde. Ein Versuch ist eben ein Versuch, und genauso ein Irrtum, gleichgültig was versucht wird und worüber der Täter sich irrt. Infolgedessen setzt die tiefere Befassung mit dem Ordnungsrecht die Kenntnis des älteren und ausgeformteren Strafrechts voraus.

Die große Nähe der Regelungen von OWiG und StGB im jeweiligen Allgemeinen Teil macht es bisweilen schwierig, die dennoch bestehenden Unterschiede zu erkennen. Der enger geschnittene Geltungsbereich des OWiG gegenüber dem StGB wurde schon erwähnt; dazu kommen noch einige marginale Unterschiede. Drei echte Differenzen zwischen den beiden Ahndungsrechten seien aber hervorgehoben: der Einheitstäterbegriff, die Geldbuße sowie die Ahndbarkeit Juristischer Personen.

Im Strafrecht war lange schon über den Begriff des Einheitstäters diskutiert worden, manche Staaten haben ihn gesetzlich festgelegt. Gleichsam probehalber hat ihn der deutsche Gesetzgeber in § 14 OWiG für den Sonderbereich der Ordnungswidrigkeiten eingeführt. Wirken mehrere Personen bei der Begehung einer oder mehrerer Ordnungswidrigkeiten zusammen, wird nicht mehr danach differenziert, wer Täter, Anstifter oder Helfer ist, auch nicht danach, ob ein Täter als mittelbarer oder als Mittäter zu ahnden ist. Für das Strafrecht geben die §§ 25–27 StGB solche differenzierenden Regelungen, im OWiG gelten alle Verursacher als Betroffene einer Ordnungswidrigkeit.

Um der Praktikabilität willen hoffte der Gesetzgeber, das alles unter dem Begriff der Beteiligung – besser wäre „Zusammenwirken" gewesen – fassen zu können. Dem Rechtsanwender ist dann aufgegeben, unterschiedliche Maße der Beteiligung bei Festsetzung der Rechtsfolge zu berücksichtigen. So weit, so gut. Es ist dem Gesetzgeber aber nicht gelungen, mit einem unbestimmten Begriff die bestimmten Probleme fernzuhalten, wer denn im Einzelfall beteiligt ist und woran. Bisher wurde infolgedessen bei Auslegung des § 14 OWiG kein Weg gefunden, anders als mit den strafrechtlichen Unterscheidungen tragfähige Ergebnisse zu erzielen, vor allem für die Feststellung, wer *nicht* am Delikt beteiligt war. Das führt dazu, dass bei unklarem Zusammenwirken die Beteiligung nach strafrechtlichen Kriterien vorgeklärt wird. Wer dann strafbar wäre, wird als Beteiligter einer Ordnungswidrigkeit bezeichnet. Im Verfahren heißt der Beteiligte dann Betroffener.

Den zentralen Unterschied zwischen Straf- und Ordnungswidrigkeitenrecht soll die Rechtsfolge abgeben. Im Strafrecht sind Rechtsfolgen die Strafen, insbesondere als Freiheits- und Geldstrafe. Angedrohte Rechtsfolge eines Ordnungstatbestandes ist immer die Geldbuße. Am Begriff „Geldbuße" kann sogar mit Sicherheit erkannt werden, dass es sich um eine Ordnungswidrigkeit handelt (§ 1 OWiG). Sie ist das Charakteristikum des ganzen Rechtsbereichs. Kommt ein anderer Begriff in einem Tatbestand vor, ist das OWiG nicht anwendbar. Dem Prinzip des Rechtsbereichs folgend, soll die Geldbuße keine sozialethische Missbilligung zum Ausdruck bringen, sondern nur eine nachdrückliche Pflichtenmahnung.

Die Geldbuße ist der für eine begangene Ordnungswidrigkeit festzusetzende und nach § 17 OWiG zu bemessende Geldbetrag. Neben der Geldbuße als Hauptfolge gibt es noch die Nebenfolgen der Ordnungswidrigkeit, nämlich die verschiedenen Einziehungsarten (§§ 22f.; 29a OWiG), die in der Praxis allerdings kaum eine Rolle spielen. Zu den anderen Rechtsfolgen des Strafrechts, insbesondere zur Freiheitsstrafe, aber auch zu den Maßregeln der Sicherung und Besserung gibt es im Ordnungswidrigkeitenrecht keine Entsprechung.

Trotz des Prinzips, trotz der energischen Trennungsabsicht des Gesetzgebers, trotz der unterschiedlichen Bezeichnung ist die Nähe von Geldbuße und Geldstrafe (§ 40 StGB) unübersehbar. Beide sind Zahlungsverpflichtungen auf Grund staatlicher Festsetzung aus Anlass einer tatbestandsmäßig-vorwerfbaren Tat, beide sollen weh tun, damit ein Unrecht markiert und damit in Zukunft vor weiterem Unrecht gewarnt wird. Es ist ein landläufiger Irrtum, die Geldstrafen seien notwendig höher als die Geldbußen. Bereits in Trunkenheitsfällen im Straßenverkehr werden vermeintlich leichtere Ordnungswidrigkeiten oft aufgrund hoher Regelgeldbußen stärker geahndet, als eine Straftat nach § 316 StGB, wenn sie durch eine einkommensschwache Person begangen wurde. Natürlich hat es auch die Erweiterung des Ordnungswidrigkeitenrechts seit 1968 gerade im geschäftlichen, wirtschaftlichen Bereich mit sich gebracht, dass für manche Ordnungswidrigkeiten beträchtliche Summen in Aussicht gestellt sind. § 130 Abs. 3 OWiG winkt beispielsweise mit einer Million Euro im Maximum und er ist kein Einzelfall. Die im allgemeinen Bewusstsein anzutreffende Identifizierung des Ordnungsrechts mit den Delikten im Straßenverkehr hat hier unzutreffende Größenordnungen als generell vermutet und dabei übersehen, dass die Ordnungswidrigkeiten nach Auffassung des Gesetzgebers lediglich in Bezug auf die sozialethische Missbilligung Bagatelldelikte sind, sonst aber nicht unbedingt.

Eine wirkliche Besonderheit des OWiG, für die es im Strafrecht überhaupt keine Parallele gibt, findet sich in § 30 OWiG. Nach dieser – von § 9 OWiG flankierten – Vorschrift ist es möglich, gegen eine juristische Person oder Personenvereinigung *als solche* eine Geldbuße zu verhängen. Eigentlich gestehen wir dem Ahndungsrecht nur zu, menschliches Verhalten mit einem Vorwurf zu belegen. Nur Menschentun rechtfertigt eine Ahndung. Tiere, Sachen, Naturereignisse können Effekte erzielen, die wir missbilligen und darum schlecht nennen. Sie stören die Ordnung, handeln aber nicht. Denn in alter Rechtstradition handelt nur, wer frei ist. Bekanntlich handelt eine juristische Person mittels Menschen, die ihre Organe oder Vertreter sind, selbst handelt sie nicht. Daher kann sie nicht bestraft werden. Bisweilen zieht sie jedoch rechtswidrige Vorteile aus dem menschlichen Verhalten ihrer Leute, und darum genügt es dem OWiG nicht, dass nur die Organe oder Vertreter wegen der von ihnen begangenen Ordnungswidrigkeit oder Straftat geahndet werden. § 30 OWiG rechnet deren Tat der Juristischen Person zu mit der Folge, dass der Juristischen Person wegen der Straftat oder Ordnungswidrigkeit eine Geldbuße auferlegt werden kann. Das menschliche Verhalten wird als das ihre fingiert. Das gilt auch für Einziehung und Einziehung des Wertes von Taterträgen (§§ 29 Abs. 1; 30 Abs. 5 OWiG).

Während das materielle Recht im OWiG abschließend geregelt ist, gilt das für das formelle Recht nur teilweise. Gemeint sind hier nicht nur das Verfahrensrecht, sondern auch begleitende Gesetze über die Richter (DRiG), die Rechtsanwälte (BRAO), über Kosten (GKG) oder die Vollstreckung (RPflG) usw. Indem das OWiG die Verwaltung damit beauftragt, den Bußgeldbescheid zu erlassen, spielt auch das Verwaltungsrecht in das Ahndungsverfahren mit herein. Naturgemäß gelten auch die verfassungsrechtlichen Gewährleistungen für das Ahndungsverfahren, darunter insbesondere das Recht auf Gehör (Art. 103 Abs. 1 GG) sowie der Verhältnismäßigkeitsgrundsatz (Art. 20 Abs. 3 GG).

Die maßgebliche prozessuale Vorschrift hierfür ist § 46 Abs. 1 OWiG: „Für das Bußgeldverfahren gelten, soweit dieses Gesetz nichts anderes bestimmt, sinngemäß die Vorschriften der allgemeinen Gesetze über das Strafverfahren, namentlich der Strafprozessordnung, des Gerichtsverfassungsgesetzes und des Jugendgerichtsgesetzes." Der Rechtsanwender hat also zuerst im OWiG nach dessen speziellen Regelungen zu suchen. Finden sich solche nicht, geht er zum ergänzenden, wie das Gesetz sagt: allgemeinen Recht über. Allerdings ist das allgemeine Recht „sinngemäß" anzuwenden. Es wird mithin an die Spezialregelungen des OWiG harmonisierend angepasst. Im Einzelfall kann dies immer wieder zu Schwierigkeiten führen, wenn nämlich eigentlich ganz klar verständliche Vorschriften aus anderen Gesetzen dort zwar eindeutig scheinen, aber nicht wirklich ins Umfeld des OWiG passen.

Unter den prozessualen Spezialregelungen des OWiG ist die hervorstechendste die Zuständigkeit der Verwaltungsbehörde zum Erlass des Bußgeldbescheids (§ 35 OWiG) oder zur Verwarnung mit Verwarnungsgeld (§ 56 OWiG). Hierzu gibt es im Strafprozessrecht keine Parallele, sofern man § 153a StPO nicht in den Vergleich einbezieht. Die Besonderheit der Verwaltungsahndung zieht den Großteil der verfahrensrechtlichen Spezialitäten des OWiG nach sich, die Bestimmungen über die sachliche und örtliche Zuständigkeit der Verwaltungsbehörde (§§ 36–38 OWiG), über die Konkurrenz des Verwaltungsverfahrens mit Strafverfahren (§§ 40–45 OWiG), die Form des Bußgeldbescheids (§§ 65, 66 OWiG), seine Fähigkeit, rechtskräftig zu werden (§§ 84, 89 OWiG), den Einspruch und das Einspruchsverfahren (§§ 67–70 OWiG). Indem der Einspruch ein gerichtliches Verfahren bezweckt, welches (§ 71 OWiG) dem Gerichtsverfahren nach Einspruch gegen einen Strafbefehl nachgebildet ist, nehmen hier die prinzipiellen Besonderheiten des Ordnungsverfahrens etwas ab, dafür hat der Gesetzgeber Vorschriften beigefügt, welche der geringeren Schwere der Verfahrensanlässe Rechnung tragen und der Vereinfachung und Beschleunigung dienen. Das meint vor allem die Regelungen der vereinfachten Beweisaufnahme (§§ 77–78 OWiG) durch das Gericht. Unterschieden vom Strafverfahren ist auch die Möglichkeit, das Gerichtsverfahren einvernehmlich in schriftlicher Form ohne mündliche Hauptverhandlung durchzuführen (§ 72 OWiG).

Eingeschränkt und speziell geregelt ist auch das Rechtsmittel gegen die amtsgerichtliche Entscheidung in Ordnungssachen, die Rechtsbeschwerde. Sie ist zwar dem Vorbild der strafprozessualen Revision nachgebildet (§ 79 Abs. 3 OWiG), limitiert jedoch die Überprüfung in vielfacher Hinsicht. In diesem Zusammenhang ist der in der Regel wenig erfolgsversprechende Antrag auf Zulassung der Rechtsbeschwerde zu nennen (§ 80 OWiG).

Im Vollstreckungsverfahren sind die Besonderheiten wiederum erheblich, weil hier wieder der Bußgeldbescheid als mögliche verfahrensabschließende und darum vollstreckbare Entscheidung der Verwaltungsbehörde zu berücksichtigen ist (§ 90 OWiG). Das Gesetz nähert sich an dieser Stelle der Vollstreckung von Verwaltungsakten, während die Vollstreckung gerichtlicher Entscheidungen (§ 91 OWiG) sich wiederum stärker am „allgemeinen" Strafverfahrensrecht orientiert.

5. Voraussetzungen einer Ordnungswidrigkeit

Eine Ordnungswidrigkeit kann nur geahndet werden, wenn sämtliche notwendigen Gründe ihrer Vorwerfbarkeit vom Täter verwirklicht wurden. Die Voraussetzungen sind teils faktischer, teils rechtlicher Natur. Wie bei der Straftat werden die Voraussetzungen in drei Teile gegliedert: Tatbestandsmäßigkeit, Rechtswidrigkeit und Vorwerfbarkeit. Letztere heißt im Strafrecht Schuld.

Als Tatbestand bezeichnet man die möglichst kurz gefasste Beschreibung eines vom Gesetzgeber missbilligten Verhaltens. Dem beschriebenen Sachverhalt fügt der Tatbestand die Rechtsfolge hinzu, sodass jeder Tatbestand eine implizite Drohung enthält: Wer jenes tut, muss mit dieser Geldbuße rechnen. Gibt es keinen Tatbestand, welcher das fragliche Vorkommnis beschreibt, darf nicht geahndet werden. Bloße Ähnlichkeit des Geschehenen mit einem Beschriebenen reicht nicht aus. Allerdings ist immer zu bedenken, dass die Beschreibung ausgelegt werden muss. Die Unschärfe der Sprache gibt den Worten eine Reichweite, deren Grenze von der Auslegung jeweils festzustellen ist. Damit beschäftigen sich die Kommentare, Lehrbücher und die Aufsätze, mit einem Wort die Fachliteratur zum Ordnungsrecht.

Das Strafrecht hat seine wichtigsten Tatbestände im Strafgesetzbuch (StGB) zusammengestellt. Außerhalb des StGB finden sich aber noch zahlreiche andere Straftatbestände, sei es im Recht der Bundesländer, sei es in Spezialgesetzen unterschiedlichster Art, dem so genannten Nebenstrafrecht, etwa im Straßenverkehrsgesetz, im Gesetz über Betäubungsmittel (BtMG), in der Abgabenordnung oder im Gesetz über Lebens- und Bedarfsmittel (LFGB) usw. Im Gegensatz dazu befinden sich die wichtigsten Ordnungswidrigkeitstatbestände außerhalb des OWiG, allen voran die Ahndungsnormen für den Straßenverkehr. Die meisten Ordnungstatbestände finden sich in den jeweiligen Spezialgesetzen und dort meistens zum Schluss. Zuerst wird normalerweise angeordnet, was geschehen soll, dann kommen die Drohungen gegen Verstöße. Die im dritten Teil des OWiG (§§ 111–130 OWiG) versammelten Tatbestände sind demgegenüber von geringer Bedeutung und vom Gesetzgeber nur deshalb dem Gesetz angefügt, weil an anderer Stelle kein besserer Platz für sie zu finden war.

Für die Rechtsanwendung ist es vollkommen belanglos, wo sich der Ahndungstatbestand findet. Allerdings muss es sich immer um ein Gesetz handeln. In der Praxis wird oftmals (wie im Straßenverkehrsrecht) die Ordnungswidrigkeit abstrakt geregelt und dann durch weitere Verordnungen hinsichtlich der Tatbestände und der angedrohten Regelrechtsfolgen konkretisiert, wie etwa durch die Ergänzung des StVG durch StVO und BKatV (hierzu auch unter 7.). Dieses normentechnische Vorgehen ist hinsichtlich der Ahndung der Ordnungswidrigkeit unproblematisch und verfassungsgemäß. Der Satz des Grundgesetzes, eine Strafe dürfe nur verhängt werden, wenn die Strafbarkeit gesetzlich bestimmt war (Art. 103 II GG), gilt auch für Ordnungswidrigkeiten (§ 3 OWiG).

6. Materielles Ordnungswidrigkeitenrecht

Oberbegriff über Straftat und Ordnungswidrigkeit ist deren Bezeichnung als Delikt. Oberbegriff über ihre Verfolgung ist die „Ahndung“. Strafrecht und Ordnungswidrigkeitenrecht bilden zusammen das Ahndungsrecht. Die Delikte beider Ahndungsrechte haben dieselbe Struktur. Sie ist von doppelter Bedeutung. Erstens zeigt jedes real geschehende Delikt diese Struktur, zweitens nimmt der Ahndungstatbestand Bezug darauf und der Beurteiler betrachtet das wirkliche Geschehen unter diesem Blickwinkel.

Für die Ahndung eines Verhaltens ist nur maßgeblich, was juristisch daran interessiert, und dieses Interesse wiederum richtet sich nach dem, was die Wissenschaft als das Wesentliche und rechtlich Relevante an einem realen Vorgang herausgearbeitet hat. Psychologisches, Gesellschaftliches und dergleichen steht dementsprechend zurück. Man redet auch von Prüfungsreihenfolge. Diese ist jedoch nicht beliebig, sondern korrespondiert eben mit demjenigen, was der Täter eines Delikts tut. Es ist dasselbe Verhältnis wie das des Sprechenden zur Grammatik und es kommt nicht darauf an, ob der Sprechende von der Grammatik etwas ahnt.

Durchgesetzt hat sich der so genannte dreiteilige Deliktsaufbau. Er verlangt zuerst die vollständige Erfüllung eines Ahndungstatbestandes (Tatbestandsmäßigkeit), dann die Prüfung, ob die Erfüllung des Tatbestandes gegen die Rechtsordnung insgesamt verstößt und ob nicht etwa Rechtfertigungsgründe vorliegen (Rechtswidrigkeit), um in einer dritten Stufe (Schuld bzw. Vorwerfbarkeit) zu fragen, ob dem Täter die Tat überhaupt persönlich zurechenbar ist, ob er das Unrecht persönlich einsehen konnte und ob nicht eine Sondersituation ihn entschuldigt (Entschuldigungsgründe).

Besonderheiten im Prüfungsaufbau ergeben sich für das Unterlassungsdelikt (§ 8 OWiG), ebenso für den Versuch (§ 13 OWiG). Letzterer ist in der Praxis des Ordnungswidrigkeitenrechts jedoch nicht anzutreffen und daher bedeutungslos. Zum Fahrlässigkeitsdelikt (§ 10 OWiG), welches in diesem Rechtsbereich um so häufiger vorkommt, noch sogleich.

Nach diesen Feststellungen ist noch zu fragen, ob erstens – im Ordnungsrecht ganz selten – die Tat nur auf Antrag eines Antragsberechtigten verfolgt werden darf und zweitens, ob Verjährung eingetreten ist (§§ 31 f. OWiG).

Zum Prüfungsaufbau: Der Tatbestand setzt sich zusammen aus einem objektiven und einem subjektiven Teil. Die objektiven Deliktsmerkmale stehen in den Ahndungstatbeständen. Ihr Sinn ist durch Lektüre des Gesetzestextes und durch Auslegung zu ermitteln. Übermäßige, vom Wortgebrauch nicht mehr begleitete Auslegung heißt Analogie und ist verboten (§ 3 OWiG). Das tatsächliche Verhalten des Täters muss unter den objektiven Tatbestand zu fassen sein. Man redet von Subsumtion. Fehlt ein Tatbestandsmerkmal, kann nicht geahndet werden. Allerdings ist zu beachten, dass ein Paragraph häufig mehrere Taten beschreibt.

Die Handlung, welche einen Tatbestand erfüllt, muss willensgetragen sein. Unwillentliche Verhaltensweisen, wie Schlaf, Ohnmacht, Gestoßenwerden usw., sind keine Handlung. Allerdings können relevante Handlungen vorausgehen und ahndbar sein. Außerdem muss die Handlung zur Erfüllung der objektiven Merkmale hingeführt haben (Kausalität). Kausal ist eine Handlung, wenn sie nicht hinweg gedacht werden kann, ohne dass der tatbestandsmäßige Erfolg entfiele.

Nach dem objektiven Teil ist festzustellen, ob der Täter vorsätzlich oder fahrlässig handelte (§ 10 OWiG); ein Drittes neben Vorsatz und Fahrlässigkeit gibt es nicht. Fehlt es an beidem, ist die Tat nicht ahndbar. Schweigt der jeweilige Tatbestand zur Begehungsform, ist nur vorsätzliches Tun ahndbar; eine Ahndung wegen fahrlässiger Begehung muss ausdrücklich im Gesetz vorgesehen sein.

Vorsatz ist das Bewusstsein des Täters bei Begehung der Tat mit seinem Tun die im objektiven Tatbestand bezeichneten Umstände zu bewirken.

Außerdem muss der Täter diese Bewirkung auch wollen. Das Wollen kann die Form haben, das Resultat anzustreben, es genügt aber auch, dass der Täter sich in Kenntnis des Vorgangs damit abfindet, dass er möglicherweise das Unrechte tut (sog. dolus eventualis), etwa wenn ihm bewusst ist, dass er schnell fährt und sich, ohne Blick auf den Tachometer, der Möglichkeit bewusst ist, dass das zu schnell ist.

Ein Verhalten, welches einen Ahndungstatbestand erfüllt, ist grundsätzlich auch rechtswidrig – die Rechtswidrigkeit wird also indiziert. Nur ausnahmsweise kann dieses Verhalten rechtmäßig und billigenswert sein. Die Ausnahmesituation muss jedoch von der Rechtsordnung in ihrer Wirkung anerkannt sein. Die anerkannten Rechtfertigungsgründe finden sich nur zum geringsten Teil im OWiG (§§ 15, 16 OWiG). Sie können sich auch in anderen Gesetzen finden oder nur gewohnheitsrechtlich anerkannt sein. Liegt eine solche Ausnahmesituation vor, muss der Täter auch im Bewusstsein der Sondersituation handeln, sonst kann ihm der Rechtfertigungsgrund nicht gutgeschrieben werden.

Was im Strafrecht Schuld heißt, heißt im Ordnungsrecht Verantwortlichkeit. Inhaltlich ist kein Unterschied. Grundsätzlich gelten alle Menschen als verantwortlich. Davon gibt es im Ahndungsrecht zwei Ausnahmen. Wer noch nicht vierzehn Jahre alt ist, handelt generell unverantwortlich (§ 12 Abs. 1 OWiG). Von Kindern begangene Ordnungswidrigkeiten dürfen daher nicht als solche verfolgt werden. Ebenso handelt unverantwortlich, wer an einer so schweren psychischen Störung leidet, dass er entweder das Unrecht überhaupt nicht einsehen kann oder nicht die Fähigkeit hat, nach dieser Einsicht sein Handeln auszurichten (§ 12 Abs. 2 OWiG).

Von der generellen Unfähigkeit ist die Unkenntnis der Verbotenheit eines Verhaltens im Einzelfall zu unterscheiden. Die Ahndung setzt voraus, dass der Handelnde weiß, dass er etwas Rechtswidriges tut, oder dass er es wenigstens hätte erkennen können. Dass es sich um eine Ordnungswidrigkeit handelt, muss der Handelnde nicht wissen; es reicht, dass er das Verbotene seines Tuns im Wesentlichen erkennt. Während die strafrechtlichen Normen im Großen und Ganzen der Bevölkerung geläufig sind, kann die Verbotsunkenntnis im Ordnungsbereich bedeutsam werden, weil vom oft sehr technischen Unrecht der Spezialmaterien kein Alltagswissen verbreitet ist. Das gilt auch für entlegenere Vorschriften des Straßenverkehrsrechts, einschließlich der Fehleinschätzungen ausländischer Verkehrsteilnehmer über innerstaatliches Recht. Die Feststellung, dass der Täter keine Kenntnis des Unrechts hatte, ist jedoch nur das Erste. Stellt der Rechtsanwender die Unkenntnis des Täters vom Verbotensein seines Tuns fest, ist im zweiten Gedankenschritt immer noch zu fragen, ob die Unkenntnis auch vermeidbar war. Die Rechtsordnung mutet den Bürgern zu, sich Gedanken über ein mögliches Verbot zu machen und sich über bestehendes Recht rechtzeitig zu informieren. So haben beispielsweise ausländische Autofahrer diese Informationspflicht über deutsches Straßenverkehrsrecht vor der Einreise; ebenso hat die Informationspflicht, wer ein Gewerbe aufnimmt, eine gefährliche Maschine in Gang setzt, einen Betrieb führt usw. Die Rechtsprechung kennt gerade in Ordnungswidrigkeitenverfahren auch sogenannte „notstandsähnliche Situationen“, die weder Rechtswidrigkeit noch Vorwerfbarkeit entfallen lassen. Letztere kann aber herabgesetzt sein, so dass ggf. Rechtsfolgen gemildert werden können.

In seltenen Fällen einer besonderen Unzumutbarkeit des normgemäßen Verhaltens können die im Strafrecht anerkannten Entschuldigungsgründe auch für ordnungswidriges Handeln angewandt werden.

Einführung

Dass ein Täter einen Ahndungstatbestand durch aktives Tun erfüllt, ist der Regelfall. Möglich ist aber auch die Ahndung von Unterlassen, von Nichtstun. Man unterscheidet hier zwischen den echten und den unechten Unterlassungsdelikten.

Die echten Unterlassungsdelikte, die übrigens im Ordnungsrecht häufig vorkommen, nämlich als Nichtanmelden, Nichtbeisichführen, Nichtkennzeichnen usw., sind schon im Ahndungstatbestand als Unterlassung beschrieben. Regelmäßig sagt der Tatbestand außerdem, wessen Nichtstun in Betracht kommt. Der Adressat handelt dann ordnungsgemäß, wenn er die gebotene Handlung vornimmt.

Schwieriger zu handhaben sind die unechten Unterlassungsdelikte. Sie werden im Text des Tatbestandes nicht als Unterlassung, als Nichttun, beschrieben und sind dennoch grundsätzlich ahndbar. Das stellt § 8 OWiG klar; allerdings, und auch das stellt § 8 OWiG klar, setzt die Ahndung voraus, dass sich der Unterlassende bereits vor der Tat in einer Sonderposition befand, Garantie genannt. Die Garantie ist dem jeweiligen Tatbestand hinzuzulesen. Hat der Unterlassende keine besondere Garantiestellung, ist er nicht der vom Gesetz gemeinte Unterlassende und darum nicht ahndbar. Im Einzelnen umstritten, ergibt sich die Garantie entweder aus dem jeweiligen Spezialgesetz, aus Pflichtenübernahme, aus Normen über die Pflicht, Schäden zu vermeiden, aus einer besonderen Gefahrengemeinschaft oder vorausgegangenem, gefahrsteigerndem Tun (Ingerenz). Die strafrechtliche Garantie aus enger Lebensgemeinschaft ist im Ordnungsrecht von geringer Bedeutung. Wer dafür einzustehen hat, dass sich ein im Tatbestand beschriebener Erfolg nicht einstellt (Garant), muss ihn abwenden. Das gilt grundsätzlich auch für mehrere Garanten.

Ein bemerkenswertes und weitreichendes Unterlassungsdelikt hält § 130 OWiG bereit. Wer als Betriebsinhaber Aufsichtsmaßnahmen unterlässt, haftet als Täter einer Ordnungswidrigkeit, wenn daraufhin Betriebsangehörige ihrerseits betriebsbezogene Straftaten oder Ordnungswidrigkeiten begehen.

Kann der Vorsatz dem Täter nicht nachgewiesen werden, kommt, sofern ein Ahndungstatbestand sie vorsieht, die fahrlässige Begehung in Betracht. Im Strafrecht eher selten, sind die ordnungswidrigen Fahrlässigkeitsdelikte fast durchweg den Vorsatztaten an die Seite gestellt, insbesondere im Straßenverkehrsrecht. Das führt so weit, dass Bußgeldbescheide dort regelmäßig auf fahrlässige Begehung oder Unterlassung abstellen („wenigstens fahrlässig“).

Fahrlässigkeit kommt als bewusste und als unbewusste vor. Bei der bewussten kennt der Täter die gefährliche Situation, hofft jedoch, dass sich die Gefahr nicht verwirklicht, bei der unbewussten kennt er nicht einmal die Gefahrenlage. Der Fahrlässigkeitsvorwurf richtet sich darauf, dass ein Täter unsorgfältig handelte.

Auch beim Fahrlässigkeitsdelikt muss ein willensgetragenes menschliches Verhalten (Handlung) des Betroffenen den in einem Ahndungstatbestand beschriebenen Sachverhalt kausal erfüllt haben. Die Herbeiführung des tatbestandsmäßigen Erfolges muss sorgfaltswidrig sein. Als Sorgfalt wird dasjenige Verhalten bezeichnet, welches den genannten Erfolg vermeidet. Der Sorgfältige weiß nämlich schon im Voraus, welche Verhaltensweisen erfahrungsgemäß gefährlich sind und trifft demgemäß seine Maßnahmen. Sei es, dass er das Gefährdende unterlässt oder dass er eine bestehende Gefahr aktiv ausräumt. Zu welchen Verhaltensweisen er konkret verpflichtet ist, ergibt sich nur ausnahmsweise unmittelbar aus dem Gesetz oder einer anderen Rechtsnorm. Maßgebend ist dasjenige, was in der konkreten Situation objektiv voraussehbar war und was ein vernünftig Handelnder daraufhin unternommen hätte.

Auch das fahrlässige Verhalten kann ausnahmsweise gerechtfertigt sein. Als Rechtfertigungsgründe kommen dieselben in Betracht wie beim Vorsatzdelikt.

Wenn sich ein Verhalten als objektiv fahrlässig herausstellt, ist zusätzlich zu erwägen, ob der konkrete Täter auch die Möglichkeit hatte, sich pflichtgemäß zu verhalten (subjektive Fahrlässigkeit). Das betrifft seine persönliche intellektuelle Fähigkeit, den Sachverhalt wahrzunehmen und das geforderte Verhalten auch zu erbringen. Grundsätzlich muss auch diese subjektive Seite vor der Ahndung festgestellt werden. Das gilt auch für die Delikte im Straßenverkehr, wo allerdings nicht zu verkennen ist, dass in der Praxis eine gewisse Schematisierung stattfinden muss.

Ist im Bußgeldbescheid (wie es gerade in Massenverfahren häufig vorkommt) die Schuldform nicht benannt, ist von einer fahrlässigen Tat als Ahndungsgrundlage auszugehen.

Im Strafrecht heißt der Verantwortliche Täter und dieser tritt im Strafverfahren als Beschuldigter, Angeschuldigter oder Angeklagter auf (§ 157 StPO). Im Ordnungsverfahren heißt der Verantwortliche durchweg Betroffener. Als ein solcher Betroffener werden aber auch jene Beteiligten genannt, die im Strafrecht Anstifter und Helfer heißen. Das OWiG fasst diese unter einer einzigen Bezeichnung zusammen (§ 14 OWiG).

7. Rechtsfolgen

Hauptrechtsfolge einer Ordnungswidrigkeit ist die Geldbuße (§ 1 OWiG). Die Nebenfolgen, nämlich Einziehung des Wertes von Taterträgen (§ 29a OWiG) und Einziehung von Gegenständen (§§ 22f. OWiG), werden nur ausnahmsweise verhängt.

Die Höhe der Geldbuße richtet sich prinzipiell nach dem jeweiligen Ahndungstatbestand. Dieser legt den Rahmen fest, indem er eine Obergrenze angibt, bisweilen auch eine Untergrenze. Droht der Tatbestand unbestimmt nur eine Geldbuße an oder nur eine Obergrenze, gilt § 17 Abs. 1 OWiG: Die Obergrenze beträgt dann 1000 Euro, das Mindestmaß der Ahndung 5 Euro. Für Fahrlässigkeitsdelikte wird der Maximalbetrag schematisch halbiert, falls es nicht detaillierte Sonderregelungen gibt (§ 17 Abs. 2 OWiG). Eröffnet also (ohne zwischen Vorsatz und Fahrlässigkeit zu differenzieren) etwa ein Bußgeldtatbestand eine Geldbuße von 5000 Euro, so gilt dieser Höchstbetrag für Vorsatz. Der fahrlässige Verstoß ist mit nur 2500 Euro ahndbar.

Grundsätzlich ist für jede einzelne Ordnungswidrigkeit eine Geldbuße festzusetzen (§ 20 OWiG), sofern die Verfolgung einzelner Verstöße nicht eingestellt wird (§ 47 OWiG). Die partielle Einstellung kann auch stillschweigend erfolgen. Erfüllt eine Handlung mehrere Tatbestände oder denselben Tatbestand mehrmals, wird nur eine Geldbuße festgesetzt (§ 19 OWiG). Besteht eine Ordnungswidrigkeit aus mehreren unselbständigen Teilakten, so handelt es sich auch um eine Handlung in diesem Sinne (so genannte „Dauerordnungswidrigkeit"; Bsp.: die kurz zum Tanken unterbrochene Fahrt eines überladenen LKW).

Nach diesen Regeln wird dann zuerst der Bußgeldrahmen bestimmt, danach in einem zweiten Gedankenschritt innerhalb des Maximal- und Minimalbetrages der konkrete Betrag festgelegt. Diese Festlegung richtet sich nach der Schwere der jeweiligen Tat sowie nach anderen äußeren und inneren Umständen (§ 17 Abs. 3 OWiG). Der wirtschaftliche Vorteil, den der Täter aus der Tat gezogen hat, soll dabei – zusätzlich zur Geldbuße – mit abgeschöpft werden (§ 17 Abs. 4 OWiG), so dass die Summe aus Geldbuße und Vorteilsabschöpfung unter Umständen auch den oberen Bußgeldrahmen überschreiten kann. Im Tenor der Bußgeldentscheidung findet sich diese Gewinnabschöpfung nicht explizit – sie ist vielmehr in der Begründung der „höher als normal" festgesetzten Geldbuße darzustellen.

Im praktisch wichtigsten Anwendungsbereich des OWiG, bei den Delikten im Straßenverkehr, gelten zwar auch die Regeln des § 17 OWiG. Der Gesetzgeber lässt für ihre massenhafte Abwicklung ein Schema zu, den Bußgeldkatalog (§ 6 Abs. 1 StVG iVm. der BKatV). In ihm werden bestimmten Fehlverhalten fixe Ahndungsbeträge zugeordnet. Der Bußgeldkatalog hat eine so genannte Indizwirkung: Er indiziert die Angemessenheit der hierin für die einzelnen geregelten Verstöße genannten Rechtsfolgen, sowohl dem Grunde, als auch der Höhe nach. § 17 OWiG tritt insofern zurück. Es ist jedoch erlaubt, auf ihn zurückzugreifen und im Einzelfall abweichend vom Katalog zu ahnden, wenn besondere Tat- oder Täterumstände zu berücksichtigen sind. Schließlich ist noch darauf hinzuweisen, dass in verkehrsrechtlichen Verfahren auch Fahrverbote nach § 25 StVG als Teil der Bußgeldentscheidung neben einer Geldbuße angeordnet werden können. Auch hierzu enthält die BKatV Zumessungserwägungen. Andere allein verwaltungsintern vorgegebene Bußgeldkataloge entfalten jedoch keine Indizwirkung was die Erforderlichkeit und Angemessenheit der vorgesehenen Regelgeldbußen angeht. Werden sie jedoch in großer Zahl angewendet, so nimmt die Rechtsprechung eine ähnliche Wirkung wie die Indizwirkung an.

Für höhere Geldbußenbeträge kann die Verwaltungsbehörde den Betrag stunden oder Ratenzahlung gewähren (§ 18 OWiG). Betroffenen ist zu empfehlen, sich hierfür frühzeitig an die Verwaltungsbehörde zu wenden und Unterlagen über die eigene (i. d. R. dann beengte) wirtschaftliche Situation mitzubringen.

8. Verfahrensrecht

Das Verfahrensrecht ist im OWiG nur teilweise geregelt. Die speziellen Regelungen des OWiG werden, wie schon bemerkt, durch die allgemeinen Verfahrensnormen ergänzt (§ 46 OWiG).

Grundsätzlich ist das Bußgeldverfahren, wie alle vergleichbaren Verfahren, eingeteilt in das Erkenntnis- und das Vollstreckungsverfahren. Sein Erkenntnisverfahren beginnt mit einem konkreten Tatverdacht und endet, falls sich der Tatverdacht nicht bis zur Verurteilungswahrscheinlichkeit verdichtet, entweder mit der Verfahrenseinstellung oder mit Freispruch, oder es endet mit einer rechtskräftigen Ahndungsentscheidung, welche entweder der Bußgeldbescheid oder eine Entscheidung des Gerichts sein kann. Bei fehlendem öffentlichem Interesse kann die Verfolgung nach § 47 OWiG eingestellt werden. Typische Fälle hierfür sind leichteste Verstöße, schwierige Beweisfragen, Eigenschäden des Betroffenen oder die mittlerweile erfolgte Beseitigung des beanstandeten ordnungswidrigen Zustandes.

Ordnungswidrigkeiten, die mit Straftaten zusammenhängen, werden zuerst von der Staatsanwaltschaft verfolgt (§ 40 OWiG) und auch zusammen mit der Straftat im Strafverfahren geahndet (§ 83 OWiG). Materiellrechtlich tritt die Ordnungswidrigkeit hinter die Straftat zurück; Nebenfolgen aus dem OWiG – wie etwa das Fahrverbot – können gleichwohl noch festgesetzt werden (§ 21 OWiG).

Normalerweise aber beginnt das Erkenntnisverfahren über Ordnungswidrigkeiten als Verfahren der Verwaltungsbehörde. Ihre sachliche Zuständigkeit ergibt sich aus § 36 OWiG, ihre örtliche aus § 35 OWiG. Für Delikte des Straßenverkehrs ist die Polizei die zuständige Verwaltungsbehörde (§ 26 StVG).

Die Verwaltungsbehörde ermittelt den Sachverhalt und hat dabei grundsätzlich dieselben Befugnisse wie die Staatsanwaltschaft im Strafverfahren (§ 46 Abs. 2 OWiG). Sie kann sich bei ihren Ermittlungen der Polizei bedienen, sofern diese nicht ausnahmsweise selbst durch Spezialgesetz als ahndende Verwaltungsbehörde eingesetzt ist, und der Polizei auch Weisungen erteilen. Hat die zuständige Verwaltungsbehörde das Verfahren noch nicht eingeleitet, kann die Polizei vorbereitende Erkenntnisse bereits ihrerseits sammeln (§ 53 Abs. 1 OWiG).

Verfahrensrechtlich heißen die Erkenntnisse auch Beweise. Die Erkenntnismittel sind mithin die so genannten Beweismittel, nämlich eigene Wahrnehmungen der Behörde (Augenschein), Zeugen, Urkunden, Sachverständige sowie der Täter selbst, wenn er sich zur Sache im Verfahren äußert. Bis spätestens vor Erlass des Bußgeldbescheids ist ihm Gelegenheit zur Äußerung einzuräumen (§ 55 Abs. 1 OWiG).

Eine Pflicht zur Äußerung besteht nicht, der Betroffene hat vielmehr das Recht zu schweigen, um sich oder andere nicht selbst belasten zu müssen. Aus dem Umstand, dass sich der Betroffene für das Schweigen entscheidet, dürfen keine Folgerungen gezogen werden, auch keine ihm vorteilhaften. Lediglich dann, wenn er zu manchen Punkten Stellung bezieht, zu anderen aber schweigt, darf dieses Teilschweigen beweismäßig interpretiert werden.

Welche Beweismittel es gibt, wie sie gewonnen und benutzt werden, richtet sich (§ 46 Abs. 1 OWiG) grundsätzlich nach dem Strafverfahrensrecht. Von dessen Regelungen gibt es im Ordnungsverfahren nur wenige Ausnahmen: Die Vereidigung von Zeugen ist weithin ausgeschlossen, die Gutachten von Sachverständigen können regelmäßig verlesen werden (§ 77a Abs. 1 OWiG), während im Strafverfahren der Sachverständige regelmäßig persönlich zu vernehmen ist. Weitere Vereinfachungen ergeben sich aus § 77 Abs. 2 bis § 78 OWiG. Besonders stark eingreifende Ermittlungsmaßnahmen des Strafverfahrens sind allerdings ausgeschlossen, entweder bereits nach § 46 Abs. 1 OWiG, weil sie nicht „sinngemäß" für das Bußgeldverfahren gelten können, oder ausdrücklich nach § 46 Abs. 3, 4 OWiG. Hier ist das Verbot von Untersuchungshaft und vorläufiger Festnahme hervorzuheben. Zu diesem Verbot rechnet nicht die – auch im Bußgeldverfahren bestehende – Befugnis der Polizei (§ 46 Abs. 1 OWiG iVm. § 163b StPO), einen verdächtigten Betroffenen zum Zweck von Identifizierungsmaßnahmen sowie der Abnahme einer Blutprobe (§ 46 Abs. 4 S. 1 OWiG) auf die Wache oder zum Arzt mitzunehmen und bei Widerstand auch Gewalt anzuwenden. Die Polizei kann die Blutprobenentnahme selbst und ohne richterliche Genehmigung anordnen (§ 46 Abs. 4 OWiG).

Aus der Gesamtheit der gesicherten Beweise heraus ist zu entscheiden, ob der Vorwurf einer Ordnungswidrigkeit gegenüber dem Betroffenen gesichert ist. Praktiziert wird auch die, allerdings fragwürdige, Ansicht, dass im Verfahren der Verwaltungsbehörde die Sachlage nur vorläufig aufzuklären ist, nämlich bis zu dem Punkt, dass der Behörde die Ahndbarkeit sich als hinreichend wahrscheinlich darbietet. Diese Ansicht, die sich auf § 69 Abs. 2 OWiG berufen kann, nimmt dann konsequenterweise auch an, der Bußgeldbescheid sei ebenfalls eine vorläufige Entscheidung, weil gegen ihn Einspruch eingelegt werden kann. Sie stellt zurück, dass der Bußgeldbescheid in urteilsähnlicher Weise ein Delikt ahndet, dass auch für den Betroffenen das Prinzip der Unschuldsvermutung gilt und dass der rechtskräftige Bußgeldbescheid wie ein Urteil vollstreckt werden kann.

Die ermittelten Beweise sind aktenmäßig zu dokumentieren. Der Betroffene kann im gerichtlichen Verfahren über seinen Verteidiger Akteneinsicht nehmen (§ 46 Abs. 1 OWiG iVm. § 147 StPO). Ein Anspruch auf Ergänzung der Akten um nicht bei der Akte befindliche Beweismittel besteht grundsätzlich nicht. Rechtsstaatsprinzip und das Gebot einer fairen Verfahrensführung können es aber gebieten, weitere Unterlagen beizuziehen. Gerade in straßenverkehrsrechtlichen Verfahren spielt dies eine Rolle. Bedienungsanleitungen, Messprotokolle, Datensätze etc. können aus Sicht des Verteidigers u. U. zur ordnungsgemäßen Verteidigung und Überprüfung von Messungen notwendig sein, so genannte „Informationsparität" (hierzu auch bei 9.). Die Verwaltungsbehörde muss aber (solange sich das Verfahren noch bei ihr befindet) auch dem Betroffenen selbst auf dessen Antrag hin Einsicht in die Akten gewähren. Dies kann nur verweigert werden, soweit der Untersuchungszweck, auch in einem anderen Straf- oder Bußgeldverfahren, gefährdet wird oder überwiegende schutzwürdige Interessen Dritter entgegenstehen. Werden die Akten nicht elektronisch geführt, können an Stelle der Einsichtnahme in die Akten Kopien aus den Akten übermittelt werden (§ 49 Abs. 1 OWiG).

Bestätigt sich der Verdacht einer Ordnungswidrigkeit nicht, muss die Verwaltungsbehörde das Verfahren einstellen (§ 46 Abs. 1 OWiG iVm. § 170 Abs. 2 StPO). Ist das Verfahren bereits bei Gericht anhängig, erfolgt Freispruch.

Vom ersten Verfahrensschritt an bis zur verfahrensabschließenden Entscheidung kann die Verfolgung der Ordnungswidrigkeit auch eingestellt werden, weil das öffentliche Interesse an der Verfolgung fehlt. Hierzu befugt ist diejenige Behörde, bei der sich das Verfahren soeben befindet. Das Gericht bedarf unter Umständen der Zustimmung durch die Staatsanwaltschaft (§ 47 Abs. 2 OWiG). Die Einstellung führt zur Beendigung des Verfahrens. Regelmäßig, aber nicht in jedem Fall, kann der Betroffene darauf vertrauen, dass das Verfahren nicht wieder aufgegriffen wird.

Als Grundlage für die Befugnis, ein Verfahren trotz Anfangsverdachts entweder überhaupt nicht anzufangen oder ein angefangenes Verfahren wieder zu beenden, gilt erstens § 47 OWiG, zweitens die Formulierung in den Bußgeldtatbeständen, ein Verhalten *könne* geahndet werden. Beides zielt auf dasselbe, man redet von Opportunität oder Opportunitätsprinzip. Rechtsstaatlich nicht gerade bedenkenfrei, gibt das OWiG dem Entscheidenden in die Hand, ob das Verfahren weiter betrieben wird oder nicht. Ein Anspruch auf Opportunitätseinstellung besteht so wenig wie ein Anspruch – etwa von Tatgeschädigten – auf Unterlassung der Einstellung und Weiterverfolgung.

Das Motiv des Entscheidenden, die Sache weiterzuverfolgen oder einzustellen, darf lediglich nicht privater oder rechtswidriger Natur sein. Im Übrigen können Aspekte des Gemeinwohls ebenso berücksichtigt werden wie Umstände des Einzelfalls oder des Täters oder des Ahndungsverfahrens selbst.

Wird das Verfahren nicht eingestellt und wurden die materiellen Ahndungsvoraussetzungen geklärt, so kann die Ahndung der festgestellten Ordnungswidrigkeit in drei Formen erfolgen. Für sehr geringfügige Delikte hält § 56 OWiG die Möglichkeit einer bloßen Verwarnung mit oder ohne Verwarnungsgeld bereit. Das Verwarnungsgeld beträgt maximal 55 Euro. Ist das Delikt damit nicht hinreichend zu bewerten, ist die Verwarnung als Ahndung ungeeignet.

In der Praxis hat es sich eingebürgert, die Verwarnung nicht nur im ersten Zugriff, also gewissermaßen vor Ort, zu erteilen, wie es das Gesetz (vgl. § 57

OWiG) nahelegt, sondern mit einem schriftlichen Verwarnungsbescheid dem Betroffenen ein Angebot zu machen. Nimmt er das Angebot nicht an, kann die Tat nachfolgend durch Bußgeldbescheid geahndet werden; nimmt er es an und entrichtet das Verwarnungsgeld, entsteht für andere Ahndungsweisen eine gewisse Sperre (§ 56 Abs. 4 OWiG).

Auch für Bagatellverstöße gibt es jedoch keinen Anspruch darauf, dass der Betroffene nur verwarnt wird. Die Behörde kann auch hier sogleich auf einen Bußgeldbescheid lossteuern.

Grundsätzlich wird eine Ordnungswidrigkeit durch eine Verwaltungsbehörde mittels des Bußgeldbescheids geahndet (§§ 35, 65 OWiG). Seine Form ergibt sich aus § 66 OWiG. Die sehr summarische Gestalt von maschinellen Ausdrucken ohne Unterschrift hat sich eingebürgert und gilt als zulässig.

Das Gericht entscheidet nach Einspruch (hierzu näher unter 9.) gegen den Bußgeldbescheid (§ 67 OWiG) über die Ordnungswidrigkeit entweder durch Beschluss (im schriftlichen Verfahren des § 72 OWiG) oder durch Urteil. Der Bußgeldbescheid hat im Gerichtsverfahren nach Einspruch nur noch die verfahrensrechtliche Wirkung, den Entscheidungsgegenstand des Prozesses festzulegen. In der Beurteilung der Tat ist das Gericht von der Vorentscheidung der Verwaltungsbehörde völlig frei. Wurde kein Bußgeldbescheid durch eine Verwaltungsbehörde erlassen, kann eine gerichtliche Entscheidung über eine Ordnungswidrigkeit grundsätzlich nicht ergehen. Von diesem Grundsatz gibt es nur zwei Ausnahmen. Hängt die Ordnungswidrigkeit mit einer Straftat zusammen, wird das Verfahren insgesamt als Strafverfahren geführt und das Strafgericht entscheidet über die Ordnungswidrigkeit mit. Das gilt sowohl dann, wenn Straftat und Ordnungswidrigkeit Bestandteile einer Tat im prozessualen Sinne sind, als auch nach der Verbindung eines Ordnungsverfahrens mit einem Strafverfahren gemäß § 42 OWiG auf Grund inhaltlichen Zusammenhangs. Der zweite Ausnahmefall ist die Verurteilung wegen einer Ordnungswidrigkeit durch das Strafgericht, wenn eine als Straftat angeklagte Tat sich im Gerichtsverfahren nur als Ordnungswidrigkeit bewahrheitet (§§ 81 Abs. 1, 82 OWiG). Die Ahndung geschieht dann auf der gerichtlichen Ebene, jedoch nicht durch Bußgeldbescheid, sondern immer durch Urteil.

9. Rechtsbehelfe und Rechtsmittel

Gegen die Einleitung und Durchführung eines Ordnungsverfahrens als solchem kann sich der Betroffene nicht wehren. Er hat lediglich die Gelegenheit, innerhalb des Verfahrens seine Rechte wahrzunehmen, um auf ein ihm günstiges Resultat hinzuwirken. Lediglich gegen Einzeleingriffe in seine grundrechtlichen Positionen kann der Betroffene Beschwerde einlegen. Anlass und Umfang dieses Rechtsbehelfs entsprechen dem Strafprozessrecht.

Das OWiG kennt einen eigenen Rechtsbehelf zur Prüfung des Handelns der Verwaltungsbehörde: § 62 OWiG ermöglicht den so genannten Antrag auf gerichtliche Entscheidung – nur in einzelnen, ausdrücklich im Gesetz genannten Fällen ist dieser Rechtsbehelf befristet. Hierüber wird dann auch bei Bedarf von der Verwaltungsbehörde belehrt. Über den Antrag entscheidet dann das Amtsgericht, das zu einem späteren Zeitpunkt im Verfahren nach Einspruch gegen den Bußgeldbescheid für das gerichtliche Verfahren zuständig wäre. In aller Regel ist dies das Amtsgericht. Die Entscheidung des Amtsgerichts über den Antrag nach § 62 OWiG ist nur in Ausnahmefällen anfechtbar, nämlich dann, wenn das Gesetz dies ausdrücklich regelt. Wichtig ist aber auch, dass die Verwaltungsbehörde auch selbst abhelfen kann und so dann nicht dem Amtsgericht vorlegen muss.

Gegen einen rechtswidrigen Bußgeldbescheid gibt es nur den Einspruch nach §§ 67 f. OWiG. Das gilt sowohl dann, wenn der Bescheid aus tatsächlichen oder rechtlichen Gründen fehlerhaft ist, als auch dann, wenn im Verfahren vor Erlass des Bußgeldbescheids Fehler vorkamen, die sich auf den Bescheid auswirkten. Der Einspruch ist innerhalb von zwei Wochen nach Zustellung schriftlich oder zur Niederschrift bei der Verwaltungsbehörde, die den Bußgeldbescheid erlassen hat, einzulegen (§ 67 Abs. 1 OWiG). Die Rechtsprechung lässt telefonische Einlegung ebenso wie Einlegung per Fax ausreichen. Bei einer einfachen E-Mail ist die Rechtsprechung kritisch. Von ihrer Wahl ist bei Einlegung des Einspruchs abzuraten. Die elektronische Form ist aber durchaus möglich, dann jedoch in qualifizierter Form. § 110c OWiG regelt eine entsprechende Anwendung einschlägiger StPO-Formvorschriften.

Da der Einspruch das Verfahren gewissermaßen zurückversetzt (§ 69 Abs. 2 OWiG), kann er mit der Anregung an die Verwaltungsbehörde verbunden werden, den Bescheid zurückzunehmen und den Rechtsfehler hernach auszuräumen. Dieselbe eingeschränkte Einwirkungsbefugnis für den Betroffenen gilt auch im Verfahren vor der Staatsanwaltschaft, welches sich auf Grund des Einspruchs anschließt, insofern die Verwaltungsbehörde am Bußgeldbescheid festhält (§ 69 OWiG).

Im Verfahren vor dem Amtsgericht sind die Beschwerde- und die sonstigen Einwirkungsmöglichkeiten prinzipiell dieselben wie im Strafverfahren. Eine Besonderheit bietet lediglich das Rechtsmittel gegen den Beschluss (§ 72 OWiG) oder gegen das Urteil des Amtsgerichts. Berufung ist nicht vorgesehen; eine wiederholende Überprüfung der Tatsachenbasis der amtsrichterlichen Entscheidung findet im Bußgeldverfahren nicht statt. Vorgesehen ist einzig die Rechtsbeschwerde (§§ 79, 80 OWiG). Sie kann sowohl vom Betroffenen wie von der Staatsanwaltschaft eingelegt werden und ist der strafprozessualen Revision nachgebildet (§ 79 Abs. 3 OWiG), allerdings durch die Sonderregelungen des § 79 Abs. 1 OWiG stark eingeschränkt. Unter diesen Einschränkungen sind vor allem die Nrn. 1 und 3 hervorzuheben. Bei Festsetzungen des Amtsgerichts unter 250 Euro sowie bei bestimmten Freistellungen des Betroffenen ist die Rechtsbeschwerde unzulässig. Das Amtsgericht entscheidet dann sogleich verfahrensabschließend.

Mit der Ausnahme des § 80 OWiG: Hat das Amtsgericht durch Urteil entschieden, kann das Rechtsbeschwerdegericht, also das Oberlandesgericht, die an sich unzulässige Rechtsbeschwerde zulassen, allerdings nur, wenn es eine Entscheidung für geboten hält, um die Fortbildung des Rechts oder eine einheitliche Rechtsprechung zu ermöglichen oder um einer Versagung des rechtlichen Gehörs abzuhelfen (§ 80 Abs. 1 OWiG). Auch diese Entscheidung des OLG, welche zu beantragen ist, wird durch § 80 Abs. 2 OWiG nochmals eingeschränkt. In der Praxis sind erfolgreiche Zulassungsanträge selten. Wird zugelassen, ist damit lediglich die Unzulässigkeitshürde überwunden. Das OLG hat dann in der Sache zu entscheiden.

Gegen rechtskräftig gewordene Entscheidungen – sowohl gegen den Bußgeldbescheid der Verwaltungsbehörde wie gegen die Entscheidungen des Gerichts – gibt es die Wiedereinsetzung in den vorigen Stand, falls die Rechtskraft wegen Versäumung der Anfechtungsfristen eintrat.

Davon zu unterscheiden ist die Wiederaufnahme des Verfahrens. Auch sie setzt eine rechtskräftig gewordene, abschließende Verfahrensentscheidung voraus und verlangt einen Wiederaufnahmegrund. Die Wiederaufnahme regelt sich im gerichtlichen Verfahren grundsätzlich nach der StPO (§§ 359f. StPO), in § 85 OWiG sind einige Ausnahmen für das Bußgeldverfahren vorgesehen. Die Wiederaufnahme im Verfahren vor der Verwaltungsbehörde ist in § 52 OWiG geregelt.

Nur in seltenen Fällen hatten in der Vergangenheit Verfassungsbeschwerden wegen Ordnungswidrigkeitenverfahren Erfolg. Denkbar und möglich sind solche nach Landesverfassungsrecht oder wegen eines zu rügenden Verstoßes gegen das GG. Auch wenn das Verfahren vor dem BVerfG kostenfrei ist, droht aber oftmals eine Missbrauchsgebühr nach § 34 Abs. 2 BVerfGG. Das BVerfG kann auch auf Antrag begleitend zu einer Verfassungsbeschwerde einstweilige Anordnungen erlassen. In den letzten Jahren sind mehrere Verfassungsbeschwerden im Hinblick auf Verstöße gegen den Anspruch auf ein faires Verfahren durch unzureichende Einsicht in Messunterlagen/-daten dokumentiert. Im wichtigsten Falle hatte das BVerfG einen Anspruch auf Informationsparität auch im Bußgeldverfahren bestätigt (Beschluss vom 12.11.2020 – 2 BvR 1616/18). Zum Gnadenverfahren: vgl. unter 10.

10. Vollstreckung

Die Vollstreckung von Bußgeldentscheidungen ist in §§ 89ff. OWiG geregelt. Voraussetzung einer Vollstreckung ist die (formelle) Rechtskraft der zu vollstreckenden Entscheidung. Besondere Regelungen finden sich für Jugendliche und Heranwachsende. Für diese ist es bereits im Erkenntnisverfahren möglich bei einer Geldbußenfestsetzung eine jugendgemäße Vollstreckungsregelung zu treffen (§ 98 OWiG).

Einzelheiten zur Vollstreckung eines Fahrverbots finden sich in § 25 StVG.

Eine Besonderheit des OWiG in der Vollstreckung ist die durch den Richter anzuordnende Erzwingungshaft nach §§ 96f. OWiG. Hierdurch wird die Erzwingung der Geldbußenzahlung ermöglicht, sofern der Betroffene zahlungsfähig ist. Für Verfahrenskosten kann aber keine Erzwingungshaft festgesetzt werden.

Auch im Ordnungswidrigkeitenrecht sind Gnadenentscheidungen nach den jeweiligen landesrechtlichen Gnadenvorschriften möglich. Typische Formen der Gnade sind Ratenzahlungsgewährungen, Stundungen oder auch das Verschieben bzw. Abkürzen von Fahrverboten wegen besonderer im Nachhinein aufgetretener Härten. Ein Anspruch auf Gnadenerweis besteht aber nicht. Die im OWiG vorgesehenen Zahlungserleichterungen sind keine Gnadenentscheidungen – auf sie besteht (bei Vorliegen der Voraussetzungen) ein Anspruch, vgl. hierzu unter 7.

11. Rechtsanwaltsgebühren

Die Anwaltsgebühren für das OWi-Verfahren richten sich nach dem RVG. Die einzelnen Gebühren finden sich in Teil 5 VV RVG.

12. Rechtsschutzversicherung

Rechtsschutzversicherungen tragen oftmals auch die im Rahmen einer Verteidigung gegen einen Vorwurf einer Ordnungswidrigkeit entstehenden Kosten (insbesondere Gerichtskosten) und Auslagen (insbesondere Anwaltsgebühren). In der Praxis am häufigsten findet sich der Verkehrsrechtsschutz. Üblicherweise besteht hier Anspruch auf Rechtsschutz nach Eintritt des Versicherungsfalls von dem Zeitpunkt an, in dem der Verstoß gegen Rechtspflichten oder Rechtsvorschriften begangen wurde oder begangen worden sein soll. Wichtig für den Betroffenen ist es, den von ihm aufgesuchten Verteidiger über eine möglicherweise bestehende Rechtsschutzversicherung zu informieren. Diesen trifft nämlich keine Pflicht zur Ermittlung der zuständigen Rechtsschutzversicherung. Für ein erstes Beratungsgespräch sollte der Betroffene also alle notwendigen Informationen hierzu mitführen. Ggf. sollte er sich auch schon vor Einschaltung eines Rechtsanwaltes über den Umfang einer bestehenden Rechtsschutzversicherung bei dem Versicherungsunternehmen selbst (telefonisch) erkundigen.

1. Gesetz über Ordnungswidrigkeiten (OWiG)[1)]

In der Fassung der Bekanntmachung vom 19. Februar 1987[2)]
(BGBl. I S. 602)

FNA 454-1

zuletzt geänd. durch Art. 31 G zum Ausbau des elektronischen Rechtsverkehrs mit den Gerichten und zur Änd. weiterer Vorschriften v. 5.10.2021 (BGBl. I S. 4607)

Inhaltsübersicht

[1)] Die Änderungen durch G v. 5.7.2017 (BGBl. I S. 2208) treten teilweise erst **mWv 1.7.2025** und **mWv 1.1.2026** in Kraft und sind insoweit im Text noch nicht berücksichtigt.

[2)] Neubekanntmachung des OWiG v. 24.5.1968 (BGBl. I S. 481) in der ab 1.4.1987 geltenden Fassung.

Erster Teil. Allgemeine Vorschriften

Erster Abschnitt. Geltungsbereich

§ 1 Begriffsbestimmung

(1) Eine Ordnungswidrigkeit ist eine rechtswidrige und vorwerfbare Handlung, die den Tatbestand eines Gesetzes verwirklicht, das die Ahndung mit einer Geldbuße zuläßt.

(2) Eine mit Geldbuße bedrohte Handlung ist eine rechtswidrige Handlung, die den Tatbestand eines Gesetzes im Sinne des Absatzes 1 verwirklicht, auch wenn sie nicht vorwerfbar begangen ist.

§ 2 Sachliche Geltung. Dieses Gesetz gilt für Ordnungswidrigkeiten nach Bundesrecht und nach Landesrecht.

§ 3 Keine Ahndung ohne Gesetz. Eine Handlung kann als Ordnungswidrigkeit nur geahndet werden, wenn die Möglichkeit der Ahndung gesetzlich bestimmt war, bevor die Handlung begangen wurde.

§ 4 Zeitliche Geltung. (1) Die Geldbuße bestimmt sich nach dem Gesetz, das zur Zeit der Handlung gilt.

(2) Wird die Bußgelddrohung während der Begehung der Handlung geändert, so ist das Gesetz anzuwenden, das bei Beendigung der Handlung gilt.

(3) Wird das Gesetz, das bei Beendigung der Handlung gilt, vor der Entscheidung geändert, so ist das mildeste Gesetz anzuwenden.

(4) [1] Ein Gesetz, das nur für eine bestimmte Zeit gelten soll, ist auf Handlungen, die während seiner Geltung begangen sind, auch dann anzuwenden, wenn es außer Kraft getreten ist. [2] Dies gilt nicht, soweit ein Gesetz etwas anderes bestimmt.

(5) Für Nebenfolgen einer Ordnungswidrigkeit gelten die Absätze 1 bis 4 entsprechend.

§ 5 Räumliche Geltung. Wenn das Gesetz nichts anderes bestimmt, können nur Ordnungswidrigkeiten geahndet werden, die im räumlichen Geltungsbereich dieses Gesetzes oder außerhalb dieses Geltungsbereichs auf einem Schiff oder in einem Luftfahrzeug begangen werden, das berechtigt ist, die Bundesflagge oder das Staatszugehörigkeitszeichen der Bundesrepublik Deutschland zu führen.

§ 6 Zeit der Handlung. [1] Eine Handlung ist zu der Zeit begangen, zu welcher der Täter tätig geworden ist oder im Falle des Unterlassens hätte tätig werden müssen. [2] Wann der Erfolg eintritt, ist nicht maßgebend.

§ 7 Ort der Handlung. (1) Eine Handlung ist an jedem Ort begangen, an dem der Täter tätig geworden ist oder im Falle des Unterlassens hätte tätig werden müssen oder an dem der zum Tatbestand gehörende Erfolg eingetreten ist oder nach der Vorstellung des Täters eintreten sollte.

(2) Die Handlung eines Beteiligten ist auch an dem Ort begangen, an dem der Tatbestand des Gesetzes, das die Ahndung mit einer Geldbuße zuläßt, verwirklicht worden ist oder nach der Vorstellung des Beteiligten verwirklicht werden sollte.

Zweiter Abschnitt. Grundlagen der Ahndung

§ 8 Begehen durch Unterlassen. Wer es unterläßt, einen Erfolg abzuwenden, der zum Tatbestand einer Bußgeldvorschrift gehört, handelt nach dieser Vorschrift nur dann ordnungswidrig, wenn er rechtlich dafür einzustehen hat, daß der Erfolg nicht eintritt, und wenn das Unterlassen der Verwirklichung des gesetzlichen Tatbestandes durch ein Tun entspricht.

§ 9 Handeln für einen anderen. (1) Handelt jemand

1. als vertretungsberechtigtes Organ einer juristischen Person oder als Mitglied eines solchen Organs,

2. als vertretungsberechtigter Gesellschafter einer rechtsfähigen Personengesellschaft oder
3. als gesetzlicher Vertreter eines anderen,

so ist ein Gesetz, nach dem besondere persönliche Eigenschaften, Verhältnisse oder Umstände (besondere persönliche Merkmale) die Möglichkeit der Ahndung begründen, auch auf den Vertreter anzuwenden, wenn diese Merkmale zwar nicht bei ihm, aber bei dem Vertretenen vorliegen.

(2) [1] Ist jemand von dem Inhaber eines Betriebes oder einem sonst dazu Befugten

1. beauftragt, den Betrieb ganz oder zum Teil zu leiten, oder
2. ausdrücklich beauftragt, in eigener Verantwortung Aufgaben wahrzunehmen, die dem Inhaber des Betriebes obliegen,

und handelt er auf Grund dieses Auftrages, so ist ein Gesetz, nach dem besondere persönliche Merkmale die Möglichkeit der Ahndung begründen, auch auf den Beauftragten anzuwenden, wenn diese Merkmale zwar nicht bei ihm, aber bei dem Inhaber des Betriebes vorliegen. [2] Dem Betrieb im Sinne des Satzes 1 steht das Unternehmen gleich. [3] Handelt jemand auf Grund eines entsprechenden Auftrages für eine Stelle, die Aufgaben der öffentlichen Verwaltung wahrnimmt, so ist Satz 1 sinngemäß anzuwenden.

(3) Die Absätze 1 und 2 sind auch dann anzuwenden, wenn die Rechtshandlung, welche die Vertretungsbefugnis oder das Auftragsverhältnis begründen sollte, unwirksam ist.

§ 10 Vorsatz und Fahrlässigkeit. Als Ordnungswidrigkeit kann nur vorsätzliches Handeln geahndet werden, außer wenn das Gesetz fahrlässiges Handeln ausdrücklich mit Geldbuße bedroht.

§ 11 Irrtum. (1) [1] Wer bei Begehung einer Handlung einen Umstand nicht kennt, der zum gesetzlichen Tatbestand gehört, handelt nicht vorsätzlich. [2] Die Möglichkeit der Ahndung wegen fahrlässigen Handelns bleibt unberührt.

(2) Fehlt dem Täter bei Begehung der Handlung die Einsicht, etwas Unerlaubtes zu tun, namentlich weil er das Bestehen oder die Anwendbarkeit einer Rechtsvorschrift nicht kennt, so handelt er nicht vorwerfbar, wenn er diesen Irrtum nicht vermeiden konnte.

§ 12 Verantwortlichkeit. (1) [1] Nicht vorwerfbar handelt, wer bei Begehung einer Handlung noch nicht vierzehn Jahre alt ist. [2] Ein Jugendlicher handelt nur unter den Voraussetzungen des § 3 Satz 1 des Jugendgerichtsgesetzes[1)] vorwerfbar.

(2) Nicht vorwerfbar handelt, wer bei Begehung der Handlung wegen einer krankhaften seelischen Störung, wegen einer tiefgreifenden Bewußtseinsstörung oder wegen einer Intelligenzminderung oder einer schweren anderen seelischen Störung unfähig ist, das Unerlaubte der Handlung einzusehen oder nach dieser Einsicht zu handeln.

§ 13 Versuch. (1) Eine Ordnungswidrigkeit versucht, wer nach seiner Vorstellung von der Handlung zur Verwirklichung des Tatbestandes unmittelbar ansetzt.

---

1) Nr. **4**.

(2) Der Versuch kann nur geahndet werden, wenn das Gesetz es ausdrücklich bestimmt.

(3) [1] Der Versuch wird nicht geahndet, wenn der Täter freiwillig die weitere Ausführung der Handlung aufgibt oder deren Vollendung verhindert. [2] Wird die Handlung ohne Zutun des Zurücktretenden nicht vollendet, so genügt sein freiwilliges und ernsthaftes Bemühen, die Vollendung zu verhindern.

(4) [1] Sind an der Handlung mehrere beteiligt, so wird der Versuch desjenigen nicht geahndet, der freiwillig die Vollendung verhindert. [2] Jedoch genügt sein freiwilliges und ernsthaftes Bemühen, die Vollendung der Handlung zu verhindern, wenn sie ohne sein Zutun nicht vollendet oder unabhängig von seiner früheren Beteiligung begangen wird.

§ 14 Beteiligung. (1) [1] Beteiligen sich mehrere an einer Ordnungswidrigkeit, so handelt jeder von ihnen ordnungswidrig. [2] Dies gilt auch dann, wenn besondere persönliche Merkmale (§ 9 Abs. 1), welche die Möglichkeit der Ahndung begründen, nur bei einem Beteiligten vorliegen.

(2) Die Beteiligung kann nur dann geahndet werden, wenn der Tatbestand eines Gesetzes, das die Ahndung mit einer Geldbuße zuläßt, rechtswidrig verwirklicht wird oder in Fällen, in denen auch der Versuch geahndet werden kann, dies wenigstens versucht wird.

(3) [1] Handelt einer der Beteiligten nicht vorwerfbar, so wird dadurch die Möglichkeit der Ahndung bei den anderen nicht ausgeschlossen. [2] Bestimmt das Gesetz, daß besondere persönliche Merkmale die Möglichkeit der Ahndung ausschließen, so gilt dies nur für den Beteiligten, bei dem sie vorliegen.

(4) Bestimmt das Gesetz, daß eine Handlung, die sonst eine Ordnungswidrigkeit wäre, bei besonderen persönlichen Merkmalen des Täters eine Straftat ist, so gilt dies nur für den Beteiligten, bei dem sie vorliegen.

§ 15 Notwehr. (1) Wer eine Handlung begeht, die durch Notwehr geboten ist, handelt nicht rechtswidrig.

(2) Notwehr ist die Verteidigung, die erforderlich ist, um einen gegenwärtigen rechtswidrigen Angriff von sich oder einem anderen abzuwenden.

(3) Überschreitet der Täter die Grenzen der Notwehr aus Verwirrung, Furcht oder Schrecken, so wird die Handlung nicht geahndet.

§ 16 Rechtfertigender Notstand. [1] Wer in einer gegenwärtigen, nicht anders abwendbaren Gefahr für Leben, Leib, Freiheit, Ehre, Eigentum oder ein anderes Rechtsgut eine Handlung begeht, um die Gefahr von sich oder einem anderen abzuwenden, handelt nicht rechtswidrig, wenn bei Abwägung der widerstreitenden Interessen, namentlich der betroffenen Rechtsgüter und des Grades der ihnen drohenden Gefahren, das geschützte Interesse das beeinträchtigte wesentlich überwiegt. [2] Dies gilt jedoch nur, soweit die Handlung ein angemessenes Mittel ist, die Gefahr abzuwenden.

Dritter Abschnitt. Geldbuße

§ 17 Höhe der Geldbuße. (1) Die Geldbuße beträgt mindestens fünf Euro und, wenn das Gesetz nichts anderes bestimmt, höchstens eintausend Euro.

(2) Droht das Gesetz für vorsätzliches und fahrlässiges Handeln Geldbuße an, ohne im Höchstmaß zu unterscheiden, so kann fahrlässiges Handeln im

Höchstmaß nur mit der Hälfte des angedrohten Höchstbetrages der Geldbuße geahndet werden.

(3) [1] Grundlage für die Zumessung der Geldbuße sind die Bedeutung der Ordnungswidrigkeit und der Vorwurf, der den Täter trifft. [2] Auch die wirtschaftlichen Verhältnisse des Täters kommen in Betracht; bei geringfügigen Ordnungswidrigkeiten bleiben sie jedoch in der Regel unberücksichtigt.

(4) [1] Die Geldbuße soll den wirtschaftlichen Vorteil, den der Täter aus der Ordnungswidrigkeit gezogen hat, übersteigen. [2] Reicht das gesetzliche Höchstmaß hierzu nicht aus, so kann es überschritten werden.

§ 18 Zahlungserleichterungen. [1] Ist dem Betroffenen nach seinen wirtschaftlichen Verhältnissen nicht zuzumuten, die Geldbuße sofort zu zahlen, so wird ihm eine Zahlungsfrist bewilligt oder gestattet, die Geldbuße in bestimmten Teilbeträgen zu zahlen. [2] Dabei kann angeordnet werden, daß die Vergünstigung, die Geldbuße in bestimmten Teilbeträgen zu zahlen, entfällt, wenn der Betroffene einen Teilbetrag nicht rechtzeitig zahlt.

Vierter Abschnitt. Zusammentreffen mehrerer Gesetzesverletzungen

§ 19 Tateinheit. (1) Verletzt dieselbe Handlung mehrere Gesetze, nach denen sie als Ordnungswidrigkeit geahndet werden kann, oder ein solches Gesetz mehrmals, so wird nur eine einzige Geldbuße festgesetzt.

(2) [1] Sind mehrere Gesetze verletzt, so wird die Geldbuße nach dem Gesetz bestimmt, das die höchste Geldbuße androht. [2] Auf die in dem anderen Gesetz angedrohten Nebenfolgen kann erkannt werden.

§ 20 Tatmehrheit. Sind mehrere Geldbußen verwirkt, so wird jede gesondert festgesetzt.

§ 21 Zusammentreffen von Straftat und Ordnungswidrigkeit.

(1) [1] Ist eine Handlung gleichzeitig Straftat und Ordnungswidrigkeit, so wird nur das Strafgesetz angewendet. [2] Auf die in dem anderen Gesetz angedrohten Nebenfolgen kann erkannt werden.

(2) Im Falle des Absatzes 1 kann die Handlung jedoch als Ordnungswidrigkeit geahndet werden, wenn eine Strafe nicht verhängt wird.

Fünfter Abschnitt. Einziehung von Gegenständen

§ 22 Einziehung von Gegenständen. (1) Als Nebenfolge einer Ordnungswidrigkeit dürfen Gegenstände nur eingezogen werden, soweit das Gesetz es ausdrücklich zuläßt.

(2) Die Einziehung ist nur zulässig, wenn

1. die Gegenstände zur Zeit der Entscheidung dem Täter gehören oder zustehen oder
2. die Gegenstände nach ihrer Art und den Umständen die Allgemeinheit gefährden oder die Gefahr besteht, daß sie der Begehung von Handlungen dienen werden, die mit Strafe oder mit Geldbuße bedroht sind.

(3) Unter den Voraussetzungen des Absatzes 2 Nr. 2 ist die Einziehung der Gegenstände auch zulässig, wenn der Täter nicht vorwerfbar gehandelt hat.

§ 23 Erweiterte Voraussetzungen der Einziehung. Verweist das Gesetz auf diese Vorschrift, so dürfen die Gegenstände abweichend von § 22 Abs. 2 Nr. 1 auch dann eingezogen werden, wenn derjenige, dem sie zur Zeit der Entscheidung gehören oder zustehen,

1. wenigstens leichtfertig dazu beigetragen hat, daß die Sache oder das Recht Mittel oder Gegenstand der Handlung oder ihrer Vorbereitung gewesen ist, oder
2. die Gegenstände in Kenntnis der Umstände, welche die Einziehung zugelassen hätten, in verwerflicher Weise erworben hat.

§ 24 Grundsatz der Verhältnismäßigkeit. (1) Die Einziehung darf in den Fällen des § 22 Abs. 2 Nr. 1 und des § 23 nicht angeordnet werden, wenn sie zur Bedeutung der begangenen Handlung und zum Vorwurf, der den von der Einziehung betroffenen Täter oder in den Fällen des § 23 den Dritten trifft, außer Verhältnis steht.

(2) [1] In den Fällen der §§ 22 und 23 wird angeordnet, daß die Einziehung vorbehalten bleibt, und eine weniger einschneidende Maßnahme getroffen, wenn der Zweck der Einziehung auch durch sie erreicht werden kann. [2] In Betracht kommt namentlich die Anweisung,

1. die Gegenstände unbrauchbar zu machen,
2. an den Gegenständen bestimmte Einrichtungen oder Kennzeichen zu beseitigen oder die Gegenstände sonst zu ändern oder
3. über die Gegenstände in bestimmter Weise zu verfügen.

[3] Wird die Anweisung befolgt, so wird der Vorbehalt der Einziehung aufgehoben; andernfalls wird die Einziehung nachträglich angeordnet.

(3) Die Einziehung kann auf einen Teil der Gegenstände beschränkt werden.

§ 25 Einziehung des Wertersatzes. (1) Hat der Täter den Gegenstand, der ihm zur Zeit der Handlung gehörte oder zustand und dessen Einziehung hätte angeordnet werden können, vor der Anordnung der Einziehung verwertet, namentlich veräußert oder verbraucht, oder hat er die Einziehung des Gegenstandes sonst vereitelt, so kann die Einziehung eines Geldbetrages gegen den Täter bis zu der Höhe angeordnet werden, die dem Wert des Gegenstandes entspricht.

(2) Eine solche Anordnung kann auch neben der Einziehung eines Gegenstandes oder an deren Stelle getroffen werden, wenn ihn der Täter vor der Anordnung der Einziehung mit dem Recht eines Dritten belastet hat, dessen Erlöschen ohne Entschädigung nicht angeordnet werden kann oder im Falle der Einziehung nicht angeordnet werden könnte (§ 26 Abs. 2, § 28); wird die Anordnung neben der Einziehung getroffen, so bemißt sich die Höhe des Wertersatzes nach dem Wert der Belastung des Gegenstandes.

(3) Der Wert des Gegenstandes und der Belastung kann geschätzt werden.

(4) Ist die Anordnung der Einziehung eines Gegenstandes nicht ausführbar oder unzureichend, weil nach der Anordnung eine der in den Absätzen 1 oder 2 bezeichneten Voraussetzungen eingetreten oder bekanntgeworden ist, so kann die Einziehung des Wertersatzes nachträglich angeordnet werden.

(5) Für die Bewilligung von Zahlungserleichterungen gilt § 18.

§ 26 Wirkung der Einziehung. (1) Wird ein Gegenstand eingezogen, so geht das Eigentum an der Sache oder das eingezogene Recht mit der Rechtskraft der Entscheidung auf den Staat oder, soweit das Gesetz dies bestimmt, auf die Körperschaft oder Anstalt des öffentlichen Rechts über, deren Organ oder Stelle die Einziehung angeordnet hat.

(2) [1] Rechte Dritter an dem Gegenstand bleiben bestehen. [2] Das Erlöschen dieser Rechte wird jedoch angeordnet, wenn die Einziehung darauf gestützt wird, daß die Voraussetzungen des § 22 Abs. 2 Nr. 2 vorliegen. [3] Das Erlöschen des Rechts eines Dritten kann auch dann angeordnet werden, wenn diesem eine Entschädigung nach § 28 Abs. 2 Nr. 1 oder 2 nicht zu gewähren ist.

(3) [1] Vor der Rechtskraft wirkt die Anordnung der Einziehung als Veräußerungsverbot im Sinne des § 136 des Bürgerlichen Gesetzbuches; das Verbot umfaßt auch andere Verfügungen als Veräußerungen. [2] Die gleiche Wirkung hat die Anordnung des Vorbehalts der Einziehung, auch wenn sie noch nicht rechtskräftig ist.

§ 27 Selbständige Anordnung. (1) Kann wegen der Ordnungswidrigkeit aus tatsächlichen Gründen keine bestimmte Person verfolgt oder eine Geldbuße gegen eine bestimmte Person nicht festgesetzt werden, so kann die Einziehung des Gegenstandes oder des Wertersatzes selbständig angeordnet werden, wenn die Voraussetzungen, unter denen die Maßnahme zugelassen ist, im übrigen vorliegen.

(2) [1] Unter den Voraussetzungen des § 22 Abs. 2 Nr. 2 oder Abs. 3 ist Absatz 1 auch dann anzuwenden, wenn

1. die Verfolgung der Ordnungswidrigkeit verjährt ist oder
2. sonst aus rechtlichen Gründen keine bestimmte Person verfolgt werden kann und das Gesetz nichts anderes bestimmt.

[2] Die Einziehung darf jedoch nicht angeordnet werden, wenn Antrag oder Ermächtigung fehlen.

(3) Absatz 1 ist auch anzuwenden, wenn nach § 47 die Verfolgungsbehörde von der Verfolgung der Ordnungswidrigkeit absieht oder das Gericht das Verfahren einstellt.

§ 28 Entschädigung. (1) [1] Stand das Eigentum an der Sache oder das eingezogene Recht zur Zeit der Rechtskraft der Entscheidung über die Einziehung einem Dritten zu oder war der Gegenstand mit dem Recht eines Dritten belastet, das durch die Entscheidung erloschen oder beeinträchtigt ist, so wird der Dritte unter Berücksichtigung des Verkehrswertes angemessen in Geld entschädigt. [2] Die Entschädigungspflicht trifft den Staat oder die Körperschaft oder Anstalt des öffentlichen Rechts, auf die das Eigentum an der Sache oder das eingezogene Recht übergegangen ist.

(2) Eine Entschädigung wird nicht gewährt, wenn

1. der Dritte wenigstens leichtfertig dazu beigetragen hat, daß die Sache oder das Recht Mittel oder Gegenstand der Handlung oder ihrer Vorbereitung gewesen ist,
2. der Dritte den Gegenstand oder das Recht an dem Gegenstand in Kenntnis der Umstände, welche die Einziehung zulassen, in verwerflicher Weise erworben hat oder

3. es nach den Umständen, welche die Einziehung begründet haben, auf Grund von Rechtsvorschriften außerhalb des Ordnungswidrigkeitenrechts zulässig wäre, den Gegenstand dem Dritten ohne Entschädigung dauernd zu entziehen.

(3) In den Fällen des Absatzes 2 kann eine Entschädigung gewährt werden, soweit es eine unbillige Härte wäre, sie zu versagen.

§ 29 Sondervorschrift für Organe und Vertreter. (1) Hat jemand
1. als vertretungsberechtigtes Organ einer juristischen Person oder als Mitglied eines solchen Organs,
2. als Vorstand eines nicht rechtsfähigen Vereins oder als Mitglied eines solchen Vorstandes,
3. als vertretungsberechtigter Gesellschafter einer rechtsfähigen Personengesellschaft,
4. als Generalbevollmächtigter oder in leitender Stellung als Prokurist oder Handlungsbevollmächtigter einer juristischen Person oder einer in Nummer 2 oder 3 genannten Personenvereinigung oder
5. als sonstige Person, die für die Leitung des Betriebs oder Unternehmens einer juristischen Person oder einer in Nummer 2 oder 3 genannten Personenvereinigung verantwortlich handelt, wozu auch die Überwachung der Geschäftsführung oder die sonstige Ausübung von Kontrollbefugnissen in leitender Stellung gehört,

eine Handlung vorgenommen, die ihm gegenüber unter den übrigen Voraussetzungen der §§ 22 bis 25 und 28 die Einziehung eines Gegenstandes oder des Wertersatzes zulassen oder den Ausschluß der Entschädigung begründen würde, so wird seine Handlung bei Anwendung dieser Vorschriften dem Vertretenen zugerechnet.

(2) § 9 Abs. 3 gilt entsprechend.

Sechster Abschnitt. Einziehung des Wertes von Taterträgen; Geldbuße gegen juristische Personen und Personenvereinigungen

§ 29a Einziehung des Wertes von Taterträgen. (1) Hat der Täter durch eine mit Geldbuße bedrohte Handlung oder für sie etwas erlangt und wird gegen ihn wegen der Handlung eine Geldbuße nicht festgesetzt, so kann gegen ihn die Einziehung eines Geldbetrages bis zu der Höhe angeordnet werden, die dem Wert des Erlangten entspricht.

(2) [1] Die Anordnung der Einziehung eines Geldbetrages bis zu der in Absatz 1 genannten Höhe kann sich gegen einen anderen, der nicht Täter ist, richten, wenn
1. er durch eine mit Geldbuße bedrohte Handlung etwas erlangt hat und der Täter für ihn gehandelt hat,
2. ihm das Erlangte
   a) unentgeltlich oder ohne rechtlichen Grund übertragen wurde oder
   b) übertragen wurde und er erkannt hat oder hätte erkennen müssen, dass das Erlangte aus einer mit Geldbuße bedrohten Handlung herrührt, oder
3. das Erlangte auf ihn
   a) als Erbe übergegangen ist oder

b) als Pflichtteilsberechtigter oder Vermächtnisnehmer übertragen worden ist.

[2] Satz 1 Nummer 2 und 3 findet keine Anwendung, wenn das Erlangte zuvor einem Dritten, der nicht erkannt hat oder hätte erkennen müssen, dass das Erlangte aus einer mit Geldbuße bedrohten Handlung herrührt, entgeltlich und mit rechtlichem Grund übertragen wurde.

(3) [1] Bei der Bestimmung des Wertes des Erlangten sind die Aufwendungen des Täters oder des anderen abzuziehen. [2] Außer Betracht bleibt jedoch das, was für die Begehung der Tat oder für ihre Vorbereitung aufgewendet oder eingesetzt worden ist.

(4) [1] Umfang und Wert des Erlangten einschließlich der abzuziehenden Aufwendungen können geschätzt werden. [2] § 18 gilt entsprechend.

(5) Wird gegen den Täter ein Bußgeldverfahren nicht eingeleitet oder wird es eingestellt, so kann die Einziehung selbständig angeordnet werden.

§ 30 Geldbuße gegen juristische Personen und Personenvereinigungen. (1) Hat jemand

1. als vertretungsberechtigtes Organ einer juristischen Person oder als Mitglied eines solchen Organs,
2. als Vorstand eines nicht rechtsfähigen Vereins oder als Mitglied eines solchen Vorstandes,
3. als vertretungsberechtigter Gesellschafter einer rechtsfähigen Personengesellschaft,
4. als Generalbevollmächtigter oder in leitender Stellung als Prokurist oder Handlungsbevollmächtigter einer juristischen Person oder einer in Nummer 2 oder 3 genannten Personenvereinigung oder
5. als sonstige Person, die für die Leitung des Betriebs oder Unternehmens einer juristischen Person oder einer in Nummer 2 oder 3 genannten Personenvereinigung verantwortlich handelt, wozu auch die Überwachung der Geschäftsführung oder die sonstige Ausübung von Kontrollbefugnissen in leitender Stellung gehört,

eine Straftat oder Ordnungswidrigkeit begangen, durch die Pflichten, welche die juristische Person oder die Personenvereinigung treffen, verletzt worden sind oder die juristische Person oder die Personenvereinigung bereichert worden ist oder werden sollte, so kann gegen diese eine Geldbuße festgesetzt werden.

(2) [1] Die Geldbuße beträgt

1. im Falle einer vorsätzlichen Straftat bis zu zehn Millionen Euro,
2. im Falle einer fahrlässigen Straftat bis zu fünf Millionen Euro.

[2] Im Falle einer Ordnungswidrigkeit bestimmt sich das Höchstmaß der Geldbuße nach dem für die Ordnungswidrigkeit angedrohten Höchstmaß der Geldbuße. [3] Verweist das Gesetz auf diese Vorschrift, so verzehnfacht sich das Höchstmaß der Geldbuße nach Satz 2 für die im Gesetz bezeichneten Tatbestände. [4] Satz 2 gilt auch im Falle einer Tat, die gleichzeitig Straftat und Ordnungswidrigkeit ist, wenn das für die Ordnungswidrigkeit angedrohte Höchstmaß der Geldbuße das Höchstmaß nach Satz 1 übersteigt.

(2a) [1] Im Falle einer Gesamtrechtsnachfolge oder einer partiellen Gesamtrechtsnachfolge durch Aufspaltung (§ 123 Absatz 1 des Umwandlungsgesetzes) kann die Geldbuße nach Absatz 1 und 2 gegen den oder die Rechtsnachfolger festgesetzt werden. [2] Die Geldbuße darf in diesen Fällen den Wert des übernommenen Vermögens sowie die Höhe der gegenüber dem Rechtsvorgänger angemessenen Geldbuße nicht übersteigen. [3] Im Bußgeldverfahren tritt der Rechtsnachfolger oder treten die Rechtsnachfolger in die Verfahrensstellung ein, in der sich der Rechtsvorgänger zum Zeitpunkt des Wirksamwerdens der Rechtsnachfolge befunden hat.

(3) § 17 Abs. 4 und § 18 gelten entsprechend.

(4) [1] Wird wegen der Straftat oder Ordnungswidrigkeit ein Straf- oder Bußgeldverfahren nicht eingeleitet oder wird es eingestellt oder wird von Strafe abgesehen, so kann die Geldbuße selbständig festgesetzt werden. [2] Durch Gesetz kann bestimmt werden, daß die Geldbuße auch in weiteren Fällen selbständig festgesetzt werden kann. [3] Die selbständige Festsetzung einer Geldbuße gegen die juristische Person oder Personenvereinigung ist jedoch ausgeschlossen, wenn die Straftat oder Ordnungswidrigkeit aus rechtlichen Gründen nicht verfolgt werden kann; § 33 Abs. 1 Satz 2 bleibt unberührt.

(5) Die Festsetzung einer Geldbuße gegen die juristische Person oder Personenvereinigung schließt es aus, gegen sie wegen derselben Tat die Einziehung nach den §§ 73 oder 73c des Strafgesetzbuches oder nach § 29a anzuordnen.

(6) Bei Erlass eines Bußgeldbescheids ist zur Sicherung der Geldbuße § 111e Absatz 2 der Strafprozessordnung[1)] mit der Maßgabe anzuwenden, dass an die Stelle des Urteils der Bußgeldbescheid tritt.

Siebenter Abschnitt. Verjährung

§ 31 Verfolgungsverjährung. (1) [1] Durch die Verjährung werden die Verfolgung von Ordnungswidrigkeiten und die Anordnung von Nebenfolgen ausgeschlossen. [2] § 27 Abs. 2 Satz 1 Nr. 1 bleibt unberührt.

(2) Die Verfolgung von Ordnungswidrigkeiten verjährt, wenn das Gesetz nichts anderes bestimmt,

1. in drei Jahren bei Ordnungswidrigkeiten, die mit Geldbuße im Höchstmaß von mehr als fünfzehntausend Euro bedroht sind,
2. in zwei Jahren bei Ordnungswidrigkeiten, die mit Geldbuße im Höchstmaß von mehr als zweitausendfünfhundert bis zu fünfzehntausend Euro bedroht sind,
3. in einem Jahr bei Ordnungswidrigkeiten, die mit Geldbuße im Höchstmaß von mehr als eintausend bis zu zweitausendfünfhundert Euro bedroht sind,
4. in sechs Monaten bei den übrigen Ordnungswidrigkeiten.

(3) [1] Die Verjährung beginnt, sobald die Handlung beendet ist. [2] Tritt ein zum Tatbestand gehörender Erfolg erst später ein, so beginnt die Verjährung mit diesem Zeitpunkt.

§ 32 Ruhen der Verfolgungsverjährung. (1) [1] Die Verjährung ruht, solange nach dem Gesetz die Verfolgung nicht begonnen oder nicht fortgesetzt

---

1) Nr. 3.

werden kann. [2]Dies gilt nicht, wenn die Handlung nur deshalb nicht verfolgt werden kann, weil Antrag oder Ermächtigung fehlen.

(2) Ist vor Ablauf der Verjährungsfrist ein Urteil des ersten Rechtszuges oder ein Beschluß nach § 72 ergangen, so läuft die Verjährungsfrist nicht vor dem Zeitpunkt ab, in dem das Verfahren rechtskräftig abgeschlossen ist.

§ 33 Unterbrechung der Verfolgungsverjährung. (1) [1]Die Verjährung wird unterbrochen durch

1. die erste Vernehmung des Betroffenen, die Bekanntgabe, daß gegen ihn das Ermittlungsverfahren eingeleitet ist, oder die Anordnung dieser Vernehmung oder Bekanntgabe,
2. jede richterliche Vernehmung des Betroffenen oder eines Zeugen oder die Anordnung dieser Vernehmung,
3. jede Beauftragung eines Sachverständigen durch die Verfolgungsbehörde oder den Richter, wenn vorher der Betroffene vernommen oder ihm die Einleitung des Ermittlungsverfahrens bekanntgegeben worden ist,
4. jede Beschlagnahme- oder Durchsuchungsanordnung der Verfolgungsbehörde oder des Richters und richterliche Entscheidungen, welche diese aufrechterhalten,
5. die vorläufige Einstellung des Verfahrens wegen Abwesenheit des Betroffenen durch die Verfolgungsbehörde oder den Richter sowie jede Anordnung der Verfolgungsbehörde oder des Richters, die nach einer solchen Einstellung des Verfahrens zur Ermittlung des Aufenthalts des Betroffenen oder zur Sicherung von Beweisen ergeht,
6. jedes Ersuchen der Verfolgungsbehörde oder des Richters, eine Untersuchungshandlung im Ausland vorzunehmen,
7. die gesetzlich bestimmte Anhörung einer anderen Behörde durch die Verfolgungsbehörde vor Abschluß der Ermittlungen,
8. die Abgabe der Sache durch die Staatsanwaltschaft an die Verwaltungsbehörde nach § 43,
9. den Erlaß des Bußgeldbescheides, sofern er binnen zwei Wochen zugestellt wird, ansonsten durch die Zustellung,
10. den Eingang der Akten beim Amtsgericht gemäß § 69 Abs. 3 Satz 1 und Abs. 5 Satz 2 und die Zurückverweisung der Sache an die Verwaltungsbehörde nach § 69 Abs. 5 Satz 1,
11. jede Anberaumung einer Hauptverhandlung,
12. den Hinweis auf die Möglichkeit, ohne Hauptverhandlung zu entscheiden (§ 72 Abs. 1 Satz 2),
13. die Erhebung der öffentlichen Klage,
14. die Eröffnung des Hauptverfahrens,
15. den Strafbefehl oder eine andere dem Urteil entsprechende Entscheidung.

[2]Im selbständigen Verfahren wegen der Anordnung einer Nebenfolge oder der Festsetzung einer Geldbuße gegen eine juristische Person oder Personenvereinigung wird die Verjährung durch die dem Satz 1 entsprechenden Handlungen zur Durchführung des selbständigen Verfahrens unterbrochen.

(2) [1]Die Verjährung ist bei einer schriftlichen Anordnung oder Entscheidung in dem Zeitpunkt unterbrochen, in dem die Anordnung oder Entscheidung abgefasst wird. [2]Ist das Dokument nicht alsbald nach der Abfassung in den

Geschäftsgang gelangt, so ist der Zeitpunkt maßgebend, in dem es tatsächlich in den Geschäftsgang gegeben worden ist.

(3) [1] Nach jeder Unterbrechung beginnt die Verjährung von neuem. [2] Die Verfolgung ist jedoch spätestens verjährt, wenn seit dem in § 31 Abs. 3 bezeichneten Zeitpunkt das Doppelte der gesetzlichen Verjährungsfrist, mindestens jedoch zwei Jahre verstrichen sind. [3] Wird jemandem in einem bei Gericht anhängigen Verfahren eine Handlung zur Last gelegt, die gleichzeitig Straftat und Ordnungswidrigkeit ist, so gilt als gesetzliche Verjährungsfrist im Sinne des Satzes 2 die Frist, die sich aus der Strafdrohung ergibt. [4] § 32 bleibt unberührt.

(4) [1] Die Unterbrechung wirkt nur gegenüber demjenigen, auf den sich die Handlung bezieht. [2] Die Unterbrechung tritt in den Fällen des Absatzes 1 Satz 1 Nr. 1 bis 7, 11 und 13 bis 15 auch dann ein, wenn die Handlung auf die Verfolgung der Tat als Straftat gerichtet ist.

§ 34 Vollstreckungsverjährung. (1) Eine rechtskräftig festgesetzte Geldbuße darf nach Ablauf der Verjährungsfrist nicht mehr vollstreckt werden.

(2) Die Verjährungsfrist beträgt

1. fünf Jahre bei einer Geldbuße von mehr als eintausend Euro,
2. drei Jahre bei einer Geldbuße bis zu eintausend Euro.

(3) Die Verjährung beginnt mit der Rechtskraft der Entscheidung.

(4) Die Verjährung ruht, solange

1. nach dem Gesetz die Vollstreckung nicht begonnen oder nicht fortgesetzt werden kann,
2. die Vollstreckung ausgesetzt ist oder
3. eine Zahlungserleichterung bewilligt ist.

(5) [1] Die Absätze 1 bis 4 gelten entsprechend für Nebenfolgen, die zu einer Geldzahlung verpflichten. [2] Ist eine solche Nebenfolge neben einer Geldbuße angeordnet, so verjährt die Vollstreckung der einen Rechtsfolge nicht früher als die der anderen.

Zweiter Teil. Bußgeldverfahren

Erster Abschnitt. Zuständigkeit zur Verfolgung und Ahndung von Ordnungswidrigkeiten

§ 35 Verfolgung und Ahndung durch die Verwaltungsbehörde.

(1) Für die Verfolgung von Ordnungswidrigkeiten ist die Verwaltungsbehörde zuständig, soweit nicht hierzu nach diesem Gesetz die Staatsanwaltschaft oder an ihrer Stelle für einzelne Verfolgungshandlungen der Richter berufen ist.

(2) Die Verwaltungsbehörde ist auch für die Ahndung von Ordnungswidrigkeiten zuständig, soweit nicht hierzu nach diesem Gesetz das Gericht berufen ist.

§ 36 Sachliche Zuständigkeit der Verwaltungsbehörde. (1) Sachlich zuständig ist

1. die Verwaltungsbehörde, die durch Gesetz bestimmt wird,
2. mangels einer solchen Bestimmung

a) die fachlich zuständige oberste Landesbehörde oder
b) das fachlich zuständige Bundesministerium, soweit das Gesetz von Bundesbehörden ausgeführt wird.

(2) [1] Die Landesregierung kann die Zuständigkeit nach Absatz 1 Nr. 2 Buchstabe a durch Rechtsverordnung auf eine andere Behörde oder sonstige Stelle übertragen. [2] Die Landesregierung kann die Ermächtigung auf die oberste Landesbehörde übertragen.

(3) Das nach Absatz 1 Nr. 2 Buchstabe b zuständige Bundesministerium kann seine Zuständigkeit durch Rechtsverordnung, die nicht der Zustimmung des Bundesrates bedarf, auf eine andere Behörde oder sonstige Stelle übertragen.

§ 37 Örtliche Zuständigkeit der Verwaltungsbehörde. (1) Örtlich zuständig ist die Verwaltungsbehörde, in deren Bezirk
1. die Ordnungswidrigkeit begangen oder entdeckt worden ist oder
2. der Betroffene zur Zeit der Einleitung des Bußgeldverfahrens seinen Wohnsitz hat.

(2) Ändert sich der Wohnsitz des Betroffenen nach Einleitung des Bußgeldverfahrens, so ist auch die Verwaltungsbehörde örtlich zuständig, in deren Bezirk der neue Wohnsitz liegt.

(3) Hat der Betroffene im räumlichen Geltungsbereich dieses Gesetzes keinen Wohnsitz, so wird die Zuständigkeit auch durch den gewöhnlichen Aufenthaltsort bestimmt.

(4) [1] Ist die Ordnungswidrigkeit auf einem Schiff, das berechtigt ist, die Bundesflagge zu führen, außerhalb des räumlichen Geltungsbereichs dieses Gesetzes begangen worden, so ist auch die Verwaltungsbehörde örtlich zuständig, in deren Bezirk der Heimathafen oder der Hafen im räumlichen Geltungsbereich dieses Gesetzes liegt, den das Schiff nach der Tat zuerst erreicht. [2] Satz 1 gilt entsprechend für Luftfahrzeuge, die berechtigt sind, das Staatszugehörigkeitszeichen der Bundesrepublik Deutschland zu führen.

§ 38 Zusammenhängende Ordnungswidrigkeiten. [1] Bei zusammenhängenden Ordnungswidrigkeiten, die einzeln nach § 37 zur Zuständigkeit verschiedener Verwaltungsbehörden gehören würden, ist jede dieser Verwaltungsbehörden zuständig. [2] Zwischen mehreren Ordnungswidrigkeiten besteht ein Zusammenhang, wenn jemand mehrerer Ordnungswidrigkeiten beschuldigt wird oder wenn hinsichtlich derselben Tat mehrere Personen einer Ordnungswidrigkeit beschuldigt werden.

§ 39 Mehrfache Zuständigkeit. (1) [1] Sind nach den §§ 36 bis 38 mehrere Verwaltungsbehörden zuständig, so gebührt der Vorzug der Verwaltungsbehörde, die wegen der Tat den Betroffenen zuerst vernommen hat, ihn durch die Polizei zuerst hat vernehmen lassen oder der die Akten von der Polizei nach der Vernehmung des Betroffenen zuerst übersandt worden sind. [2] Diese Verwaltungsbehörde kann in den Fällen des § 38 das Verfahren wegen der zusammenhängenden Tat wieder abtrennen.

(2) [1] In den Fällen des Absatzes 1 Satz 1 kann die Verfolgung und Ahndung jedoch einer anderen der zuständigen Verwaltungsbehörden durch eine Vereinbarung dieser Verwaltungsbehörden übertragen werden, wenn dies zur Be-

schleunigung oder Vereinfachung des Verfahrens oder aus anderen Gründen sachdienlich erscheint. [2] Sind mehrere Verwaltungsbehörden sachlich zuständig, so soll die Verwaltungsbehörde, der nach Absatz 1 Satz 1 der Vorzug gebührt, die anderen sachlich zuständigen Verwaltungsbehörden spätestens vor dem Abschluß der Ermittlungen hören.

(3) Kommt eine Vereinbarung nach Absatz 2 Satz 1 nicht zustande, so entscheidet auf Antrag einer der beteiligten Verwaltungsbehörden

1. die gemeinsame nächsthöhere Verwaltungsbehörde,
2. wenn eine gemeinsame höhere Verwaltungsbehörde fehlt, das nach § 68 zuständige gemeinsame Gericht und,
3. wenn nach § 68 verschiedene Gerichte zuständig wären, das für diese Gerichte gemeinsame obere Gericht.

(4) In den Fällen der Absätze 2 und 3 kann die Übertragung in gleicher Weise wieder aufgehoben werden.

§ 40 Verfolgung durch die Staatsanwaltschaft. Im Strafverfahren ist die Staatsanwaltschaft für die Verfolgung der Tat auch unter dem rechtlichen Gesichtspunkt einer Ordnungswidrigkeit zuständig, soweit ein Gesetz nichts anderes bestimmt.

§ 41 Abgabe an die Staatsanwaltschaft. (1) Die Verwaltungsbehörde gibt die Sache an die Staatsanwaltschaft ab, wenn Anhaltspunkte dafür vorhanden sind, daß die Tat eine Straftat ist.

(2) Sieht die Staatsanwaltschaft davon ab, ein Strafverfahren einzuleiten, so gibt sie die Sache an die Verwaltungsbehörde zurück.

§ 42 Übernahme durch die Staatsanwaltschaft. (1) [1] Die Staatsanwaltschaft kann bis zum Erlaß des Bußgeldbescheides die Verfolgung der Ordnungswidrigkeit übernehmen, wenn sie eine Straftat verfolgt, die mit der Ordnungswidrigkeit zusammenhängt. [2] Zwischen einer Straftat und einer Ordnungswidrigkeit besteht ein Zusammenhang, wenn jemand sowohl einer Straftat als auch einer Ordnungswidrigkeit oder wenn hinsichtlich derselben Tat eine Person einer Straftat und eine andere einer Ordnungswidrigkeit beschuldigt wird.

(2) Die Staatsanwaltschaft soll die Verfolgung nur übernehmen, wenn dies zur Beschleunigung des Verfahrens oder wegen des Sachzusammenhangs oder aus anderen Gründen für die Ermittlungen oder die Entscheidung sachdienlich erscheint.

§ 43 Abgabe an die Verwaltungsbehörde. (1) Stellt die Staatsanwaltschaft in den Fällen des § 40 das Verfahren nur wegen der Straftat ein oder übernimmt sie in den Fällen des § 42 die Verfolgung nicht, sind aber Anhaltspunkte dafür vorhanden, daß die Tat als Ordnungswidrigkeit verfolgt werden kann, so gibt sie die Sache an die Verwaltungsbehörde ab.

(2) Hat die Staatsanwaltschaft die Verfolgung übernommen, so kann sie die Sache an die Verwaltungsbehörde abgeben, solange das Verfahren noch nicht bei Gericht anhängig ist; sie hat die Sache abzugeben, wenn sie das Verfahren nur wegen der zusammenhängenden Straftat einstellt.

§ 44 Bindung der Verwaltungsbehörde. Die Verwaltungsbehörde ist an die Entschließung der Staatsanwaltschaft gebunden, ob eine Tat als Straftat verfolgt wird oder nicht.

§ 45 Zuständigkeit des Gerichts. Verfolgt die Staatsanwaltschaft die Ordnungswidrigkeit mit einer zusammenhängenden Straftat, so ist für die Ahndung der Ordnungswidrigkeit das Gericht zuständig, das für die Strafsache zuständig ist.

Zweiter Abschnitt. Allgemeine Verfahrensvorschriften

§ 46 Anwendung der Vorschriften über das Strafverfahren. (1) Für das Bußgeldverfahren gelten, soweit dieses Gesetz nichts anderes bestimmt, sinngemäß die Vorschriften der allgemeinen Gesetze über das Strafverfahren, namentlich der Strafprozeßordnung[1)], des Gerichtsverfassungsgesetzes und des Jugendgerichtsgesetzes[2)].

(2) Die Verfolgungsbehörde hat, soweit dieses Gesetz nichts anderes bestimmt, im Bußgeldverfahren dieselben Rechte und Pflichten wie die Staatsanwaltschaft bei der Verfolgung von Straftaten.

(3) [1] Anstaltsunterbringung, Verhaftung und vorläufige Festnahme, Beschlagnahme von Postsendungen und Telegrammen sowie Auskunftsersuchen über Umstände, die dem Post- und Fernmeldegeheimnis unterliegen, sind unzulässig. [2] § 160 Abs. 3 Satz 2 der Strafprozeßordnung über die Gerichtshilfe ist nicht anzuwenden. [3] Ein Klageerzwingungsverfahren findet nicht statt. [4] Die Vorschriften über die Beteiligung des Verletzten am Verfahren und über das länderübergreifende staatsanwaltliche Verfahrensregister sind nicht anzuwenden; dies gilt nicht für § 406e der Strafprozeßordnung.

(4) [1] § 81a Abs. 1 Satz 2 der Strafprozeßordnung ist mit der Einschränkung anzuwenden, daß nur die Entnahme von Blutproben und andere geringfügige Eingriffe zulässig sind. [2] Die Entnahme einer Blutprobe bedarf abweichend von § 81a Absatz 2 Satz 1 der Strafprozessordnung keiner richterlichen Anordnung, wenn bestimmte Tatsachen den Verdacht begründen, dass eine Ordnungswidrigkeit nach den §§ 24a und 24c des Straßenverkehrsgesetzes[3)] begangen worden ist. [3] In einem Strafverfahren entnommene Blutproben und sonstige Körperzellen, deren Entnahme im Bußgeldverfahren nach Satz 1 zulässig gewesen wäre, dürfen verwendet werden. [4] Die Verwendung von Blutproben und sonstigen Körperzellen zur Durchführung einer Untersuchung im Sinne des § 81e der Strafprozeßordnung ist unzulässig.

(4a) § 100j Absatz 1 Satz 1 Nummer 2 der Strafprozessordnung, auch in Verbindung mit § 100j Absatz 2 der Strafprozessordnung, ist mit der Einschränkung anzuwenden, dass die Erhebung von Bestandsdaten nur zur Verfolgung von Ordnungswidrigkeiten zulässig ist, die gegenüber natürlichen Personen mit Geldbußen im Höchstmaß von mehr als fünfzehntausend Euro bedroht sind.

(5) [1] Die Anordnung der Vorführung des Betroffenen und der Zeugen, die einer Ladung nicht nachkommen, bleibt dem Richter vorbehalten. [2] Die Haft

---

[1)] Auszugsweise abgedruckt unter Nr. **3**.
[2)] Auszugsweise abgedruckt unter Nr. **4**.
[3)] Nr. **7**.

zur Erzwingung des Zeugnisses (§ 70 Abs. 2 der Strafprozessordnung) darf sechs Wochen nicht überschreiten.

(6) Im Verfahren gegen Jugendliche und Heranwachsende kann von der Heranziehung der Jugendgerichtshilfe (§ 38 des Jugendgerichtsgesetzes) abgesehen werden, wenn ihre Mitwirkung für die sachgemäße Durchführung des Verfahrens entbehrlich ist.

(7) Im gerichtlichen Verfahren entscheiden beim Amtsgericht Abteilungen für Bußgeldsachen, beim Landgericht Kammern für Bußgeldsachen und beim Oberlandesgericht sowie beim Bundesgerichtshof Senate für Bußgeldsachen.

(8) Die Vorschriften zur Durchführung des § 191a Absatz 1 Satz 1 bis 4 des Gerichtsverfassungsgesetzes im Bußgeldverfahren sind in der Rechtsverordnung nach § 191a Abs. 2 des Gerichtsverfassungsgesetzes zu bestimmen.

§ 47 Verfolgung von Ordnungswidrigkeiten. (1) [1] Die Verfolgung von Ordnungswidrigkeiten liegt im pflichtgemäßen Ermessen der Verfolgungsbehörde. [2] Solange das Verfahren bei ihr anhängig ist, kann sie es einstellen.

(2) [1] Ist das Verfahren bei Gericht anhängig und hält dieses eine Ahndung nicht für geboten, so kann es das Verfahren mit Zustimmung der Staatsanwaltschaft in jeder Lage einstellen. [2] Die Zustimmung ist nicht erforderlich, wenn durch den Bußgeldbescheid eine Geldbuße bis zu einhundert Euro verhängt worden ist und die Staatsanwaltschaft erklärt hat, sie nehme an der Hauptverhandlung nicht teil. [3] Der Beschluß ist nicht anfechtbar.

(3) Die Einstellung des Verfahrens darf nicht von der Zahlung eines Geldbetrages an eine gemeinnützige Einrichtung oder sonstige Stelle abhängig gemacht oder damit in Zusammenhang gebracht werden.

§ 48 *(aufgehoben)*

§ 49 Akteneinsicht des Betroffenen und der Verwaltungsbehörde.

(1) [1] Die Verwaltungsbehörde gewährt dem Betroffenen auf Antrag Einsicht in die Akten, soweit der Untersuchungszweck, auch in einem anderen Straf- oder Bußgeldverfahren, nicht gefährdet werden kann und nicht überwiegende schutzwürdige Interessen Dritter entgegenstehen. [2] Werden die Akten nicht elektronisch geführt, können an Stelle der Einsichtnahme in die Akten Kopien aus den Akten übermittelt werden.

(2) [1] Ist die Staatsanwaltschaft Verfolgungsbehörde, so ist die sonst zuständige Verwaltungsbehörde befugt, die Akten, die dem Gericht vorliegen oder im gerichtlichen Verfahren vorzulegen wären, einzusehen sowie sichergestellte und beschlagnahmte Gegenstände zu besichtigen. [2] Akten, die in Papierform geführt werden, werden der Verwaltungsbehörde auf Antrag zur Einsichtnahme übersandt.

§ 49a Verfahrensübergreifende Mitteilungen von Amts wegen.

(1) [1] Von Amts wegen dürfen Gerichte, Staatsanwaltschaften und Verwaltungsbehörden personenbezogene Daten aus Bußgeldverfahren den zuständigen Behörden und Gerichten übermitteln, soweit dies aus Sicht der übermittelnden Stelle erforderlich ist für

1. die Verfolgung von Straftaten oder von anderen Ordnungswidrigkeiten,

2. Entscheidungen in anderen Bußgeldsachen einschließlich der Entscheidungen bei der Vollstreckung von Bußgeldentscheidungen oder in Gnadensachen oder
3. sonstige Entscheidungen oder Maßnahmen nach § 477 Absatz 2 der Strafprozessordnung1);

Gleiches gilt für die Behörden des Polizeidienstes, soweit dies die entsprechende Anwendung von § 480 Absatz 1 der Strafprozessordnung1) gestattet. 2 Die §§ 478, 479 Absatz 1, 2, 5 Satz 1 und Absatz 6 sowie § 480 Absatz 1 und 2 der Strafprozessordnung1) gelten sinngemäß.

(2) Die Übermittlung ist auch zulässig, wenn besondere Umstände des Einzelfalls die Übermittlung für die in § 14 Abs. 1 Nr. 4 bis 9 des Einführungsgesetzes zum Gerichtsverfassungsgesetz genannten Zwecke in Verbindung mit Absatz 2 Satz 2 und 4 jener Vorschrift in sinngemäßer Anwendung erfordern.

(3) Eine Übermittlung nach den Absätzen 1 und 2 unterbleibt, soweit für die übermittelnde Stelle offensichtlich ist, dass schutzwürdige Interessen des Betroffenen an dem Ausschluss der Übermittlung überwiegen.

(4) 1 Für die Übermittlung durch Verwaltungsbehörden sind zusätzlich sinngemäß anzuwenden

1. die §§ 12, 13, 16, 17 Nr. 2 bis 5 und §§ 18 bis 21 des Einführungsgesetzes zum Gerichtsverfassungsgesetz und
2. § 22 des Einführungsgesetzes zum Gerichtsverfassungsgesetz mit der Maßgabe, daß an die Stelle des Verfahrens nach den §§ 23 bis 30 dieses Gesetzes das Verfahren nach § 62 Abs. 1 Satz 1, Abs. 2 und an die Stelle des in § 25 des Einführungsgesetzes zum Gerichtsverfassungsgesetz bezeichneten Gerichts das in § 68 bezeichnete Gericht tritt.

2 Die für das Bußgeldverfahren zuständige Behörde darf darüber hinaus die dieses Verfahren abschließende Entscheidung derjenigen Verwaltungsbehörde übermitteln, die das Bußgeldverfahren veranlaßt oder sonst an dem Verfahren mitgewirkt hat, wenn dies aus der Sicht der übermittelnden Stelle zur Erfüllung einer in der Zuständigkeit des Empfängers liegenden Aufgabe, die im Zusammenhang mit dem Gegenstand des Verfahrens steht, erforderlich ist; ist mit der Entscheidung ein Rechtsmittel verworfen worden, so darf auch die angefochtene Enscheidung übermittelt werden. 3 Das Bundesministerium, das für bundesrechtliche Bußgeldvorschriften in seinem Geschäftsbereich zuständig ist, kann insoweit mit Zustimmung des Bundesrates allgemeine Verwaltungsvorschriften im Sinne des § 12 Abs. 5 des Einführungsgesetzes zum Gerichtsverfassungsgesetz erlassen.

(5) 1 § 481 der Strafprozessordnung1) ist sinngemäß anzuwenden. 2 Eine Übermittlung entsprechend § 481 Abs. 1 Satz 2 der Strafprozessordnung1) unterbleibt unter der Voraussetzung des Absatzes 3. 3 Von § 482 der Strafprozessordnung1) ist nur Absatz 1 sinngemäß anzuwenden, wobei die Mitteilung des Aktenzeichens auch an eine andere Verwaltungsbehörde, die das Bußgeldverfahren veranlasst oder sonst an dem Verfahren mitgewirkt hat, erfolgt.

§ 49b Verfahrensübergreifende Mitteilungen auf Ersuchen; sonstige Verwendung von Daten für verfahrensübergreifende Zwecke. Für die Erteilung von Auskünften und Gewährung von Akteneinsicht auf Ersuchen

1) Nr. 3.

sowie die sonstige Verwendung von Daten aus Bußgeldverfahren für verfahrensübergreifende Zwecke gelten die §§ 474 bis 476, 478 bis 481 und 498 Absatz 2 der Strafprozessordnung[1] sinngemäß, wobei

1. in § 474 Absatz 2 Satz 1 Nummer 1 der Strafprozessordnung[1] an die Stelle der Straftat die Ordnungswidrigkeit tritt,
2. in § 474 Absatz 2 Satz 1 Nummer 2 und 3 und § 481 der Strafprozessordnung[1] an die Stelle besonderer Vorschriften über die Übermittlung oder Verwendung personenbezogener Informationen aus Strafverfahren solche über die Übermittlung oder Verwendung personenbezogener Daten aus Bußgeldverfahren treten,
3. in § 479 Absatz 1 der Strafprozessordnung[1] an die Stelle der Zwecke des Strafverfahrens die Zwecke des Bußgeldverfahrens treten,
4. in § 479 Absatz 4 Nummer 2 der Strafprozessordnung[1] an die Stelle der Frist von zwei Jahren eine Frist von einem Jahr tritt und
5. § 480 Absatz 3 Satz 1 der Strafprozessordnung[1] mit der Maßgabe anzuwenden ist, dass für die Übermittlung durch Verwaltungsbehörden über den Antrag auf gerichtliche Entscheidung das in § 68 bezeichnete Gericht im Verfahren nach § 62 Abs. 1 Satz 1, Abs. 2 entscheidet.

§ 49c Dateiregelungen. (1) Für die Verarbeitung und Nutzung personenbezogener Daten in Dateien gelten vorbehaltlich des § 496 Absatz 3 der Strafprozessordnung und besonderer Regelungen in anderen Gesetzen die Vorschriften des Zweiten Abschnitts des Achten Buches der Strafprozessordnung[2] nach Maßgabe der folgenden Vorschriften sinngemäß.

(2) [1]Die Speicherung, Veränderung und Nutzung darf vorbehaltlich des Absatzes 3 nur bei Gerichten, Staatsanwaltschaften und Verwaltungsbehörden einschließlich Vollstreckungsbehörden sowie den Behörden des Polizeidienstes erfolgen, soweit dies entsprechend den §§ 483, 484 Abs. 1 und § 485 der Strafprozessordnung[1] zulässig ist; dabei treten an die Stelle der Zwecke des Strafverfahrens die Zwecke des Bußgeldverfahrens. [2]Personenbezogene Daten aus Bußgeldverfahren dürfen auch verwendet werden, soweit es für Zwecke eines Strafverfahrens, Gnadenverfahrens oder der internationalen Rechts- und Amtshilfe in Straf- und Bußgeldsachen erforderlich ist. [3]Die Speicherung personenbezogener Daten von Personen, die zur Tatzeit nicht strafmündig waren, für Zwecke künftiger Bußgeldverfahren ist unzulässig.

(3) Die Errichtung einer gemeinsamen automatisierten Datei entsprechend § 486 der Strafprozessordnung[1] für die in Absatz 2 genannten Stellen, die den Geschäftsbereichen verschiedener Bundes- oder Landesministerien angehören, ist nur zulässig, wenn sie zur ordnungsgemäßen Aufgabenerfüllung erforderlich und unter Berücksichtigung der schutzwürdigen Interessen der Betroffenen angemessen ist.

(4) [1]§ 487 Abs. 1 Satz 1 der Strafprozessordnung[1] ist mit der Maßgabe anzuwenden, dass die nach den Absätzen 1 bis 3 gespeicherten Daten den zuständigen Stellen nur für die in Absatz 2 genannten Zwecke übermittelt werden dürfen; § 49a Abs. 3 gilt für Übermittlungen von Amts wegen entsprechend. [2]§ 487 Abs. 2 der Strafprozessordnung[1] ist mit der Maßgabe

---

[1] Nr. **3**.
[2] Auszugsweise abgedruckt unter Nr. **3**.

anzuwenden, dass die Übermittlung erfolgen kann, soweit sie nach diesem Gesetz aus den Akten erfolgen könnte.

(5) Soweit personenbezogene Daten für Zwecke der künftigen Verfolgung von Ordnungswidrigkeiten gespeichert werden, darf die Frist im Sinne von § 489 Absatz 3 Satz 2 Nummer 1 der Strafprozessordnung[1)] bei einer Geldbuße von mehr als 250 Euro fünf Jahre, in allen übrigen Fällen des § 489 Absatz 3 Satz 2 Nummer 1 bis 3 der Strafprozessordnung[1)] zwei Jahre nicht übersteigen.

§ 49d Schutz personenbezogener Daten in einer elektronischen Akte. § 496 Absatz 1 und 2 sowie die §§ 497 und 498 Absatz 1 der Strafprozessordnung gelten entsprechend, wobei in § 496 Absatz 1 und § 498 Absatz 1 der Strafprozessordnung an die Stelle des jeweiligen Strafverfahrens das jeweilige Bußgeldverfahren tritt.

§ 50 Bekanntmachung von Maßnahmen der Verwaltungsbehörde. (1) [1] Anordnungen, Verfügungen und sonstige Maßnahmen der Verwaltungsbehörde werden der Person, an die sich die Maßnahme richtet, formlos bekanntgemacht. [2] Ist gegen die Maßnahme ein befristeter Rechtsbehelf zulässig, so wird sie in einem Bescheid durch Zustellung bekanntgemacht.

(2) Bei der Bekanntmachung eines Bescheides der Verwaltungsbehörde, der durch einen befristeten Rechtsbehelf angefochten werden kann, ist die Person, an die sich die Maßnahme richtet, über die Möglichkeit der Anfechtung und die dafür vorgeschriebene Frist und Form zu belehren.

§ 51 Verfahren bei Zustellungen der Verwaltungsbehörde. (1) [1] Für das Zustellungsverfahren der Verwaltungsbehörde gelten die Vorschriften des Verwaltungszustellungsgesetzes[2)], wenn eine Verwaltungsbehörde des Bundes das Verfahren durchführt, sonst die entsprechenden landesrechtlichen Vorschriften, soweit die Absätze 2 bis 5 nichts anderes bestimmen. [2] Wird ein Dokument mit Hilfe automatischer Einrichtungen erstellt, so wird das so hergestellte Dokument zugestellt.

(2) Ein Bescheid (§ 50 Abs. 1 Satz 2) wird dem Betroffenen zugestellt und, wenn er einen gesetzlichen Vertreter hat, diesem mitgeteilt.

(3) [1] Der gewählte Verteidiger, dessen Bevollmächtigung nachgewiesen ist, sowie der bestellte Verteidiger gelten als ermächtigt, Zustellungen und sonstige Mitteilungen für den Betroffenen in Empfang zu nehmen; für die Zustellung einer Ladung des Betroffenen gilt dies nur, wenn der Verteidiger in der Vollmacht ausdrücklich zur Empfangnahme von Ladungen ermächtigt ist. [2] Zum Nachweis der Bevollmächtigung genügt die Übermittlung einer Kopie der Vollmacht durch den Verteidiger. [3] Die Nachreichung der Vollmacht im Original kann verlangt werden; hierfür kann eine Frist bestimmt werden. [4] Wird ein Bescheid dem Verteidiger nach Satz 1 Halbsatz 1 zugestellt, so wird der Betroffene hiervon zugleich unterrichtet; dabei erhält er formlos eine Abschrift des Bescheides. [5] Wird ein Bescheid dem Betroffenen zugestellt, so wird der Verteidiger hiervon zugleich unterrichtet, auch wenn eine Vollmacht bei den Akten nicht vorliegt; dabei erhält er formlos eine Abschrift des Bescheides.

---

1) Nr. **3**.
2) Nr. **6**.

(4) Wird die für den Beteiligten bestimmte Zustellung an mehrere Empfangsberechtigte bewirkt, so richtet sich die Berechnung einer Frist nach der zuletzt bewirkten Zustellung.

(5) [1] § 6 Abs. 1 des Verwaltungszustellungsgesetzes und die entsprechenden landesrechtlichen Vorschriften sind nicht anzuwenden. [2] Hat der Betroffene einen Verteidiger, so sind auch § 7 Abs. 1 Satz 1 und 2 und Abs. 2 des Verwaltungszustellungsgesetzes des und die entsprechenden landesrechtlichen Vorschriften nicht anzuwenden.

§ 52 Wiedereinsetzung in den vorigen Stand. (1) Für den befristeten Rechtsbehelf gegen den Bescheid der Verwaltungsbehörde gelten die §§ 44, 45, 46 Abs. 2 und 3 und § 47 der Strafprozeßordnung[1)] über die Wiedereinsetzung in den vorigen Stand entsprechend, soweit Absatz 2 nichts anderes bestimmt.

(2) [1] Über die Gewährung der Wiedereinsetzung in den vorigen Stand und den Aufschub der Vollstreckung entscheidet die Verwaltungsbehörde. [2] Ist das Gericht, das bei rechtzeitigem Rechtsbehelf zur Entscheidung in der Sache selbst zuständig gewesen wäre, mit dem Rechtsbehelf befaßt, so entscheidet es auch über die Gewährung der Wiedereinsetzung in den vorigen Stand und den Aufschub der Vollstreckung. [3] Verwirft die Verwaltungsbehörde den Antrag auf Wiedereinsetzung in den vorigen Stand, so ist gegen den Bescheid innerhalb von zwei Wochen nach Zustellung der Antrag auf gerichtliche Entscheidung nach § 62 zulässig.

Dritter Abschnitt. Vorverfahren

I. Allgemeine Vorschriften

§ 53 Aufgaben der Polizei. (1) [1] Die Behörden und Beamten des Polizeidienstes haben nach pflichtgemäßem Ermessen Ordnungswidrigkeiten zu erforschen und dabei alle unaufschiebbaren Anordnungen zu treffen, um die Verdunkelung der Sache zu verhüten. [2] Sie haben bei der Erforschung von Ordnungswidrigkeiten, soweit dieses Gesetz nichts anderes bestimmt, dieselben Rechte und Pflichten wie bei der Verfolgung von Straftaten. [3] Ihre Akten übersenden sie unverzüglich der Verwaltungsbehörde, in den Fällen des Zusammenhangs (§ 42) der Staatsanwaltschaft.

(2) Die Beamten des Polizeidienstes, die zu Ermittlungspersonen der Staatsanwaltschaft bestellt sind (§ 152 des Gerichtsverfassungsgesetzes), können nach den für sie geltenden Vorschriften der Strafprozeßordnung[2)] Beschlagnahmen, Durchsuchungen, Untersuchungen und sonstige Maßnahmen anordnen.

§ 54 (weggefallen)

§ 55 Anhörung des Betroffenen. (1) § 163a Abs. 1 der Strafprozeßordnung[1)] ist mit der Einschränkung anzuwenden, daß es genügt, wenn dem Betroffenen Gelegenheit gegeben wird, sich zu der Beschuldigung zu äußern.

(2) [1] Der Betroffene braucht nicht darauf hingewiesen zu werden, daß er auch schon vor seiner Vernehmung einen von ihm zu wählenden Verteidiger

---

1) Nr. **3**.
2) Auszugsweise abgedruckt unter Nr. **3**.

befragen kann. [2] § 136 Absatz 1 Satz 3 bis 5 der Strafprozeßordnung[1)] ist nicht anzuwenden.

II. Verwarnungsverfahren

§ 56 Verwarnung durch die Verwaltungsbehörde. (1) [1] Bei geringfügigen Ordnungswidrigkeiten kann die Verwaltungsbehörde den Betroffenen verwarnen und ein Verwarnungsgeld von fünf bis fünfundfünfzig Euro erheben. [2] Sie kann eine Verwarnung ohne Verwarnungsgeld erteilen.

(2) [1] Die Verwarnung nach Absatz 1 Satz 1 ist nur wirksam, wenn der Betroffene nach Belehrung über sein Weigerungsrecht mit ihr einverstanden ist und das Verwarnungsgeld entsprechend der Bestimmung der Verwaltungsbehörde entweder sofort zahlt oder innerhalb einer Frist, die eine Woche betragen soll, bei der hierfür bezeichneten Stelle oder bei der Post zur Überweisung an diese Stelle einzahlt. [2] Eine solche Frist soll bewilligt werden, wenn der Betroffene das Verwarnungsgeld nicht sofort zahlen kann oder wenn es höher ist als zehn Euro.

(3) [1] Über die Verwarnung nach Absatz 1 Satz 1, die Höhe des Verwarnungsgeldes und die Zahlung oder die etwa bestimmte Zahlungsfrist wird eine Bescheinigung erteilt. [2] Kosten (Gebühren und Auslagen) werden nicht erhoben.

(4) Ist die Verwarnung nach Absatz 1 Satz 1 wirksam, so kann die Tat nicht mehr unter den tatsächlichen und rechtlichen Gesichtspunkten verfolgt werden, unter denen die Verwarnung erteilt worden ist.

§ 57 Verwarnung durch Beamte des Außen- und Polizeidienstes.

(1) Personen, die ermächtigt sind, die Befugnis nach § 56 für die Verwaltungsbehörde im Außendienst wahrzunehmen, haben sich entsprechend auszuweisen.

(2) Die Befugnis nach § 56 steht auch den hierzu ermächtigten Beamten des Polizeidienstes zu, die eine Ordnungswidrigkeit entdecken oder im ersten Zugriff verfolgen und sich durch ihre Dienstkleidung oder in anderer Weise ausweisen.

§ 58 Ermächtigung zur Erteilung der Verwarnung. (1) [1] Die Ermächtigung nach § 57 Abs. 2 erteilt die oberste Dienstbehörde des Beamten oder die von ihr bestimmte Stelle. [2] Die oberste Dienstbehörde soll sich wegen der Frage, bei welchen Ordnungswidrigkeiten Ermächtigungen erteilt werden sollen, mit der zuständigen Behörde ins Benehmen setzen. [3] Zuständig ist bei Ordnungswidrigkeiten, für deren Verfolgung und Ahndung eine Verwaltungsbehörde des Bundes zuständig ist, das fachlich zuständige Bundesministerium, sonst die fachlich zuständige oberste Landesbehörde.

(2) Soweit bei bestimmten Ordnungswidrigkeiten im Hinblick auf ihre Häufigkeit und Gleichartigkeit eine möglichst gleichmäßige Behandlung angezeigt ist, sollen allgemeine Ermächtigungen an Verwaltungsangehörige und Beamte des Polizeidienstes zur Erteilung einer Verwarnung nähere Bestimmungen darüber enthalten, in welchen Fällen und unter welchen Voraussetzungen die

---

1) Nr. **3**.

Verwarnung erteilt und in welcher Höhe das Verwarnungsgeld erhoben werden soll.

III. Verfahren der Verwaltungsbehörde

§ 59 Vergütung von Sachverständigen, Dolmetschern und Übersetzern, Entschädigung von Zeugen und Dritten. Für die Vergütung von Sachverständigen, Dolmetschern und Übersetzern sowie die Entschädigung von Zeugen und Dritten (§ 23 des Justizvergütungs- und -entschädigungsgesetzes) ist das Justizvergütungs- und -entschädigungsgesetz anzuwenden.

§ 60 Verteidigung. [1] Ist die Mitwirkung eines Verteidigers im Verfahren der Verwaltungsbehörde geboten (§ 140 Absatz 2 der Strafprozeßordnung[1)]), so ist für dessen Bestellung die Verwaltungsbehörde zuständig. [2] Sie entscheidet auch über die Zulassung anderer Personen als Verteidiger und die Zurückweisung eines Verteidigers (§ 138 Abs. 2, § 146a Abs. 1 Satz 1, 2 der Strafprozeßordnung[1)]).

§ 61 Abschluß der Ermittlungen. Sobald die Verwaltungsbehörde die Ermittlungen abgeschlossen hat, vermerkt sie dies in den Akten, wenn sie die weitere Verfolgung der Ordnungswidrigkeit erwägt.

§ 62 Rechtsbehelf gegen Maßnahmen der Verwaltungsbehörde.

(1) [1] Gegen Anordnungen, Verfügungen und sonstige Maßnahmen, die von der Verwaltungsbehörde im Bußgeldverfahren getroffen werden, können der Betroffene und andere Personen, gegen die sich die Maßnahme richtet, gerichtliche Entscheidung beantragen. [2] Dies gilt nicht für Maßnahmen, die nur zur Vorbereitung der Entscheidung, ob ein Bußgeldbescheid erlassen oder das Verfahren eingestellt wird, getroffen werden und keine selbständige Bedeutung haben.

(2) [1] Über den Antrag entscheidet das nach § 68 zuständige Gericht. [2] Die §§ 297 bis 300, 302, 306 bis 309 und 311a der Strafprozeßordnung[1)] sowie die Vorschriften der Strafprozeßordnung[2)] über die Auferlegung der Kosten des Beschwerdeverfahrens gelten sinngemäß. [3] Die Entscheidung des Gerichts ist nicht anfechtbar, soweit das Gesetz nichts anderes bestimmt.

IV. Verfahren der Staatsanwaltschaft

§ 63 Beteiligung der Verwaltungsbehörde. (1) [1] Hat die Staatsanwaltschaft die Verfolgung der Ordnungswidrigkeit übernommen (§ 42), so haben die mit der Ermittlung von Ordnungswidrigkeiten betrauten Angehörigen der sonst zuständigen Verwaltungsbehörde dieselben Rechte und Pflichten wie die Beamten des Polizeidienstes im Bußgeldverfahren. [2] Die sonst zuständige Verwaltungsbehörde kann Beschlagnahmen, Notveräußerungen, Durchsuchungen und Untersuchungen nach den für Ermittlungspersonen der Staatsanwaltschaft geltenden Vorschriften der Strafprozeßordnung[2)] anordnen.

(2) Der sonst zuständigen Verwaltungsbehörde sind die Anklageschrift und der Antrag auf Erlaß eines Strafbefehls mitzuteilen, soweit sie sich auf eine Ordnungswidrigkeit beziehen.

---

1) Nr. **3**.
2) Auszugsweise abgedruckt unter Nr. **3**.

(3) [1] Erwägt die Staatsanwaltschaft in den Fällen des § 40 oder § 42, das Verfahren wegen der Ordnungswidrigkeit einzustellen, so hat sie die sonst zuständige Verwaltungsbehörde zu hören. [2] Sie kann davon absehen, wenn für die Entschließung die besondere Sachkunde der Verwaltungsbehörde entbehrt werden kann.

§ 64 Erstreckung der öffentlichen Klage auf die Ordnungswidrigkeit. Erhebt die Staatsanwaltschaft in den Fällen des § 42 wegen der Straftat die öffentliche Klage, so erstreckt sie diese auf die Ordnungswidrigkeit, sofern die Ermittlungen hierfür genügenden Anlaß bieten.

Vierter Abschnitt. Bußgeldbescheid

§ 65 Allgemeines. Die Ordnungswidrigkeit wird, soweit dieses Gesetz nichts anderes bestimmt, durch Bußgeldbescheid geahndet.

§ 66 Inhalt des Bußgeldbescheides. (1) Der Bußgeldbescheid enthält
1. die Angaben zur Person des Betroffenen und etwaiger Nebenbeteiligter,
2. den Namen und die Anschrift des Verteidigers,
3. die Bezeichnung der Tat, die dem Betroffenen zur Last gelegt wird, Zeit und Ort ihrer Begehung, die gesetzlichen Merkmale der Ordnungswidrigkeit und die angewendeten Bußgeldvorschriften,
4. die Beweismittel,
5. die Geldbuße und die Nebenfolgen.

(2) Der Bußgeldbescheid enthält ferner
1. den Hinweis, daß
   a) der Bußgeldbescheid rechtskräftig und vollstreckbar wird, wenn kein Einspruch nach § 67 eingelegt wird,
   b) bei einem Einspruch auch eine für den Betroffenen nachteiligere Entscheidung getroffen werden kann,
2. die Aufforderung an den Betroffenen, spätestens zwei Wochen nach Rechtskraft oder einer etwa bestimmten späteren Fälligkeit (§ 18)
   a) die Geldbuße oder die bestimmten Teilbeträge an die zuständige Kasse zu zahlen oder
   b) im Falle der Zahlungsunfähigkeit der Vollstreckungsbehörde (§ 92) schriftlich oder zur Niederschrift darzutun, warum ihm die fristgemäße Zahlung nach seinen wirtschaftlichen Verhältnissen nicht zuzumuten ist, und
3. die Belehrung, daß Erzwingungshaft (§ 96) angeordnet werden kann, wenn der Betroffene seiner Pflicht nach Nummer 2 nicht genügt.

(3) Über die Angaben nach Absatz 1 Nr. 3 und 4 hinaus braucht der Bußgeldbescheid nicht begründet zu werden.

Fünfter Abschnitt. Einspruch und gerichtliches Verfahren

I. Einspruch

§ 67 Form und Frist. (1) [1] Der Betroffene kann gegen den Bußgeldbescheid innerhalb von zwei Wochen nach Zustellung schriftlich oder zur Niederschrift bei der Verwaltungsbehörde, die den Bußgeldbescheid erlassen hat, Einspruch einlegen. [2]Die §§ 297 bis 300 und 302 der Strafprozeßordnung[1)] über Rechtsmittel gelten entsprechend.

(2) Der Einspruch kann auf bestimmte Beschwerdepunkte beschränkt werden.

§ 68 Zuständiges Gericht. (1) [1]Bei einem Einspruch gegen den Bußgeldbescheid entscheidet das Amtsgericht, in dessen Bezirk die Verwaltungsbehörde ihren Sitz hat. [2]Der Richter beim Amtsgericht entscheidet allein.

(2) Im Verfahren gegen Jugendliche und Heranwachsende ist der Jugendrichter zuständig.

(3) [1]Sind in dem Bezirk der Verwaltungsbehörde eines Landes mehrere Amtsgerichtsbezirke oder mehrere Teile solcher Bezirke vorhanden, so kann die Landesregierung durch Rechtsverordnung die Zuständigkeit des Amtsgerichts abweichend von Absatz 1 danach bestimmen, in welchem Bezirk

1. die Ordnungswidrigkeit oder eine der Ordnungswidrigkeiten begangen worden ist (Begehungsort) oder
2. der Betroffene seinen Wohnsitz hat (Wohnort),

soweit es mit Rücksicht auf die große Zahl von Verfahren oder die weite Entfernung zwischen Begehungs- oder Wohnort und dem Sitz des nach Absatz 1 zuständigen Amtsgerichts sachdienlich erscheint, die Verfahren auf mehrere Amtsgerichte aufzuteilen; § 37 Abs. 3 gilt entsprechend. [2]Der Bezirk, von dem die Zuständigkeit des Amtsgerichts nach Satz 1 abhängt, kann die Bezirke mehrerer Amtsgerichte umfassen. [3]Die Landesregierung kann die Ermächtigung auf die Landesjustizverwaltung übertragen.

§ 69 Zwischenverfahren. (1) [1]Ist der Einspruch nicht rechtzeitig, nicht in der vorgeschriebenen Form oder sonst nicht wirksam eingelegt, so verwirft ihn die Verwaltungsbehörde als unzulässig. [2]Gegen den Bescheid ist innerhalb von zwei Wochen nach Zustellung der Antrag auf gerichtliche Entscheidung nach § 62 zulässig.

(2) [1]Ist der Einspruch zulässig, so prüft die Verwaltungsbehörde, ob sie den Bußgeldbescheid aufrechterhält oder zurücknimmt. [2]Zu diesem Zweck kann sie

1. weitere Ermittlungen anordnen oder selbst vornehmen,
2. von Behörden und sonstigen Stellen die Abgabe von Erklärungen über dienstliche Wahrnehmungen, Untersuchungen und Erkenntnisse (§ 77a Abs. 2) verlangen.

[3]Die Verwaltungsbehörde kann auch dem Betroffenen Gelegenheit geben, sich innerhalb einer zu bestimmenden Frist dazu zu äußern, ob und welche Tatsachen und Beweismittel er im weiteren Verfahren zu seiner Entlastung vorbringen will; dabei ist er darauf hinzuweisen, daß es ihm nach dem Gesetz freistehe, sich zu der Beschuldigung zu äußern oder nicht zur Sache auszusagen.

(3) [1]Die Verwaltungsbehörde übersendet die Akten über die Staatsanwaltschaft an das Amtsgericht, wenn sie den Bußgeldbescheid nicht zurücknimmt und nicht nach Absatz 1 Satz 1 verfährt; sie vermerkt die Gründe dafür in den

---

[1)] Nr. 3.

Akten, soweit dies nach der Sachlage angezeigt ist. [2]Die Entscheidung über einen Antrag auf Akteneinsicht und deren Gewährung (§ 49 Abs. 1 dieses Gesetzes, § 147 der Strafprozessordnung[1)]) erfolgen vor Übersendung der Akten.

(4) [1]Mit dem Eingang der Akten bei der Staatsanwaltschaft gehen die Aufgaben der Verfolgungsbehörde auf sie über. [2]Die Staatsanwaltschaft legt die Akten dem Richter beim Amtsgericht vor, wenn sie weder das Verfahren einstellt noch weitere Ermittlungen durchführt.

(5) [1]Bei offensichtlich ungenügender Aufklärung des Sachverhalts kann der Richter beim Amtsgericht die Sache unter Angabe der Gründe mit Zustimmung der Staatsanwaltschaft an die Verwaltungsbehörde zurückverweisen; diese wird mit dem Eingang der Akten wieder für die Verfolgung und Ahndung zuständig. [2]Verneint der Richter beim Amtsgericht bei erneuter Übersendung den hinreichenden Tatverdacht einer Ordnungswidrigkeit, so kann er die Sache durch Beschluß endgültig an die Verwaltungsbehörde zurückgeben. [3]Der Beschluß ist unanfechtbar.

§ 70 Entscheidung des Gerichts über die Zulässigkeit des Einspruchs.

(1) Sind die Vorschriften über die Einlegung des Einspruchs nicht beachtet, so verwirft das Gericht den Einspruch als unzulässig.

(2) Gegen den Beschluß ist die sofortige Beschwerde zulässig.

II. Hauptverfahren

§ 71 Hauptverhandlung. (1) Das Verfahren nach zulässigem Einspruch richtet sich, soweit dieses Gesetz nichts anderes bestimmt, nach den Vorschriften der Strafprozeßordnung[2)], die nach zulässigem Einspruch gegen einen Strafbefehl gelten.

(2) [1]Zur besseren Aufklärung der Sache kann das Gericht

1. einzelne Beweiserhebungen anordnen,
2. von Behörden und sonstigen Stellen die Abgabe von Erklärungen über dienstliche Wahrnehmungen, Untersuchungen und Erkenntnisse (§ 77a Abs. 2) verlangen.

[2]Zur Vorbereitung der Hauptverhandlung kann das Gericht auch dem Betroffenen Gelegenheit geben, sich innerhalb einer zu bestimmenden Frist dazu zu äußern, ob und welche Tatsachen und Beweismittel er zu seiner Entlastung vorbringen will; § 69 Abs. 2 Satz 3 Halbsatz 2 ist anzuwenden.

§ 72 Entscheidung durch Beschluß. (1) [1]Hält das Gericht eine Hauptverhandlung nicht für erforderlich, so kann es durch Beschluß entscheiden, wenn der Betroffene und die Staatsanwaltschaft diesem Verfahren nicht widersprechen. [2]Das Gericht weist sie zuvor auf die Möglichkeit eines solchen Verfahrens und des Widerspruchs hin und gibt ihnen Gelegenheit, sich innerhalb von zwei Wochen nach Zustellung des Hinweises zu äußern; § 145a Abs. 1 und 3 der Strafprozeßordnung[1)] gilt entsprechend. [3]Das Gericht kann von einem Hinweis an den Betroffenen absehen und auch gegen seinen Widerspruch durch Beschluß entscheiden, wenn es den Betroffenen freispricht.

[1)] Nr. **3**.
[2)] Auszugsweise abgedruckt unter Nr. **3**.

(2) [1] Geht der Widerspruch erst nach Ablauf der Frist ein, so ist er unbeachtlich. [2] In diesem Falle kann jedoch gegen den Beschluß innerhalb einer Woche nach Zustellung die Wiedereinsetzung in den vorigen Stand unter den gleichen Voraussetzungen wie gegen die Versäumung einer Frist beantragt werden; hierüber ist der Betroffene bei der Zustellung des Beschlusses zu belehren.

(3) [1] Das Gericht entscheidet darüber, ob der Betroffene freigesprochen, gegen ihn eine Geldbuße festgesetzt, eine Nebenfolge angeordnet oder das Verfahren eingestellt wird. [2] Das Gericht darf von der im Bußgeldbescheid getroffenen Entscheidung nicht zum Nachteil des Betroffenen abweichen.

(4) [1] Wird eine Geldbuße festgesetzt, so gibt der Beschluß die Ordnungswidrigkeit an; hat der Bußgeldtatbestand eine gesetzliche Überschrift, so soll diese zur Bezeichnung der Ordnungswidrigkeit verwendet werden. [2] § 260 Abs. 5 Satz 1 der Strafprozeßordnung[1)] gilt entsprechend. [3] Die Begründung des Beschlusses enthält die für erwiesen erachteten Tatsachen, in denen das Gericht die gesetzlichen Merkmale der Ordnungswidrigkeit sieht. [4] Soweit der Beweis aus anderen Tatsachen gefolgert wird, sollen auch diese Tatsachen angegeben werden. [5] Ferner sind die Umstände anzuführen, die für die Zumessung der Geldbuße und die Anordnung einer Nebenfolge bestimmend sind.

(5) [1] Wird der Betroffene freigesprochen, so muß die Begründung ergeben, ob der Betroffene für nicht überführt oder ob und aus welchen Gründen die als erwiesen angenommene Tat nicht als Ordnungswidrigkeit angesehen worden ist. [2] Kann der Beschluß nicht mit der Rechtsbeschwerde angefochten werden, so braucht nur angegeben zu werden, ob die dem Betroffenen zur Last gelegte Ordnungswidrigkeit aus tatsächlichen oder rechtlichen Gründen nicht festgestellt worden ist.

(6) [1] Von einer Begründung kann abgesehen werden, wenn die am Verfahren Beteiligten hierauf verzichten. [2] In diesem Fall reicht der Hinweis auf den Inhalt des Bußgeldbescheides; das Gericht kann unter Berücksichtigung der Umstände des Einzelfalls nach seinem Ermessen zusätzliche Ausführungen machen. [3] Die vollständigen Gründe sind innerhalb von fünf Wochen zu den Akten zu bringen, wenn gegen den Beschluß Rechtsbeschwerde eingelegt wird.

§ 73 Anwesenheit des Betroffenen in der Hauptverhandlung. (1) Der Betroffene ist zum Erscheinen in der Hauptverhandlung verpflichtet.

(2) Das Gericht entbindet ihn auf seinen Antrag von dieser Verpflichtung, wenn er sich zur Sache geäußert oder erklärt hat, daß er sich in der Hauptverhandlung nicht zur Sache äußern werde, und seine Anwesenheit zur Aufklärung wesentlicher Gesichtspunkte des Sachverhalts nicht erforderlich ist.

(3) Hat das Gericht den Betroffenen von der Verpflichtung zum persönlichen Erscheinen entbunden, so kann er sich durch einen mit nachgewiesener Vollmacht versehenen Verteidiger vertreten lassen.

§ 74 Verfahren bei Abwesenheit. (1) [1] Die Hauptverhandlung wird in Abwesenheit des Betroffenen durchgeführt, wenn er nicht erschienen ist und von der Verpflichtung zum persönlichen Erscheinen entbunden war. [2] Frühere Vernehmungen des Betroffenen und seine protokollierten und sonstigen Erklärungen sind durch Mitteilung ihres wesentlichen Inhalts oder durch Verlesung in

---

[1)] Nr. 3.

die Hauptverhandlung einzuführen. [3] Es genügt, wenn die nach § 265 Abs. 1 und 2 der Strafprozeßordnung erforderlichen Hinweise dem Verteidiger gegeben werden.

(2) Bleibt der Betroffene ohne genügende Entschuldigung aus, obwohl er von der Verpflichtung zum Erscheinen nicht entbunden war, hat das Gericht den Einspruch ohne Verhandlung zur Sache durch Urteil zu verwerfen.

(3) Der Betroffene ist in der Ladung über die Absätze 1 und 2 und die §§ 73 und 77b Abs. 1 Satz 1 und 3 zu belehren.

(4) [1] Hat die Hauptverhandlung nach Absatz 1 oder Absatz 2 ohne den Betroffenen stattgefunden, so kann er gegen das Urteil binnen einer Woche nach Zustellung die Wiedereinsetzung in den vorigen Stand unter den gleichen Voraussetzungen wie gegen die Versäumung einer Frist nachsuchen. [2] Hierüber ist er bei der Zustellung des Urteils zu belehren.

§ 75 Teilnahme der Staatsanwaltschaft an der Hauptverhandlung.

(1) [1] Die Staatsanwaltschaft ist zur Teilnahme an der Hauptverhandlung nicht verpflichtet. [2] Das Gericht macht der Staatsanwaltschaft Mitteilung, wenn es ihre Mitwirkung für angemessen hält.

(2) Nimmt die Staatsanwaltschaft an der Hauptverhandlung nicht teil, so bedarf es ihrer Zustimmung zur Einstellung des Verfahrens (§ 47 Abs. 2) und zur Rücknahme des Einspruchs in der Hauptverhandlung nicht.

§ 76 Beteiligung der Verwaltungsbehörde. (1) [1] Das Gericht gibt der Verwaltungsbehörde Gelegenheit, die Gesichtspunkte vorzubringen, die von ihrem Standpunkt für die Entscheidung von Bedeutung sind. [2] Dies gilt auch, wenn das Gericht erwägt, das Verfahren nach § 47 Abs. 2 einzustellen. [3] Der Termin zur Hauptverhandlung wird der Verwaltungsbehörde mitgeteilt. [4] Ihr Vertreter erhält in der Hauptverhandlung auf Verlangen das Wort.

(2) Das Gericht kann davon absehen, die Verwaltungsbehörde nach Absatz 1 zu beteiligen, wenn ihre besondere Sachkunde für die Entscheidung entbehrt werden kann.

(3) Erwägt die Staatsanwaltschaft, die Klage zurückzunehmen, so gilt § 63 Abs. 3 entsprechend.

(4) Das Urteil und andere das Verfahren abschließende Entscheidungen sind der Verwaltungsbehörde mitzuteilen.

§ 77 Umfang der Beweisaufnahme. (1) [1] Das Gericht bestimmt, unbeschadet der Pflicht, die Wahrheit von Amts wegen zu erforschen, den Umfang der Beweisaufnahme. [2] Dabei berücksichtigt es auch die Bedeutung der Sache.

(2) Hält das Gericht den Sachverhalt nach dem bisherigen Ergebnis der Beweisaufnahme für geklärt, so kann es außer in den Fällen des § 244 Abs. 3 der Strafprozeßordnung[1)] einen Beweisantrag auch dann ablehnen, wenn

1. nach seinem pflichtgemäßen Ermessen die Beweiserhebung zur Erforschung der Wahrheit nicht erforderlich ist oder
2. nach seiner freien Würdigung das Beweismittel oder die zu beweisende Tatsache ohne verständigen Grund so spät vorgebracht wird, daß die Beweiserhebung zur Aussetzung der Hauptverhandlung führen würde.

[1)] Nr. **3**.

(3) Die Begründung für die Ablehnung eines Beweisantrages nach Absatz 2 Nr. 1 kann in dem Gerichtsbeschluß (§ 244 Abs. 6 der Strafprozeßordnung[1)]) in der Regel darauf beschränkt werden, daß die Beweiserhebung zur Erforschung der Wahrheit nicht erforderlich ist.

§ 77a Vereinfachte Art der Beweisaufnahme. (1) Die Vernehmung eines Zeugen, Sachverständigen oder Mitbetroffenen darf durch Verlesung von Protokollen über eine frühere Vernehmung sowie von Urkunden, die eine von ihnen stammende Äußerung enthalten, ersetzt werden.

(2) Erklärungen von Behörden und sonstigen Stellen über ihre dienstlichen Wahrnehmungen, Untersuchungen und Erkenntnisse sowie über diejenigen ihrer Angehörigen dürfen auch dann verlesen werden, wenn die Voraussetzungen des § 256 der Strafprozeßordnung[1)] nicht vorliegen.

(3) [1] Das Gericht kann eine behördliche Erklärung (Absatz 2) auch fernmündlich einholen und deren wesentlichen Inhalt in der Hauptverhandlung bekanntgeben. [2] Der Inhalt der bekanntgegebenen Erklärung ist auf Antrag in das Protokoll aufzunehmen.

(4) [1] Das Verfahren nach den Absätzen 1 bis 3 bedarf der Zustimmung des Betroffenen, des Verteidigers und der Staatsanwaltschaft, soweit sie in der Hauptverhandlung anwesend sind. [2] § 251 Absatz 1 Nummer 3 und 4, Abs. 2 Nr. 1 und 2, Abs. 3 und 4 sowie die §§ 252 und 253 der Strafprozeßordnung[1)] bleiben unberührt.

§ 77b Absehen von Urteilsgründen. (1) [1] Von einer schriftlichen Begründung des Urteils kann abgesehen werden, wenn alle zur Anfechtung Berechtigten auf die Einlegung der Rechtsbeschwerde verzichten oder wenn innerhalb der Frist Rechtsbeschwerde nicht eingelegt wird. [2] Hat die Staatsanwaltschaft an der Hauptverhandlung nicht teilgenommen, so ist ihre Verzichterklärung entbehrlich; eine schriftliche Begründung des Urteils ist jedoch erforderlich, wenn die Staatsanwaltschaft dies vor der Hauptverhandlung beantragt hat. [3] Die Verzichtserklärung des Betroffenen ist entbehrlich, wenn er von der Verpflichtung zum Erscheinen in der Hauptverhandlung entbunden worden ist, im Verlaufe der Hauptverhandlung von einem Verteidiger vertreten worden ist und im Urteil lediglich eine Geldbuße von nicht mehr als zweihundertfünfzig Euro festgesetzt worden ist.

(2) Die Urteilsgründe sind innerhalb der in § 275 Abs. 1 Satz 2 der Strafprozeßordnung[1)] vorgesehenen Frist zu den Akten zu bringen, wenn gegen die Versäumung der Frist für die Rechtsbeschwerde Wiedereinsetzung in den vorigen Stand gewährt, in den Fällen des Absatzes 1 Satz 2 erster Halbsatz von der Staatsanwaltschaft oder in den Fällen des Absatzes 1 Satz 3 von dem Betroffenen Rechtsbeschwerde eingelegt wird.

§ 78 Weitere Verfahrensvereinfachungen. (1) [1] Statt der Verlesung einer Urkunde kann das Gericht dessen wesentlichen Inhalt bekanntgeben; dies gilt jedoch nicht, soweit es auf den Wortlaut der Urkunde ankommt. [2] Haben der Betroffene, der Verteidiger und der in der Hauptverhandlung anwesende Vertreter der Staatsanwaltschaft von dem Wortlaut der Urkunde Kenntnis genommen oder dazu Gelegenheit gehabt, so genügt es, die Feststellung hierüber in

---

1) Nr. **3**.

das Protokoll aufzunehmen. [3] Soweit die Verlesung von Urkunden von der Zustimmung der Verfahrensbeteiligten abhängig ist, gilt dies auch für das Verfahren nach den Sätzen 1 und 2.

(2) § 243 Absatz 4 der Strafprozessordnung[1)] gilt nur, wenn eine Erörterung stattgefunden hat; § 273 Absatz 1a Satz 3 und Absatz 2 der Strafprozessordnung[1)] ist nicht anzuwenden.

(3) Im Verfahren gegen Jugendliche gilt § 78 Abs. 3 des Jugendgerichtsgesetzes[2)] entsprechend.

(4) Wird gegen einen Jugendlichen oder Heranwachsenden eine Geldbuße festgesetzt, so kann der Jugendrichter zugleich eine Vollstreckungsanordnung nach § 98 Abs. 1 treffen.

III. Rechtsmittel

§ 79 Rechtsbeschwerde. (1) [1] Gegen das Urteil und den Beschluß nach § 72 ist Rechtsbeschwerde zulässig, wenn

1. gegen den Betroffenen eine Geldbuße von mehr als zweihundertfünfzig Euro festgesetzt worden ist,
2. eine Nebenfolge angeordnet worden ist, es sei denn, daß es sich um eine Nebenfolge vermögensrechtlicher Art handelt, deren Wert im Urteil oder im Beschluß nach § 72 auf nicht mehr als zweihundertfünfzig Euro festgesetzt worden ist,
3. der Betroffene wegen einer Ordnungswidrigkeit freigesprochen oder das Verfahren eingestellt oder von der Verhängung eines Fahrverbotes abgesehen worden ist und wegen der Tat im Bußgeldbescheid oder Strafbefehl eine Geldbuße von mehr als sechshundert Euro festgesetzt, ein Fahrverbot verhängt oder eine solche Geldbuße oder ein Fahrverbot von der Staatsanwaltschaft beantragt worden war,
4. der Einspruch durch Urteil als unzulässig verworfen worden ist oder
5. durch Beschluß nach § 72 entschieden worden ist, obwohl der Beschwerdeführer diesem Verfahren rechtzeitig widersprochen hatte oder ihm in sonstiger Weise das rechtliche Gehör versagt wurde.

[2] Gegen das Urteil ist die Rechtsbeschwerde ferner zulässig, wenn sie zugelassen wird (§ 80).

(2) Hat das Urteil oder der Beschluß nach § 72 mehrere Taten zum Gegenstand und sind die Voraussetzungen des Absatzes 1 Satz 1 Nr. 1 bis 3 oder Satz 2 nur hinsichtlich einzelner Taten gegeben, so ist die Rechtsbeschwerde nur insoweit zulässig.

(3) [1] Für die Rechtsbeschwerde und das weitere Verfahren gelten, soweit dieses Gesetz nichts anderes bestimmt, die Vorschriften der Strafprozeßordnung[3)] und des Gerichtsverfassungsgesetzes über die Revision entsprechend. [2] § 342 der Strafprozeßordnung[1)] gilt auch entsprechend für den Antrag auf Wiedereinsetzung in den vorigen Stand nach § 72 Abs. 2 Satz 2 Halbsatz 1.

(4) Die Frist für die Einlegung der Rechtsbeschwerde beginnt mit der Zustellung des Beschlusses nach § 72 oder des Urteils, wenn es in Abwesenheit des

---

1) Nr. **3**.
2) Nr. **4**.
3) Auszugsweise abgedruckt unter Nr. **3**.

Beschwerdeführers verkündet und dieser dabei auch nicht nach § 73 Abs. 3 durch einen mit nachgewiesener Vollmacht versehenen Verteidiger vertreten worden ist.

(5) [1] Das Beschwerdegericht entscheidet durch Beschluß. [2] Richtet sich die Rechtsbeschwerde gegen ein Urteil, so kann das Beschwerdegericht auf Grund einer Hauptverhandlung durch Urteil entscheiden.

(6) Hebt das Beschwerdegericht die angefochtene Entscheidung auf, so kann es abweichend von § 354 der Strafprozeßordnung[1)] in der Sache selbst entscheiden oder sie an das Amtsgericht, dessen Entscheidung aufgehoben wird, oder an ein anderes Amtsgericht desselben Landes zurückverweisen.

§ 80 Zulassung der Rechtsbeschwerde. (1) Das Beschwerdegericht läßt die Rechtsbeschwerde nach § 79 Abs. 1 Satz 2 auf Antrag zu, wenn es geboten ist,

1. die Nachprüfung des Urteils zur Fortbildung des Rechts oder zur Sicherung einer einheitlichen Rechtsprechung zu ermöglichen, soweit Absatz 2 nichts anderes bestimmt, oder
2. das Urteil wegen Versagung des rechtlichen Gehörs aufzuheben.

(2) Die Rechtsbeschwerde wird wegen der Anwendung von Rechtsnormen über das Verfahren nicht und wegen der Anwendung von anderen Rechtsnormen nur zur Fortbildung des Rechts zugelassen, wenn

1. gegen den Betroffenen eine Geldbuße von nicht mehr als einhundert Euro festgesetzt oder eine Nebenfolge vermögensrechtlicher Art angeordnet worden ist, deren Wert im Urteil auf nicht mehr als einhundert Euro festgesetzt worden ist, oder
2. der Betroffene wegen einer Ordnungswidrigkeit freigesprochen oder das Verfahren eingestellt worden ist und wegen der Tat im Bußgeldbescheid oder im Strafbefehl eine Geldbuße von nicht mehr als einhundertfünfzig Euro festgesetzt oder eine solche Geldbuße von der Staatsanwaltschaft beantragt worden war.

(3) [1] Für den Zulassungsantrag gelten die Vorschriften über die Einlegung der Rechtsbeschwerde entsprechend. [2] Der Antrag gilt als vorsorglich eingelegte Rechtsbeschwerde. [3] Die Vorschriften über die Anbringung der Beschwerdeanträge und deren Begründung (§§ 344, 345 der Strafprozeßordnung[1)]) sind zu beachten. [4] Bei der Begründung der Beschwerdeanträge soll der Antragsteller zugleich angeben, aus welchen Gründen die in Absatz 1 bezeichneten Voraussetzungen vorliegen. [5] § 35a der Strafprozeßordnung[1)] gilt entsprechend.

(4) [1] Das Beschwerdegericht entscheidet über den Antrag durch Beschluß. [2] Die §§ 346 bis 348 der Strafprozeßordnung[1)] gelten entsprechend. [3] Der Beschluß, durch den der Antrag verworfen wird, bedarf keiner Begründung. [4] Wird der Antrag verworfen, so gilt die Rechtsbeschwerde als zurückgenommen.

(5) Stellt sich vor der Entscheidung über den Zulassungsantrag heraus, daß ein Verfahrenshindernis besteht, so stellt das Beschwerdegericht das Verfahren

---

[1)] Nr. **3**.

nur dann ein, wenn das Verfahrenshindernis nach Erlaß des Urteils eingetreten ist.

§ 80a Besetzung der Bußgeldsenate der Oberlandesgerichte. (1) Die Bußgeldsenate der Oberlandesgerichte sind mit einem Richter besetzt, soweit nichts anderes bestimmt ist.

(2) [1] Die Bußgeldsenate der Oberlandesgerichte sind mit drei Richtern einschließlich des Vorsitzenden besetzt in Verfahren über Rechtsbeschwerden in den in § 79 Abs. 1 Satz 1 bezeichneten Fällen, wenn eine Geldbuße von mehr als fünftausend Euro oder eine Nebenfolge vermögensrechtlicher Art im Wert von mehr als fünftausend Euro festgesetzt oder beantragt worden ist. [2] Der Wert einer Geldbuße und der Wert einer vermögensrechtlichen Nebenfolge werden gegebenenfalls zusammengerechnet.

(3) [1] In den in Absatz 1 bezeichneten Fällen überträgt der Richter die Sache dem Bußgeldsenat in der Besetzung mit drei Richtern, wenn es geboten ist, das Urteil oder den Beschluss nach § 72 zur Fortbildung des Rechts oder zur Sicherung einer einheitlichen Rechtsprechung nachzuprüfen. [2] Dies gilt auch in Verfahren über eine zugelassene Rechtsbeschwerde, nicht aber in Verfahren über deren Zulassung.

Sechster Abschnitt. Bußgeld- und Strafverfahren

§ 81 Übergang vom Bußgeld- zum Strafverfahren. (1) [1] Das Gericht ist im Bußgeldverfahren an die Beurteilung der Tat als Ordnungswidrigkeit nicht gebunden. [2] Jedoch darf es auf Grund eines Strafgesetzes nur entscheiden, wenn der Betroffene zuvor auf die Veränderung des rechtlichen Gesichtspunktes hingewiesen und ihm Gelegenheit zur Verteidigung gegeben worden ist.

(2) [1] Der Betroffene wird auf die Veränderung des rechtlichen Gesichtspunktes auf Antrag der Staatsanwaltschaft oder von Amts wegen hingewiesen. [2] Mit diesem Hinweis erhält er die Rechtsstellung des Angeklagten. [3] Die Verhandlung wird unterbrochen, wenn das Gericht es für erforderlich hält oder wenn der Angeklagte es beantragt. [4] Über sein Recht, die Unterbrechung zu beantragen, wird der Angeklagte belehrt.

(3) [1] In dem weiteren Verfahren sind die besonderen Vorschriften dieses Gesetzes nicht mehr anzuwenden. [2] Jedoch kann die bisherige Beweisaufnahme, die in Anwesenheit des Betroffenen stattgefunden hat, auch dann verwertet werden, wenn sie nach diesen Vorschriften durchgeführt worden ist; dies gilt aber nicht für eine Beweisaufnahme nach den §§ 77a und 78 Abs. 1.

§ 82 Bußgelderkenntnis im Strafverfahren. (1) Im Strafverfahren beurteilt das Gericht die in der Anklage bezeichnete Tat zugleich unter dem rechtlichen Gesichtspunkt einer Ordnungswidrigkeit.

(2) Läßt das Gericht die Anklage zur Hauptverhandlung nur unter dem rechtlichen Gesichtspunkt einer Ordnungswidrigkeit zu, so sind in dem weiteren Verfahren die besonderen Vorschriften dieses Gesetzes anzuwenden.

§ 83 Verfahren bei Ordnungswidrigkeiten und Straftaten. (1) Hat das Verfahren Ordnungswidrigkeiten und Straftaten zum Gegenstand und werden einzelne Taten nur als Ordnungswidrigkeiten verfolgt, so gelten für das Verfahren wegen dieser Taten auch § 46 Abs. 3, 4, 5 Satz 2 und Abs. 7, die §§ 47, 49, 55, 76 bis 78, 79 Abs. 1 bis 3 sowie § 80.

(2) [1] Wird in den Fällen des Absatzes 1 gegen das Urteil, soweit es nur Ordnungswidrigkeiten betrifft, Rechtsbeschwerde und im übrigen Berufung eingelegt, so wird eine rechtzeitig und in der vorgeschriebenen Form eingelegte Rechtsbeschwerde, solange die Berufung nicht zurückgenommen oder als unzulässig verworfen ist, als Berufung behandelt. [2] Die Beschwerdeanträge und deren Begründung sind gleichwohl in der vorgeschriebenen Form anzubringen und dem Gegner zuzustellen (§§ 344 bis 347 der Strafprozeßordnung[1)]); einer Zulassung nach § 79 Abs. 1 Satz 2 bedarf es jedoch nicht. [3] Gegen das Berufungsurteil ist die Rechtsbeschwerde nach § 79 Abs. 1 und 2 sowie § 80 zulässig.

(3) Hebt das Beschwerdegericht das Urteil auf, soweit es nur Ordnungswidrigkeiten betrifft, so kann es in der Sache selbst entscheiden.

Siebenter Abschnitt. Rechtskraft und Wiederaufnahme des Verfahrens

§ 84 Wirkung der Rechtskraft. (1) Ist der Bußgeldbescheid rechtskräftig geworden oder hat das Gericht über die Tat als Ordnungswidrigkeit oder als Straftat rechtskräftig entschieden, so kann dieselbe Tat nicht mehr als Ordnungswidrigkeit verfolgt werden.

(2) [1] Das rechtskräftige Urteil über die Tat als Ordnungswidrigkeit steht auch ihrer Verfolgung als Straftat entgegen. [2] Dem rechtskräftigen Urteil stehen der Beschluß nach § 72 und der Beschluß des Beschwerdegerichts über die Tat als Ordnungswidrigkeit gleich.

§ 85 Wiederaufnahme des Verfahrens. (1) Für die Wiederaufnahme eines durch rechtskräftige Bußgeldentscheidung abgeschlossenen Verfahrens gelten die §§ 359 bis 373a der Strafprozeßordnung[1)] entsprechend, soweit die nachstehenden Vorschriften nichts anderes bestimmen.

(2) [1] Die Wiederaufnahme des Verfahrens zugunsten des Betroffenen, die auf neue Tatsachen oder Beweismittel gestützt wird (§ 359 Nr. 5 der Strafprozeßordnung[1)]), ist nicht zulässig, wenn

1. gegen den Betroffenen lediglich eine Geldbuße bis zu zweihundertfünfzig Euro festgesetzt ist oder
2. seit Rechtskraft der Bußgeldentscheidung drei Jahre verstrichen sind.

[2] Satz 1 Nr. 1 gilt entsprechend, wenn eine Nebenfolge vermögensrechtlicher Art angeordnet ist, deren Wert zweihundertfünfzig Euro nicht übersteigt.

(3) [1] Die Wiederaufnahme des Verfahrens zuungunsten des Betroffenen ist unter den Voraussetzungen des § 362 der Strafprozeßordnung[1)] nur zu dem Zweck zulässig, die Verurteilung nach einem Strafgesetz herbeizuführen. [2] Zu diesem Zweck ist sie auch zulässig, wenn neue Tatsachen oder Beweismittel beigebracht sind, die allein oder in Verbindung mit den früher erhobenen Beweisen geeignet sind, die Verurteilung des Betroffenen wegen eines Verbrechens zu begründen.

(4) [1] Im Wiederaufnahmeverfahren gegen den Bußgeldbescheid entscheidet das nach § 68 zuständige Gericht. [2] Wird ein solches Wiederaufnahmeverfahren von dem Betroffenen beantragt oder werden der Verwaltungsbehörde Umstän-

---

[1)] Nr. **3**.

de bekannt, die eine Wiederaufnahme des Verfahrens zulassen, so übersendet sie die Akten der Staatsanwaltschaft. [3] § 69 Abs. 4 Satz 1 gilt entsprechend.

§ 86 Aufhebung des Bußgeldbescheides im Strafverfahren. (1) [1] Ist gegen den Betroffenen ein Bußgeldbescheid ergangen und wird er später wegen derselben Handlung in einem Strafverfahren verurteilt, so wird der Bußgeldbescheid insoweit aufgehoben. [2] Dasselbe gilt, wenn es im Strafverfahren nicht zu einer Verurteilung kommt, jedoch die Feststellungen, die das Gericht in der abschließenden Entscheidung trifft, dem Bußgeldbescheid entgegenstehen.

(2) Geldbeträge, die auf Grund des aufgehobenen Bußgeldbescheides gezahlt oder beigetrieben worden sind, werden zunächst auf eine erkannte Geldstrafe, dann auf angeordnete Nebenfolgen, die zu einer Geldzahlung verpflichten, und zuletzt auf die Kosten des Strafverfahrens angerechnet.

(3) Die Entscheidungen nach den Absätzen 1 und 2 werden in dem Urteil oder in der sonstigen abschließenden Entscheidung getroffen.

Achter Abschnitt. Verfahren bei Anordnung von Nebenfolgen oder der Festsetzung einer Geldbuße gegen eine juristische Person oder Personenvereinigung

§ 87 Anordnung der Einziehung. (1) Hat die Verwaltungsbehörde im Bußgeldverfahren über die Einziehung eines Gegenstandes zu entscheiden, so ist sie auch für die Anordnung der Verfahrensbeteiligung, die Beiordnung eines Rechtsanwalts oder einer anderen Person, die als Verteidiger bestellt werden darf, und die Entscheidung über die Entschädigung zuständig (§§ 424, 425, 428 Absatz 2, § 430 Absatz 3, § 438 Absatz 1 und 2 der Strafprozessordnung[1)]); § 60 Satz 2 gilt entsprechend.

(2) [1] Vom Erlaß des Bußgeldbescheides an hat der Einziehungsbeteiligte, soweit das Gesetz nichts anderes bestimmt, die Befugnisse, die einem Betroffenen zustehen. [2] Ihm wird der Bußgeldbescheid, in dem die Einziehung angeordnet wird, zugestellt. [3] Zugleich wird er darauf hingewiesen, daß über die Einziehung auch ihm gegenüber entschieden ist.

(3) [1] Im selbständigen Verfahren wird die Einziehung in einem selbständigen Einziehungsbescheid angeordnet; § 66 Abs. 1, 2 Nr. 1 Buchstabe a und Abs. 3 gilt entsprechend. [2] Der Einziehungsbescheid steht einem Bußgeldbescheid gleich. [3] Zuständig ist die Verwaltungsbehörde, die im Falle der Verfolgung einer bestimmten Person zuständig wäre; örtlich zuständig ist auch die Verwaltungsbehörde, in deren Bezirk der Gegenstand sichergestellt worden ist.

(4) [1] Das Nachverfahren (§ 433 der Strafprozessordnung[1)]) gegen einen Bußgeldbescheid ist bei der Verwaltungsbehörde zu beantragen, welche die Einziehung angeordnet hat. [2] Die Entscheidung trifft das nach § 68 zuständige Gericht. [3] Die Verwaltungsbehörde übersendet die Akten der Staatsanwaltschaft, die sie dem Gericht vorlegt; § 69 Abs. 4 Satz 1 gilt entsprechend.

(5) Die Entscheidung des Gerichts über die Einziehung eines Gegenstandes, dessen Wert zweihundertfünfzig Euro nicht übersteigt, ist nicht anfechtbar.

(6) Absatz 2 Satz 3, Absatz 3 Satz 3 zweiter Halbsatz und Absatz 4 gelten nicht im Verfahren bei Anordnung der Einziehung nach § 29a.

[1)] Nr. **3**.

§ 88 Festsetzung der Geldbuße gegen juristische Personen und Personenvereinigungen. (1) Hat die Verwaltungsbehörde im Bußgeldverfahren über die Festsetzung einer Geldbuße gegen eine juristische Person oder eine Personenvereinigung zu entscheiden (§ 30), so ist sie auch für die Anordnung der Verfahrensbeteiligung und die Beiordnung eines Rechtsanwalts oder einer anderen Person, die als Verteidiger bestellt werden darf, zuständig (§ 444 Abs. 1, § 428 Absatz 2 der Strafprozessordnung[1]); § 60 Satz 2 gilt entsprechend.

(2) [1] Im selbständigen Verfahren setzt die Verwaltungsbehörde die Geldbuße in einem selbständigen Bußgeldbescheid fest. [2] Zuständig ist die Verwaltungsbehörde, die im Falle der Verfolgung einer bestimmten Person zuständig wäre; örtlich zuständig ist auch die Verwaltungsbehörde, in deren Bezirk die juristische Person oder Personenvereinigung ihren Sitz oder eine Zweigniederlassung hat.

(3) § 87 Abs. 2 Satz 1 und 2 sowie Abs. 5 gilt entsprechend.

Neunter Abschnitt. Vollstreckung der Bußgeldentscheidungen

§ 89 Vollstreckbarkeit der Bußgeldentscheidungen. Bußgeldentscheidungen sind vollstreckbar, wenn sie rechtskräftig geworden sind.

§ 90 Vollstreckung des Bußgeldbescheides. (1) Der Bußgeldbescheid wird, soweit das Gesetz nichts anderes bestimmt, nach den Vorschriften des Verwaltungs-Vollstreckungsgesetzes vom 27. April 1953 (BGBl. I S. 157) in der jeweils geltenden Fassung vollstreckt, wenn eine Verwaltungsbehörde des Bundes den Bußgeldbescheid erlassen hat, sonst nach den entsprechenden landesrechtlichen Vorschriften.

(2) [1] Die Geldbußen fließen, soweit das Gesetz nichts anderes bestimmt, in die Bundeskasse, wenn eine Verwaltungsbehörde des Bundes den Bußgeldbescheid erlassen hat, sonst in die Landeskasse. [2] Satz 1 gilt für Nebenfolgen, die zu einer Geldzahlung verpflichten, entsprechend.

(3) [1] Ist die Einziehung eines Gegenstandes oder Unbrauchbarmachung einer Sache angeordnet worden, so wird die Anordnung dadurch vollstreckt, daß die Sache dem Betroffenen oder dem Einziehungsbeteiligten weggenommen wird. [2] Wird die Sache bei diesen Personen nicht vorgefunden, so haben sie auf Antrag der Verwaltungsbehörde bei dem Amtsgericht eine eidesstattliche Versicherung über den Verbleib der Sache abzugeben. [3] § 883 Abs. 2 und 3 der Zivilprozeßordnung gilt entsprechend.

(4) Absatz 1 gilt für die Vollstreckung eines von der Verwaltungsbehörde festgesetzten Ordnungsgeldes entsprechend.

§ 91 Vollstreckung der gerichtlichen Bußgeldentscheidung. Für die Vollstreckung der gerichtlichen Bußgeldentscheidung gelten § 451 Abs. 1 und 2, die §§ 459 und 459g Abs. 1 sowie Abs. 2 in Verbindung mit § 459 der Strafprozeßordnung[1], im Verfahren gegen Jugendliche und Heranwachsende auch § 82 Abs. 1, § 83 Abs. 2 sowie die §§ 84 und 85 Abs. 5 des Jugendgerichtsgesetzes[2] sinngemäß.

---

[1] Nr. **3**.
[2] Nr. **4**.

§ 92 Vollstreckungsbehörde. Vollstreckungsbehörde im Sinne der nachfolgenden Vorschriften dieses Abschnitts ist in den Fällen des § 90 die Verwaltungsbehörde, die den Bußgeldbescheid erlassen hat, sonst die Stelle, der nach § 91 die Vollstreckung obliegt.

§ 93 Zahlungserleichterungen. (1) Nach Rechtskraft der Bußgeldentscheidung entscheidet über die Bewilligung von Zahlungserleichterungen (§ 18) die Vollstreckungsbehörde.

(2) [1] Die Vollstreckungsbehörde kann eine Entscheidung über Zahlungserleichterungen nach Absatz 1 oder nach § 18 nachträglich ändern oder aufheben. [2] Dabei darf sie von einer vorausgegangenen Entscheidung zum Nachteil des Betroffenen nur auf Grund neuer Tatsachen oder Beweismittel abweichen.

(3) [1] Für Entscheidungen über Zahlungserleichterungen gilt § 66 Abs. 2 Nr. 2 und 3 sinngemäß. [2] Die Entscheidung erstreckt sich auch auf die Kosten des Verfahrens; sie kann auch allein hinsichtlich der Kosten getroffen werden.

(4) [1] Entfällt die Vergünstigung nach § 18 Satz 2, die Geldbuße in bestimmten Teilbeträgen zu zahlen, so wird dies in den Akten vermerkt. [2] Die Vollstreckungsbehörde kann dem Betroffenen erneut eine Zahlungserleichterung bewilligen.

§ 94 Verrechnung von Teilbeträgen. Teilbeträge werden, wenn der Betroffene bei der Zahlung keine Bestimmung trifft, zunächst auf die Geldbuße, dann auf die etwa angeordneten Nebenfolgen, die zu einer Geldzahlung verpflichten, und zuletzt auf die Kosten des Verfahrens angerechnet.

§ 95 Beitreibung der Geldbuße. (1) Die Geldbuße oder der Teilbetrag einer Geldbuße wird vor Ablauf von zwei Wochen nach Eintritt der Fälligkeit nur beigetrieben, wenn auf Grund bestimmter Tatsachen erkennbar ist, daß sich der Betroffene der Zahlung entziehen will.

(2) Ergibt sich, daß dem Betroffenen nach seinen wirtschaftlichen Verhältnissen die Zahlung in absehbarer Zeit nicht möglich ist, so kann die Vollstreckungsbehörde anordnen, daß die Vollstreckung unterbleibt.

§ 96 Anordnung von Erzwingungshaft. (1) Nach Ablauf der in § 95 Abs. 1 bestimmten Frist kann das Gericht auf Antrag der Vollstreckungsbehörde oder, wenn ihm selbst die Vollstreckung obliegt, von Amts wegen Erzwingungshaft anordnen, wenn

1. die Geldbuße oder der bestimmte Teilbetrag einer Geldbuße nicht gezahlt ist,
2. der Betroffene seine Zahlungsunfähigkeit nicht dargetan hat (§ 66 Abs. 2 Nr. 2 Buchstabe b),
3. er nach § 66 Abs. 2 Nr. 3 belehrt ist und
4. keine Umstände bekannt sind, welche seine Zahlungsunfähigkeit ergeben.

(2) [1] Ergibt sich, daß dem Betroffenen nach seinen wirtschaftlichen Verhältnissen nicht zuzumuten ist, den zu zahlenden Betrag der Geldbuße sofort zu entrichten, so bewilligt das Gericht eine Zahlungserleichterung oder überläßt die Entscheidung darüber der Vollstreckungsbehörde. [2] Eine bereits ergangene Anordnung der Erzwingungshaft wird aufgehoben.

(3) [1] Die Dauer der Erzwingungshaft wegen einer Geldbuße darf sechs Wochen, wegen mehrerer in einer Bußgeldentscheidung festgesetzter Geldbußen drei Monate nicht übersteigen. [2] Sie wird, auch unter Berücksichtigung des zu zahlenden Betrages der Geldbuße, nach Tagen bemessen und kann nachträglich nicht verlängert, jedoch abgekürzt werden. [3] Wegen desselben Betrages darf die Erzwingungshaft nicht wiederholt werden.

§ 97 Vollstreckung der Erzwingungshaft. (1) Für die Vollstreckung der Erzwingungshaft gilt § 451 Abs. 1 und 2 der Strafprozeßordnung[1)], im Verfahren gegen Jugendliche und Heranwachsende gelten auch § 82 Abs. 1, § 83 Abs. 2 sowie die §§ 84 und 85 Abs. 5 des Jugendgerichtsgesetzes[2)] sinngemäß.

(2) Der Betroffene kann die Vollstreckung der Erzwingungshaft jederzeit dadurch abwenden, daß er den zu zahlenden Betrag der Geldbuße entrichtet.

(3) [1] Macht der Betroffene nach Anordnung der Erzwingungshaft geltend, daß ihm nach seinen wirtschaftlichen Verhältnissen nicht zuzumuten ist, den zu zahlenden Betrag der Geldbuße sofort zu entrichten, so wird dadurch die Vollziehung der Anordnung nicht gehemmt. [2] Das Gericht kann jedoch die Vollziehung aussetzen.

§ 98 Vollstreckung gegen Jugendliche und Heranwachsende. (1) [1] Wird die gegen einen Jugendlichen festgesetzte Geldbuße auch nach Ablauf der in § 95 Abs. 1 bestimmten Frist nicht gezahlt, so kann der Jugendrichter auf Antrag der Vollstreckungsbehörde oder, wenn ihm selbst die Vollstreckung obliegt, von Amts wegen dem Jugendlichen auferlegen, an Stelle der Geldbuße

1. Arbeitsleistungen zu erbringen,
2. nach Kräften den durch die Handlung verursachten Schaden wiedergutzumachen,
3. bei einer Verletzung von Verkehrsvorschriften an einem Verkehrsunterricht teilzunehmen,
4. sonst eine bestimmte Leistung zu erbringen,

wenn die Bewilligung einer Zahlungserleichterung, die Beitreibung der Geldbuße oder die Anordnung der Erzwingungshaft nicht möglich oder angebracht erscheint. [2] Der Jugendrichter kann die Anordnungen nach Satz 1 nebeneinander treffen und nachträglich ändern.

(2) [1] Kommt der Jugendliche einer Anordnung nach Absatz 1 schuldhaft nicht nach und zahlt er auch nicht die Geldbuße, so kann Jugendarrest (§ 16 Jugendgerichtsgesetz) gegen ihn verhängt werden, wenn er entsprechend belehrt worden ist. [2] Hiernach verhängter Jugendarrest darf bei einer Bußgeldentscheidung eine Woche nicht übersteigen. [3] Vor der Verhängung von Jugendarrest ist dem Jugendlichen Gelegenheit zur mündlichen Äußerung vor dem Richter zu geben.

(3) [1] Wegen desselben Betrags darf Jugendarrest nicht wiederholt angeordnet werden. [2] Der Richter sieht von der Vollstreckung des Jugendarrests ab, wenn der Jugendliche nach Verhängung der Weisung nachkommt oder die Geldbuße zahlt. [3] Ist Jugendarrest vollstreckt worden, so kann der Jugendrichter die Vollstreckung der Geldbuße ganz oder zum Teil für erledigt erklären.

[1)] Nr. **3**.
[2)] Nr. **4**.

(4) Die Absätze 1 bis 3 gelten auch für die Vollstreckung der gegen einen Heranwachsenden festgesetzten Geldbuße.

§ 99 Vollstreckung von Nebenfolgen, die zu einer Geldzahlung verpflichten. (1) Für die Vollstreckung von Nebenfolgen, die zu einer Geldzahlung verpflichten, gelten die §§ 93 und 95 entsprechend, für die Vollstreckung der Geldbuße gegen eine juristische Person oder eine Personenvereinigung gelten auch die §§ 94, 96 und 97.

(2) [1] Ist die Einziehung eines Geldbetrages (§ 29a) rechtskräftig angeordnet worden und legt der Betroffene oder der Einziehungsbeteiligte eine rechtskräftige Entscheidung vor, in der gegen ihn wegen der mit Geldbuße bedrohten Handlung ein dem Verletzten erwachsener Anspruch festgestellt ist, so ordnet die Vollstreckungsbehörde an, daß die Anordnung der Einziehung insoweit nicht mehr vollstreckt wird. [2] Ist der eingezogene Geldbetrag bereits gezahlt oder beigetrieben worden und wird die Zahlung auf Grund der rechtskräftigen Entscheidung an den Verletzten nachgewiesen, so ordnet die Vollstreckungsbehörde insoweit die Rückerstattung an den Betroffenen oder den Einziehungsbeteiligten an.

§ 100 Nachträgliche Entscheidungen über die Einziehung. (1) Über die Aufhebung des Vorbehalts der Einziehung und die nachträgliche Anordnung der Einziehung eines Gegenstandes oder des Wertersatzes (§ 24 Abs. 2 Satz 3, § 25 Abs. 4) entscheidet

1. die Verwaltungsbehörde, die den Bußgeldbescheid erlassen hat,
2. bei einer gerichtlichen Bußgeldentscheidung das Gericht.

(2) [1] Gegen die nachträgliche Anordnung der Einziehung ist in den Fällen des Absatzes 1 Nr. 1 innerhalb von zwei Wochen nach Zustellung des Bescheides der Antrag auf gerichtliche Entscheidung nach § 62 zulässig. [2] Gegen die Entscheidung des Gerichts ist sofortige Beschwerde zulässig, wenn der Wert des Beschwerdegegenstandes zweihundertfünfzig Euro übersteigt.

§ 101 Vollstreckung in den Nachlaß. In den Nachlaß des Betroffenen darf eine Geldbuße nicht vollstreckt werden.

§ 102 Nachträgliches Strafverfahren. (1) Wird nach Rechtskraft des Bußgeldbescheides wegen derselben Handlung die öffentliche Klage erhoben, so soll die Vollstreckungsbehörde die Vollstreckung des Bußgeldbescheides insoweit aussetzen.

(2) Sind die Entscheidungen nach § 86 Abs. 1 und 2 im Strafverfahren unterblieben, so sind sie von dem Gericht nachträglich zu treffen.

§ 103 Gerichtliche Entscheidung. (1) Über Einwendungen gegen

1. die Zulässigkeit der Vollstreckung,
2. die von der Vollstreckungsbehörde nach den §§ 93, 99 Abs. 2 und § 102 Abs. 1 getroffenen Anordnungen,
3. die sonst bei der Vollstreckung eines Bußgeldbescheides getroffenen Maßnahmen

entscheidet das Gericht.

(2) [1] Durch Einwendungen nach Absatz 1 wird die Vollstreckung nicht gehemmt. [2] Das Gericht kann jedoch die Vollstreckung aussetzen.

§ 104 Verfahren bei gerichtlicher Entscheidung. (1) Die bei der Vollstreckung notwendig werdenden gerichtlichen Entscheidungen werden erlassen

1. von dem nach § 68 zuständigen Gericht, wenn ein Bußgeldbescheid zu vollstrecken ist,
2. von dem Gericht des ersten Rechtszuges, wenn eine gerichtliche Bußgeldentscheidung zu vollstrecken ist,
3. von dem Jugendrichter, dem die Vollstreckung einer gerichtlichen Bußgeldentscheidung obliegt, soweit nicht eine Entscheidung nach § 100 Abs. 1 Nr. 2 zu treffen ist,
4. von dem Gericht des ersten Rechtszuges im Strafverfahren, wenn eine Entscheidung nach § 102 Abs. 2 zu treffen ist.

(2) [1] Die Entscheidung ergeht ohne mündliche Verhandlung. [2] Vor der Entscheidung ist den Beteiligten Gelegenheit zu geben, Anträge zu stellen und zu begründen.

(3) [1] Die sofortige Beschwerde ist zulässig gegen die

1. Anordnung der Erzwingungshaft und die Verhängung des Jugendarrestes,
2. nachträgliche Entscheidung über die Einziehung (§ 100 Abs. 1 Nr. 2),
3. gerichtliche Entscheidung in den Fällen des § 103 Abs. 1 Nr. 2 in Verbindung mit § 99 Abs. 2;

dies gilt in den Fällen der Nummern 2 und 3 jedoch nur dann, wenn der Wert des Beschwerdegegenstandes zweihundertfünfzig Euro übersteigt. [2] In den übrigen Fällen ist die Entscheidung nicht anfechtbar.

Zehnter Abschnitt. Kosten

I. Verfahren der Verwaltungsbehörde

§ 105 Kostenentscheidung. (1) Im Verfahren der Verwaltungsbehörde gelten § 464 Abs. 1 und 2, § 464a, § 464c, soweit die Kosten für Gebärdensprachdolmetscher betroffen sind, die §§ 464d, 465, 466, 467a Abs. 1 und 2, § 469 Abs. 1 und 2 sowie die §§ 470, 472b und 473 Abs. 7 der Strafprozeßordnung[1)] sinngemäß, im Verfahren gegen Jugendliche und Heranwachsende ferner § 74 des Jugendgerichtsgesetzes[2)].

(2) Die notwendigen Auslagen, die nach Absatz 1 in Verbindung mit § 465 Abs. 2, § 467a Abs. 1 und 2 sowie den §§ 470 und 472b der Strafprozeßordnung[1)] die Staatskasse zu tragen hat, werden, soweit das Gesetz nichts anderes bestimmt, der Bundeskasse auferlegt, wenn eine Verwaltungsbehörde des Bundes das Verfahren durchführt, sonst der Landeskasse.

§ 106 Kostenfestsetzung. (1) [1] Die Höhe der Kosten und Auslagen, die ein Beteiligter einem anderen zu erstatten hat, wird auf Antrag durch die Verwaltungsbehörde festgesetzt. [2] Auf Antrag ist auszusprechen, daß die festgesetzten Kosten und Auslagen von der Anbringung des Festsetzungsantrages an entsprechend § 104 Abs. 1 Satz 2 der Zivilprozessordnung zu verzinsen sind. [3] Dem Festsetzungsantrag sind eine Berechnung der dem Antragsteller entstandenen Kosten, eine zur Mitteilung an den anderen Beteiligten bestimmte Abschrift und die Belege zur Rechtfertigung der einzelnen Ansätze beizufügen.

---

1) Nr. **3**.
2) Nr. **4**.

[4] Zur Berücksichtigung eines Ansatzes genügt es, daß er glaubhaft gemacht ist. [5] Hinsichtlich der einem Rechtsanwalt erwachsenen Auslagen für Post- und Telekommunikationsdienstleistungen genügt die Versicherung des Rechtsanwalts, daß die Auslagen entstanden sind.

(2) [1] Für die Zwangsvollstreckung aus dem Kostenfestsetzungsbescheid gelten die Vorschriften der Zivilprozeßordnung über die Zwangsvollstreckung aus Kostenfestsetzungsbeschlüssen sinngemäß. [2] Die Zwangsvollstreckung ist erst zulässig, wenn der Kostenfestsetzungsbescheid unanfechtbar geworden ist. [3] Die vollstreckbare Ausfertigung wird vom Urkundsbeamten der Geschäftsstelle des nach § 68 zuständigen Gerichts erteilt.

§ 107 Gebühren und Auslagen. (1) [1] Im Verfahren der Verwaltungsbehörde bemißt sich die Gebühr nach der Geldbuße, die gegen den Betroffenen im Bußgeldbescheid festgesetzt ist. [2] Wird gegen eine juristische Person oder eine Personenvereinigung eine Geldbuße nach § 30 festgesetzt, so ist von der juristischen Person oder der Personenvereinigung eine Gebühr zu erheben, die sich nach der gegen sie festgesetzten Geldbuße bemißt. [3] Als Gebühr werden bei der Festsetzung einer Geldbuße fünf vom Hundert des Betrages der festgesetzten Geldbuße erhoben, jedoch mindestens 25 Euro und höchstens 7 500 Euro.

(2) Hat die Verwaltungsbehörde im Falle des § 25a des Straßenverkehrsgesetzes[1)] eine abschließende Entscheidung getroffen, so beträgt die Gebühr 20 Euro.

(3) Als Auslagen werden erhoben

1. Entgelte für Telegramme;
2. für jede Zustellung mit Zustellungsurkunde, Einschreiben gegen Rückschein oder durch Bedienstete der Verwaltungsbehörde pauschal 3,50 Euro;
3. *(aufgehoben)*
4. Auslagen für öffentliche Bekanntmachungen; Auslagen werden nicht erhoben für die Bekanntmachung in einem elektronischen Informations- und Kommunikationssystem, wenn das Entgelt nicht für den Einzelfall oder nicht für ein einzelnes Verfahren berechnet wird;
5. nach dem Justizvergütungs- und -entschädigungsgesetz zu zahlende Beträge, und zwar auch dann, wenn aus Gründen der Gegenseitigkeit, der Verwaltungsvereinfachung oder aus vergleichbaren Gründen keine Zahlungen zu leisten sind; ist aufgrund des § 1 Abs. 2 Satz 2 des Justizvergütungs- und -entschädigungsgesetzes keine Vergütung zu zahlen, ist der Betrag zu erheben, der ohne diese Vorschrift zu zahlen wäre; sind die Auslagen durch verschiedene Rechtssachen veranlasst, werden sie auf die einzelnen Rechtssachen angemessen verteilt; Auslagen für Übersetzer, die zur Erfüllung der Rechte blinder oder sehbehinderter Personen herangezogen werden (§ 191a Abs. 1 des Gerichtsverfassungsgesetzes), sowie für Sachverständige, die durch die Untersuchung eines Beschuldigten nach § 43 Absatz 2 des Jugendgerichtsgesetzes entstanden sind, werden nicht, Auslagen für Gebärdensprachdolmetscher werden nur entsprechend den §§ 464c, 467a Abs. 1

---

1) Nr. **7**.

Satz 2 in Verbindung mit § 467 Abs. 2 Satz 1 der Strafprozessordnung[1] erhoben;

6. bei Geschäften außerhalb der Dienststelle
   a) die den Bediensteten der Verwaltungsbehörde aufgrund gesetzlicher Vorschriften gewährte Vergütung (Reisekosten, Auslagenersatz),
   b) die Auslagen für die Bereitstellung von Räumen,
   c) für den Einsatz von Dienstkraftfahrzeugen für jeden gefahrenen Kilometer 0,30 Euro;

   sind die Auslagen durch verschiedene Rechtssachen veranlasst, werden sie auf die einzelnen Rechtssachen angemessen verteilt;
7. an Rechtsanwälte zu zahlende Beträge;
8. Auslagen für die Beförderung von Personen;
9. Beträge, die mittellosen Personen für die Reise zum Ort einer Verhandlung, Vernehmung oder Untersuchung und für die Rückreise gezahlt werden, bis zur Höhe der nach dem Justizvergütungs- und -entschädigungsgesetz an Zeugen zu zahlenden Beträge;
10. an Dritte zu zahlende Beträge für
    a) die Beförderung von Tieren und Sachen mit Ausnahme der für Postdienstleistungen zu zahlenden Entgelte, die Verwahrung von Tieren und Sachen sowie die Fütterung von Tieren,
    b) die Durchsuchung oder Untersuchung von Räumen und Sachen einschließlich der die Durchsuchung oder Untersuchung vorbereitenden Maßnahmen,
    c) die Bewachung von Schiffen und Luftfahrzeugen;
11. Kosten einer Erzwingungshaft;
12. nach § 12 des Bundesgebührengesetzes, dem 5. Abschnitt des Konsulargesetzes und der Besonderen Gebührenverordnung des Auswärtigen Amts nach § 22 Absatz 4 des Bundesgebührengesetzes im Rahmen der Amtshilfe zu zahlende Beträge;
13. Gebühren, die an deutsche Behörden für die Erfüllung von deren eigenen Aufgaben zu zahlen sind, und Beträge, die diesen Behörden, öffentlichen Einrichtungen oder deren Bediensteten als Ersatz für Auslagen der in den Nummern 1 bis 11 bezeichneten Art zustehen, und zwar auch dann, wenn aus Gründen der Gegenseitigkeit, der Verwaltungsvereinfachung oder aus vergleichbaren Gründen keine Zahlungen zu leisten sind; die Auslagen sind in ihrer Höhe durch die Höchstsätze für die bezeichneten Auslagen begrenzt;
14. Beträge, die ausländischen Behörden, Einrichtungen oder Personen im Ausland zustehen, sowie Kosten des Amts- und Rechtshilfeverkehrs mit dem Ausland, und zwar auch dann, wenn aus Gründen der Gegenseitigkeit, der Verwaltungsvereinfachung oder aus vergleichbaren Gründen keine Zahlungen zu leisten sind.

(4) Hat eine Verwaltungsbehörde des Bundes den Bußgeldbescheid erlassen, so sind für die Niederschlagung der Kosten bei unrichtiger Sachbehandlung sowie die Niederschlagung, den Erlaß, die Verjährung und die Erstattung von Kosten § 14 Abs. 2 sowie die §§ 19 bis 21 des Verwaltungskostengesetzes vom

---

[1] Nr. **3**.

23. Juni 1970 (BGBl. I S. 821) in der bis zum 14. August 2013 geltenden Fassung anzuwenden, sonst die entsprechenden landesrechtlichen Vorschriften.

(5) [1] Von demjenigen, der die Versendung von Akten beantragt, werden je durchgeführte Sendung einschließlich der Rücksendung durch Behörden pauschal 12 Euro als Auslagen erhoben. [2] Wird die Akte elektronisch geführt und erfolgt ihre Übermittlung elektronisch, wird eine Pauschale nicht erhoben.

§ 108 Rechtsbehelf und Vollstreckung. (1) [1] Im Verfahren der Verwaltungsbehörde ist gegen den

1. selbständigen Kostenbescheid,
2. Kostenfestsetzungsbescheid (§ 106) und
3. Ansatz der Gebühren und Auslagen

der Antrag auf gerichtliche Entscheidung nach § 62 zulässig. [2] In den Fällen der Nummern 1 und 2 ist der Antrag innerhalb von zwei Wochen nach Zustellung des Bescheides zu stellen; gegen die Entscheidung des Gerichts ist in den Fällen der Nummer 2 sofortige Beschwerde zulässig, wenn der Wert des Beschwerdegegenstandes zweihundert Euro übersteigt.

(2) Für die Vollstreckung der Kosten des Bußgeldverfahrens gelten die §§ 89 und 90 Abs. 1 entsprechend.

II. Verfahren der Staatsanwaltschaft

§ 108a [Verfahren der Staatsanwaltschaft] (1) Stellt die Staatsanwaltschaft nach Einspruch gegen den Bußgeldbescheid das Verfahren ein, bevor sie die Akten dem Gericht vorlegt, so trifft sie die Entscheidungen nach § 467a Abs. 1 und 2 der Strafprozeßordnung[1)].

(2) Gegen die Entscheidung der Staatsanwaltschaft kann innerhalb von zwei Wochen nach Zustellung gerichtliche Entscheidung beantragt werden; § 50 Abs. 2 sowie die §§ 52 und 62 Abs. 2 gelten entsprechend.

(3) [1] Die Entscheidung über den Festsetzungsantrag (§ 464b Satz 1 der Strafprozeßordnung[1)]) trifft der Urkundsbeamte der Geschäftsstelle der Staatsanwaltschaft. [2] Über die Erinnerung gegen den Festsetzungsbeschluß des Urkundsbeamten der Geschäftsstelle entscheidet das nach § 68 zuständige Gericht.

III. Verfahren über die Zulässigkeit des Einspruchs

§ 109 [Verfahren über die Zulässigkeit des Einspruchs] (1) Wird der Bescheid der Verwaltungsbehörde über die Verwerfung

1. des Einspruchs (§ 69 Abs. 1) oder
2. des Antrags auf Wiedereinsetzung in den vorigen Stand wegen Versäumung der Einspruchsfrist

im Verfahren nach § 62 aufgehoben, so gilt auch für die Kosten und Auslagen dieses Verfahrens die abschließende Entscheidung nach § 464 Abs. 1 und 2 der Strafprozeßordnung[1)].

(2) Wird der Einspruch des Betroffenen gegen den Bußgeldbescheid verworfen (§§ 70, 74 Abs. 2), so trägt er auch die Kosten des gerichtlichen Verfahrens.

---

1) Nr. **3**.

IV. Auslagen des Betroffenen

§ 109a [Auslagen des Betroffenen] (1) War gegen den Betroffenen in einem Bußgeldbescheid wegen einer Tat lediglich eine Geldbuße bis zu zehn Euro festgesetzt worden, so gehören die Gebühren und Auslagen eines Rechtsanwalts nur dann zu den notwendigen Auslagen (§ 464a Abs. 2 Nr. 2 der Strafprozeßordnung[1]), wenn wegen der schwierigen Sach- oder Rechtslage oder der Bedeutung der Sache für den Betroffenen die Beauftragung eines Rechtsanwalts geboten war.

(2) Soweit dem Betroffenen Auslagen entstanden sind, die er durch ein rechtzeitiges Vorbringen entlastender Umstände hätte vermeiden können, kann davon abgesehen werden, diese der Staatskasse aufzuerlegen.

Elfter Abschnitt. Entschädigung für Verfolgungsmaßnahmen

§ 110 [Entschädigung für Verfolgungsmaßnahmen] (1) Die Entscheidung über die Entschädigungspflicht für einen Vermögensschaden, der durch eine Verfolgungsmaßnahme im Bußgeldverfahren verursacht worden ist (§ 8 des Gesetzes über die Entschädigung für Strafverfolgungsmaßnahmen[2]), trifft die Verwaltungsbehörde, wenn sie das Bußgeldverfahren abgeschlossen hat, in einem selbständigen Bescheid.

(2) [1] Gegen den Bescheid ist innerhalb von zwei Wochen nach Zustellung der Antrag auf gerichtliche Entscheidung nach § 62 zulässig. [2] Gegen die Entscheidung des Gerichts ist sofortige Beschwerde zulässig.

(3) Über den Anspruch auf Entschädigung (§ 10 des Gesetzes über die Entschädigung für Strafverfolgungsmaßnahmen[2]) entscheidet in den Fällen des Absatzes 1 die Verwaltungsbehörde.

(4) Ersatzpflichtig ist (§ 15 des Gesetzes über die Entschädigung für Strafverfolgungsmaßnahmen[2]) in den Fällen des Absatzes 1, soweit das Gesetz nichts anderes bestimmt, der Bund, wenn eine Verwaltungsbehörde des Bundes das Verfahren durchführt, sonst das Land.

Zwölfter Abschnitt. Aktenführung und Kommunikation im Verfahren

§ 110a Elektronische Aktenführung; Verordnungsermächtigungen.

(1) [1] Die Akten können elektronisch geführt werden. [2] Die Bundesregierung und die Landesregierungen bestimmen jeweils für ihren Bereich durch Rechtsverordnung den Zeitpunkt, von dem an die Akten elektronisch geführt werden. [3] Sie können die Einführung der elektronischen Aktenführung dabei auf einzelne Gerichte oder Behörden oder auf allgemein bestimmte Verfahren beschränken und bestimmen, dass Akten, die in Papierform angelegt wurden, auch nach Einführung der elektronischen Aktenführung in Papierform weitergeführt werden; wird von der Beschränkungsmöglichkeit Gebrauch gemacht, kann in der Rechtsverordnung bestimmt werden, dass durch Verwaltungsvorschrift, die öffentlich bekanntzumachen ist, geregelt wird, in welchen Verfahren die Akten elektronisch zu führen sind. [4] Die Ermächtigung kann durch Rechtsverordnung auf die zuständigen Bundes- oder Landesministerien übertragen werden.

---

[1] Nr. **3**.
[2] Nr. **5**.

(2) [1] Die Bundesregierung und die Landesregierungen bestimmen jeweils für ihren Bereich durch Rechtsverordnung die für die elektronische Aktenführung geltenden organisatorischen und dem Stand der Technik entsprechenden technischen Rahmenbedingungen einschließlich der einzuhaltenden Anforderungen des Datenschutzes, der Datensicherheit und der Barrierefreiheit. [2] Sie können die Ermächtigung durch Rechtsverordnung auf die zuständigen Bundes- oder Landesministerien übertragen.

(3) [1] Die Bundesregierung bestimmt durch Rechtsverordnung mit Zustimmung des Bundesrates die für die Übermittlung elektronischer Akten zwischen Behörden und Gerichten geltenden Standards. [2] Sie kann die Ermächtigung durch Rechtsverordnung ohne Zustimmung des Bundesrates auf die zuständigen Bundesministerien übertragen.

(4) Behörden im Sinne dieses Abschnitts sind die Staatsanwaltschaften und Verwaltungsbehörden einschließlich der Vollstreckungsbehörden sowie die Behörden des Polizeidienstes, soweit diese Aufgaben im Bußgeldverfahren wahrnehmen.

§ 110b Elektronische Formulare; Verordnungsermächtigung. [1] Die Bundesregierung kann durch Rechtsverordnung mit Zustimmung des Bundesrates elektronische Formulare einführen. [2] Die Rechtsverordnung kann bestimmen, dass die in den Formularen enthaltenen Angaben ganz oder teilweise in strukturierter maschinenlesbarer Form zu übermitteln sind. [3] Die Formulare sind auf einer in der Rechtsverordnung zu bestimmenden Kommunikationsplattform im Internet zur Nutzung bereitzustellen. [4] Die Rechtsverordnung kann bestimmen, dass eine Identifikation des Formularverwenders abweichend von § 32a Absatz 3 der Strafprozessordnung durch Nutzung des elektronischen Identitätsnachweises nach § 18 des Personalausweisgesetzes, § 12 des eID-Karte-Gesetzes oder § 78 Absatz 5 des Aufenthaltsgesetzes erfolgen kann. [5] Die Bundesregierung kann die Ermächtigung durch Rechtsverordnung ohne Zustimmung des Bundesrates auf die zuständigen Bundesministerien übertragen.

§ 110c Entsprechende Geltung der Strafprozessordnung für Aktenführung und Kommunikation im Verfahren. [1] Im Übrigen gelten die §§ 32a, 32b und 32d bis 32f der Strafprozessordnung sowie die auf der Grundlage des § 32a Absatz 2 Satz 2 und Absatz 4 Satz 1 Nummer 6, des § 32b Absatz 5 und des § 32f Absatz 6 der Strafprozessordnung erlassenen Rechtsverordnungen entsprechend. [2] Abweichend von § 32b Absatz 1 Satz 2 der Strafprozessordnung ist bei der automatisierten Herstellung eines zu signierenden elektronischen Dokuments statt seiner die begleitende Verfügung zu signieren. [3] Abweichend von § 32e Absatz 4 Satz 1 der Strafprozessordnung müssen Ausgangsdokumente nicht gespeichert oder aufbewahrt werden, wenn die übertragenen Dokumente zusätzlich einen mit einer qualifizierten elektronischen Signatur versehenen Vermerk darüber enthalten, dass das Ausgangsdokument mit dem zur Akte zu nehmenden Dokument inhaltlich und bildlich übereinstimmt.

§§ 110d, 110e *(aufgehoben)*

Dritter Teil. Einzelne Ordnungswidrigkeiten

Erster Abschnitt. Verstöße gegen staatliche Anordnungen

§ 111 Falsche Namensangabe. (1) Ordnungswidrig handelt, wer einer zuständigen Behörde, einem zuständigen Amtsträger oder einem zuständigen Soldaten der Bundeswehr über seinen Vor-, Familien- oder Geburtsnamen, den Ort oder Tag seiner Geburt, seinen Familienstand, seinen Beruf, seinen Wohnort, seine Wohnung oder seine Staatsangehörigkeit eine unrichtige Angabe macht oder die Angabe verweigert.

(2) Ordnungswidrig handelt auch der Täter, der fahrlässig nicht erkennt, daß die Behörde, der Amtsträger oder der Soldat zuständig ist.

(3) Die Ordnungswidrigkeit kann, wenn die Handlung nicht nach anderen Vorschriften geahndet werden kann, in den Fällen des Absatzes 1 mit einer Geldbuße bis zu eintausend Euro, in den Fällen des Absatzes 2 mit einer Geldbuße bis zu fünfhundert Euro geahndet werden.

§ 112 Verletzung der Hausordnung eines Gesetzgebungsorgans.

(1) Ordnungswidrig handelt, wer gegen Anordnungen verstößt, die ein Gesetzgebungsorgan des Bundes oder eines Landes oder sein Präsident über das Betreten des Gebäudes des Gesetzgebungsorgans oder des dazugehörigen Grundstücks oder über das Verweilen oder die Sicherheit und Ordnung im Gebäude oder auf dem Grundstück allgemein oder im Einzelfall erlassen hat.

(2) Die Ordnungswidrigkeit kann mit einer Geldbuße bis zu fünftausend Euro geahndet werden.

(3) Die Absätze 1 und 2 gelten bei Anordnungen eines Gesetzgebungsorgans des Bundes oder seines Präsidenten weder für die Mitglieder des Bundestages noch für die Mitglieder des Bundesrates und der Bundesregierung sowie deren Beauftragte, bei Anordnungen eines Gesetzgebungsorgans eines Landes oder seines Präsidenten weder für die Mitglieder der Gesetzgebungsorgane dieses Landes noch für die Mitglieder der Landesregierung und deren Beauftragte.

§ 113 Unerlaubte Ansammlung. (1) Ordnungswidrig handelt, wer sich einer öffentlichen Ansammlung anschließt oder sich nicht aus ihr entfernt, obwohl ein Träger von Hoheitsbefugnissen die Menge dreimal rechtmäßig aufgefordert hat, auseinanderzugehen.

(2) Ordnungswidrig handelt auch der Täter, der fahrlässig nicht erkennt, daß die Aufforderung rechtmäßig ist.

(3) Die Ordnungswidrigkeit kann in den Fällen des Absatzes 1 mit einer Geldbuße bis zu eintausend Euro, in den Fällen des Absatzes 2 mit einer Geldbuße bis zu fünfhundert Euro geahndet werden.

§ 114 Betreten militärischer Anlagen. (1) Ordnungswidrig handelt, wer vorsätzlich oder fahrlässig entgegen einem Verbot der zuständigen Dienststelle eine militärische Einrichtung oder Anlage oder eine Örtlichkeit betritt, die aus Sicherheitsgründen zur Erfüllung dienstlicher Aufgaben der Bundeswehr gesperrt ist.

(2) Die Ordnungswidrigkeit kann mit einer Geldbuße geahndet werden.

§ 115 Verkehr mit Gefangenen. (1) Ordnungswidrig handelt, wer unbefugt

1. einem Gefangenen Sachen oder Nachrichten übermittelt oder sich von ihm übermitteln läßt oder
2. sich mit einem Gefangenen, der sich innerhalb einer Vollzugsanstalt befindet, von außen durch Worte oder Zeichen verständigt.

(2) Gefangener ist, wer sich auf Grund strafgerichtlicher Entscheidung oder als vorläufig Festgenommener in behördlichem Gewahrsam befindet.

(3) Die Ordnungswidrigkeit und der Versuch einer Ordnungswidrigkeit können mit einer Geldbuße geahndet werden.

Zweiter Abschnitt. Verstöße gegen die öffentliche Ordnung

§ 116 Öffentliche Aufforderung zu Ordnungswidrigkeiten. (1) Ordnungswidrig handelt, wer öffentlich, in einer Versammlung oder durch Verbreiten eines Inhalts (§ 11 Absatz 3 des Strafgesetzbuches) zu einer mit Geldbuße bedrohten Handlung auffordert.

(2) [1]Die Ordnungswidrigkeit kann mit einer Geldbuße geahndet werden. [2]Das Höchstmaß der Geldbuße bestimmt sich nach dem Höchstmaß der Geldbuße für die Handlung, zu der aufgefordert wird.

§ 117 Unzulässiger Lärm. (1) Ordnungswidrig handelt, wer ohne berechtigten Anlaß oder in einem unzulässigen oder nach den Umständen vermeidbaren Ausmaß Lärm erregt, der geeignet ist, die Allgemeinheit oder die Nachbarschaft erheblich zu belästigen oder die Gesundheit eines anderen zu schädigen.

(2) Die Ordnungswidrigkeit kann mit einer Geldbuße bis zu fünftausend Euro geahndet werden, wenn die Handlung nicht nach anderen Vorschriften geahndet werden kann.

§ 118 Belästigung der Allgemeinheit. (1) Ordnungswidrig handelt, wer eine grob ungehörige Handlung vornimmt, die geeignet ist, die Allgemeinheit zu belästigen oder zu gefährden und die öffentliche Ordnung zu beeinträchtigen.

(2) Die Ordnungswidrigkeit kann mit einer Geldbuße geahndet werden, wenn die Handlung nicht nach anderen Vorschriften geahndet werden kann.

§ 119 Grob anstößige und belästigende Handlungen. (1) Ordnungswidrig handelt, wer

1. öffentlich in einer Weise, die geeignet ist, andere zu belästigen, oder
2. in grob anstößiger Weise dadurch, dass er einen Inhalt (§ 11 Absatz 3 des Strafgesetzbuches) verbreitet oder der Öffentlichkeit zugänglich macht,

Gelegenheit zu sexuellen Handlungen anbietet, ankündigt, anpreist oder Erklärungen solchen Inhalts bekanntgibt.

(2) Ordnungswidrig handelt auch, wer auf die in Absatz 1 bezeichnete Weise Mittel oder Gegenstände, die dem sexuellen Gebrauch dienen, anbietet, ankündigt, anpreist oder Erklärungen solchen Inhalts bekanntgibt.

(3) Ordnungswidrig handelt ferner, wer einen sexuellen Inhalt (§ 11 Absatz 3 des Strafgesetzbuches) an Orten der Öffentlichkeit zugänglich macht, an denen dies grob anstößig wirkt.

(4) Die Ordnungswidrigkeit kann in den Fällen des Absatzes 1 Nr. 1 mit einer Geldbuße bis zu eintausend Euro, in den übrigen Fällen mit einer Geldbuße bis zu zehntausend Euro geahndet werden.

§ 120 Verbotene Ausübung der Prostitution. (1) Ordnungswidrig handelt, wer einem durch Rechtsverordnung erlassenen Verbot, der Prostitution an bestimmten Orten überhaupt oder zu bestimmten Tageszeiten nachzugehen, zuwiderhandelt.

(2) Die Ordnungswidrigkeit kann mit einer Geldbuße geahndet werden.

§ 121 Halten gefährlicher Tiere. (1) Ordnungswidrig handelt, wer vorsätzlich oder fahrlässig

1. ein gefährliches Tier einer wildlebenden Art oder ein bösartiges Tier sich frei umherbewegen läßt oder
2. als Verantwortlicher für die Beaufsichtigung eines solchen Tieres es unterläßt, die nötigen Vorsichtsmaßnahmen zu treffen, um Schäden durch das Tier zu verhüten.

(2) Die Ordnungswidrigkeit kann mit einer Geldbuße geahndet werden.

§ 122 Vollrausch. (1) Wer sich vorsätzlich oder fahrlässig durch alkoholische Getränke oder andere berauschende Mittel in einen Rausch versetzt, handelt ordnungswidrig, wenn er in diesem Zustand eine mit Geldbuße bedrohte Handlung begeht und ihretwegen gegen ihn keine Geldbuße festgesetzt werden kann, weil er infolge des Rausches nicht vorwerfbar gehandelt hat oder weil dies nicht auszuschließen ist.

(2) [1] Die Ordnungswidrigkeit kann mit einer Geldbuße geahndet werden. [2] Die Geldbuße darf nicht höher sein als die Geldbuße, die für die im Rausch begangene Handlung angedroht ist.

§ 123 Einziehung; Unbrauchbarmachung. (1) Gegenstände, auf die sich eine Ordnungswidrigkeit nach § 119 bezieht, können eingezogen werden.

(2) [1] Bei der Einziehung von Verkörperungen eines Inhalts (§ 11 Absatz 3 des Strafgesetzbuches) kann in den Fällen des § 119 Abs. 1 und 2 angeordnet werden, daß

1. sich die Einziehung auf alle Verkörperungen erstreckt und
2. die zur Herstellung gebrauchten oder bestimmten Vorrichtungen unbrauchbar gemacht werden,

soweit die Verkörperungen und Vorrichtungen sich im Besitz des Täters oder eines anderen befinden, für den der Täter gehandelt hat, oder von diesen Personen zur Verbreitung bestimmt sind. [2] Eine solche Anordnung wird jedoch nur getroffen, soweit sie erforderlich ist, um Handlungen, die nach § 119 Abs. 1 oder 2 mit Geldbuße bedroht sind, zu verhindern. [3] Für die Einziehung gilt § 27 Abs. 2, für die Unbrauchbarmachung gelten die §§ 27 und 28 entsprechend.

(3) In den Fällen des § 119 Abs. 2 gelten die Absätze 1 und 2 nur für das Werbematerial und die zu seiner Herstellung gebrauchten oder bestimmten Vorrichtungen.

Dritter Abschnitt. Mißbrauch staatlicher oder staatlich geschützter Zeichen

§ 124[1] Benutzen von Wappen oder Dienstflaggen. (1) Ordnungswidrig handelt, wer unbefugt

1. das Wappen des Bundes oder eines Landes oder den Bundesadler oder den entsprechenden Teil eines Landeswappens oder
2. eine Dienstflagge des Bundes oder eines Landes

benutzt.

(2) Den in Absatz 1 genannten Wappen, Wappenteilen und Flaggen stehen solche gleich, die ihnen zum Verwechseln ähnlich sind.

(3) Die Ordnungswidrigkeit kann mit einer Geldbuße geahndet werden.

§ 125 Benutzen des Roten Kreuzes oder des Schweizer Wappens. (1) Ordnungswidrig handelt, wer unbefugt das Wahrzeichen des roten Kreuzes auf weißem Grund oder die Bezeichnung „Rotes Kreuz" oder „Genfer Kreuz" benutzt.

(2) Ordnungswidrig handelt auch, wer unbefugt das Wappen der Schweizerischen Eidgenossenschaft benutzt.

(3) Den in den Absätzen 1 und 2 genannten Wahrzeichen, Bezeichnungen und Wappen stehen solche gleich, die ihnen zum Verwechseln ähnlich sind.

(4) Die Absätze 1 und 3 gelten für solche Wahrzeichen oder Bezeichnungen entsprechend, die nach Völkerrecht dem Wahrzeichen des roten Kreuzes auf weißem Grund oder der Bezeichnung „Rotes Kreuz" gleichstehen.

(5) Die Ordnungswidrigkeit kann mit einer Geldbuße geahndet werden.

§ 126 Mißbrauch von Berufstrachten oder Berufsabzeichen. (1) Ordnungswidrig handelt, wer unbefugt

1. eine Berufstracht oder ein Berufsabzeichen für eine Tätigkeit in der Kranken- oder Wohlfahrtspflege trägt, die im Inland staatlich anerkannt oder genehmigt sind, oder
2. eine Berufstracht oder ein Berufsabzeichen einer religiösen Vereinigung trägt, die von einer Kirche oder einer anderen Religionsgesellschaft des öffentlichen Rechts anerkannt ist.

(2) Den in Absatz 1 genannten Trachten und Abzeichen stehen solche gleich, die ihnen zum Verwechseln ähnlich sind.

(3) Die Ordnungswidrigkeit kann mit einer Geldbuße geahndet werden.

§ 127 Herstellen oder Verwenden von Sachen, die zur Geld- oder Urkundenfälschung benutzt werden können. (1) Ordnungswidrig handelt, wer ohne schriftliche Erlaubnis der zuständigen Stelle oder des sonst dazu Befugten

---

[1] VO über die Zuständigkeit für die Verfolgung und Ahndung von Ordnungswidrigkeiten nach § 124 des Gesetzes über Ordnungswidrigkeiten v. 2.1.1975 (BGBl. I S. 209).

1. Platten, Formen, Drucksätze, Druckstöcke, Negative, Matrizen, Computerprogramme oder ähnliche Vorrichtungen, die ihrer Art nach geeignet sind zur Herstellung von
   a) Geld, diesem gleichstehenden Wertpapieren (§ 151 des Strafgesetzbuches), amtlichen Wertzeichen, Zahlungskarten im Sinne des § 152a Absatz 4 des Strafgesetzbuches, Schecks, Wechseln oder Zahlungskarten mit Garantiefunktion im Sinne des § 152b Absatz 4 des Strafgesetzbuches oder
   b) öffentlichen Urkunden oder Beglaubigungszeichen,
2. Vordrucke für öffentliche Urkunden oder Beglaubigungszeichen,
3. Papier, das einer solchen Papierart gleicht oder zum Verwechseln ähnlich ist, die zur Herstellung der in den Nummern 1 oder 2 bezeichneten Papiere bestimmt und gegen Nachahmung besonders gesichert ist, oder
4. Hologramme oder andere Bestandteile, die der Sicherung der in der Nummer 1 Buchstabe a bezeichneten Gegenstände gegen Fälschung dienen,

herstellt, sich oder einem anderen verschafft, feilhält, verwahrt, einem anderen überläßt, einführt oder ausführt.

(2) Ordnungswidrig handelt auch der Täter, der fahrlässig nicht erkennt, daß eine schriftliche Erlaubnis der zuständigen Stelle oder des sonst dazu Befugten nicht vorliegt.

(3) Absatz 1 gilt auch für Geld, Wertpapiere, Wertzeichen, Urkunden, Beglaubigungszeichen, Zahlungskarten im Sinne des § 152a Absatz 4 des Strafgesetzbuches, Schecks, Wechsel und Zahlungskarten mit Garantiefunktion im Sinne des § 152b Absatz 4 des Strafgesetzbuches aus einem fremden Währungsgebiet.

(4) Die Ordnungswidrigkeit kann in den Fällen des Absatzes 1 mit einer Geldbuße bis zu zehntausend Euro, in den Fällen des Absatzes 2 mit einer Geldbuße bis zu fünftausend Euro geahndet werden.

§ 128 Herstellen oder Verbreiten von papiergeldähnlichen Drucksachen oder Abbildungen. (1) Ordnungswidrig handelt, wer

1. Drucksachen oder Abbildungen herstellt oder verbreitet, die ihrer Art nach geeignet sind,
   a) im Zahlungsverkehr mit Papiergeld oder diesem gleichstehenden Wertpapieren (§ 151 des Strafgesetzbuches) verwechselt zu werden oder
   b) dazu verwendet zu werden, solche verwechslungsfähigen Papiere herzustellen, oder
2. Platten, Formen, Drucksätze, Druckstöcke, Negative, Matrizen, Computerprogramme oder ähnliche Vorrichtungen, die ihrer Art nach zur Herstellung der in der Nummer 1 bezeichneten Drucksachen oder Abbildungen geeignet sind, herstellt, sich oder einem anderen verschafft, feilhält, verwahrt, einem anderen überläßt, einführt oder ausführt.

(2) Ordnungswidrig handelt auch der Täter, der fahrlässig nicht erkennt, daß die Eignung zur Verwechslung oder Herstellung im Sinne von Absatz 1 Nr. 1 gegeben ist.

(3) Absatz 1 gilt auch für Papiergeld und Wertpapiere eines fremden Währungsgebietes.

(4) Die Ordnungswidrigkeit kann in den Fällen des Absatzes 1 mit einer Geldbuße bis zu zehntausend Euro, in den Fällen des Absatzes 2 mit einer Geldbuße bis zu fünftausend Euro geahndet werden.

§ 129 Einziehung. Gegenstände, auf die sich eine Ordnungswidrigkeit nach den §§ 124, 126 bis 128 bezieht, können eingezogen werden.

Vierter Abschnitt. Verletzung der Aufsichtspflicht in Betrieben und Unternehmen

§ 130 [Verletzung der Aufsichtspflicht in Betrieben und Unternehmen] (1) [1] Wer als Inhaber eines Betriebes oder Unternehmens vorsätzlich oder fahrlässig die Aufsichtsmaßnahmen unterläßt, die erforderlich sind, um in dem Betrieb oder Unternehmen Zuwiderhandlungen gegen Pflichten zu verhindern, die den Inhaber treffen und deren Verletzung mit Strafe oder Geldbuße bedroht ist, handelt ordnungswidrig, wenn eine solche Zuwiderhandlung begangen wird, die durch gehörige Aufsicht verhindert oder wesentlich erschwert worden wäre. [2] Zu den erforderlichen Aufsichtsmaßnahmen gehören auch die Bestellung, sorgfältige Auswahl und Überwachung von Aufsichtspersonen.

(2) Betrieb oder Unternehmen im Sinne des Absatzes 1 ist auch das öffentliche Unternehmen.

(3) [1] Die Ordnungswidrigkeit kann, wenn die Pflichtverletzung mit Strafe bedroht ist, mit einer Geldbuße bis zu einer Million Euro geahndet werden. [2] § 30 Absatz 2 Satz 3 ist anzuwenden. [3] Ist die Pflichtverletzung mit Geldbuße bedroht, so bestimmt sich das Höchstmaß der Geldbuße wegen der Aufsichtspflichtverletzung nach dem für die Pflichtverletzung angedrohten Höchstmaß der Geldbuße. [4] Satz 3 gilt auch im Falle einer Pflichtverletzung, die gleichzeitig mit Strafe und Geldbuße bedroht ist, wenn das für die Pflichtverletzung angedrohte Höchstmaß der Geldbuße das Höchstmaß nach Satz 1 übersteigt.

Fünfter Abschnitt. Gemeinsame Vorschriften

§ 131 [Gemeinsame Vorschriften] (1) [1] Verwaltungsbehörde im Sinne des § 36 Abs. 1 Nr. 1 ist

1. bei Ordnungswidrigkeiten nach § 112, soweit es sich um Verstöße gegen Anordnungen
   a) des Bundestages oder seines Präsidenten handelt, der Direktor beim Deutschen Bundestag,
   b) des Bundesrates oder seines Präsidenten handelt, der Direktor des Bundesrates,
2. bei Ordnungswidrigkeiten nach § 114 das Bundesamt für Infrastruktur, Umweltschutz und Dienstleistungen der Bundeswehr,
3. bei Ordnungswidrigkeiten nach § 124, soweit es sich um ein Wappen oder eine Dienstflagge des Bundes handelt, das Bundesministerium des Innern, für Bau und Heimat,
4. bei Ordnungswidrigkeiten nach den §§ 127 und 128, soweit es sich um
   a) Wertpapiere des Bundes oder seiner Sondervermögen handelt, die Bundesanstalt für Finanzdienstleistungsaufsicht,

b) Geld oder Papier zur Herstellung von Geld handelt, die Deutsche Bundesbank,

c) amtliche Wertzeichen handelt, das Bundesministerium, zu dessen Geschäftsbereich die Herstellung oder Ausgabe der Wertzeichen gehört.

[2] Satz 1 Nr. 4 Buchstaben a und c gilt auch bei Ordnungswidrigkeiten, die sich auf entsprechende Wertpapiere oder Wertzeichen eines fremden Währungsgebietes beziehen. [3] In den Fällen des Satzes 1 Nr. 3 und 4 Buchstabe c gilt § 36 Abs. 3 entsprechend.

(2) In den Fällen der §§ 122 und 130 wird die Ordnungswidrigkeit nur auf Antrag oder mit Ermächtigung verfolgt, wenn die im Rausch begangene Handlung oder die Pflichtverletzung nur auf Antrag oder mit Ermächtigung verfolgt werden könnte.

(3) Für die Verfolgung von Ordnungswidrigkeiten nach den §§ 116, 122 und 130 gelten auch die Verfahrensvorschriften entsprechend, die bei der Verfolgung der Handlung, zu der aufgefordert worden ist, der im Rausch begangenen Handlung oder der Pflichtverletzung anzuwenden sind oder im Falle des § 130 dann anzuwenden wären, wenn die mit Strafe bedrohte Pflichtverletzung nur mit Geldbuße bedroht wäre.

Vierter Teil. Schlußvorschriften

§ 132 Einschränkung von Grundrechten. Die Grundrechte der körperlichen Unversehrtheit (Artikel 2 Abs. 2 Satz 1 des Grundgesetzes), der Freiheit der Person (Artikel 2 Abs. 2 Satz 2 des Grundgesetzes) und der Unverletzlichkeit der Wohnung (Artikel 13 des Grundgesetzes) werden nach Maßgabe dieses Gesetzes eingeschränkt.

§ 133 Übergangsvorschriften. (1) Die Anwesenheit des Betroffenen in der Hauptverhandlung und das Verfahren bei seiner Abwesenheit richten sich nach dem Recht, das zu dem Zeitpunkt gilt, zu dem die erste Ladung des Betroffenen zur Hauptverhandlung abgesandt wird.

(2) Die Zulässigkeit und die Zulassung von Rechtsmitteln richten sich nach dem Recht, das zu dem Zeitpunkt gilt, zu dem ein Urteil verkündet wird oder ein Beschluß bei der Geschäftsstelle eingeht.

(3) Die Wiederaufnahme des Verfahrens richtet sich nach dem Recht, das zu dem Zeitpunkt gilt, zu dem ein Antrag bei Gericht eingeht.

(4) Im Verfahren der Verwaltungsbehörde werden Gebühren und Auslagen nach dem Recht erhoben, das zu dem Zeitpunkt gilt, in dem der Bußgeldbescheid erlassen ist.

(5) Für Dateien, die am 1. Oktober 2002 bestehen, ist § 49c erst ab dem 1. Oktober 2003 anzuwenden.

(6) [1] Wird die Anordnung der Einziehung des Wertes des Tatertrages wegen einer mit Geldbuße bedrohten Handlung, die vor dem 1. Juli 2017 begangen worden ist, nach diesem Zeitpunkt entschieden, ist § 29a in der Fassung des Gesetzes zur Reform der strafrechtlichen Vermögensabschöpfung vom 13. April 2017 (BGBl. I S. 872) anzuwenden. [2] In Verfahren, in denen bis zum 1. Juli 2017 bereits eine Entscheidung über den Verfall des Wertersatzes ergangen ist, ist § 29a in der bis zum 1. Juli 2017 geltenden Fassung anzuwenden.

§ 134 Übergangsregelung zum Gesetz zur Einführung der elektronischen Akte in Strafsachen und zur weiteren Förderung des elektronischen Rechtsverkehrs; Verordnungsermächtigungen. [1] Die Bundesregierung und die Landesregierungen können jeweils für ihren Bereich durch Rechtsverordnung bestimmen, dass die Einreichung elektronischer Dokumente abweichend von § 32a der Strafprozessordnung erst zum 1. Januar des Jahres 2019 oder 2020 möglich ist und § 110a in der am 31. Dezember 2017 geltenden Fassung bis jeweils zum 31. Dezember des Jahres 2018 oder 2019 weiter Anwendung findet. [2] Sie können die Ermächtigung nach Satz 1 durch Rechtsverordnung auf die zuständigen Bundes- oder Landesministerien übertragen.

§ 135 (Inkrafttreten)

2. Einführungsgesetz zum Strafgesetzbuch (EGStGB)

Vom 2. März 1974

(BGBl. I S. 469, ber. 1975 I S. 1916 und 1976 I S. 507)

FNA 450-16

zuletzt geänd. durch Art. 4 G zur Änd. des StGB – Aufhebung des Verbots der Werbung für den Schwangerschaftsabbruch (§ 219a StGB), zur Änd. des HeilmittelwerbeG, zur Änd. des SchwangerschaftskonfliktG, zur Änd. des EinführungsG zum StGB und zur Änd. des G zur strafrechtlichen Rehabilitierung der nach dem 8. Mai 1945 wegen einvernehmlicher homosexueller Handlungen verurteilten Personen v. 11.7.2022 (BGBl. I S. 1082)

– Auszug –

Erster Abschnitt. Allgemeine Vorschriften

Zweiter Titel. Gemeinsame Vorschriften für Ordnungs- und Zwangsmittel

Art. 6 Mindest- und Höchstmaß von Ordnungs- und Zwangsmitteln.

(1) [1] Droht das Bundesgesetz Ordnungsgeld oder Zwangsgeld an, ohne dessen Mindest- oder Höchstmaß zu bestimmen, so beträgt das Mindestmaß fünf, das Höchstmaß tausend Euro. [2] Droht das Landesgesetz Ordnungsgeld an, so gilt Satz 1 entsprechend.

(2) [1] Droht das Gesetz Ordnungshaft an, ohne das Mindest- oder Höchstmaß zu bestimmen, so beträgt das Mindestmaß einen Tag, das Höchstmaß sechs Wochen. [2] Die Ordnungshaft wird in diesem Fall nach Tagen bemessen.

Art. 7 Zahlungserleichterungen bei Ordnungsgeld. (1) [1] Ist dem Betroffenen nach seinen wirtschaftlichen Verhältnissen nicht zuzumuten, das Ordnungsgeld sofort zu zahlen, so wird ihm eine Zahlungsfrist bewilligt oder gestattet, das Ordnungsgeld in bestimmten Teilbeträgen zu zahlen. [2] Dabei kann angeordnet werden, daß die Vergünstigung, das Ordnungsgeld in bestimmten Teilbeträgen zu zahlen, entfällt, wenn der Betroffene einen Teilbetrag nicht rechtzeitig zahlt.

(2) [1] Nach Festsetzung des Ordnungsgeldes entscheidet über die Bewilligung von Zahlungserleichterungen nach Absatz 1 die Stelle, der die Vollstreckung des Ordnungsgeldes obliegt. [2] Sie kann eine Entscheidung über Zahlungserleichterungen nachträglich ändern oder aufheben. [3] Dabei darf sie von einer vorausgegangenen Entscheidung zum Nachteil des Betroffenen nur auf Grund neuer Tatsachen oder Beweismittel abweichen.

(3) [1] Entfällt die Vergünstigung nach Absatz 1 Satz 2, das Ordnungsgeld in bestimmten Teilbeträgen zu zahlen, so wird dies in den Akten vermerkt. [2] Dem Betroffenen kann erneut eine Zahlungserleichterung bewilligt werden.

(4) Über Einwendungen gegen Anordnungen nach den Absätzen 2 und 3 entscheidet die Stelle, die das Ordnungsgeld festgesetzt hat, wenn einer anderen Stelle die Vollstreckung obliegt.

Art. 9 Verjährung von Ordnungsmitteln. (1) [1] Die Verjährung schließt die Festsetzung von Ordnungsgeld und Ordnungshaft aus. [2] Die Verjährungsfrist beträgt, soweit das Gesetz nichts anderes bestimmt, zwei Jahre. [3] Die Verjährung beginnt, sobald die Handlung beendet ist. [4] Die Verjährung ruht, solange nach dem Gesetz das Verfahren zur Festsetzung des Ordnungsgeldes nicht begonnen oder nicht fortgesetzt werden kann.

(2) [1] Die Verjährung schließt auch die Vollstreckung des Ordnungsgeldes und der Ordnungshaft aus. [2] Die Verjährungsfrist beträgt zwei Jahre. [3] Die Verjährung beginnt, sobald das Ordnungsmittel vollstreckbar ist. [4] Die Verjährung ruht, solange

1. nach dem Gesetz die Vollstreckung nicht begonnen oder nicht fortgesetzt werden kann,
2. die Vollstreckung ausgesetzt ist oder
3. eine Zahlungserleichterung bewilligt ist.

Siebenter Abschnitt. Ergänzende strafrechtliche Regelungen

Art. 297 Verbot der Prostitution. (1) [1] Die Landesregierung kann zum Schutze der Jugend oder des öffentlichen Anstandes

1. für das ganze Gebiet einer Gemeinde bis zu fünfzigtausend Einwohnern,
2. für Teile des Gebiets einer Gemeinde über zwanzigtausend Einwohner oder eines gemeindefreien Gebiets,
3. unabhängig von der Zahl der Einwohner für öffentliche Straßen, Wege, Plätze, Anlagen und für sonstige Orte, die von dort aus eingesehen werden können, im ganzen Gebiet oder in Teilen des Gebiets einer Gemeinde oder eines gemeindefreien Gebiets

durch Rechtsverordnung[1)] verbieten, der Prostitution nachzugehen. [2] Sie kann das Verbot nach Satz 1 Nr. 3 auch auf bestimmte Tageszeiten beschränken.

(2) Die Landesregierung kann diese Ermächtigung durch Rechtsverordnung auf eine oberste Landesbehörde oder andere Behörden übertragen.

(3) Wohnungsbeschränkungen auf bestimmte Straßen oder Häuserblocks zum Zwecke der Ausübung der Prostitution (Kasernierungen) sind verboten.

Achter Abschnitt. Schlußvorschriften

Art. 309 Verfolgungs- und Vollstreckungsverjährung. (1) Die Vorschriften des neuen Rechts über die Verfolgungs- und Vollstreckungsverjährung (§§ 78 bis 79b des Strafgesetzbuches, §§ 31 bis 34 des Gesetzes über Ordnungswidrigkeiten[2)]) gelten auch für Taten, die vor dem 1. Januar 1975 begangen worden sind, soweit die Absätze 2 bis 4 nichts anderes bestimmen.

[1)] **Baden-Württemberg:** VO v. 3.3.1976 (GBl. S. 290); **Bayern:** VO v. 26.5.1975 (BayRS II 1983 S. 253), zuletzt geänd. durch VO v. 28.11.2012 (GVBl S. 656); **Bremen:** VO v. 29.3.1976 (Brem.GBl. S. 109), zuletzt geänd. durch VO v. 6.1.2004 (Brem.GBl. S. 17); **Hamburg:** VO v. 21.10.1980 (HmbGVBl. S. 289), geänd. durch VO v. 22.12.1981 (HmbGVBl. S. 389); **Mecklenburg-Vorpommern:** LandesVO v. 30.6.1992 (GVOBl. M-V S. 384); **Saarland:** VO v. 25.1. 2018 (Amtsbl. I S. 58); **Sachsen:** VO v. 10.9.1991 (SächsGVBl. S. 351), zuletzt geänd. durch VO v. 1.3.2012 (SächsGVBl. S. 157); VO v. 5.11.2019 (SächsGVBl. S. 732), geänd. durch VO v. 11.5.2020 (SächsGVBl. S. 245); VO v. 5.11.2019 (SächsGVBl. S. 743); **Thüringen:** VO v. 24.4.1992 (GVBl. S. 157).

[2)] Nr. **1**.

(2) Für Unterbrechungshandlungen, die vor dem 1. Januar 1975 vorgenommen sind, gilt das bisherige Recht.

(3) Soweit die Verjährungsfristen des bisherigen Rechts kürzer sind als die des neuen Rechts, gelten die des bisherigen Rechts.

(4) Ist die Verjährung der Verfolgung oder der Vollstreckung vor dem 1. Januar 1975 unterbrochen worden, so verjährt die Verfolgung oder Vollstreckung, abweichend von § 78c Abs. 3 Satz 2, § 79 des Strafgesetzbuches, § 33 Abs. 3 Satz 2, § 34 des Gesetzes über Ordnungswidrigkeiten, frühestens mit dem Ablauf der von der letzten Unterbrechungshandlung an zu berechnenden Verjährungsfrist.

(5) Bei der Berechnung der Verjährungsfrist nach § 1 Abs. 1 Satz 1 des Gesetzes über die Berechnung strafrechtlicher Verjährungsfristen vom 13. April 1965 (Bundesgesetzbl. I S. 315), geändert durch das Erste Gesetz zur Reform des Strafrechts vom 25. Juni 1969 (Bundesgesetzbl. I S. 645), ist § 78 Abs. 4 des Strafgesetzbuches entsprechend anzuwenden.

Art. 315a[1)] Vollstreckungs- und Verfolgungsverjährung für in der Deutschen Demokratischen Republik verfolgte und abgeurteilte Taten; Verjährung für während der Herrschaft des SED-Unrechtsregimes nicht geahndete Taten. (1) [1] Soweit die Verjährung der Verfolgung oder der Vollstreckung nach dem Recht der Deutschen Demokratischen Republik bis zum Wirksamwerden des Beitritts nicht eingetreten war, bleibt es dabei. [2] Dies gilt auch, soweit für die Tat vor dem Wirksamwerden des Beitritts auch das Strafrecht der Bundesrepublik Deutschland gegolten hat. [3] Die Verfolgungsverjährung gilt als am Tag des Wirksamwerdens des Beitritts unterbrochen; § 78c Abs. 3 des Strafgesetzbuches bleibt unberührt.

(2) Die Verfolgung von Taten, die in dem in Artikel 3 des Einigungsvertrages genannten Gebiet begangen worden sind und die im Höchstmaß mit Freiheitsstrafe von mehr als einem Jahr bis zu fünf Jahren bedroht sind, verjährt frühestens mit Ablauf des 2. Oktober 2000, die Verfolgung der in diesem Gebiet vor Ablauf des 2. Oktober 1990 begangenen und im Höchstmaß mit Freiheitsstrafe bis zu einem Jahr oder mit Geldstrafe bedrohten Taten frühestens mit Ablauf des 31. Dezember 1995.

(3) Verbrechen, die den Tatbestand des Mordes (§ 211 des Strafgesetzbuches) erfüllen, für welche sich die Strafe jedoch nach dem Recht der Deutschen Demokratischen Republik bestimmt, verjähren nicht.

(4) Die Absätze 2 und 3 gelten nicht für Taten, deren Verfolgung am 30. September 1993 bereits verjährt war.

(5) [1] Bei der Berechnung der Verjährungsfrist für die Verfolgung von Taten, die während der Herrschaft des SED-Unrechtsregimes begangen wurden, aber entsprechend dem ausdrücklichen oder mutmaßlichen Willen der Staats- und Parteiführung der ehemaligen Deutschen Demokratischen Republik aus politischen oder sonst mit wesentlichen Grundsätzen einer freiheitlichen rechtsstaatlichen Ordnung unvereinbaren Gründen nicht geahndet worden sind, bleibt

---

[1)] Art. 315a Abs. 3 gilt nicht für Taten, deren Verfolgung bei Inkrafttreten (am 30.9.1993) des 2. VerjährungsG v. 27.9.1993 (BGBl. I S. 1657) bereits verjährt ist.

Art. 315a Abs. 2 gilt nicht für Taten, deren Verfolgung bei Inkrafttreten (am 31.12.1997) des 3. VerjährungsG v. 22. 12 .1997 (BGBl. I S. 3223) bereits verjährt ist.

die Zeit vom 11. Oktober 1949 bis 2. Oktober 1990 außer Ansatz. [2] In dieser Zeit hat die Verjährung geruht.

Art. 317[1)] Überleitung des Verfahrens wegen Ordnungswidrigkeiten nach neuem Recht. (1) [1] Die bei Inkrafttreten des neuen Rechts schwebenden Verfahren wegen einer Zuwiderhandlung, die nach neuem Recht nur noch mit Geldbuße bedroht ist, werden in der Lage, in der sie sich befinden, nach den Vorschriften des Gesetzes über Ordnungswidrigkeiten[2)] fortgesetzt, soweit nichts anderes bestimmt ist. [2] Hat das Gericht wegen einer solchen Zuwiderhandlung bereits das Hauptverfahren eröffnet oder einen Strafbefehl oder eine Strafverfügung erlassen, so bleibt die Staatsanwaltschaft für die Verfolgung auch im Bußgeldverfahren zuständig. [3] § 72 des Gesetzes über Ordnungswidrigkeiten ist in diesem Falle nicht anzuwenden.

(2) [1] Die §§ 79, 80 des Gesetzes über Ordnungswidrigkeiten gelten nicht, wenn das Urteil vor Inkrafttreten des neuen Rechts wegen einer Zuwiderhandlung ergangen ist, die nach neuem Recht nur noch mit Geldbuße bedroht ist; in diesen Fällen gelten die §§ 313 und 334 der Strafprozeßordnung in der bisherigen Fassung fort. [2] Ist das Revisionsgericht der Auffassung, daß ein solches Urteil allein wegen des neuen Rechts dem Gesetz nicht entspricht, so berichtigt es den Schuldspruch und wandelt eine Verurteilung zu einer Geldstrafe in eine solche zu einer entsprechenden Geldbuße um. [3] Das Revisionsgericht kann auch in einem Beschluß nach § 349 Abs. 2 der Strafprozeßordnung[3)] so verfahren, wenn es die Revision im übrigen einstimmig für offensichtlich unbegründet erachtet. [4] Hebt das Revisionsgericht das angefochtene Urteil auf, so kann es abweichend von § 354 Abs. 2 der Strafprozeßordnung[3)] die Sache an das Gericht, dessen Urteil aufgehoben wird, zurückverweisen.

---

1) Für das Gebiet der ehem. DDR findet Art. 317 aufgrund des EVertr. v. 31.8.1990 (BGBl. II S. 889, 957) keine Anwendung.

2) Nr. **1**.

3) Nr. **3**.

3. Strafprozeßordnung (StPO)

In der Fassung der Bekanntmachung vom 7. April 1987[1]
(BGBl. I S. 1074, ber. S. 1319)

FNA 312-2

zuletzt geänd. durch Art. 2 G über die Feststellung des Wirtschaftsplans des ERP-Sondervermögens für das Jahr 2022, zur elektronischen Erhebung der Bankenabgabe und zur Änd. der StPO v. 25.3. 2022 (BGBl. I S. 571)

– Auszug –

Inhaltsübersicht

---

[1] Neubekanntmachung der StPO idF der Bek. v. 7.1.1975 (BGBl. I S. 129, 650) in der seit 1.4. 1987 geltenden Fassung.

[2] Hier nicht wiedergegeben

[1)] Hier nicht wiedergegeben

1) Hier nicht wiedergegeben

[1] Hier nicht wiedergegeben

[1)] Hier nicht wiedergegeben

[1)] Hier nicht wiedergegeben

---

[1] Hier nicht wiedergegeben

[1] Hier nicht wiedergegeben

---

1) Hier nicht wiedergegeben

[1] Hier nicht wiedergegeben

Siebentes Buch. Strafvollstreckung und Kosten des Verfahrens

Erster Abschnitt. Strafvollstreckung

Zweiter Abschnitt. Kosten des Verfahrens

---

1) Hier nicht wiedergegeben

Erstes Buch. Allgemeine Vorschriften

Erster Abschnitt. Sachliche Zuständigkeit der Gerichte

§§ 1, 2 *(hier nicht wiedergegeben)*

§ 3 Begriff des Zusammenhanges. Ein Zusammenhang ist vorhanden, wenn eine Person mehrerer Straftaten beschuldigt wird oder wenn bei einer Tat mehrere Personen als Täter, Teilnehmer oder der Datenhehlerei, Begünstigung, Strafvereitelung oder Hehlerei beschuldigt werden.

§§ 4–6a *(hier nicht wiedergegeben)*

Zweiter Abschnitt. Gerichtsstand

§§ 7–11a *(hier nicht wiedergegeben)*

[1)] Hier nicht wiedergegeben

§ 12 Zusammentreffen mehrerer Gerichtsstände. (1) Unter mehreren nach den Vorschriften der §§ 7 bis 11a und 13a zuständigen Gerichten gebührt dem der Vorzug, das die Untersuchung zuerst eröffnet hat.

(2) Jedoch kann die Untersuchung und Entscheidung einem anderen der zuständigen Gerichte durch das gemeinschaftliche obere Gericht übertragen werden.

§ 13 Gerichtsstand bei zusammenhängenden Strafsachen. (1) Für zusammenhängende Strafsachen, die einzeln nach den Vorschriften der §§ 7 bis 11 zur Zuständigkeit verschiedener Gerichte gehören würden, ist ein Gerichtsstand bei jedem Gericht begründet, das für eine der Strafsachen zuständig ist.

(2) [1] Sind mehrere zusammenhängende Strafsachen bei verschiedenen Gerichten anhängig gemacht worden, so können sie sämtlich oder zum Teil durch eine den Anträgen der Staatsanwaltschaft entsprechende Vereinbarung dieser Gerichte bei einem unter ihnen verbunden werden. [2] Kommt eine solche Vereinbarung nicht zustande, so entscheidet, wenn die Staatsanwaltschaft oder ein Angeschuldigter hierauf anträgt, das gemeinschaftliche obere Gericht darüber, ob und bei welchem Gericht die Verbindung einzutreten hat.

(3) In gleicher Weise kann die Verbindung wieder aufgehoben werden.

§ 13a *(hier nicht wiedergegeben)*

§ 14 Zuständigkeitsbestimmung durch das gemeinschaftliche obere Gericht. Besteht zwischen mehreren Gerichten Streit über die Zuständigkeit, so bestimmt das gemeinschaftliche obere Gericht das Gericht, das sich der Untersuchung und Entscheidung zu unterziehen hat.

§ 15 Gerichtsstand kraft Übertragung bei Hinderung des zuständigen Gerichts. Ist das an sich zuständige Gericht in einem einzelnen Falle an der Ausübung des Richteramtes rechtlich oder tatsächlich verhindert oder ist von der Verhandlung vor diesem Gericht eine Gefährdung der öffentlichen Sicherheit zu besorgen, so hat das zunächst obere Gericht die Untersuchung und Entscheidung dem gleichstehenden Gericht eines anderen Bezirks zu übertragen.

§ 16 Prüfung der örtlichen Zuständigkeit; Einwand der Unzuständigkeit. (1) [1] Das Gericht prüft seine örtliche Zuständigkeit bis zur Eröffnung des Hauptverfahrens von Amts wegen. [2] Danach darf es seine Unzuständigkeit nur auf Einwand des Angeklagten aussprechen. [3] Der Angeklagte kann den Einwand nur bis zum Beginn seiner Vernehmung zur Sache in der Hauptverhandlung geltend machen.

(2) [1] Ist Anklage von der Europäischen Staatsanwaltschaft erhoben worden, so prüft das Gericht auf Einwand des Angeklagten auch, ob die Europäische Staatsanwaltschaft gemäß Artikel 36 Absatz 3 der Verordnung (EU) 2017/1939 des Rates vom 12. Oktober 2017 zur Durchführung einer Verstärkten Zusammenarbeit zur Errichtung der Europäischen Staatsanwaltschaft (EUStA) (ABl. L 283 vom 31.10.2017, S. 1) befugt ist, vor einem Gericht im Geltungsbereich dieses Gesetzes Anklage zu erheben. [2] Absatz 1 Satz 3 gilt entsprechend.

§§ 17 und 18 (weggefallen)

§ 19 Zuständigkeitsbestimmung bei Zuständigkeitsstreit. Haben mehrere Gerichte, von denen eines das zuständige ist, durch Entscheidungen, die nicht mehr anfechtbar sind, ihre Unzuständigkeit ausgesprochen, so bezeichnet das gemeinschaftliche obere Gericht das zuständige Gericht.

§ 20 Untersuchungshandlungen eines unzuständigen Gerichts. Die einzelnen Untersuchungshandlungen eines unzuständigen Gerichts sind nicht schon dieser Unzuständigkeit wegen ungültig.

§ 21 Befugnisse bei Gefahr im Verzug. Ein unzuständiges Gericht hat sich den innerhalb seines Bezirks vorzunehmenden Untersuchungshandlungen zu unterziehen, bei denen Gefahr im Verzug ist.

Dritter Abschnitt. Ausschließung und Ablehnung der Gerichtspersonen

§ 22 Ausschließung von der Ausübung des Richteramtes kraft Gesetzes. Ein Richter ist von der Ausübung des Richteramtes kraft Gesetzes ausgeschlossen,

1. wenn er selbst durch die Straftat verletzt ist;
2. wenn er Ehegatte, Lebenspartner, Vormund oder Betreuer des Beschuldigten oder des Verletzten ist oder gewesen ist;
3. wenn er mit dem Beschuldigten oder mit dem Verletzten in gerader Linie verwandt oder verschwägert, in der Seitenlinie bis zum dritten Grad verwandt oder bis zum zweiten Grad verschwägert ist oder war;
4. wenn er in der Sache als Beamter der Staatsanwaltschaft, als Polizeibeamter, als Anwalt des Verletzten oder als Verteidiger tätig gewesen ist;
5. wenn er in der Sache als Zeuge oder Sachverständiger vernommen ist.

§ 23 Ausschließung eines Richters wegen Mitwirkung an der angefochtenen Entscheidung. (1) Ein Richter, der bei einer durch ein Rechtsmittel angefochtenen Entscheidung mitgewirkt hat, ist von der Mitwirkung bei der Entscheidung in einem höheren Rechtszuge kraft Gesetzes ausgeschlossen.

(2) [1] Ein Richter, der bei einer durch einen Antrag auf Wiederaufnahme des Verfahrens angefochtenen Entscheidung mitgewirkt hat, ist von der Mitwirkung bei Entscheidungen im Wiederaufnahmeverfahren kraft Gesetzes ausgeschlossen. [2] Ist die angefochtene Entscheidung in einem höheren Rechtszug ergangen, so ist auch der Richter ausgeschlossen, der an der ihr zugrunde liegenden Entscheidung in einem unteren Rechtszug mitgewirkt hat. [3] Die Sätze 1 und 2 gelten entsprechend für die Mitwirkung bei Entscheidungen zur Vorbereitung eines Wiederaufnahmeverfahrens.

§ 24 Ablehnung eines Richters; Besorgnis der Befangenheit. (1) Ein Richter kann sowohl in den Fällen, in denen er von der Ausübung des Richteramtes kraft Gesetzes ausgeschlossen ist, als auch wegen Besorgnis der Befangenheit abgelehnt werden.

(2) Wegen Besorgnis der Befangenheit findet die Ablehnung statt, wenn ein Grund vorliegt, der geeignet ist, Mißtrauen gegen die Unparteilichkeit eines Richters zu rechtfertigen.

(3) [1] Das Ablehnungsrecht steht der Staatsanwaltschaft, dem Privatkläger und dem Beschuldigten zu. [2] Den zur Ablehnung Berechtigten sind auf Verlangen die zur Mitwirkung bei der Entscheidung berufenen Gerichtspersonen namhaft zu machen.

§ 25 Ablehnungszeitpunkt. (1) [1] Die Ablehnung eines erkennenden Richters wegen Besorgnis der Befangenheit ist bis zum Beginn der Vernehmung des ersten Angeklagten über seine persönlichen Verhältnisse, in der Hauptverhandlung über die Berufung oder die Revision bis zum Beginn des Vortrags des Berichterstatters, zulässig. [2] Ist die Besetzung des Gerichts nach § 222a Absatz 1 Satz 2 schon vor Beginn der Hauptverhandlung mitgeteilt worden, so muss das Ablehnungsgesuch unverzüglich angebracht werden. [3] Alle Ablehnungsgründe sind gleichzeitig vorzubringen.

(2) [1] Im Übrigen darf ein Richter nur abgelehnt werden, wenn

1. die Umstände, auf welche die Ablehnung gestützt wird, erst später eingetreten oder dem zur Ablehnung Berechtigten erst später bekanntgeworden sind und
2. die Ablehnung unverzüglich geltend gemacht wird.

[2] Nach dem letzten Wort des Angeklagten ist die Ablehnung nicht mehr zulässig.

§ 26 Ablehnungsverfahren. (1) [1] Das Ablehnungsgesuch ist bei dem Gericht, dem der Richter angehört, anzubringen; es kann vor der Geschäftsstelle zu Protokoll erklärt werden. [2] Das Gericht kann dem Antragsteller aufgeben, ein in der Hauptverhandlung angebrachtes Ablehnungsgesuch innerhalb einer angemessenen Frist schriftlich zu begründen.

(2) [1] Der Ablehnungsgrund und in den Fällen des § 25 Absatz 1 Satz 2 und Absatz 2 die Voraussetzungen des rechtzeitigen Vorbringens sind glaubhaft zu machen. [2] Der Eid ist als Mittel der Glaubhaftmachung ausgeschlossen. [3] Zur Glaubhaftmachung kann auf das Zeugnis des abgelehnten Richters Bezug genommen werden.

(3) Der abgelehnte Richter hat sich über den Ablehnungsgrund dienstlich zu äußern.

§ 26a Verwerfung eines unzulässigen Ablehnungsantrags. (1) Das Gericht verwirft die Ablehnung eines Richters als unzulässig, wenn

1. die Ablehnung verspätet ist,
2. ein Grund zur Ablehnung oder ein Mittel zur Glaubhaftmachung nicht oder nicht innerhalb der nach § 26 Absatz 1 Satz 2 bestimmten Frist angegeben wird oder
3. durch die Ablehnung offensichtlich das Verfahren nur verschleppt oder nur verfahrensfremde Zwecke verfolgt werden sollen.

(2) [1] Das Gericht entscheidet über die Verwerfung nach Absatz 1, ohne daß der abgelehnte Richter ausscheidet. [2] Im Falle des Absatzes 1 Nr. 3 bedarf es eines einstimmigen Beschlusses und der Angabe der Umstände, welche den Verwerfungsgrund ergeben. [3] Wird ein beauftragter oder ein ersuchter Richter, ein Richter im vorbereitenden Verfahren oder ein Strafrichter abgelehnt, so entscheidet er selbst darüber, ob die Ablehnung als unzulässig zu verwerfen ist.

§ 27 Entscheidung über einen zulässigen Ablehnungsantrag. (1) Wird die Ablehnung nicht als unzulässig verworfen, so entscheidet über das Ablehnungsgesuch das Gericht, dem der Abgelehnte angehört, ohne dessen Mitwirkung.

(2) Wird ein richterliches Mitglied der erkennenden Strafkammer abgelehnt, so entscheidet die Strafkammer in der für Entscheidungen außerhalb der Hauptverhandlung vorgeschriebenen Besetzung.

(3) [1] Wird ein Richter beim Amtsgericht abgelehnt, so entscheidet ein anderer Richter dieses Gerichts. [2] Einer Entscheidung bedarf es nicht, wenn der Abgelehnte das Ablehnungsgesuch für begründet hält.

(4) Wird das zur Entscheidung berufene Gericht durch Ausscheiden des abgelehnten Mitglieds beschlußunfähig, so entscheidet das zunächst obere Gericht.

§ 28 Rechtsmittel. (1) Der Beschluß, durch den die Ablehnung für begründet erklärt wird, ist nicht anfechtbar.

(2) [1] Gegen den Beschluß, durch den die Ablehnung als unzulässig verworfen oder als unbegründet zurückgewiesen wird, ist sofortige Beschwerde zulässig. [2] Betrifft die Entscheidung einen erkennenden Richter, so kann sie nur zusammen mit dem Urteil angefochten werden.

§ 29 Verfahren nach Ablehnung eines Richters. (1) Ein abgelehnter Richter hat vor Erledigung des Ablehnungsgesuchs nur solche Handlungen vorzunehmen, die keinen Aufschub gestatten.

(2) [1] Die Durchführung der Hauptverhandlung gestattet keinen Aufschub; sie findet bis zur Entscheidung über das Ablehnungsgesuch unter Mitwirkung des abgelehnten Richters statt. [2] Entscheidungen, die auch außerhalb der Hauptverhandlung ergehen können, dürfen nur dann unter Mitwirkung des abgelehnten Richters getroffen werden, wenn sie keinen Aufschub gestatten.

(3) [1] Über die Ablehnung ist spätestens vor Ablauf von zwei Wochen und stets vor Urteilsverkündung zu entscheiden. [2] Die zweiwöchige Frist für die Entscheidung über die Ablehnung beginnt

1. mit dem Tag, an dem das Ablehnungsgesuch angebracht wird, wenn ein Richter vor oder während der Hauptverhandlung abgelehnt wird,
2. mit dem Tag des Eingangs der schriftlichen Begründung, wenn das Gericht dem Antragsteller gemäß § 26 Absatz 1 Satz 2 aufgegeben hat, das Ablehnungsgesuch innerhalb der vom Gericht bestimmten Frist schriftlich zu begründen.

[3] Findet der übernächste Verhandlungstag erst nach Ablauf von zwei Wochen statt, so kann über die Ablehnung spätestens bis zu dessen Beginn entschieden werden.

(4) [1] Wird die Ablehnung für begründet erklärt und muss die Hauptverhandlung nicht deshalb ausgesetzt werden, so ist ihr nach der Anbringung des Ablehnungsgesuchs liegender Teil zu wiederholen. [2] Dies gilt nicht für solche Teile der Hauptverhandlung, deren Wiederholung nicht oder nur mit unzumutbarem Aufwand möglich ist.

§ 30 Ablehnung eines Richters bei Selbstanzeige und von Amts wegen. Das für die Erledigung eines Ablehnungsgesuchs zuständige Gericht hat auch dann zu entscheiden, wenn ein solches Gesuch nicht angebracht ist, ein Richter aber von einem Verhältnis Anzeige macht, das seine Ablehnung rechtfertigen könnte, oder wenn aus anderer Veranlassung Zweifel darüber entstehen, ob ein Richter kraft Gesetzes ausgeschlossen ist.

§ 31 Schöffen, Urkundsbeamte. (1) Die Vorschriften dieses Abschnitts gelten für Schöffen sowie für Urkundsbeamte der Geschäftsstelle und andere als Protokollführer zugezogene Personen entsprechend.

(2) [1] Die Entscheidung trifft der Vorsitzende. [2] Bei der großen Strafkammer und beim Schwurgericht entscheiden die richterlichen Mitglieder. [3] Ist der Protokollführer einem Richter beigegeben, so entscheidet dieser über die Ablehnung oder Ausschließung.

Vierter Abschnitt. Aktenführung und Kommunikation im Verfahren

§§ 32–32f *(hier nicht wiedergegeben)*

Abschnitt 4a. Gerichtliche Entscheidungen

§ 33 Gewährung rechtlichen Gehörs vor einer Entscheidung. (1) Eine Entscheidung des Gerichts, die im Laufe einer Hauptverhandlung ergeht, wird nach Anhörung der Beteiligten erlassen.

(2) Eine Entscheidung des Gerichts, die außerhalb einer Hauptverhandlung ergeht, wird nach schriftlicher oder mündlicher Erklärung der Staatsanwaltschaft erlassen.

(3) Bei einer in Absatz 2 bezeichneten Entscheidung ist ein anderer Beteiligter zu hören, bevor zu seinem Nachteil Tatsachen oder Beweisergebnisse, zu denen er noch nicht gehört worden ist, verwertet werden.

(4) [1] Bei Anordnung der Untersuchungshaft, der Beschlagnahme oder anderer Maßnahmen ist Absatz 3 nicht anzuwenden, wenn die vorherige Anhörung den Zweck der Anordnung gefährden würde. [2] Vorschriften, welche die Anhörung der Beteiligten besonders regeln, werden durch Absatz 3 nicht berührt.

§ 33a Wiedereinsetzung in den vorigen Stand bei Nichtgewährung rechtlichen Gehörs. [1] Hat das Gericht in einem Beschluss den Anspruch eines Beteiligten auf rechtliches Gehör in entscheidungserheblicher Weise verletzt und steht ihm gegen den Beschluss keine Beschwerde und kein anderer Rechtsbehelf zu, versetzt es, sofern der Beteiligte dadurch noch beschwert ist, von Amts wegen oder auf Antrag insoweit das Verfahren durch Beschluss in die Lage zurück, die vor dem Erlass der Entscheidung bestand. [2] § 47 gilt entsprechend.

§ 34 Begründung anfechtbarer und ablehnender Entscheidungen.

Die durch ein Rechtsmittel anfechtbaren Entscheidungen sowie die, durch welche ein Antrag abgelehnt wird, sind mit Gründen zu versehen.

§ 34a Eintritt der Rechtskraft bei Verwerfung eines Rechtsmittels durch Beschluss. Führt nach rechtzeitiger Einlegung eines Rechtsmittels ein Beschluß unmittelbar die Rechtskraft der angefochtenen Entscheidung herbei, so gilt die Rechtskraft als mit Ablauf des Tages der Beschlußfassung eingetreten.

§ 35 Bekanntmachung. (1) [1] Entscheidungen, die in Anwesenheit der davon betroffenen Person ergehen, werden ihr durch Verkündung bekanntgemacht. [2] Auf Verlangen ist ihr eine Abschrift zu erteilen.

(2) [1] Andere Entscheidungen werden durch Zustellung bekanntgemacht. [2] Wird durch die Bekanntmachung der Entscheidung keine Frist in Lauf gesetzt, so genügt formlose Mitteilung.

(3) Dem nicht auf freiem Fuß Befindlichen ist das zugestellte Schriftstück auf Verlangen vorzulesen.

§ 35a Rechtsmittelbelehrung. [1] Bei der Bekanntmachung einer Entscheidung, die durch ein befristetes Rechtsmittel angefochten werden kann, ist der Betroffene über die Möglichkeiten der Anfechtung und die dafür vorgeschriebenen Fristen und Formen zu belehren. [2] Bei der Bekanntmachung eines Urteils ist der Angeklagte auch über die Rechtsfolgen des § 40 Absatz 3 und des § 350 Absatz 2 sowie, wenn gegen das Urteil Berufung zulässig ist, über die Rechtsfolgen der §§ 329 und 330 zu belehren. [3] Ist einem Urteil eine Verständigung (§ 257c) vorausgegangen, ist der Betroffene auch darüber zu belehren, dass er in jedem Fall frei in seiner Entscheidung ist, ein Rechtsmittel einzulegen.

Abschnitt 4b. Verfahren bei Zustellungen

§ 36 Zustellung und Vollstreckung. (1) [1] Die Zustellung von Entscheidungen ordnet der Vorsitzende an. [2] Die Geschäftsstelle sorgt dafür, daß die Zustellung bewirkt wird.

(2) [1] Entscheidungen, die der Vollstreckung bedürfen, sind der Staatsanwaltschaft zu übergeben, die das Erforderliche veranlaßt. [2] Dies gilt nicht für Entscheidungen, welche die Ordnung in den Sitzungen betreffen.

§ 37 Zustellungsverfahren. (1) Für das Verfahren bei Zustellungen gelten die Vorschriften der Zivilprozeßordnung[1)] entsprechend.

(2) Wird die für einen Beteiligten bestimmte Zustellung an mehrere Empfangsberechtigte bewirkt, so richtet sich die Berechnung einer Frist nach der zuletzt bewirkten Zustellung.

(3) [1] Ist einem Prozessbeteiligten gemäß § 187 Absatz 1 und 2 des Gerichtsverfassungsgesetzes eine Übersetzung des Urteils zur Verfügung zu stellen, so ist das Urteil zusammen mit der Übersetzung zuzustellen. [2] Die Zustellung an die übrigen Prozessbeteiligten erfolgt in diesen Fällen gleichzeitig mit der Zustellung nach Satz 1.

§ 38 Unmittelbare Ladung. Die bei dem Strafverfahren beteiligten Personen, denen die Befugnis beigelegt ist, Zeugen und Sachverständige unmittelbar zu laden, haben mit der Zustellung der Ladung den Gerichtsvollzieher zu beauftragen.

§ 39 (weggefallen)

[1)] Vgl. §§ 166–195 ZPO idF der Bek. v. 5.12.2005 (BGBl. I S. 3202, ber. 2006 S. 431, 2007 S. 1781), zuletzt geänd. durch G v. 24.6.2022 (BGBl. I S. 959).

§ 40 Öffentliche Zustellung. (1) [1] Kann eine Zustellung an einen Beschuldigten, dem eine Ladung zur Hauptverhandlung noch nicht zugestellt war, nicht in der vorgeschriebenen Weise im Inland bewirkt werden und erscheint die Befolgung der für Zustellungen im Ausland bestehenden Vorschriften unausführbar oder voraussichtlich erfolglos, so ist die öffentliche Zustellung zulässig. [2] Die Zustellung gilt als erfolgt, wenn seit dem Aushang der Benachrichtigung zwei Wochen vergangen sind.

(2) War die Ladung zur Hauptverhandlung dem Angeklagten schon vorher zugestellt, dann ist die öffentliche Zustellung an ihn zulässig, wenn sie nicht in der vorgeschriebenen Weise im Inland bewirkt werden kann.

(3) Die öffentliche Zustellung ist im Verfahren über eine vom Angeklagten eingelegte Berufung oder Revision bereits zulässig, wenn eine Zustellung nicht unter einer Anschrift möglich ist, unter der letztmals zugestellt wurde oder die der Angeklagte zuletzt angegeben hat.

§ 41 Zustellungen an die Staatsanwaltschaft. [1] Zustellungen an die Staatsanwaltschaft erfolgen durch elektronische Übermittlung (§ 32b Absatz 3) oder durch Vorlegung der Urschrift des zuzustellenden Schriftstücks. [2] Wenn mit der Zustellung der Lauf einer Frist beginnt und die Zustellung durch Vorlegung der Urschrift erfolgt, so ist der Tag der Vorlegung von der Staatsanwaltschaft auf der Urschrift zu vermerken. [3] Bei elektronischer Übermittlung muss der Zeitpunkt des Eingangs (§ 32a Absatz 5 Satz 1) aktenkundig sein.

§ 41a *(aufgehoben)*

Fünfter Abschnitt. Fristen und Wiedereinsetzung in den vorigen Stand

§ 42 Berechnung von Tagesfristen. Bei der Berechnung einer Frist, die nach Tagen bestimmt ist, wird der Tag nicht mitgerechnet, auf den der Zeitpunkt oder das Ereignis fällt, nach dem der Anfang der Frist sich richten soll.

§ 43 Berechnung von Wochen- und Monatsfristen. (1) Eine Frist, die nach Wochen oder Monaten bestimmt ist, endet mit Ablauf des Tages der letzten Woche oder des letzten Monats, der durch seine Benennung oder Zahl dem Tag entspricht, an dem die Frist begonnen hat; fehlt dieser Tag in dem letzten Monat, so endet die Frist mit dem Ablauf des letzten Tages dieses Monats.

(2) Fällt das Ende einer Frist auf einen Sonntag, einen allgemeinen Feiertag oder einen Sonnabend, so endet die Frist mit Ablauf des nächsten Werktages.

§ 44 Wiedereinsetzung in den vorigen Stand bei Fristversäumung.
[1] War jemand ohne Verschulden verhindert, eine Frist einzuhalten, so ist ihm auf Antrag Wiedereinsetzung in den vorigen Stand zu gewähren. [2] Die Versäumung einer Rechtsmittelfrist ist als unverschuldet anzusehen, wenn die Belehrung nach den § 35a Satz 1 und 2, § 319 Abs. 2 Satz 3 oder nach § 346 Abs. 2 Satz 3 unterblieben ist.

§ 45 Anforderungen an einen Wiedereinsetzungsantrag. (1) [1] Der Antrag auf Wiedereinsetzung in den vorigen Stand ist binnen einer Woche nach Wegfall des Hindernisses bei dem Gericht zu stellen, bei dem die Frist wahrzunehmen gewesen wäre. [2] Zur Wahrung der Frist genügt es, wenn der Antrag rechtzeitig bei dem Gericht gestellt wird, das über den Antrag entscheidet.

(2) [1] Die Tatsachen zur Begründung des Antrags sind bei der Antragstellung oder im Verfahren über den Antrag glaubhaft zu machen. [2] Innerhalb der Antragsfrist ist die versäumte Handlung nachzuholen. [3] Ist dies geschehen, so kann Wiedereinsetzung auch ohne Antrag gewährt werden.

§ 46 Zuständigkeit; Rechtsmittel. (1) Über den Antrag entscheidet das Gericht, das bei rechtzeitiger Handlung zur Entscheidung in der Sache selbst berufen gewesen wäre.

(2) Die dem Antrag stattgebende Entscheidung unterliegt keiner Anfechtung.

(3) Gegen die den Antrag verwerfende Entscheidung ist sofortige Beschwerde zulässig.

§ 47 Keine Vollstreckungshemmung. (1) Durch den Antrag auf Wiedereinsetzung in den vorigen Stand wird die Vollstreckung einer gerichtlichen Entscheidung nicht gehemmt.

(2) Das Gericht kann jedoch einen Aufschub der Vollstreckung anordnen.

(3) [1] Durchbricht die Wiedereinsetzung die Rechtskraft einer gerichtlichen Entscheidung, werden Haft- und Unterbringungsbefehle sowie sonstige Anordnungen, die zum Zeitpunkt des Eintritts der Rechtskraft bestanden haben, wieder wirksam. [2] Bei einem Haft- oder Unterbringungsbefehl ordnet das die Wiedereinsetzung gewährende Gericht dessen Aufhebung an, wenn sich ohne weiteres ergibt, dass dessen Voraussetzungen nicht mehr vorliegen. [3] Anderenfalls hat das nach § 126 Abs. 2 zuständige Gericht unverzüglich eine Haftprüfung durchzuführen.

Sechster Abschnitt. Zeugen

§ 48 Zeugenpflichten; Ladung. (1) [1] Zeugen sind verpflichtet, zu dem zu ihrer Vernehmung bestimmten Termin vor dem Richter zu erscheinen. [2] Sie haben die Pflicht auszusagen, wenn keine im Gesetz zugelassene Ausnahme vorliegt.

(2) Die Ladung der Zeugen geschieht unter Hinweis auf verfahrensrechtliche Bestimmungen, die dem Interesse des Zeugen dienen, auf vorhandene Möglichkeiten der Zeugenbetreuung und auf die gesetzlichen Folgen des Ausbleibens.

§ 48a Besonders schutzbedürftige Zeugen; Beschleunigungsgebot.

(1) [1] Ist der Zeuge zugleich der Verletzte, so sind die ihn betreffenden Verhandlungen, Vernehmungen und sonstigen Untersuchungshandlungen stets unter Berücksichtigung seiner besonderen Schutzbedürftigkeit durchzuführen. [2] Insbesondere ist zu prüfen,

1. ob die dringende Gefahr eines schwerwiegenden Nachteils für das Wohl des Zeugen Maßnahmen nach den §§ 168e oder 247a erfordert,
2. ob überwiegende schutzwürdige Interessen des Zeugen den Ausschluss der Öffentlichkeit nach § 171b Absatz 1 des Gerichtsverfassungsgesetzes erfordern und

3. inwieweit auf nicht unerlässliche Fragen zum persönlichen Lebensbereich des Zeugen nach § 68a Absatz 1 verzichtet werden kann.

[3] Dabei sind die persönlichen Verhältnisse des Zeugen sowie Art und Umstände der Straftat zu berücksichtigen.

(2) Bei Taten zum Nachteil eines minderjährigen Verletzten müssen die ihn betreffenden Verhandlungen, Vernehmungen und sonstigen Untersuchungshandlungen besonders beschleunigt durchgeführt werden, soweit dies unter Berücksichtigung der persönlichen Verhältnisse des Zeugen sowie der Art und Umstände der Straftat zu seinem Schutz oder zur Vermeidung von Beweisverlusten geboten ist.

§ 49 Vernehmung des Bundespräsidenten. [1] Der Bundespräsident ist in seiner Wohnung zu vernehmen. [2] Zur Hauptverhandlung wird er nicht geladen. [3] Das Protokoll über seine gerichtliche Vernehmung ist in der Hauptverhandlung zu verlesen.

§ 50 Vernehmung von Abgeordneten und Mitgliedern einer Regierung. (1) Die Mitglieder des Bundestages, des Bundesrates, eines Landtages oder einer zweiten Kammer sind während ihres Aufenthaltes am Sitz der Versammlung dort zu vernehmen.

(2) Die Mitglieder der Bundesregierung oder einer Landesregierung sind an ihrem Amtssitz oder, wenn sie sich außerhalb ihres Amtssitzes aufhalten, an ihrem Aufenthaltsort zu vernehmen.

(3) Zu einer Abweichung von den vorstehenden Vorschriften bedarf es

für die Mitglieder eines in Absatz 1 genannten Organs der Genehmigung dieses Organs,

für die Mitglieder der Bundesregierung der Genehmigung der Bundesregierung,

für die Mitglieder einer Landesregierung der Genehmigung der Landesregierung.

(4) [1] Die Mitglieder der in Absatz 1 genannten Organe der Gesetzgebung und die Mitglieder der Bundesregierung oder einer Landesregierung werden, wenn sie außerhalb der Hauptverhandlung vernommen worden sind, zu dieser nicht geladen. [2] Das Protokoll über ihre richterliche Vernehmung ist in der Hauptverhandlung zu verlesen.

§ 51 Folgen des Ausbleibens eines Zeugen. (1) [1] Einem ordnungsgemäß geladenen Zeugen, der nicht erscheint, werden die durch das Ausbleiben verursachten Kosten auferlegt. [2] Zugleich wird gegen ihn ein Ordnungsgeld und für den Fall, daß dieses nicht beigetrieben werden kann, Ordnungshaft festgesetzt. [3] Auch ist die zwangsweise Vorführung des Zeugen zulässig; § 135 gilt entsprechend. [4] Im Falle wiederholten Ausbleibens kann das Ordnungsmittel noch einmal festgesetzt werden.

(2) [1] Die Auferlegung der Kosten und die Festsetzung eines Ordnungsmittels unterbleiben, wenn das Ausbleiben des Zeugen rechtzeitig genügend entschuldigt wird. [2] Erfolgt die Entschuldigung nach Satz 1 nicht rechtzeitig, so unterbleibt die Auferlegung der Kosten und die Festsetzung eines Ordnungsmittels nur dann, wenn glaubhaft gemacht wird, daß den Zeugen an der Verspätung der Entschuldigung kein Verschulden trifft. [3] Wird der Zeuge nachträglich

genügend entschuldigt, so werden die getroffenen Anordnungen unter den Voraussetzungen des Satzes 2 aufgehoben.

(3) Die Befugnis zu diesen Maßregeln steht auch dem Richter im Vorverfahren sowie dem beauftragten und ersuchten Richter zu.

§ 52 Zeugnisverweigerungsrecht der Angehörigen des Beschuldigten.

(1) Zur Verweigerung des Zeugnisses sind berechtigt

1. der Verlobte des Beschuldigten;
2. der Ehegatte des Beschuldigten, auch wenn die Ehe nicht mehr besteht;

2a. der Lebenspartner des Beschuldigten, auch wenn die Lebenspartnerschaft nicht mehr besteht;

3. wer mit dem Beschuldigten in gerader Linie verwandt oder verschwägert, in der Seitenlinie bis zum dritten Grad verwandt oder bis zum zweiten Grad verschwägert ist oder war.

(2) [1] Haben Minderjährige wegen mangelnder Verstandesreife oder haben Minderjährige oder Betreute wegen einer psychischen Krankheit oder einer geistigen oder seelischen Behinderung von der Bedeutung des Zeugnisverweigerungsrechts keine genügende Vorstellung, so dürfen sie nur vernommen werden, wenn sie zur Aussage bereit sind und auch ihr gesetzlicher Vertreter der Vernehmung zustimmt. [2] Ist der gesetzliche Vertreter selbst Beschuldigter, so kann er über die Ausübung des Zeugnisverweigerungsrechts nicht entscheiden; das gleiche gilt für den nicht beschuldigten Elternteil, wenn die gesetzliche Vertretung beiden Eltern zusteht.

(3) [1] Die zur Verweigerung des Zeugnisses berechtigten Personen, in den Fällen des Absatzes 2 auch deren zur Entscheidung über die Ausübung des Zeugnisverweigerungsrechts befugte Vertreter, sind vor jeder Vernehmung über ihr Recht zu belehren. [2] Sie können den Verzicht auf dieses Recht auch während der Vernehmung widerrufen.

§ 53 Zeugnisverweigerungsrecht der Berufsgeheimnisträger. (1) [1] Zur Verweigerung des Zeugnisses sind ferner berechtigt

1. Geistliche über das, was ihnen in ihrer Eigenschaft als Seelsorger anvertraut worden oder bekanntgeworden ist;
2. Verteidiger des Beschuldigten über das, was ihnen in dieser Eigenschaft anvertraut worden oder bekanntgeworden ist;
3. Rechtsanwälte und Kammerrechtsbeistände, Patentanwälte, Notare, Wirtschaftsprüfer, vereidigte Buchprüfer, Steuerberater und Steuerbevollmächtigte, Ärzte, Zahnärzte, Psychotherapeuten, Psychologische Psychotherapeuten, Kinder- und Jugendlichenpsychotherapeuten, Apotheker und Hebammen über das, was ihnen in dieser Eigenschaft anvertraut worden oder bekanntgeworden ist; für Syndikusrechtsanwälte (§ 46 Absatz 2 der Bundesrechtsanwaltsordnung) und Syndikuspatentanwälte (§ 41a Absatz 2 der Patentanwaltsordnung) gilt dies vorbehaltlich des § 53a nicht hinsichtlich dessen, was ihnen in dieser Eigenschaft anvertraut worden oder bekanntgeworden ist;

3a. Mitglieder oder Beauftragte einer anerkannten Beratungsstelle nach den §§ 3 und 8 des Schwangerschaftskonfliktgesetzes über das, was ihnen in dieser Eigenschaft anvertraut worden oder bekanntgeworden ist;

3b. Berater für Fragen der Betäubungsmittelabhängigkeit in einer Beratungsstelle, die eine Behörde oder eine Körperschaft, Anstalt oder Stiftung des öffentlichen Rechts anerkannt oder bei sich eingerichtet hat, über das, was ihnen in dieser Eigenschaft anvertraut worden oder bekanntgeworden ist;
4. Mitglieder des Deutschen Bundestages, der Bundesversammlung, des Europäischen Parlaments aus der Bundesrepublik Deutschland oder eines Landtages über Personen, die ihnen in ihrer Eigenschaft als Mitglieder dieser Organe oder denen sie in dieser Eigenschaft Tatsachen anvertraut haben, sowie über diese Tatsachen selbst;
5. Personen, die bei der Vorbereitung, Herstellung oder Verbreitung von Druckwerken, Rundfunksendungen, Filmberichten oder der Unterrichtung oder Meinungsbildung dienenden Informations- und Kommunikationsdiensten berufsmäßig mitwirken oder mitgewirkt haben.

[2] Die in Satz 1 Nr. 5 genannten Personen dürfen das Zeugnis verweigern über die Person des Verfassers oder Einsenders von Beiträgen und Unterlagen oder des sonstigen Informanten sowie über die ihnen im Hinblick auf ihre Tätigkeit gemachten Mitteilungen, über deren Inhalt sowie über den Inhalt selbst erarbeiteter Materialien und den Gegenstand berufsbezogener Wahrnehmungen. [3] Dies gilt nur, soweit es sich um Beiträge, Unterlagen, Mitteilungen und Materialien für den redaktionellen Teil oder redaktionell aufbereitete Informations- und Kommunikationsdienste handelt.

(2) [1] Die in Absatz 1 Satz 1 Nr. 2 bis 3b Genannten dürfen das Zeugnis nicht verweigern, wenn sie von der Verpflichtung zur Verschwiegenheit entbunden sind. [2] Die Berechtigung zur Zeugnisverweigerung der in Absatz 1 Satz 1 Nr. 5 Genannten über den Inhalt selbst erarbeiteter Materialien und den Gegenstand entsprechender Wahrnehmungen entfällt, wenn die Aussage zur Aufklärung eines Verbrechens beitragen soll oder wenn Gegenstand der Untersuchung

1. eine Straftat des Friedensverrats und der Gefährdung des demokratischen Rechtsstaats oder des Landesverrats und der Gefährdung der äußeren Sicherheit (§§ 80a, 85, 87, 88, 95, auch in Verbindung mit § 97b, §§ 97a, 98 bis 100a des Strafgesetzbuches),
2. eine Straftat gegen die sexuelle Selbstbestimmung nach den §§ 174 bis 174c, 176a, 176b, 177 Absatz 2 Nummer 1 des Strafgesetzbuches oder
3. eine Geldwäsche nach § 261 des Strafgesetzbuches, deren Vortat mit einer im Mindestmaß erhöhten Freiheitsstrafe bedroht ist,

ist und die Erforschung des Sachverhalts oder die Ermittlung des Aufenthaltsortes des Beschuldigten auf andere Weise aussichtslos oder wesentlich erschwert wäre. [3] Der Zeuge kann jedoch auch in diesen Fällen die Aussage verweigern, soweit sie zur Offenbarung der Person des Verfassers oder Einsenders von Beiträgen und Unterlagen oder des sonstigen Informanten oder der ihm im Hinblick auf seine Tätigkeit nach Absatz 1 Satz 1 Nr. 5 gemachten Mitteilungen oder deren Inhalts führen würde.

§ 53a Zeugnisverweigerungsrecht der mitwirkenden Personen.

(1) [1] Den Berufsgeheimnisträgern nach § 53 Absatz 1 Satz 1 Nummer 1 bis 4 stehen die Personen gleich, die im Rahmen

1. eines Vertragsverhältnisses einschließlich der gemeinschaftlichen Berufsausübung,

2. einer berufsvorbereitenden Tätigkeit oder
3. einer sonstigen Hilfstätigkeit

an deren beruflicher Tätigkeit mitwirken. [2]Über die Ausübung des Rechts dieser Personen, das Zeugnis zu verweigern, entscheiden die Berufsgeheimnisträger, es sei denn, dass diese Entscheidung in absehbarer Zeit nicht herbeigeführt werden kann.

(2) Die Entbindung von der Verpflichtung zur Verschwiegenheit (§ 53 Absatz 2 Satz 1) gilt auch für die nach Absatz 1 mitwirkenden Personen.

§ 54 Aussagegenehmigung für Angehörige des öffentlichen Dienstes.

(1) Für die Vernehmung von Richtern, Beamten und anderen Personen des öffentlichen Dienstes als Zeugen über Umstände, auf die sich ihre Pflicht zur Amtsverschwiegenheit bezieht, und für die Genehmigung zur Aussage gelten die besonderen beamtenrechtlichen Vorschriften.[1)]

(2) Für die Mitglieder des Bundestages, eines Landtages, der Bundes- oder einer Landesregierung sowie für die Angestellten einer Fraktion des Bundestages und eines Landtages gelten die für sie maßgebenden besonderen Vorschriften.[2)]

(3) Der Bundespräsident kann das Zeugnis verweigern, wenn die Ablegung des Zeugnisses dem Wohl des Bundes oder eines deutschen Landes Nachteile bereiten würde.

(4) Diese Vorschriften gelten auch, wenn die vorgenannten Personen nicht mehr im öffentlichen Dienst oder Angestellte einer Fraktion sind oder ihre Mandate beendet sind, soweit es sich um Tatsachen handelt, die sich während ihrer Dienst-, Beschäftigungs- oder Mandatszeit ereignet haben oder ihnen während ihrer Dienst-, Beschäftigungs- oder Mandatszeit zur Kenntnis gelangt sind.

§ 55 Auskunftsverweigerungsrecht. (1) Jeder Zeuge kann die Auskunft auf solche Fragen verweigern, deren Beantwortung ihm selbst oder einem der in § 52 Abs. 1 bezeichneten Angehörigen die Gefahr zuziehen würde, wegen einer Straftat oder einer Ordnungswidrigkeit verfolgt zu werden.

(2) Der Zeuge ist über sein Recht zur Verweigerung der Auskunft zu belehren.

§ 56 Glaubhaftmachung des Verweigerungsgrundes. [1]Die Tatsache, auf die der Zeuge die Verweigerung des Zeugnisses in den Fällen der §§ 52, 53 und 55 stützt, ist auf Verlangen glaubhaft zu machen. [2]Es genügt die eidliche Versicherung des Zeugen.

§ 57 Belehrung. [1]Vor der Vernehmung werden die Zeugen zur Wahrheit ermahnt und über die strafrechtlichen Folgen einer unrichtigen oder unvoll-

---

[1)] Vgl. § 67 BundesbeamtenG v. 5.2.2009 (BGBl. I S. 160), zuletzt geänd. durch G v. 28.6.2021 (BGBl. I S. 2250), die entsprechenden Vorschriften der Beamtengesetze der Länder und § 37 BeamtenstatusG v. 17.6.2008 (BGBl. I S. 1010), zuletzt geänd. durch G v. 28.6.2021 (BGBl. I S. 2250).

[2)] Vgl. §§ 6 und 7 BundesministerG idF der Bek. v. 27.7.1971 (BGBl. I S. 1166), zuletzt geänd. durch VO v. 19.6.2020 (BGBl. I S. 1328) sowie § 7 G über die Rechtsverhältnisse der Parlamentarischen Staatssekretäre v. 24.7.1974 (BGBl. I S. 1538), zuletzt geänd. durch G v. 17.7.2015 (BGBl. I S. 1322).

ständigen Aussage belehrt. 2 Auf die Möglichkeit der Vereidigung werden sie hingewiesen. 3 Im Fall der Vereidigung sind sie über die Bedeutung des Eides und darüber zu belehren, dass der Eid mit oder ohne religiöse Beteuerung geleistet werden kann.

§ 58 Vernehmung; Gegenüberstellung. (1) Die Zeugen sind einzeln und in Abwesenheit der später zu hörenden Zeugen zu vernehmen.

(2) 1 Eine Gegenüberstellung mit anderen Zeugen oder mit dem Beschuldigten im Vorverfahren ist zulässig, wenn es für das weitere Verfahren geboten erscheint. 2 Bei einer Gegenüberstellung mit dem Beschuldigten ist dem Verteidiger die Anwesenheit gestattet. 3 Von dem Termin ist der Verteidiger vorher zu benachrichtigen. 4 Auf die Verlegung eines Termins wegen Verhinderung hat er keinen Anspruch. 5 Hat der Beschuldigte keinen Verteidiger, so ist er darauf hinzuweisen, dass er in den Fällen des § 140 die Bestellung eines Pflichtverteidigers nach Maßgabe des § 141 Absatz 1 und des § 142 Absatz 1 beantragen kann.

§ 58a Aufzeichnung der Vernehmung in Bild und Ton. (1) 1 Die Vernehmung eines Zeugen kann in Bild und Ton aufgezeichnet werden. 2 Sie soll nach Würdigung der dafür jeweils maßgeblichen Umstände aufgezeichnet werden und als richterliche Vernehmung erfolgen, wenn

1. damit die schutzwürdigen Interessen von Personen unter 18 Jahren sowie von Personen, die als Kinder oder Jugendliche durch eine der in § 255a Absatz 2 genannten Straftaten verletzt worden sind, besser gewahrt werden können oder
2. zu besorgen ist, dass der Zeuge in der Hauptverhandlung nicht vernommen werden kann und die Aufzeichnung zur Erforschung der Wahrheit erforderlich ist.

3 Die Vernehmung muss nach Würdigung der dafür jeweils maßgeblichen Umstände aufgezeichnet werden und als richterliche Vernehmung erfolgen, wenn damit die schutzwürdigen Interessen von Personen, die durch Straftaten gegen die sexuelle Selbstbestimmung (§§ 174 bis 184j des Strafgesetzbuches) verletzt worden sind, besser gewahrt werden können und der Zeuge der Bild-Ton-Aufzeichnung vor der Vernehmung zugestimmt hat.

(2) 1 Die Verwendung der Bild-Ton-Aufzeichnung ist nur für Zwecke der Strafverfolgung und nur insoweit zulässig, als dies zur Erforschung der Wahrheit erforderlich ist. 2 § 101 Abs. 8 gilt entsprechend. 3 Die §§ 147, 406e sind entsprechend anzuwenden, mit der Maßgabe, dass den zur Akteneinsicht Berechtigten Kopien der Aufzeichnung überlassen werden können. 4 Die Kopien dürfen weder vervielfältigt noch weitergegeben werden. 5 Sie sind an die Staatsanwaltschaft herauszugeben, sobald kein berechtigtes Interesse an der weiteren Verwendung besteht. 6 Die Überlassung der Aufzeichnung oder die Herausgabe von Kopien an andere als die vorbezeichneten Stellen bedarf der Einwilligung des Zeugen.

(3) 1 Widerspricht der Zeuge der Überlassung einer Kopie der Aufzeichnung seiner Vernehmung nach Absatz 2 Satz 3, so tritt an deren Stelle die Überlassung des Protokolls an die zur Akteneinsicht Berechtigten nach Maßgabe der §§ 147, 406e. 2 Das Recht zur Besichtigung der Aufzeichnung nach Maßgabe der §§ 147, 406e bleibt unberührt. 3 Der Zeuge ist auf sein Widerspruchsrecht nach Satz 1 hinzuweisen.

§ 58b Vernehmung im Wege der Bild- und Tonübertragung. Die Vernehmung eines Zeugen außerhalb der Hauptverhandlung kann in der Weise erfolgen, dass dieser sich an einem anderen Ort als die vernehmende Person aufhält und die Vernehmung zeitgleich in Bild und Ton an den Ort, an dem sich der Zeuge aufhält, und in das Vernehmungszimmer übertragen wird.

§ 59 Vereidigung. (1) [1] Zeugen werden nur vereidigt, wenn es das Gericht wegen der ausschlaggebenden Bedeutung der Aussage oder zur Herbeiführung einer wahren Aussage nach seinem Ermessen für notwendig hält. [2] Der Grund dafür, dass der Zeuge vereidigt wird, braucht im Protokoll nicht angegeben zu werden, es sei denn, der Zeuge wird außerhalb der Hauptverhandlung vernommen.

(2) [1] Die Vereidigung der Zeugen erfolgt einzeln und nach ihrer Vernehmung. [2] Soweit nichts anderes bestimmt ist, findet sie in der Hauptverhandlung statt.

§ 60 Vereidigungsverbote. Von der Vereidigung ist abzusehen

1. bei Personen, die zur Zeit der Vernehmung das 18. Lebensjahr noch nicht vollendet haben oder die wegen mangelnder Verstandesreife oder wegen einer psychischen Krankheit oder einer geistigen oder seelischen Behinderung vom Wesen und der Bedeutung des Eides keine genügende Vorstellung haben;
2. bei Personen, die der Tat, welche den Gegenstand der Untersuchung bildet, oder der Beteiligung an ihr oder der Datenhehlerei, Begünstigung, Strafvereitelung oder Hehlerei verdächtig oder deswegen bereits verurteilt sind.

§ 61 Recht zur Eidesverweigerung. Die in § 52 Abs. 1 bezeichneten Angehörigen des Beschuldigten haben das Recht, die Beeidigung des Zeugnisses zu verweigern; darüber sind sie zu belehren.

§ 62 Vereidigung im vorbereitenden Verfahren. Im vorbereitenden Verfahren ist die Vereidigung zulässig, wenn

1. Gefahr im Verzug ist oder
2. der Zeuge voraussichtlich am Erscheinen in der Hauptverhandlung verhindert sein wird

und die Voraussetzungen des § 59 Abs. 1 vorliegen.

§ 63 Vereidigung bei Vernehmung durch den beauftragten oder ersuchten Richter. Wird ein Zeuge durch einen beauftragten oder ersuchten Richter vernommen, muss die Vereidigung, soweit sie zulässig ist, erfolgen, wenn es in dem Auftrag oder in dem Ersuchen des Gerichts verlangt wird.

§ 64 Eidesformel. (1) Der Eid mit religiöser Beteuerung wird in der Weise geleistet, dass der Richter an den Zeugen die Worte richtet:

„Sie schwören bei Gott dem Allmächtigen und Allwissenden, dass Sie nach bestem Wissen die reine Wahrheit gesagt und nichts verschwiegen haben"

und der Zeuge hierauf die Worte spricht:

„Ich schwöre es, so wahr mir Gott helfe".

(2) Der Eid ohne religiöse Beteuerung wird in der Weise geleistet, dass der Richter an den Zeugen die Worte richtet:

„Sie schwören, dass Sie nach bestem Wissen die reine Wahrheit gesagt und nichts verschwiegen haben"

und der Zeuge hierauf die Worte spricht:

„Ich schwöre es".

(3) Gibt ein Zeuge an, dass er als Mitglied einer Religions- oder Bekenntnisgemeinschaft eine Beteuerungsformel dieser Gemeinschaft verwenden wolle, so kann er diese dem Eid anfügen.

(4) Der Schwörende soll bei der Eidesleistung die rechte Hand erheben.

§ 65 Eidesgleiche Bekräftigung der Wahrheit von Aussagen. (1) [1] Gibt ein Zeuge an, dass er aus Glaubens- oder Gewissensgründen keinen Eid leisten wolle, so hat er die Wahrheit der Aussage zu bekräftigen. [2] Die Bekräftigung steht dem Eid gleich; hierauf ist der Zeuge hinzuweisen.

(2) Die Wahrheit der Aussage wird in der Weise bekräftigt, dass der Richter an den Zeugen die Worte richtet:

„Sie bekräftigen im Bewusstsein Ihrer Verantwortung vor Gericht, dass Sie nach bestem Wissen die reine Wahrheit gesagt und nichts verschwiegen haben"

und der Zeuge hierauf spricht:

„Ja".

(3) § 64 Abs. 3 gilt entsprechend.

§ 66 Eidesleistung bei Hör- oder Sprachbehinderung. (1) [1] Eine hör- oder sprachbehinderte Person leistet den Eid nach ihrer Wahl mittels Nachsprechens der Eidesformel, mittels Abschreibens und Unterschreibens der Eidesformel oder mit Hilfe einer die Verständigung ermöglichenden Person, die vom Gericht hinzuzuziehen ist. [2] Das Gericht hat die geeigneten technischen Hilfsmittel bereitzustellen. [3] Die hör- oder sprachbehinderte Person ist auf ihr Wahlrecht hinzuweisen.

(2) Das Gericht kann eine schriftliche Eidesleistung verlangen oder die Hinzuziehung einer die Verständigung ermöglichenden Person anordnen, wenn die hör- oder sprachbehinderte Person von ihrem Wahlrecht nach Absatz 1 keinen Gebrauch gemacht hat oder eine Eidesleistung in der nach Absatz 1 gewählten Form nicht oder nur mit unverhältnismäßigem Aufwand möglich ist.

(3) Die §§ 64 und 65 gelten entsprechend.

§§ 66a–66e *(aufgehoben)*

§ 67 Berufung auf einen früheren Eid. Wird der Zeuge, nachdem er eidlich vernommen worden ist, in demselben Vorverfahren oder in demselben Hauptverfahren nochmals vernommen, so kann der Richter statt der nochmaligen Vereidigung den Zeugen die Richtigkeit seiner Aussage unter Berufung auf den früher geleisteten Eid versichern lassen.

§ 68 Vernehmung zur Person; Beschränkung von Angaben, Zeugenschutz. (1) [1] Die Vernehmung beginnt damit, dass der Zeuge über Vornamen,

Nachnamen, Geburtsnamen, Alter, Beruf und vollständige Anschrift befragt wird. 2 In richterlichen Vernehmungen in Anwesenheit des Beschuldigten und in der Hauptverhandlung wird außer bei Zweifeln über die Identität des Zeugen nicht die vollständige Anschrift, sondern nur dessen Wohn- oder Aufenthaltsort abgefragt. 3 Ein Zeuge, der Wahrnehmungen in amtlicher Eigenschaft gemacht hat, kann statt der vollständigen Anschrift den Dienstort angeben.

(2) 1 Einem Zeugen soll zudem gestattet werden, statt der vollständigen Anschrift seinen Geschäfts- oder Dienstort oder eine andere ladungsfähige Anschrift anzugeben, wenn ein begründeter Anlass zu der Besorgnis besteht, dass durch die Angabe der vollständigen Anschrift Rechtsgüter des Zeugen oder einer anderen Person gefährdet werden oder dass auf Zeugen oder eine andere Person in unlauterer Weise eingewirkt werden wird. 2 In richterlichen Vernehmungen in Anwesenheit des Beschuldigten und in der Hauptverhandlung soll dem Zeugen gestattet werden, seinen Wohn- oder Aufenthaltsort nicht anzugeben, wenn die Voraussetzungen des Satzes 1 bei dessen Angabe vorliegen.

(3) 1 Besteht ein begründeter Anlass zu der Besorgnis, dass durch die Offenbarung der Identität oder des Wohn- oder Aufenthaltsortes des Zeugen Leben, Leib oder Freiheit des Zeugen oder einer anderen Person gefährdet wird, so kann ihm gestattet werden, Angaben zur Person nicht oder nur über eine frühere Identität zu machen. 2 Er hat jedoch in der Hauptverhandlung auf Befragen anzugeben, in welcher Eigenschaft ihm die Tatsachen, die er bekundet, bekannt geworden sind. 3 Ist dem Zeugen unter den Voraussetzungen des Satzes 1 gestattet worden, Angaben zur Person nicht oder nur über eine frühere Identität zu machen, darf er sein Gesicht entgegen § 176 Absatz 2 Satz 1 des Gerichtsverfassungsgesetzes ganz oder teilweise verhüllen.

(4) 1 Liegen Anhaltspunkte dafür vor, dass die Voraussetzungen der Absätze 2 oder 3 vorliegen, ist der Zeuge auf die dort vorgesehenen Befugnisse hinzuweisen. 2 Im Fall des Absatzes 2 soll der Zeuge bei der Benennung einer ladungsfähigen Anschrift unterstützt werden. 3 Die Unterlagen, die die Feststellung des Wohn- oder Aufenthaltsortes, der vollständigen Anschrift oder der Identität des Zeugen gewährleisten, werden bei der Staatsanwaltschaft verwahrt. 4 Zu den Akten sind sie erst zu nehmen, wenn die Besorgnis der Gefährdung entfällt. 5 Wurde dem Zeugen eine Beschränkung seiner Angaben nach Absatz 2 Satz 1 gestattet, veranlasst die Staatsanwaltschaft von Amts wegen bei der Meldebehörde eine Auskunftssperre nach § 51 Absatz 1 des Bundesmeldegesetzes, wenn der Zeuge zustimmt.

(5) 1 Die Absätze 2 bis 4 gelten auch nach Abschluss der Zeugenvernehmung. 2 Soweit dem Zeugen gestattet wurde, Daten nicht anzugeben, ist bei Auskünften aus und Einsichtnahmen in Akten sicherzustellen, dass diese Daten anderen Personen nicht bekannt werden, es sei denn, dass eine Gefährdung im Sinne der Absätze 2 und 3 ausgeschlossen erscheint.

§ 68a Beschränkung des Fragerechts aus Gründen des Persönlichkeitsschutzes. (1) Fragen nach Tatsachen, die dem Zeugen oder einer Person, die im Sinne des § 52 Abs. 1 sein Angehöriger ist, zur Unehre gereichen können oder deren persönlichen Lebensbereich betreffen, sollen nur gestellt werden, wenn es unerläßlich ist.

(2) [1] Fragen nach Umständen, die die Glaubwürdigkeit des Zeugen in der vorliegenden Sache betreffen, insbesondere nach seinen Beziehungen zu dem Beschuldigten oder der verletzten Person, sind zu stellen, soweit dies erforderlich ist. [2] Der Zeuge soll nach Vorstrafen nur gefragt werden, wenn ihre Feststellung notwendig ist, um über das Vorliegen der Voraussetzungen des § 60 Nr. 2 zu entscheiden oder um seine Glaubwürdigkeit zu beurteilen.

§ 68b Zeugenbeistand. (1) [1] Zeugen können sich eines anwaltlichen Beistands bedienen. [2] Einem zur Vernehmung des Zeugen erschienenen anwaltlichen Beistand ist die Anwesenheit gestattet. [3] Er kann von der Vernehmung ausgeschlossen werden, wenn bestimmte Tatsachen die Annahme rechtfertigen, dass seine Anwesenheit die geordnete Beweiserhebung nicht nur unwesentlich beeinträchtigen würde. [4] Dies wird in der Regel der Fall sein, wenn aufgrund bestimmter Tatsachen anzunehmen ist, dass

1. der Beistand an der zu untersuchenden Tat oder an einer mit ihr im Zusammenhang stehenden Datenhehlerei, Begünstigung, Strafvereitelung oder Hehlerei beteiligt ist,
2. das Aussageverhalten des Zeugen dadurch beeinflusst wird, dass der Beistand nicht nur den Interessen des Zeugen verpflichtet erscheint, oder
3. der Beistand die bei der Vernehmung erlangten Erkenntnisse für Verdunkelungshandlungen im Sinne des § 112 Absatz 2 Nummer 3 nutzt oder in einer den Untersuchungszweck gefährdenden Weise weitergibt.

(2) [1] Einem Zeugen, der bei seiner Vernehmung keinen anwaltlichen Beistand hat und dessen schutzwürdigen Interessen nicht auf andere Weise Rechnung getragen werden kann, ist für deren Dauer ein solcher beizuordnen, wenn besondere Umstände vorliegen, aus denen sich ergibt, dass der Zeuge seine Befugnisse bei seiner Vernehmung nicht selbst wahrnehmen kann. [2] § 142 Absatz 5 Satz 1 und 3 gilt entsprechend.

(3) [1] Entscheidungen nach Absatz 1 Satz 3 und Absatz 2 Satz 1 sind unanfechtbar. [2] Ihre Gründe sind aktenkundig zu machen, soweit dies den Untersuchungszweck nicht gefährdet.

§ 69 Vernehmung zur Sache. (1) [1] Der Zeuge ist zu veranlassen, das, was ihm von dem Gegenstand seiner Vernehmung bekannt ist, im Zusammenhang anzugeben. [2] Vor seiner Vernehmung ist dem Zeugen der Gegenstand der Untersuchung und die Person des Beschuldigten, sofern ein solcher vorhanden ist, zu bezeichnen.

(2) [1] Zur Aufklärung und zur Vervollständigung der Aussage sowie zur Erforschung des Grundes, auf dem das Wissen des Zeugen beruht, sind nötigenfalls weitere Fragen zu stellen. [2] Zeugen, die durch die Straftat verletzt sind, ist insbesondere Gelegenheit zu geben, sich zu den Auswirkungen, die die Tat auf sie hatte, zu äußern.

(3) Die Vorschrift des § 136a gilt für die Vernehmung des Zeugen entsprechend.

§ 70 Folgen unberechtigter Zeugnis- oder Eidesverweigerung.

(1) [1] Wird das Zeugnis oder die Eidesleistung ohne gesetzlichen Grund verweigert, so werden dem Zeugen die durch die Weigerung verursachten Kosten

auferlegt. [2]Zugleich wird gegen ihn ein Ordnungsgeld und für den Fall, daß dieses nicht beigetrieben werden kann, Ordnungshaft festgesetzt.

(2) Auch kann zur Erzwingung des Zeugnisses die Haft angeordnet werden, jedoch nicht über die Zeit der Beendigung des Verfahrens in dem Rechtszug, auch nicht über die Zeit von sechs Monaten hinaus.

(3) Die Befugnis zu diesen Maßregeln steht auch dem Richter im Vorverfahren sowie dem beauftragten und ersuchten Richter zu.

(4) Sind die Maßregeln erschöpft, so können sie in demselben oder in einem anderen Verfahren, das dieselbe Tat zum Gegenstand hat, nicht wiederholt werden.

§ 71 Zeugenentschädigung. Der Zeuge wird nach dem Justizvergütungs- und -entschädigungsgesetz entschädigt.

Siebter Abschnitt. Sachverständige und Augenschein

§ 72 Anwendung der Vorschriften über Zeugen auf Sachverständige.

Auf Sachverständige ist der sechste Abschnitt über Zeugen entsprechend anzuwenden, soweit nicht in den nachfolgenden Paragraphen abweichende Vorschriften getroffen sind.

§ 73 Auswahl des Sachverständigen. (1) [1]Die Auswahl der zuzuziehenden Sachverständigen und die Bestimmung ihrer Anzahl erfolgt durch den Richter. [2]Er soll mit diesen eine Absprache treffen, innerhalb welcher Frist die Gutachten erstattet werden können.

(2) Sind für gewisse Arten von Gutachten Sachverständige öffentlich bestellt, so sollen andere Personen nur dann gewählt werden, wenn besondere Umstände es erfordern.

§ 74 Ablehnung des Sachverständigen. (1) [1]Ein Sachverständiger kann aus denselben Gründen, die zur Ablehnung eines Richters berechtigen, abgelehnt werden. [2]Ein Ablehnungsgrund kann jedoch nicht daraus entnommen werden, daß der Sachverständige als Zeuge vernommen worden ist.

(2) [1]Das Ablehnungsrecht steht der Staatsanwaltschaft, dem Privatkläger und dem Beschuldigten zu. [2]Die ernannten Sachverständigen sind den zur Ablehnung Berechtigten namhaft zu machen, wenn nicht besondere Umstände entgegenstehen.

(3) Der Ablehnungsgrund ist glaubhaft zu machen; der Eid ist als Mittel der Glaubhaftmachung ausgeschlossen.

§ 75 Pflicht des Sachverständigen zur Erstattung des Gutachtens.

(1) Der zum Sachverständigen Ernannte hat der Ernennung Folge zu leisten, wenn er zur Erstattung von Gutachten der erforderten Art öffentlich bestellt ist oder wenn er die Wissenschaft, die Kunst oder das Gewerbe, deren Kenntnis Voraussetzung der Begutachtung ist, öffentlich zum Erwerb ausübt oder wenn er zu ihrer Ausübung öffentlich bestellt oder ermächtigt ist.

(2) Zur Erstattung des Gutachtens ist auch der verpflichtet, welcher sich hierzu vor Gericht bereiterklärt hat.

§ 76 Gutachtenverweigerungsrecht des Sachverständigen. (1) [1]Dieselben Gründe, die einen Zeugen berechtigen, das Zeugnis zu verweigern, berechtigen einen Sachverständigen zur Verweigerung des Gutachtens. [2]Auch aus anderen Gründen kann ein Sachverständiger von der Verpflichtung zur Erstattung des Gutachtens entbunden werden.

(2) [1]Für die Vernehmung von Richtern, Beamten und anderen Personen des öffentlichen Dienstes als Sachverständige gelten die besonderen beamtenrechtlichen Vorschriften. [2]Für die Mitglieder der Bundes- oder einer Landesregierung gelten die für sie maßgebenden besonderen Vorschriften.

§ 77 Ausbleiben oder unberechtigte Gutachtenverweigerung des Sachverständigen. (1) [1]Im Falle des Nichterscheinens oder der Weigerung eines zur Erstattung des Gutachtens verpflichteten Sachverständigen wird diesem auferlegt, die dadurch verursachten Kosten zu ersetzen. [2]Zugleich wird gegen ihn ein Ordnungsgeld festgesetzt. [3]Im Falle wiederholten Ungehorsams kann neben der Auferlegung der Kosten das Ordnungsgeld noch einmal festgesetzt werden.

(2) [1]Weigert sich ein zur Erstattung des Gutachtens verpflichteter Sachverständiger, nach § 73 Abs. 1 Satz 2 eine angemessene Frist abzusprechen, oder versäumt er die abgesprochene Frist, so kann gegen ihn ein Ordnungsgeld festgesetzt werden. [2]Der Festsetzung des Ordnungsgeldes muß eine Androhung unter Setzung einer Nachfrist vorausgehen. [3]Im Falle wiederholter Fristversäumnis kann das Ordnungsgeld noch einmal festgesetzt werden.

§ 78 Richterliche Leitung der Tätigkeit des Sachverständigen. Der Richter hat, soweit ihm dies erforderlich erscheint, die Tätigkeit der Sachverständigen zu leiten.

§ 79 Vereidigung des Sachverständigen. (1) Der Sachverständige kann nach dem Ermessen des Gerichts vereidigt werden.

(2) Der Eid ist nach Erstattung des Gutachtens zu leisten; er geht dahin, daß der Sachverständige das Gutachten unparteiisch und nach bestem Wissen und Gewissen erstattet habe.

(3) Ist der Sachverständige für die Erstattung von Gutachten der betreffenden Art im allgemeinen vereidigt, so genügt die Berufung auf den geleisteten Eid.

§§ 80–81 *(hier nicht wiedergegeben)*

§ 81a Körperliche Untersuchung des Beschuldigten; Zulässigkeit körperlicher Eingriffe. (1) [1]Eine körperliche Untersuchung des Beschuldigten darf zur Feststellung von Tatsachen angeordnet werden, die für das Verfahren von Bedeutung sind. [2]Zu diesem Zweck sind Entnahmen von Blutproben und andere körperliche Eingriffe, die von einem Arzt nach den Regeln der ärztlichen Kunst zu Untersuchungszwecken vorgenommen werden, ohne Einwilligung des Beschuldigten zulässig, wenn kein Nachteil für seine Gesundheit zu befürchten ist.

(2) [1]Die Anordnung steht dem Richter, bei Gefährdung des Untersuchungserfolges durch Verzögerung auch der Staatsanwaltschaft und ihren Ermittlungspersonen (§ 152 des Gerichtsverfassungsgesetzes) zu. [2]Die Entnahme einer Blutprobe bedarf abweichend von Satz 1 keiner richterlichen Anordnung, wenn bestimmte Tatsachen den Verdacht begründen, dass eine Straftat nach § 315a Absatz 1 Nummer 1, Absatz 2 und 3, § 315c Absatz 1 Nummer 1

Buchstabe a, Absatz 2 und 3 oder § 316 des Strafgesetzbuchs begangen worden ist.

(3) Dem Beschuldigten entnommene Blutproben oder sonstige Körperzellen dürfen nur für Zwecke des der Entnahme zugrundeliegenden oder eines anderen anhängigen Strafverfahrens verwendet werden; sie sind unverzüglich zu vernichten, sobald sie hierfür nicht mehr erforderlich sind.

§ 81b Erkennungsdienstliche Maßnahmen bei dem Beschuldigten.

(1) Soweit es für die Zwecke der Durchführung des Strafverfahrens oder für die Zwecke des Erkennungsdienstes notwendig ist, dürfen Lichtbilder und Fingerabdrücke des Beschuldigten auch gegen seinen Willen aufgenommen und Messungen und ähnliche Maßnahmen an ihm vorgenommen werden.

(2) [1] Über die Fälle des Absatzes 1 hinaus sind die Fingerabdrücke des Beschuldigten für die Erstellung eines Datensatzes gemäß Artikel 5 Absatz 1 Buchstabe b der Verordnung (EU) 2019/816 des Europäischen Parlaments und des Rates vom 17. April 2019 zur Einrichtung eines zentralisierten Systems für die Ermittlung der Mitgliedstaaten, in denen Informationen zu Verurteilungen von Drittstaatsangehörigen und Staatenlosen (ECRIS-TCN) vorliegen, zur Ergänzung des Europäischen Strafregisterinformationssystems und zur Änderung der Verordnung (EU) 2018/1726 (ABl. L 135 vom 22.5.2019, S. 1), die durch die Verordnung (EU) 2019/818 (ABl. L 135 vom 22.5.2019, S. 85) geändert worden ist, auch gegen dessen Willen aufzunehmen, sofern

1. es sich bei dem Beschuldigten um einen Drittstaatsangehörigen im Sinne des Artikels 3 Nummer 7 der Verordnung (EU) 2019/816 handelt,
2. der Beschuldigte rechtskräftig zu einer Freiheitsstrafe oder Jugendstrafe verurteilt oder gegen ihn rechtskräftig allein eine freiheitsentziehende Maßregel der Besserung und Sicherung angeordnet worden ist,
3. keine Fingerabdrücke des Beschuldigten vorhanden sind, die im Rahmen eines Strafverfahrens aufgenommen worden sind, und
4. die entsprechende Eintragung im Bundeszentralregister noch nicht getilgt ist.

[2] Wenn auf Grund bestimmter Tatsachen und bei Würdigung der Umstände des Einzelfalles die Gefahr besteht, dass der Beschuldigte sich dieser Maßnahme entziehen werde, dann dürfen die Fingerabdrücke abweichend von Satz 1 Nummer 2 bereits vor der Rechtskraft der Entscheidung aufgenommen werden.

(3) Für die Erstellung eines Datensatzes gemäß Artikel 5 Absatz 1 Buchstabe b der Verordnung (EU) 2019/816 sind die nach Absatz 1 für die Zwecke der Durchführung des Strafverfahrens, die nach Absatz 2 oder die nach § 163b Absatz 1 Satz 3 aufgenommenen Fingerabdrücke an das Bundeskriminalamt zu übermitteln.

(4) [1] Für die Erstellung eines Datensatzes gemäß Artikel 5 Absatz 1 Buchstabe b der Verordnung (EU) 2019/816 darf das Bundeskriminalamt die nach den Absätzen 1 und 2 sowie die nach § 163b Absatz 1 Satz 3 aufgenommenen und ihm übermittelten Fingerabdrücke verarbeiten. [2] Bei den nach Absatz 1 für die Zwecke der Durchführung des Strafverfahrens, den nach Absatz 2 Satz 2 und den nach § 163b Absatz 1 Satz 3 aufgenommenen Fingerabdrücken ist eine über die Speicherung hinausgehende Verarbeitung nach Satz 1 unzulässig, solange die Entscheidung noch nicht rechtskräftig ist. [3] Die Verarbeitung nach Satz 1 ist ferner unzulässig, wenn

1. der Beschuldigte rechtskräftig freigesprochen wurde,
2. das Verfahren nicht nur vorläufig eingestellt wurde oder
3. die alleinige Anordnung einer freiheitsentziehenden Maßregel der Besserung und Sicherung gegen den Beschuldigten rechtskräftig unterbleibt.

[4] Satz 3 gilt entsprechend in den Fällen des Absatzes 2 Satz 2, wenn der Beschuldigte rechtskräftig zu einer anderen Strafe als Freiheitsstrafe oder Jugendstrafe verurteilt wurde. [5] Ist die Verarbeitung der Fingerabdrücke nach Satz 3 oder 4 unzulässig, so sind die Fingerabdrücke zu löschen.

(5) [1] Für die Verarbeitung für andere Zwecke als die Erstellung eines Datensatzes gemäß Artikel 5 Absatz 1 Buchstabe b der Verordnung (EU) 2019/816 gelten die §§ 481 bis 485. [2] Die Verarbeitung der nach Absatz 2 Satz 2 aufgenommenen Fingerabdrücke ist jedoch erst zulässig, wenn die Entscheidung rechtskräftig und die Verarbeitung für die Erstellung eines Datensatzes nicht nach Absatz 4 Satz 3 oder 4 unzulässig ist. [3] Die übrigen Bestimmungen über die Verarbeitung der nach Absatz 1 oder 2 oder nach § 163b aufgenommenen Fingerabdrücke bleiben unberührt.

§ 81c Untersuchung anderer Personen. (1) Andere Personen als Beschuldigte dürfen, wenn sie als Zeugen in Betracht kommen, ohne ihre Einwilligung nur untersucht werden, soweit zur Erforschung der Wahrheit festgestellt werden muß, ob sich an ihrem Körper eine bestimmte Spur oder Folge einer Straftat befindet.

(2) [1] Bei anderen Personen als Beschuldigten sind Untersuchungen zur Feststellung der Abstammung und die Entnahme von Blutproben ohne Einwilligung des zu Untersuchenden zulässig, wenn kein Nachteil für seine Gesundheit zu befürchten und die Maßnahme zur Erforschung der Wahrheit unerläßlich ist. [2] Die Untersuchungen und die Entnahme von Blutproben dürfen stets nur von einem Arzt vorgenommen werden.

(3) [1] Untersuchungen oder Entnahmen von Blutproben können aus den gleichen Gründen wie das Zeugnis verweigert werden. [2] Haben Minderjährige wegen mangelnder Verstandesreife oder haben Minderjährige oder Betreute wegen einer psychischen Krankheit oder einer geistigen oder seelischen Behinderung von der Bedeutung ihres Weigerungsrechts keine genügende Vorstellung, so entscheidet der gesetzliche Vertreter; § 52 Abs. 2 Satz 2 und Abs. 3 gilt entsprechend. [3] Ist der gesetzliche Vertreter von der Entscheidung ausgeschlossen (§ 52 Abs. 2 Satz 2) oder aus sonstigen Gründen an einer rechtzeitigen Entscheidung gehindert und erscheint die sofortige Untersuchung oder Entnahme von Blutproben zur Beweissicherung erforderlich, so sind diese Maßnahmen nur auf besondere Anordnung des Gerichts und, wenn dieses nicht rechtzeitig erreichbar ist, der Staatsanwaltschaft zulässig. [4] Der die Maßnahmen anordnende Beschluß ist unanfechtbar. [5] Die nach Satz 3 erhobenen Beweise dürfen im weiteren Verfahren nur mit Einwilligung des hierzu befugten gesetzlichen Vertreters verwertet werden.

(4) Maßnahmen nach den Absätzen 1 und 2 sind unzulässig, wenn sie dem Betroffenen bei Würdigung aller Umstände nicht zugemutet werden können.

(5) [1] Die Anordnung steht dem Gericht, bei Gefährdung des Untersuchungserfolges durch Verzögerung auch der Staatsanwaltschaft und ihren Ermittlungspersonen (§ 152 des Gerichtsverfassungsgesetzes) zu; Absatz 3 Satz 3 bleibt unberührt. [2] § 81a Abs. 3 gilt entsprechend.

(6) [1]Bei Weigerung des Betroffenen gilt die Vorschrift des § 70 entsprechend. [2]Unmittelbarer Zwang darf nur auf besondere Anordnung des Richters angewandt werden. [3]Die Anordnung setzt voraus, daß der Betroffene trotz Festsetzung eines Ordnungsgeldes bei der Weigerung beharrt oder daß Gefahr im Verzuge ist.

§ 81d Durchführung körperlicher Untersuchungen durch Personen gleichen Geschlechts. (1) [1]Kann die körperliche Untersuchung das Schamgefühl verletzen, so wird sie von einer Person gleichen Geschlechts oder von einer Ärztin oder einem Arzt vorgenommen. [2]Bei berechtigtem Interesse soll dem Wunsch, die Untersuchung einer Person oder einem Arzt bestimmten Geschlechts zu übertragen, entsprochen werden. [3]Auf Verlangen der betroffenen Person soll eine Person des Vertrauens zugelassen werden. [4]Die betroffene Person ist auf die Regelungen der Sätze 2 und 3 hinzuweisen.

(2) Diese Vorschrift gilt auch dann, wenn die betroffene Person in die Untersuchung einwilligt.

§ 81e Molekulargenetische Untersuchung. (1) [1]An dem durch Maßnahmen nach § 81a Absatz 1 oder § 81c erlangten Material dürfen mittels molekulargenetischer Untersuchung das DNA-Identifizierungsmuster, die Abstammung und das Geschlecht der Person festgestellt und diese Feststellungen mit Vergleichsmaterial abgeglichen werden, soweit dies zur Erforschung des Sachverhalts erforderlich ist. [2]Andere Feststellungen dürfen nicht erfolgen; hierauf gerichtete Untersuchungen sind unzulässig.

(2) [1]Nach Absatz 1 zulässige Untersuchungen dürfen auch an aufgefundenem, sichergestelltem oder beschlagnahmtem Material durchgeführt werden. [2]Ist unbekannt, von welcher Person das Spurenmaterial stammt, dürfen zusätzlich Feststellungen über die Augen-, Haar- und Hautfarbe sowie das Alter der Person getroffen werden. [3]Absatz 1 Satz 2 und § 81a Abs. 3 erster Halbsatz gelten entsprechend. [4]Ist bekannt, von welcher Person das Material stammt, gilt § 81f Absatz 1 entsprechend.

§ 81f Verfahren bei der molekulargenetischen Untersuchung.

(1) [1]Untersuchungen nach § 81e Abs. 1 dürfen ohne schriftliche Einwilligung der betroffenen Person nur durch das Gericht, bei Gefahr im Verzug auch durch die Staatsanwaltschaft und ihre Ermittlungspersonen (§ 152 des Gerichtsverfassungsgesetzes) angeordnet werden. [2]Die einwilligende Person ist darüber zu belehren, für welchen Zweck die zu erhebenden Daten verwendet werden.

(2) [1]Mit der Untersuchung nach § 81e sind in der schriftlichen Anordnung Sachverständige zu beauftragen, die öffentlich bestellt oder nach dem Verpflichtungsgesetz verpflichtet oder Amtsträger sind, die der ermittlungsführenden Behörde nicht angehören oder einer Organisationseinheit dieser Behörde angehören, die von der ermittlungsführenden Dienststelle organisatorisch und sachlich getrennt ist. [2]Diese haben durch technische und organisatorische Maßnahmen zu gewährleisten, daß unzulässige molekulargenetische Untersuchungen und unbefugte Kenntnisnahme Dritter ausgeschlossen sind. [3]Dem Sachverständigen ist das Untersuchungsmaterial ohne Mitteilung des Namens, der Anschrift und des Geburtstages und -monats der betroffenen Person zu übergeben. [4]Ist der Sachverständige eine nichtöffentliche Stelle, finden die Vorschrif-

ten der Verordnung (EU) 2016/679 des Europäischen Parlaments und des Rates vom 27. April 2016 zum Schutz natürlicher Personen bei der Verarbeitung personenbezogener Daten, zum freien Datenverkehr und zur Aufhebung der Richtlinie 95/46/EG (Datenschutz-Grundverordnung) (ABl. L 119 vom 4.5. 2016, S. 1; L 314 vom 22.11.2016, S. 72; L 127 vom 23.5.2018, S. 2) und des Bundesdatenschutzgesetzes auch dann Anwendung, wenn die personenbezogenen Daten nicht automatisiert verarbeitet und die Daten nicht in einem Dateisystem gespeichert sind oder gespeichert werden sollen.

§ 81g DNA-Identitätsfeststellung. (1) [1]Ist der Beschuldigte einer Straftat von erheblicher Bedeutung oder einer Straftat gegen die sexuelle Selbstbestimmung verdächtig, dürfen ihm zur Identitätsfeststellung in künftigen Strafverfahren Körperzellen entnommen und zur Feststellung des DNA-Identifizierungsmusters sowie des Geschlechts molekulargenetisch untersucht werden, wenn wegen der Art oder Ausführung der Tat, der Persönlichkeit des Beschuldigten oder sonstiger Erkenntnisse Grund zu der Annahme besteht, dass gegen ihn künftig Strafverfahren wegen einer Straftat von erheblicher Bedeutung zu führen sind. [2]Die wiederholte Begehung sonstiger Straftaten kann im Unrechtsgehalt einer Straftat von erheblicher Bedeutung gleichstehen.

(2) [1]Die entnommenen Körperzellen dürfen nur für die in Absatz 1 genannte molekulargenetische Untersuchung verwendet werden; sie sind unverzüglich zu vernichten, sobald sie hierfür nicht mehr erforderlich sind. [2]Bei der Untersuchung dürfen andere Feststellungen als diejenigen, die zur Ermittlung des DNA-Identifizierungsmusters sowie des Geschlechts erforderlich sind, nicht getroffen werden; hierauf gerichtete Untersuchungen sind unzulässig.

(3) [1]Die Entnahme der Körperzellen darf ohne schriftliche Einwilligung des Beschuldigten nur durch das Gericht, bei Gefahr im Verzug auch durch die Staatsanwaltschaft und ihre Ermittlungspersonen (§ 152 des Gerichtsverfassungsgesetzes) angeordnet werden. [2]Die molekulargenetische Untersuchung der Körperzellen darf ohne schriftliche Einwilligung des Beschuldigten nur durch das Gericht angeordnet werden. [3]Die einwilligende Person ist darüber zu belehren, für welchen Zweck die zu erhebenden Daten verwendet werden. [4]§ 81f Abs. 2 gilt entsprechend. [5]In der schriftlichen Begründung des Gerichts sind einzelfallbezogen darzulegen

1. die für die Beurteilung der Erheblichkeit der Straftat bestimmenden Tatsachen,
2. die Erkenntnisse, auf Grund derer Grund zu der Annahme besteht, dass gegen den Beschuldigten künftig Strafverfahren zu führen sein werden, sowie
3. die Abwägung der jeweils maßgeblichen Umstände.

(4) Die Absätze 1 bis 3 gelten entsprechend, wenn die betroffene Person wegen der Tat rechtskräftig verurteilt oder nur wegen

1. erwiesener oder nicht auszuschließender Schuldunfähigkeit,
2. auf Geisteskrankheit beruhender Verhandlungsunfähigkeit oder
3. fehlender oder nicht auszuschließender fehlender Verantwortlichkeit (§ 3 des Jugendgerichtsgesetzes[1])

---

[1] Nr. **4**.

nicht verurteilt worden ist und die entsprechende Eintragung im Bundeszentralregister oder Erziehungsregister noch nicht getilgt ist.

(5) [1] Die erhobenen Daten dürfen beim Bundeskriminalamt gespeichert und nach Maßgabe des Bundeskriminalamtgesetzes verwendet werden. [2] Das Gleiche gilt

1. unter den in Absatz 1 genannten Voraussetzungen für die nach § 81e Abs. 1 erhobenen Daten eines Beschuldigten sowie
2. für die nach § 81e Abs. 2 Satz 1 erhobenen Daten.

[3] Die Daten dürfen nur für Zwecke eines Strafverfahrens, der Gefahrenabwehr und der internationalen Rechtshilfe hierfür übermittelt werden. [4] Im Fall des Satzes 2 Nr. 1 ist der Beschuldigte unverzüglich von der Speicherung zu benachrichtigen und darauf hinzuweisen, dass er die gerichtliche Entscheidung beantragen kann.

§ 81h DNA-Reihenuntersuchung. (1) Begründen bestimmte Tatsachen den Verdacht, dass ein Verbrechen gegen das Leben, die körperliche Unversehrtheit, die persönliche Freiheit oder die sexuelle Selbstbestimmung begangen worden ist, dürfen Personen, die bestimmte, auf den Täter vermutlich zutreffende Prüfungsmerkmale erfüllen, mit ihrer schriftlichen Einwilligung

1. Körperzellen entnommen,
2. diese zur Feststellung des DNA-Identifizierungsmusters und des Geschlechts molekulargenetisch untersucht und
3. die festgestellten DNA-Identifizierungsmuster mit den DNA-Identifizierungsmustern von Spurenmaterial automatisiert abgeglichen werden,

soweit dies zur Feststellung erforderlich ist, ob das Spurenmaterial von diesen Personen oder von ihren Verwandten in gerader Linie oder in der Seitenlinie bis zum dritten Grad stammt, und die Maßnahme insbesondere im Hinblick auf die Anzahl der von ihr betroffenen Personen nicht außer Verhältnis zur Schwere der Tat steht.

(2) [1] Eine Maßnahme nach Absatz 1 bedarf der gerichtlichen Anordnung. [2] Diese ergeht schriftlich. [3] Sie muss die betroffenen Personen anhand bestimmter Prüfungsmerkmale bezeichnen und ist zu begründen. [4] Einer vorherigen Anhörung der betroffenen Personen bedarf es nicht. [5] Die Entscheidung, mit der die Maßnahme angeordnet wird, ist nicht anfechtbar.

(3) [1] Für die Durchführung der Maßnahme gilt § 81f Absatz 2 entsprechend. [2] Die entnommenen Körperzellen sind unverzüglich zu vernichten, sobald sie für die Untersuchung nach Absatz 1 nicht mehr benötigt werden. [3] Soweit die Aufzeichnungen über die durch die Maßnahme festgestellten DNA-Identifizierungsmuster zur Erforschung des Sachverhalts nicht mehr erforderlich sind, sind sie unverzüglich zu löschen. [4] Die Vernichtung und die Löschung sind zu dokumentieren.

(4) [1] Die betroffenen Personen sind schriftlich darüber zu belehren, dass die Maßnahme nur mit ihrer Einwilligung durchgeführt werden darf. [2] Vor Erteilung der Einwilligung sind sie schriftlich auch darauf hinzuweisen, dass

1. die entnommenen Körperzellen ausschließlich zur Feststellung des DNA-Identifizierungsmusters, der Abstammung und des Geschlechts untersucht werden und dass sie unverzüglich vernichtet werden, sobald sie hierfür nicht mehr erforderlich sind,

2. das Untersuchungsergebnis mit den DNA-Identifizierungsmustern von Spurenmaterial automatisiert daraufhin abgeglichen wird, ob das Spurenmaterial von ihnen oder von ihren Verwandten in gerader Linie oder in der Seitenlinie bis zum dritten Grad stammt,
3. das Ergebnis des Abgleichs zu Lasten der betroffenen Person oder mit ihr in gerader Linie oder in der Seitenlinie bis zum dritten Grad verwandter Personen verwertet werden darf und
4. die festgestellten DNA-Identifizierungsmuster nicht zur Identitätsfeststellung in künftigen Strafverfahren beim Bundeskriminalamt gespeichert werden.

§ 82 Form der Erstattung eines Gutachtens im Vorverfahren. Im Vorverfahren hängt es von der Anordnung des Richters ab, ob die Sachverständigen ihr Gutachten schriftlich oder mündlich zu erstatten haben.

§ 83 Anordnung einer neuen Begutachtung. (1) Der Richter kann eine neue Begutachtung durch dieselben oder durch andere Sachverständige anordnen, wenn er das Gutachten für ungenügend erachtet.

(2) Der Richter kann die Begutachtung durch einen anderen Sachverständigen anordnen, wenn ein Sachverständiger nach Erstattung des Gutachtens mit Erfolg abgelehnt ist.

(3) In wichtigeren Fällen kann das Gutachten einer Fachbehörde eingeholt werden.

§ 84 Sachverständigenvergütung. Der Sachverständige erhält eine Vergütung nach dem Justizvergütungs- und -entschädigungsgesetz.

§ 85 Sachverständige Zeugen. Soweit zum Beweis vergangener Tatsachen oder Zustände, zu deren Wahrnehmung eine besondere Sachkunde erforderlich war, sachkundige Personen zu vernehmen sind, gelten die Vorschriften über den Zeugenbeweis.

§ 86 Richterlicher Augenschein. Findet die Einnahme eines richterlichen Augenscheins statt, so ist im Protokoll der vorgefundene Sachbestand festzustellen und darüber Auskunft zu geben, welche Spuren oder Merkmale, deren Vorhandensein nach der besonderen Beschaffenheit des Falles vermutet werden konnte, gefehlt haben.

§§ 87–92 *(hier nicht wiedergegeben)*

§ 93 Schriftgutachten. Zur Ermittlung der Echtheit oder Unechtheit eines Schriftstücks sowie zur Ermittlung seines Urhebers kann eine Schriftvergleichung unter Zuziehung von Sachverständigen vorgenommen werden.

Achter Abschnitt. Ermittlungsmaßnahmen

§ 94 Sicherstellung und Beschlagnahme von Gegenständen zu Beweiszwecken. (1) Gegenstände, die als Beweismittel für die Untersuchung von Bedeutung sein können, sind in Verwahrung zu nehmen oder in anderer Weise sicherzustellen.

(2) Befinden sich die Gegenstände in dem Gewahrsam einer Person und werden sie nicht freiwillig herausgegeben, so bedarf es der Beschlagnahme.

(3) Die Absätze 1 und 2 gelten auch für Führerscheine, die der Einziehung unterliegen.

(4) Die Herausgabe beweglicher Sachen richtet sich nach den §§ 111n und 111o.

§ 95 Herausgabepflicht. (1) Wer einen Gegenstand der vorbezeichneten Art in seinem Gewahrsam hat, ist verpflichtet, ihn auf Erfordern vorzulegen und auszuliefern.

(2) [1] Im Falle der Weigerung können gegen ihn die in § 70 bestimmten Ordnungs- und Zwangsmittel festgesetzt werden. [2] Das gilt nicht bei Personen, die zur Verweigerung des Zeugnisses berechtigt sind.

§ 95a Zurückstellung der Benachrichtigung des Beschuldigten; Offenbarungsverbot. (1) Bei der gerichtlichen Anordnung oder Bestätigung der Beschlagnahme eines Gegenstandes, den eine nicht beschuldigte Person im Gewahrsam hat, kann die Benachrichtigung des von der Beschlagnahme betroffenen Beschuldigten zurückgestellt werden, solange sie den Untersuchungszweck gefährden würde, wenn

1. bestimmte Tatsachen den Verdacht begründen, dass der Beschuldigte als Täter oder Teilnehmer eine Straftat von auch im Einzelfall erheblicher Bedeutung, insbesondere eine in § 100a Absatz 2 bezeichnete Straftat, begangen, in Fällen, in denen der Versuch strafbar ist, zu begehen versucht, oder durch eine Straftat vorbereitet hat und
2. die Erforschung des Sachverhalts oder die Ermittlung des Aufenthaltsortes des Beschuldigten auf andere Weise wesentlich erschwert oder aussichtslos wäre.

(2) [1] Die Zurückstellung der Benachrichtigung des Beschuldigten nach Absatz 1 darf nur durch das Gericht angeordnet werden. [2] Die Zurückstellung ist auf höchstens sechs Monate zu befristen. [3] Eine Verlängerung der Anordnung durch das Gericht um jeweils nicht mehr als drei Monate ist zulässig, wenn die Voraussetzungen der Anordnung fortbestehen.

(3) [1] Wird binnen drei Tagen nach der nichtgerichtlichen Beschlagnahme eines Gegenstandes, den eine unverdächtige Person im Gewahrsam hat, die gerichtliche Bestätigung der Beschlagnahme sowie die Zurückstellung der Benachrichtigung des Beschuldigten nach Absatz 1 beantragt, kann von einer Belehrung des von der Beschlagnahme betroffenen Beschuldigten nach § 98 Absatz 2 Satz 5 abgesehen werden. [2] Im Verfahren nach § 98 Absatz 2 bedarf es der vorherigen Anhörung des Beschuldigten durch das Gericht (§ 33 Absatz 3) nicht.

(4) [1] Die nach Absatz 1 zurückgestellte Benachrichtigung des Beschuldigten erfolgt, sobald dies ohne Gefährdung des Untersuchungszweckes möglich ist. [2] Bei der Benachrichtigung ist der Beschuldigte auf die Möglichkeit des nachträglichen Rechtsschutzes nach Absatz 5 und die dafür vorgesehene Frist hinzuweisen.

(5) [1] Der Beschuldigte kann bei dem für die Anordnung der Maßnahme zuständigen Gericht auch nach Beendigung der Zurückstellung nach Absatz 1 bis zu zwei Wochen nach seiner Benachrichtigung nach Absatz 4 die Überprüfung der Rechtmäßigkeit der Beschlagnahme, der Art und Weise ihres Vollzugs und der Zurückstellung der Benachrichtigung beantragen. [2] Gegen die

gerichtliche Entscheidung ist die sofortige Beschwerde statthaft. [3] Ist die öffentliche Klage erhoben und der Angeklagte benachrichtigt worden, entscheidet über den Antrag das mit der Sache befasste Gericht in der das Verfahren abschließenden Entscheidung.

(6) [1] Wird die Zurückstellung der Benachrichtigung des Beschuldigten nach Absatz 1 angeordnet, kann unter Würdigung aller Umstände und nach Abwägung der Interessen der Beteiligten im Einzelfall zugleich angeordnet werden, dass der Betroffene für die Dauer der Zurückstellung gegenüber dem Beschuldigten und Dritten die Beschlagnahme sowie eine ihr vorausgehende Durchsuchung nach den §§ 103 und 110 oder Herausgabeanordnung nach § 95 nicht offenbaren darf. [2] Absatz 2 gilt mit der Maßgabe entsprechend, dass bei Gefahr im Verzug auch die Staatsanwaltschaft und ihre Ermittlungspersonen (§ 152 des Gerichtsverfassungsgesetzes) die Anordnung nach Satz 1 treffen können, wenn nach Absatz 3 von der Belehrung abgesehen und die gerichtliche Bestätigung der Beschlagnahme und die Zurückstellung der Benachrichtigung des Beschuldigten beantragt wird. [3] Treffen die Staatsanwaltschaft oder ihre Ermittlungspersonen eine solche Anordnung, ist die gerichtliche Bestätigung binnen drei Tagen zu beantragen.

(7) Im Falle des Verstoßes gegen das Offenbarungsverbot des Absatzes 6 gilt § 95 Absatz 2 entsprechend.

§ 96 Amtlich verwahrte Schriftstücke. [1] Die Vorlegung oder Auslieferung von Akten oder anderen in amtlicher Verwahrung befindlichen Schriftstücken durch Behörden und öffentliche Beamte darf nicht gefordert werden, wenn deren oberste Dienstbehörde erklärt, daß das Bekanntwerden des Inhalts dieser Akten oder Schriftstücke dem Wohl des Bundes oder eines deutschen Landes Nachteile bereiten würde. [2] Satz 1 gilt entsprechend für Akten und sonstige Schriftstücke, die sich im Gewahrsam eines Mitglieds des Bundestages oder eines Landtages beziehungsweise eines Angestellten einer Fraktion des Bundestages oder eines Landtages befinden, wenn die für die Erteilung einer Aussagegenehmigung zuständige Stelle eine solche Erklärung abgegeben hat.

§ 97 Beschlagnahmeverbot. (1) Der Beschlagnahme unterliegen nicht

1. schriftliche Mitteilungen zwischen dem Beschuldigten und den Personen, die nach § 52 oder § 53 Abs. 1 Satz 1 Nr. 1 bis 3b das Zeugnis verweigern dürfen;
2. Aufzeichnungen, welche die in § 53 Abs. 1 Satz 1 Nr. 1 bis 3b Genannten über die ihnen vom Beschuldigten anvertrauten Mitteilungen oder über andere Umstände gemacht haben, auf die sich das Zeugnisverweigerungsrecht erstreckt;
3. andere Gegenstände einschließlich der ärztlichen Untersuchungsbefunde, auf die sich das Zeugnisverweigerungsrecht der in § 53 Abs. 1 Satz 1 Nr. 1 bis 3b Genannten erstreckt.

(2) [1] Diese Beschränkungen gelten nur, wenn die Gegenstände im Gewahrsam der zur Verweigerung des Zeugnisses Berechtigten sind, es sei denn, es handelt sich um eine elektronische Gesundheitskarte im Sinne des § 291a des Fünften Buches Sozialgesetzbuch. [2] Die Beschränkungen der Beschlagnahme gelten nicht, wenn bestimmte Tatsachen den Verdacht begründen, dass die zeugnisverweigerungsberechtigte Person an der Tat oder an einer Datenhehlerei, Begünstigung, Strafvereitelung oder Hehlerei beteiligt ist, oder wenn es

sich um Gegenstände handelt, die durch eine Straftat hervorgebracht oder zur Begehung einer Straftat gebraucht oder bestimmt sind oder die aus einer Straftat herrühren.

(3) Die Absätze 1 und 2 sind entsprechend anzuwenden, soweit die Personen, die nach § 53a Absatz 1 Satz 1 an der beruflichen Tätigkeit der in § 53 Absatz 1 Satz 1 Nummer 1 bis 3b genannten Personen mitwirken, das Zeugnis verweigern dürfen.

(4) [1] Soweit das Zeugnisverweigerungsrecht der in § 53 Abs. 1 Satz 1 Nr. 4 genannten Personen reicht, ist die Beschlagnahme von Gegenständen unzulässig. [2] Dieser Beschlagnahmeschutz erstreckt sich auch auf Gegenstände, die von den in § 53 Abs. 1 Satz 1 Nr. 4 genannten Personen den an ihrer Berufstätigkeit nach § 53a Absatz 1 Satz 1 mitwirkenden Personen anvertraut sind. [3] Satz 1 gilt entsprechend, soweit die Personen, die nach § 53a Absatz 1 Satz 1 an der beruflichen Tätigkeit der in § 53 Absatz 1 Satz 1 Nummer 4 genannten Personen mitwirken, das Zeugnis verweigern dürften.

(5) [1] Soweit das Zeugnisverweigerungsrecht der in § 53 Abs. 1 Satz 1 Nr. 5 genannten Personen reicht, ist die Beschlagnahme von Verkörperungen eines Inhalts (§ 11 Absatz 3 des Strafgesetzbuches), die sich im Gewahrsam dieser Personen oder der Redaktion, des Verlages, der Druckerei oder der Rundfunkanstalt befinden, unzulässig. [2] Absatz 2 Satz 2 und § 160a Abs. 4 Satz 2 gelten entsprechend, die Beteiligungsregelung in Absatz 2 Satz 2 jedoch nur dann, wenn die bestimmten Tatsachen einen dringenden Verdacht der Beteiligung begründen; die Beschlagnahme ist jedoch auch in diesen Fällen nur zulässig, wenn sie unter Berücksichtigung der Grundrechte aus Artikel 5 Abs. 1 Satz 2 des Grundgesetzes nicht außer Verhältnis zur Bedeutung der Sache steht und die Erforschung des Sachverhaltes oder die Ermittlung des Aufenthaltsortes des Täters auf andere Weise aussichtslos oder wesentlich erschwert wäre.

§ 98 Verfahren bei der Beschlagnahme. (1) [1] Beschlagnahmen dürfen nur durch das Gericht, bei Gefahr im Verzug auch durch die Staatsanwaltschaft und ihre Ermittlungspersonen (§ 152 des Gerichtsverfassungsgesetzes) angeordnet werden. [2] Die Beschlagnahme nach § 97 Abs. 5 Satz 2 in den Räumen einer Redaktion, eines Verlages, einer Druckerei oder einer Rundfunkanstalt darf nur durch das Gericht angeordnet werden.

(2) [1] Der Beamte, der einen Gegenstand ohne gerichtliche Anordnung beschlagnahmt hat, soll binnen drei Tagen die gerichtliche Bestätigung beantragen, wenn bei der Beschlagnahme weder der davon Betroffene noch ein erwachsener Angehöriger anwesend war oder wenn der Betroffene und im Falle seiner Abwesenheit ein erwachsener Angehöriger des Betroffenen gegen die Beschlagnahme ausdrücklichen Widerspruch erhoben hat. [2] Der Betroffene kann jederzeit die gerichtliche Entscheidung beantragen. [3] Die Zuständigkeit des Gerichts bestimmt sich nach § 162. [4] Der Betroffene kann den Antrag auch bei dem Amtsgericht einreichen, in dessen Bezirk die Beschlagnahme stattgefunden hat; dieses leitet den Antrag dem zuständigen Gericht zu. [5] Der Betroffene ist über seine Rechte zu belehren.

(3) Ist nach erhobener öffentlicher Klage die Beschlagnahme durch die Staatsanwaltschaft oder eine ihrer Ermittlungspersonen erfolgt, so ist binnen drei Tagen dem Gericht von der Beschlagnahme Anzeige zu machen; die beschlagnahmten Gegenstände sind ihm zur Verfügung zu stellen.

(4) [1] Wird eine Beschlagnahme in einem Dienstgebäude oder einer nicht allgemein zugänglichen Einrichtung oder Anlage der Bundeswehr erforderlich, so wird die vorgesetzte Dienststelle der Bundeswehr um ihre Durchführung ersucht. [2] Die ersuchende Stelle ist zur Mitwirkung berechtigt. [3] Des Ersuchens bedarf es nicht, wenn die Beschlagnahme in Räumen vorzunehmen ist, die ausschließlich von anderen Personen als Soldaten bewohnt werden.

§§ 98a–101b *(hier nicht wiedergegeben)*

§ 102[1)] **Durchsuchung bei Beschuldigten.** Bei dem, welcher als Täter oder Teilnehmer einer Straftat oder der Datenhehlerei, Begünstigung, Strafvereitelung oder Hehlerei verdächtig ist, kann eine Durchsuchung der Wohnung und anderer Räume sowie seiner Person und der ihm gehörenden Sachen sowohl zum Zweck seiner Ergreifung als auch dann vorgenommen werden, wenn zu vermuten ist, daß die Durchsuchung zur Auffindung von Beweismitteln führen werde.

§ 103 Durchsuchung bei anderen Personen. (1) [1] Bei anderen Personen sind Durchsuchungen nur zur Ergreifung des Beschuldigten oder zur Verfolgung von Spuren einer Straftat oder zur Beschlagnahme bestimmter Gegenstände und nur dann zulässig, wenn Tatsachen vorliegen, aus denen zu schließen ist, daß die gesuchte Person, Spur oder Sache sich in den zu durchsuchenden Räumen befindet. [2] Zum Zwecke der Ergreifung eines Beschuldigten, der dringend verdächtig ist, eine Straftat nach § 89a oder § 89c Absatz 1 bis 4 des Strafgesetzbuchs oder nach § 129a, auch in Verbindung mit § 129b Abs. 1, des Strafgesetzbuches oder eine der in dieser Vorschrift bezeichneten Straftaten begangen zu haben, ist eine Durchsuchung von Wohnungen und anderen Räumen auch zulässig, wenn diese sich in einem Gebäude befinden, von dem auf Grund von Tatsachen anzunehmen ist, daß sich der Beschuldigte in ihm aufhält.

(2) Die Beschränkungen des Absatzes 1 Satz 1 gelten nicht für Räume, in denen der Beschuldigte ergriffen worden ist oder die er während der Verfolgung betreten hat.

§ 104 Durchsuchung von Räumen zur Nachtzeit. (1) Zur Nachtzeit dürfen die Wohnung, die Geschäftsräume und das befriedete Besitztum nur in folgenden Fällen durchsucht werden:

1. bei Verfolgung auf frischer Tat,
2. bei Gefahr im Verzug,
3. wenn bestimmte Tatsachen den Verdacht begründen, dass während der Durchsuchung auf ein elektronisches Speichermedium zugegriffen werden wird, das als Beweismittel in Betracht kommt, und ohne die Durchsuchung zur Nachtzeit die Auswertung des elektronischen Speichermediums, insbesondere in unverschlüsselter Form, aussichtslos oder wesentlich erschwert wäre oder
4. zur Wiederergreifung eines entwichenen Gefangenen.

---

1) Vgl. auch § 59b G gegen Wettbewerbsbeschränkungen idF der Bek. v. 26.6.2013 (BGBl. I S. 1750, ber. S. 3245), zuletzt geänd. durch G v. 19.7.2022 (BGBl. I S. 1214).

(2) Diese Beschränkung gilt nicht für Räume, die zur Nachtzeit jedermann zugänglich oder die der Polizei als Herbergen oder Versammlungsorte bestrafter Personen, als Niederlagen von Sachen, die mittels Straftaten erlangt sind, oder als Schlupfwinkel des Glücksspiels, des unerlaubten Betäubungsmittel- und Waffenhandels oder der Prostitution bekannt sind.

(3) Die Nachtzeit umfasst den Zeitraum von 21 bis 6 Uhr.

§ 105 Verfahren bei der Durchsuchung. (1) [1]Durchsuchungen dürfen nur durch den Richter, bei Gefahr im Verzug auch durch die Staatsanwaltschaft und ihre Ermittlungspersonen (§ 152 des Gerichtsverfassungsgesetzes) angeordnet werden. [2]Durchsuchungen nach § 103 Abs. 1 Satz 2 ordnet der Richter an; die Staatsanwaltschaft ist hierzu befugt, wenn Gefahr im Verzug ist.

(2) [1]Wenn eine Durchsuchung der Wohnung, der Geschäftsräume oder des befriedeten Besitztums ohne Beisein des Richters oder des Staatsanwalts stattfindet, so sind, wenn möglich, ein Gemeindebeamter oder zwei Mitglieder der Gemeinde, in deren Bezirk die Durchsuchung erfolgt, zuzuziehen. [2]Die als Gemeindemitglieder zugezogenen Personen dürfen nicht Polizeibeamte oder Ermittlungspersonen der Staatsanwaltschaft sein.

(3) [1]Wird eine Durchsuchung in einem Dienstgebäude oder einer nicht allgemein zugänglichen Einrichtung oder Anlage der Bundeswehr erforderlich, so wird die vorgesetzte Dienststelle der Bundeswehr um ihre Durchführung ersucht. [2]Die ersuchende Stelle ist zur Mitwirkung berechtigt. [3]Des Ersuchens bedarf es nicht, wenn die Durchsuchung von Räumen vorzunehmen ist, die ausschließlich von anderen Personen als Soldaten bewohnt werden.

§ 106 Hinzuziehung des Inhabers eines Durchsuchungsobjekts.

(1) [1]Der Inhaber der zu durchsuchenden Räume oder Gegenstände darf der Durchsuchung beiwohnen. [2]Ist er abwesend, so ist, wenn möglich, sein Vertreter oder ein erwachsener Angehöriger, Hausgenosse oder Nachbar zuzuziehen.

(2) [1]Dem Inhaber oder der in dessen Abwesenheit zugezogenen Person ist in den Fällen des § 103 Abs. 1 der Zweck der Durchsuchung vor deren Beginn bekanntzumachen. [2]Diese Vorschrift gilt nicht für die Inhaber der in § 104 Abs. 2 bezeichneten Räume.

§ 107 Durchsuchungsbescheinigung; Beschlagnahmeverzeichnis.

[1]Dem von der Durchsuchung Betroffenen ist nach deren Beendigung auf Verlangen eine schriftliche Mitteilung zu machen, die den Grund der Durchsuchung (§§ 102, 103) sowie im Falle des § 102 die Straftat bezeichnen muß. [2]Auch ist ihm auf Verlangen ein Verzeichnis der in Verwahrung oder in Beschlag genommenen Gegenstände, falls aber nichts Verdächtiges gefunden wird, eine Bescheinigung hierüber zu geben.

§ 108 Beschlagnahme anderer Gegenstände. (1) [1]Werden bei Gelegenheit einer Durchsuchung Gegenstände gefunden, die zwar in keiner Beziehung zu der Untersuchung stehen, aber auf die Verübung einer anderen Straftat hindeuten, so sind sie einstweilen in Beschlag zu nehmen. [2]Der Staatsanwaltschaft ist hiervon Kenntnis zu geben. [3]Satz 1 findet keine Anwendung, soweit eine Durchsuchung nach § 103 Abs. 1 Satz 2 stattfindet.

(2) Werden bei einem Arzt Gegenstände im Sinne von Absatz 1 Satz 1 gefunden, die den Schwangerschaftsabbruch einer Patientin betreffen, ist ihre Verwertung zu Beweiszwecken in einem Strafverfahren gegen die Patientin wegen einer Straftat nach § 218 des Strafgesetzbuches unzulässig.

(3) Werden bei einer in § 53 Abs. 1 Satz 1 Nr. 5 genannten Person Gegenstände im Sinne von Absatz 1 Satz 1 gefunden, auf die sich das Zeugnisverweigerungsrecht der genannten Person erstreckt, ist die Verwertung des Gegenstandes zu Beweiszwecken in einem Strafverfahren nur insoweit zulässig, als Gegenstand dieses Strafverfahrens eine Straftat ist, die im Höchstmaß mit mindestens fünf Jahren Freiheitsstrafe bedroht ist und bei der es sich nicht um eine Straftat nach § 353b des Strafgesetzbuches handelt.

§ 109 Kenntlichmachung beschlagnahmter Gegenstände. Die in Verwahrung oder in Beschlag genommenen Gegenstände sind genau zu verzeichnen und zur Verhütung von Verwechslungen durch amtliche Siegel oder in sonst geeigneter Weise kenntlich zu machen.

§ 110 Durchsicht von Papieren und elektronischen Speichermedien.

(1) Die Durchsicht der Papiere des von der Durchsuchung Betroffenen steht der Staatsanwaltschaft und auf deren Anordnung ihren Ermittlungspersonen (§ 152 des Gerichtsverfassungsgesetzes) zu.

(2) [1] Im Übrigen sind Beamte zur Durchsicht der aufgefundenen Papiere nur dann befugt, wenn der Inhaber die Durchsicht genehmigt. [2] Andernfalls haben sie die Papiere, deren Durchsicht sie für geboten erachten, in einem Umschlag, der in Gegenwart des Inhabers mit dem Amtssiegel zu verschließen ist, an die Staatsanwaltschaft abzuliefern.

(3) [1] Nach Maßgabe der Absätze 1 und 2 ist auch die Durchsicht von elektronischen Speichermedien bei dem von der Durchsuchung Betroffenen zulässig. [2] Diese Durchsicht darf auch auf hiervon räumlich getrennte Speichermedien erstreckt werden, soweit auf sie von dem elektronischen Speichermedium aus zugegriffen werden kann, wenn andernfalls der Verlust der gesuchten Daten zu befürchten ist. [3] Daten, die für die Untersuchung von Bedeutung sein können, dürfen gesichert werden.

(4) Werden Papiere zur Durchsicht mitgenommen oder Daten vorläufig gesichert, gelten die §§ 95a und 98 Absatz 2 entsprechend.

§§ 110a–111a *(hier nicht wiedergegeben)*

§ 111b Beschlagnahme zur Sicherung der Einziehung oder Unbrauchbarmachung. (1) [1] Ist die Annahme begründet, dass die Voraussetzungen der Einziehung oder Unbrauchbarmachung eines Gegenstandes vorliegen, so kann er zur Sicherung der Vollstreckung beschlagnahmt werden. [2] Liegen dringende Gründe für diese Annahme vor, so soll die Beschlagnahme angeordnet werden. [3] § 94 Absatz 3 bleibt unberührt.

(2) Die §§ 102 bis 110 gelten entsprechend.

§ 111c Vollziehung der Beschlagnahme. (1) [1] Die Beschlagnahme einer beweglichen Sache wird dadurch vollzogen, dass die Sache in Gewahrsam genommen wird. [2] Die Beschlagnahme kann auch dadurch vollzogen werden, dass sie durch Siegel oder in anderer Weise kenntlich gemacht wird.

(2) [1]Die Beschlagnahme einer Forderung oder eines anderen Vermögensrechtes, das nicht den Vorschriften über die Zwangsvollstreckung in das unbewegliche Vermögen unterliegt, wird durch Pfändung vollzogen. [2]Die Vorschriften der Zivilprozessordnung über die Zwangsvollstreckung in Forderungen und andere Vermögensrechte sind insoweit sinngemäß anzuwenden. [3]Die Aufforderung zur Abgabe der in § 840 Absatz 1 der Zivilprozessordnung bezeichneten Erklärungen ist in den Pfändungsbeschluss aufzunehmen.

(3) [1]Die Beschlagnahme eines Grundstücks oder eines Rechts, das den Vorschriften über die Zwangsvollstreckung in das unbewegliche Vermögen unterliegt, wird durch ihre Eintragung im Grundbuch vollzogen. [2]Die Vorschriften des Gesetzes über die Zwangsversteigerung und Zwangsverwaltung über den Umfang der Beschlagnahme bei der Zwangsversteigerung gelten entsprechend.

(4) [1]Die Beschlagnahme eines Schiffes, eines Schiffsbauwerks oder eines Luftfahrzeugs wird nach Absatz 1 vollzogen. [2]Ist der Gegenstand im Schiffs- oder Schiffsbauregister oder im Register für Pfandrechte an Luftfahrzeugen eingetragen, ist die Beschlagnahme in diesem Register einzutragen. [3]Zu diesem Zweck können eintragungsfähige Schiffsbauwerke oder Luftfahrzeuge zur Eintragung angemeldet werden; die Vorschriften, die bei der Anmeldung durch eine Person, die auf Grund eines vollstreckbaren Titels eine Eintragung im Register verlangen kann, anzuwenden sind, gelten hierbei entsprechend.

§ 111d Wirkung der Vollziehung der Beschlagnahme; Rückgabe beweglicher Sachen. (1) [1]Die Vollziehung der Beschlagnahme eines Gegenstandes hat die Wirkung eines Veräußerungsverbotes im Sinne des § 136 des Bürgerlichen Gesetzbuchs. [2]Die Wirkung der Beschlagnahme wird von der Eröffnung des Insolvenzverfahrens über das Vermögen des Betroffenen nicht berührt; Maßnahmen nach § 111c können in einem solchen Verfahren nicht angefochten werden.

(2) [1]Eine beschlagnahmte bewegliche Sache kann dem Betroffenen zurückgegeben werden, wenn er einen den Wert der Sache entsprechenden Geldbetrag beibringt. [2]Der beigebrachte Betrag tritt an die Stelle der Sache. [3]Sie kann dem Betroffenen auch unter dem Vorbehalt jederzeitigen Widerrufs zur vorläufigen weiteren Benutzung bis zum Abschluss des Verfahrens überlassen werden; die Maßnahme kann davon abhängig gemacht werden, dass der Betroffene Sicherheit leistet oder bestimmte Auflagen erfüllt.

(3) [1]Beschlagnahmtes Bargeld kann hinterlegt oder auf ein Konto der Justiz eingezahlt werden. [2]Der mit der Einzahlung entstandene Auszahlungsanspruch tritt an die Stelle des Bargeldes.

§ 111e Vermögensarrest zur Sicherung der Wertersatzeinziehung.

(1) [1]Ist die Annahme begründet, dass die Voraussetzungen der Einziehung von Wertersatz vorliegen, so kann zur Sicherung der Vollstreckung der Vermögensarrest in das bewegliche und unbewegliche Vermögen des Betroffenen angeordnet werden. [2]Liegen dringende Gründe für diese Annahme vor, so soll der Vermögensarrest angeordnet werden.

(2) Der Vermögensarrest kann auch zur Sicherung der Vollstreckung einer Geldstrafe und der voraussichtlichen Kosten des Strafverfahrens angeordnet werden, wenn gegen den Beschuldigten ein Urteil ergangen oder ein Strafbefehl erlassen worden ist.

(3) Zur Sicherung der Vollstreckungskosten ergeht kein Arrest.

(4) [1] In der Anordnung ist der zu sichernde Anspruch unter Angabe des Geldbetrages zu bezeichnen. [2] Zudem ist in der Anordnung ein Geldbetrag festzusetzen, durch dessen Hinterlegung der Betroffene die Vollziehung des Arrestes abwenden und die Aufhebung der Vollziehung des Arrestes verlangen kann; § 108 Absatz 1 der Zivilprozessordnung gilt entsprechend.

(5) Die §§ 102 bis 110 gelten entsprechend.

(6) Die Möglichkeit einer Anordnung nach § 324 der Abgabenordnung steht einer Anordnung nach Absatz 1 nicht entgegen.

§ 111f Vollziehung des Vermögensarrestes. (1) [1] Der Vermögensarrest in eine bewegliche Sache, in eine Forderung oder ein anderes Vermögensrecht, das nicht der Zwangsvollstreckung in das unbewegliche Vermögen unterliegt, wird durch Pfändung vollzogen. [2] Die §§ 928 und 930 der Zivilprozessordnung gelten sinngemäß. [3] § 111c Absatz 2 Satz 3 gilt entsprechend.

(2) [1] Der Vermögensarrest in ein Grundstück oder ein Recht, das den Vorschriften über die Zwangsvollstreckung in das unbewegliche Vermögen unterliegt, wird durch Eintragung einer Sicherungshypothek bewirkt. [2] Die §§ 928 und 932 der *Zivilprozessordung*[1)] gelten sinngemäß.

(3) [1] Der Vermögensarrest in ein Schiff, ein Schiffsbauwerk oder ein Luftfahrzeug wird nach Absatz 1 bewirkt. [2] Ist der Gegenstand im Schiffs- oder Schiffsbauregister oder im Register für Pfandrechte an Luftfahrzeugen eingetragen, gelten die §§ 928 und 931 der *Zivilprozessordung*[1)] sinngemäß.

(4) In den Fällen der Absätze 2 und 3 Satz 2 wird auch das Veräußerungsverbot nach § 111h Absatz 1 Satz 1 in Verbindung mit § 136 des Bürgerlichen Gesetzbuchs eingetragen.

§§ 111g–111i *(hier nicht wiedergegeben)*

§ 111j Verfahren bei der Anordnung der Beschlagnahme und des Vermögensarrestes. (1) [1] Beschlagnahme und Vermögensarrest werden durch das Gericht angeordnet. [2] Bei Gefahr im Verzug kann die Anordnung auch durch die Staatsanwaltschaft erfolgen. [3] Unter der Voraussetzung des Satzes 2 sind zur Beschlagnahme einer beweglichen Sache auch die Ermittlungspersonen der Staatsanwaltschaft (§ 152 des Gerichtsverfassungsgesetzes) befugt.

(2) [1] Hat die Staatsanwaltschaft die Beschlagnahme oder den Arrest angeordnet, so beantragt sie innerhalb einer Woche die gerichtliche Bestätigung der Anordnung. [2] Dies gilt nicht, wenn die Beschlagnahme einer beweglichen Sache angeordnet ist. [3] Der Betroffene kann in allen Fällen die Entscheidung des Gerichts beantragen. [4] Die Zuständigkeit des Gerichts bestimmt sich nach § 162

§ 111k Verfahren bei der Vollziehung der Beschlagnahme und des Vermögensarrestes. (1) [1] Beschlagnahme und Vermögensarrest werden durch die Staatsanwaltschaft vollzogen. [2] Die erforderlichen Eintragungen in das Grundbuch und in die in § 111c Absatz 4 genannten Register sowie die in § 111c Absatz 4 genannten Anmeldungen werden auf Ersuchen der Staatsanwaltschaft bewirkt. [3] Soweit ein Arrest nach den Vorschriften über die Pfändung in bewegliche Sachen zu vollziehen ist, kann dies durch die in § 2 des

1) Richtig wohl: „Zivilprozessordnung".

Justizbeitreibungsgesetzes bezeichnete Behörde, den Gerichtsvollzieher, die Staatsanwaltschaft oder durch deren Ermittlungspersonen (§ 152 des Gerichtsverfassungsgesetzes) vollzogen werden. [4] Die Beschlagnahme beweglicher Sachen kann auch durch die Ermittlungspersonen der Staatsanwaltschaft (§ 152 des Gerichtsverfassungsgesetzes) vollzogen werden. [5] § 98 Absatz 4 gilt entsprechend.

(2) [1] Für die Zustellung gilt § 37 Absatz 1 mit der Maßgabe, dass auch die Ermittlungspersonen der Staatsanwaltschaft (§ 152 des Gerichtsverfassungsgesetzes) mit der Ausführung beauftragt werden können. [2] Für Zustellungen an ein im Inland zum Geschäftsbetrieb befugtes Kreditinstitut gelten die §§ 173 und 175 der Zivilprozessordnung entsprechend.

(3) Gegen Maßnahmen, die in Vollziehung der Beschlagnahme oder des Vermögensarrestes getroffen werden, kann der Betroffene die Entscheidung des nach § 162 zuständigen Gerichts beantragen.

§ 111l Mitteilungen. (1) Die Staatsanwaltschaft teilt die Vollziehung der Beschlagnahme oder des Vermögensarrests demjenigen mit, dem ein Anspruch auf Rückgewähr des Erlangten oder auf Ersatz des Wertes des Erlangten aus der Tat erwachsen ist.

(2) In den Fällen der Beschlagnahme einer beweglichen Sache ist die Mitteilung mit dem Hinweis auf den Regelungsgehalt des Verfahrens über die Herausgabe nach den §§ 111n und 111o zu verbinden.

(3) [1] Wird ein Vermögensarrest vollzogen, so fordert die Staatsanwaltschaft den Anspruchsinhaber zugleich mit der Mitteilung auf zu erklären, ob und in welcher Höhe er den Anspruch auf Ersatz des Wertes des Erlangten, der ihm aus der Tat erwachsen ist, geltend machen wolle. [2] Die Mitteilung ist mit dem Hinweis auf den Regelungsgehalt des § 111h Absatz 2 und der Verfahren nach § 111i Absatz 2, § 459h Absatz 2 sowie § 459k zu verbinden.

(4) [1] Die Mitteilung kann durch einmalige Bekanntmachung im Bundesanzeiger erfolgen, wenn eine Mitteilung gegenüber jedem einzelnen mit unverhältnismäßigem Aufwand verbunden wäre. [2] Zusätzlich kann die Mitteilung auch in anderer geeigneter Weise veröffentlicht werden. [3] Gleiches gilt, wenn unbekannt ist, wem ein Anspruch auf Rückgewähr des Erlangten oder auf Ersatz des Wertes des Erlangten aus der Tat erwachsen ist, oder wenn der Anspruchsinhaber unbekannten Aufenthalts ist. [4] Personendaten dürfen nur veröffentlicht werden, soweit ihre Angabe zur Wahrung der Rechte der Anspruchsinhaber unerlässlich ist. [5] Nach Beendigung der Sicherungsmaßnahmen veranlasst die Staatsanwaltschaft die Löschung der Bekanntmachung.

§ 111m Verwaltung beschlagnahmter oder gepfändeter Gegenstände.
(1) [1] Die Verwaltung von Gegenständen, die nach § 111c beschlagnahmt oder auf Grund eines Vermögensarrestes nach § 111f gepfändet worden sind, obliegt der Staatsanwaltschaft. [2] Sie kann ihre Ermittlungspersonen (§ 152 des Gerichtsverfassungsgesetzes) oder den Gerichtsvollzieher mit der Verwaltung beauftragen. [3] In geeigneten Fällen kann auch eine andere Person mit der Verwaltung beauftragt werden.

(2) Gegen Maßnahmen, die im Rahmen der Verwaltung nach Absatz 1 getroffen werden, kann der Betroffene die Entscheidung des nach § 162 zuständigen Gerichts beantragen.

§ 111n Herausgabe beweglicher Sachen. (1) Wird eine bewegliche Sache, die nach § 94 beschlagnahmt oder auf andere Weise sichergestellt oder nach § 111c Absatz 1 beschlagnahmt worden ist, für Zwecke des Strafverfahrens nicht mehr benötigt, so wird sie an den letzten Gewahrsamsinhaber herausgegeben.

(2) Abweichend von Absatz 1 wird die Sache an denjenigen herausgegeben, dem sie durch die Straftat unmittelbar entzogen worden ist, wenn dieser bekannt ist.

(3) Steht der Herausgabe nach Absatz 1 oder Absatz 2 der Anspruch eines Dritten entgegen, wird die Sache an den Dritten herausgegeben, wenn dieser bekannt ist.

(4) Die Herausgabe erfolgt nur, wenn ihre Voraussetzungen offenkundig sind.

§ 111o Verfahren bei der Herausgabe. (1) Über die Herausgabe entscheidet im vorbereitenden Verfahren und nach rechtskräftigem Abschluss des Verfahrens die Staatsanwaltschaft, im Übrigen das mit der Sache befasste Gericht.

(2) Gegen die Verfügung der Staatsanwaltschaft können die Betroffenen die Entscheidung des nach § 162 zuständigen Gerichts beantragen.

§ 111p Notveräußerung. (1) [1] Ein Gegenstand, der nach § 111c beschlagnahmt oder nach § 111f gepfändet worden ist, kann veräußert werden, wenn sein Verderb oder ein erheblicher Wertverlust droht oder seine Aufbewahrung, Pflege oder Erhaltung mit erheblichen Kosten oder Schwierigkeiten verbunden ist (Notveräußerung). [2] Der Erlös tritt an die Stelle des veräußerten Gegenstandes.

(2) [1] Die Notveräußerung wird durch die Staatsanwaltschaft angeordnet. [2] Ihren Ermittlungspersonen (§ 152 des Gerichtsverfassungsgesetzes) steht diese Befugnis zu, wenn der Gegenstand zu verderben droht, bevor die Entscheidung der Staatsanwaltschaft herbeigeführt werden kann.

(3) [1] Die von der Beschlagnahme oder Pfändung Betroffenen sollen vor der Anordnung gehört werden. [2] Die Anordnung sowie Zeit und Ort der Veräußerung sind ihnen, soweit dies ausführbar erscheint, mitzuteilen.

(4) [1] Die Durchführung der Notveräußerung obliegt der Staatsanwaltschaft. [2] Die Staatsanwaltschaft kann damit auch ihre Ermittlungspersonen (§ 152 des Gerichtsverfassungsgesetzes) beauftragen. [3] Für die Notveräußerung gelten im Übrigen die Vorschriften der Zivilprozessordnung über die Verwertung von Gegenständen sinngemäß.

(5) [1] Gegen die Notveräußerung und ihre Durchführung kann der Betroffene die Entscheidung des nach § 162 zuständigen Gerichts beantragen. [2] Das Gericht, in dringenden Fällen der Vorsitzende, kann die Aussetzung der Veräußerung anordnen.

§ 111q Beschlagnahme von Verkörperungen eines Inhalts und Vorrichtungen. (1) Die Beschlagnahme einer Verkörperung eines Inhalts (§ 11 Absatz 3 des Strafgesetzbuches) oder einer Vorrichtung im Sinne des § 74d des Strafgesetzbuches darf nach § 111b Absatz 1 nicht angeordnet werden, wenn ihre nachteiligen Folgen, insbesondere die Gefährdung des öffentlichen Interesses an unverzögerter Verbreitung, offenbar außer Verhältnis zu der Bedeutung der Sache stehen.

(2) [1]Ausscheidbare Teile der Verkörperung, die nichts Strafbares enthalten, sind von der Beschlagnahme auszuschließen. [2]Die Beschlagnahme kann in der Anordnung weiter beschränkt werden.

(3) Die Beschlagnahme kann dadurch abgewendet werden, dass der Betroffene den Teil eines Inhalts, der zur Beschlagnahme Anlass gibt, von der Vervielfältigung oder der Verbreitung ausschließt.

(4) [1]Die Beschlagnahme einer periodisch erscheinenden Verkörperung eines Inhalts (§ 11 Absatz 3 des Strafgesetzbuches) oder einer zu deren Herstellung gebrauchten oder bestimmten Vorrichtung im Sinne des § 74d des Strafgesetzbuches ordnet das Gericht an. [2]Die Beschlagnahme einer Verkörperung eines anderen Inhalts (§ 11 Absatz 3 des Strafgesetzbuches) oder einer zu deren Herstellung gebrauchten oder bestimmten Vorrichtung im Sinne des § 74d des Strafgesetzbuches kann bei Gefahr in Verzug auch die Staatsanwaltschaft anordnen. [3]Die Anordnung der Staatsanwaltschaft tritt außer Kraft, wenn sie nicht binnen drei Tagen von dem Gericht bestätigt wird. [4]In der Anordnung der Beschlagnahme ist der genaue Inhalt, der zur Beschlagnahme Anlass gibt, zu bezeichnen.

(5) [1]Eine Beschlagnahme nach Absatz 4 ist aufzuheben, wenn nicht binnen zwei Monaten die öffentliche Klage erhoben oder die selbständige Einziehung beantragt ist. [2]Reicht die in Satz 1 bezeichnete Frist wegen des besonderen Umfanges der Ermittlungen nicht aus, kann das Gericht auf Antrag der Staatsanwaltschaft die Frist um weitere zwei Monate verlängern. [3]Der Antrag kann einmal wiederholt werden. [4]Vor Erhebung der öffentlichen Klage oder vor Beantragung der selbständigen Einziehung ist die Beschlagnahme aufzuheben, wenn die Staatsanwaltschaft dies beantragt.

Neunter Abschnitt. Verhaftung und vorläufige Festnahme

§§ 112–116 *(hier nicht wiedergegeben)*

§ 116a Aussetzung gegen Sicherheitsleistung. (1) [1]Die Sicherheit ist durch Hinterlegung in barem Geld, in Wertpapieren, durch Pfandbestellung oder durch Bürgschaft geeigneter Personen zu leisten. [2]Davon abweichende Regelungen in einer auf Grund des Gesetzes über den Zahlungsverkehr mit Gerichten und Justizbehörden erlassenen Rechtsverordnung bleiben unberührt.

(2) Der Richter setzt Höhe und Art der Sicherheit nach freiem Ermessen fest.

(3) Der Beschuldigte, der die Aussetzung des Vollzugs des Haftbefehls gegen Sicherheitsleistung beantragt und nicht im Geltungsbereich dieses Gesetzes wohnt, ist verpflichtet, eine im Bezirk des zuständigen Gerichts wohnende Person zum Empfang von Zustellungen zu bevollmächtigen.

§ 116b Verhältnis von Untersuchungshaft zu anderen freiheitsentziehenden Maßnahmen. [1]Die Vollstreckung der Untersuchungshaft geht der Vollstreckung der Auslieferungshaft, der vorläufigen Auslieferungshaft, der Abschiebungshaft und der Zurückweisungshaft vor. [2]Die Vollstreckung anderer freiheitsentziehender Maßnahmen geht der Vollstreckung von Untersuchungshaft vor, es sei denn, das Gericht trifft eine abweichende Entscheidung, weil der Zweck der Untersuchungshaft dies erfordert.

§§ 117–130 *(hier nicht wiedergegeben)*

Abschnitt 9a. Weitere Maßnahmen zur Sicherstellung der Strafverfolgung und Strafvollstreckung

§§ 131–131c *(hier nicht wiedergegeben)*

§ 132 Sicherheitsleistung, Zustellungsbevollmächtigter. (1) [1]Hat der Beschuldigte, der einer Straftat dringend verdächtig ist, im Geltungsbereich dieses Gesetzes keinen festen Wohnsitz oder Aufenthalt, liegen aber die Voraussetzungen eines Haftbefehls nicht vor, so kann, um die Durchführung des Strafverfahrens sicherzustellen, angeordnet werden, daß der Beschuldigte

1. eine angemessene Sicherheit für die zu erwartende Geldstrafe und die Kosten des Verfahrens leistet und
2. eine im Bezirk des zuständigen Gerichts wohnende Person zum Empfang von Zustellungen bevollmächtigt.

[2]§ 116a Abs. 1 gilt entsprechend.

(2) Die Anordnung dürfen nur der Richter, bei Gefahr im Verzuge auch die Staatsanwaltschaft und ihre Ermittlungspersonen (§ 152 des Gerichtsverfassungsgesetzes) treffen.

(3) [1]Befolgt der Beschuldigte die Anordnung nicht, so können Beförderungsmittel und andere Sachen, die der Beschuldigte mit sich führt und die ihm gehören, beschlagnahmt werden. [2]Die §§ 94 und 98 gelten entsprechend.

Abschnitt 9b. Vorläufiges Berufsverbot

§ 132a *(hier nicht wiedergegeben)*

Zehnter Abschnitt. Vernehmung des Beschuldigten

§ 133 Ladung. (1) Der Beschuldigte ist zur Vernehmung schriftlich zu laden.

(2) Die Ladung kann unter der Androhung geschehen, daß im Falle des Ausbleibens seine Vorführung erfolgen werde.

§ 134 Vorführung. (1) Die sofortige Vorführung des Beschuldigten kann verfügt werden, wenn Gründe vorliegen, die den Erlaß eines Haftbefehls rechtfertigen würden.

(2) In dem Vorführungsbefehl ist der Beschuldigte genau zu bezeichnen und die ihm zur Last gelegte Straftat sowie der Grund der Vorführung anzugeben.

§ 135 Sofortige Vernehmung. [1]Der Beschuldigte ist unverzüglich dem Richter vorzuführen und von diesem zu vernehmen. [2]Er darf auf Grund des Vorführungsbefehls nicht länger festgehalten werden als bis zum Ende des Tages, der dem Beginn der Vorführung folgt.

§ 136 Vernehmung. (1) [1]Bei Beginn der Vernehmung ist dem Beschuldigten zu eröffnen, welche Tat ihm zur Last gelegt wird und welche Strafvorschriften in Betracht kommen. [2]Er ist darauf hinzuweisen, daß es ihm nach dem Gesetz freistehe, sich zu der Beschuldigung zu äußern oder nicht zur Sache auszusagen und jederzeit, auch schon vor seiner Vernehmung, einen von ihm zu wählenden Verteidiger zu befragen. [3]Möchte der Beschuldigte vor seiner Vernehmung einen Verteidiger befragen, sind ihm Informationen zur Verfügung zu stellen, die es ihm erleichtern, einen Verteidiger zu kontaktieren. [4]Auf bestehende anwaltliche Notdienste ist dabei hinzuweisen. [5]Er ist ferner darüber zu belehren, daß er zu seiner Entlastung einzelne Beweiserhebungen beantragen und unter den Voraussetzungen des § 140 die Bestellung eines Pflichtverteidigers nach Maßgabe des § 141 Absatz 1 und des § 142 Absatz 1 beantragen kann; zu Letzterem ist er dabei auf die Kostenfolge des § 465 hinzuweisen. [6]In geeigneten Fällen soll der Beschuldigte auch darauf, dass er sich schriftlich äußern kann, sowie auf die Möglichkeit eines Täter-Opfer-Ausgleichs hingewiesen werden.

(2) Die Vernehmung soll dem Beschuldigten Gelegenheit geben, die gegen ihn vorliegenden Verdachtsgründe zu beseitigen und die zu seinen Gunsten sprechenden Tatsachen geltend zu machen.

(3) Bei der Vernehmung des Beschuldigten ist zugleich auf die Ermittlung seiner persönlichen Verhältnisse Bedacht zu nehmen.

(4) [1]Die Vernehmung des Beschuldigten kann in Bild und Ton aufgezeichnet werden. [2]Sie ist aufzuzeichnen, wenn

1. dem Verfahren ein vorsätzlich begangenes Tötungsdelikt zugrunde liegt und der Aufzeichnung weder die äußeren Umstände noch die besondere Dringlichkeit der Vernehmung entgegenstehen oder
2. die schutzwürdigen Interessen von Beschuldigten, die erkennbar unter eingeschränkten geistigen Fähigkeiten oder einer schwerwiegenden seelischen Störung leiden, durch die Aufzeichnung besser gewahrt werden können.

[3]§ 58a Absatz 2 gilt entsprechend.

(5) § 58b gilt entsprechend.

§ 136a Verbotene Vernehmungsmethoden; Beweisverwertungsverbote. (1) [1]Die Freiheit der Willensentschließung und der Willensbetätigung des Beschuldigten darf nicht beeinträchtigt werden durch Mißhandlung, durch Ermüdung, durch körperlichen Eingriff, durch Verabreichung von Mitteln, durch Quälerei, durch Täuschung oder durch Hypnose. [2]Zwang darf nur angewandt werden, soweit das Strafverfahrensrecht dies zuläßt. [3]Die Drohung mit einer nach seinen Vorschriften unzulässigen Maßnahme und das Versprechen eines gesetzlich nicht vorgesehenen Vorteils sind verboten.

(2) Maßnahmen, die das Erinnerungsvermögen oder die Einsichtsfähigkeit des Beschuldigten beeinträchtigen, sind nicht gestattet.

(3) [1]Das Verbot der Absätze 1 und 2 gilt ohne Rücksicht auf die Einwilligung des Beschuldigten. [2]Aussagen, die unter Verletzung dieses Verbots zustande gekommen sind, dürfen auch dann nicht verwertet werden, wenn der Beschuldigte der Verwertung zustimmt.

Elfter Abschnitt. Verteidigung

§ 137 Recht des Beschuldigten auf Hinzuziehung eines Verteidigers.

(1) [1]Der Beschuldigte kann sich in jeder Lage des Verfahrens des Beistandes eines Verteidigers bedienen. [2]Die Zahl der gewählten Verteidiger darf drei nicht übersteigen.

(2) [1]Hat der Beschuldigte einen gesetzlichen Vertreter, so kann auch dieser selbständig einen Verteidiger wählen. [2]Absatz 1 Satz 2 gilt entsprechend.

§ 138 Wahlverteidiger. (1) Zu Verteidigern können Rechtsanwälte sowie die Rechtslehrer an deutschen Hochschulen im Sinne des Hochschulrahmengesetzes mit Befähigung zum Richteramt gewählt werden.[1)]

(2) [1] Andere Personen können nur mit Genehmigung des Gerichts gewählt werden. [2] Gehört die gewählte Person im Fall der notwendigen Verteidigung nicht zu den Personen, die zu Verteidigern bestellt werden dürfen, kann sie zudem nur in Gemeinschaft mit einer solchen als Wahlverteidiger zugelassen werden.

(3) Können sich Zeugen, Privatkläger, Nebenkläger, Nebenklagebefugte und Verletzte eines Rechtsanwalts als Beistand bedienen oder sich durch einen solchen vertreten lassen, können sie nach Maßgabe der Absätze 1 und 2 Satz 1 auch die übrigen dort genannten Personen wählen.

§ 138a Ausschließung des Verteidigers. (1) Ein Verteidiger ist von der Mitwirkung in einem Verfahren auszuschließen, wenn er dringend oder in einem die Eröffnung des Hauptverfahrens rechtfertigenden Grade verdächtig ist, daß er

1. an der Tat, die den Gegenstand der Untersuchung bildet, beteiligt ist,
2. den Verkehr mit dem nicht auf freiem Fuß befindlichen Beschuldigten dazu mißbraucht, Straftaten zu begehen oder die Sicherheit einer Vollzugsanstalt erheblich zu gefährden, oder
3. eine Handlung begangen hat, die für den Fall der Verurteilung des Beschuldigten Datenhehlerei, Begünstigung, Strafvereitelung oder Hehlerei wäre.

(2) Von der Mitwirkung in einem Verfahren, das eine Straftat nach § 129a, auch in Verbindung mit § 129b Abs. 1, des Strafgesetzbuches zum Gegenstand hat, ist ein Verteidiger auch auszuschließen, wenn bestimmte Tatsachen den Verdacht begründen, daß er eine der in Absatz 1 Nr. 1 und 2 bezeichneten Handlungen begangen hat oder begeht.

(3) [1] Die Ausschließung ist aufzuheben,

1. sobald ihre Voraussetzungen nicht mehr vorliegen, jedoch nicht allein deshalb, weil der Beschuldigte auf freien Fuß gesetzt worden ist,
2. wenn der Verteidiger in einem wegen des Sachverhalts, der zur Ausschließung geführt hat, eröffneten Hauptverfahren freigesprochen oder wenn in einem Urteil des Ehren- oder Berufsgerichts eine schuldhafte Verletzung der Berufspflichten im Hinblick auf diesen Sachverhalt nicht festgestellt wird,
3. wenn nicht spätestens ein Jahr nach der Ausschließung wegen des Sachverhalts, der zur Ausschließung geführt hat, das Hauptverfahren im Strafverfahren oder im ehren- oder berufsgerichtlichen Verfahren eröffnet oder ein Strafbefehl erlassen worden ist.

[2] Eine Ausschließung, die nach Nummer 3 aufzuheben ist, kann befristet, längstens jedoch insgesamt für die Dauer eines weiteren Jahres, aufrechterhalten werden, wenn die besondere Schwierigkeit oder der besondere Umfang der Sache oder ein anderer wichtiger Grund die Entscheidung über die Eröffnung des Hauptverfahrens noch nicht zuläßt.

(4) [1] Solange ein Verteidiger ausgeschlossen ist, kann er den Beschuldigten auch in anderen gesetzlich geordneten Verfahren nicht verteidigen. [2] In sons-

---

[1)] Beachte hierzu auch § 392 Abgabenordnung (AO) (Nr. **8**).

tigen Angelegenheiten darf er den Beschuldigten, der sich nicht auf freiem Fuß befindet, nicht aufsuchen.

(5) [1] Andere Beschuldigte kann ein Verteidiger, solange er ausgeschlossen ist, in demselben Verfahren nicht verteidigen, in anderen Verfahren dann nicht, wenn diese eine Straftat nach § 129a, auch in Verbindung mit § 129b Abs. 1, des Strafgesetzbuches zum Gegenstand haben und die Ausschließung in einem Verfahren erfolgt ist, das ebenfalls eine solche Straftat zum Gegenstand hat. [2] Absatz 4 gilt entsprechend.

§ 138b *(hier nicht wiedergegeben)*

§ 138c Zuständigkeit für die Ausschließungsentscheidung. (1) [1] Die Entscheidungen nach den §§ 138a und 138b trifft das Oberlandesgericht. [2] Werden im vorbereitenden Verfahren die Ermittlungen vom Generalbundesanwalt geführt oder ist das Verfahren vor dem Bundesgerichtshof anhängig, so entscheidet der Bundesgerichtshof. [3] Ist das Verfahren vor einem Senat eines Oberlandesgerichtes oder des Bundesgerichtshofes anhängig, so entscheidet ein anderer Senat.

(2) [1] Das nach Absatz 1 zuständige Gericht entscheidet nach Erhebung der öffentlichen Klage bis zum rechtskräftigen Abschluß des Verfahrens auf Vorlage des Gerichts, bei dem das Verfahren anhängig ist, sonst auf Antrag der Staatsanwaltschaft. [2] Die Vorlage erfolgt auf Antrag der Staatsanwaltschaft oder von Amts wegen durch Vermittlung der Staatsanwaltschaft. [3] Soll ein Verteidiger ausgeschlossen werden, der Mitglied einer Rechtsanwaltskammer ist, so ist eine Abschrift des Antrages der Staatsanwaltschaft nach Satz 1 oder die Vorlage des Gerichts dem Vorstand der zuständigen Rechtsanwaltskammer mitzuteilen. [4] Dieser kann sich im Verfahren äußern.

(3) [1] Das Gericht, bei dem das Verfahren anhängig ist, kann anordnen, daß die Rechte des Verteidigers aus den §§ 147 und 148 bis zur Entscheidung des nach Absatz 1 zuständigen Gerichts über die Ausschließung ruhen; es kann das Ruhen dieser Rechte auch für die in § 138a Abs. 4 und 5 bezeichneten Fälle anordnen. [2] Vor Erhebung der öffentlichen Klage und nach rechtskräftigem Abschluß des Verfahrens trifft die Anordnung nach Satz 1 das Gericht, das über die Ausschließung des Verteidigers zu entscheiden hat. [3] Die Anordnung ergeht durch unanfechtbaren Beschluß. [4] Für die Dauer der Anordnung hat das Gericht zur Wahrnehmung der Rechte aus den §§ 147 und 148 einen anderen Verteidiger zu bestellen. [5] § 142 Absatz 5 bis 7 gilt entsprechend.

(4) [1] Legt das Gericht, bei dem das Verfahren anhängig ist, gemäß Absatz 2 während der Hauptverhandlung vor, so hat es zugleich mit der Vorlage die Hauptverhandlung bis zur Entscheidung durch das nach Absatz 1 zuständige Gericht zu unterbrechen oder auszusetzen. [2] Die Hauptverhandlung kann bis zu dreißig Tagen unterbrochen werden.

(5) [1] Scheidet der Verteidiger aus eigenem Entschluß oder auf Veranlassung des Beschuldigten von der Mitwirkung in einem Verfahren aus, nachdem gemäß Absatz 2 der Antrag auf Ausschließung gegen ihn gestellt oder die Sache dem zur Entscheidung zuständigen Gericht vorgelegt worden ist, so kann dieses Gericht das Ausschließungsverfahren weiterführen mit dem Ziel der Feststellung, ob die Mitwirkung des ausgeschiedenen Verteidigers in dem Verfahren zulässig ist. [2] Die Feststellung der Unzulässigkeit steht im Sinne der §§ 138a, 138b, 138d der Ausschließung gleich.

(6) [1] Ist der Verteidiger von der Mitwirkung in dem Verfahren ausgeschlossen worden, so können ihm die durch die Aussetzung verursachten Kosten auferlegt werden. [2] Die Entscheidung hierüber trifft das Gericht, bei dem das Verfahren anhängig ist.

§ 138d Verfahren bei Ausschließung des Verteidigers. (1) Über die Ausschließung des Verteidigers wird nach mündlicher Verhandlung entschieden.

(2) [1] Der Verteidiger ist zu dem Termin der mündlichen Verhandlung zu laden. [2] Die Ladungsfrist beträgt eine Woche; sie kann auf drei Tage verkürzt werden. [3] Die Staatsanwaltschaft, der Beschuldigte und in den Fällen des § 138c Abs. 2 Satz 3 der Vorstand der Rechtsanwaltskammer sind von dem Termin zur mündlichen Verhandlung zu benachrichtigen.

(3) Die mündliche Verhandlung kann ohne den Verteidiger durchgeführt werden, wenn er ordnungsgemäß geladen und in der Ladung darauf hingewiesen worden ist, daß in seiner Abwesenheit verhandelt werden kann.

(4) [1] In der mündlichen Verhandlung sind die anwesenden Beteiligten zu hören. [2] Für die Anhörung des Vorstands der Rechtsanwaltskammer gilt § 247a Absatz 2 Satz 1 und 3 entsprechend. [3] Den Umfang der Beweisaufnahme bestimmt das Gericht nach pflichtgemäßem Ermessen. [4] Über die Verhandlung ist ein Protokoll aufzunehmen; die §§ 271 bis 273 gelten entsprechend.

(5) [1] Die Entscheidung ist am Schluß der mündlichen Verhandlung zu verkünden. [2] Ist dies nicht möglich, so ist die Entscheidung spätestens binnen einer Woche zu erlassen.

(6) [1] Gegen die Entscheidung, durch die ein Verteidiger aus den in § 138a genannten Gründen ausgeschlossen wird oder die einen Fall des § 138b betrifft, ist sofortige Beschwerde zulässig. [2] Dem Vorstand der Rechtsanwaltskammer steht ein Beschwerderecht nicht zu. [3] Eine die Ausschließung des Verteidigers nach § 138a ablehnende Entscheidung ist nicht anfechtbar.

§ 139 Übertragung der Verteidigung auf einen Referendar. Der als Verteidiger gewählte Rechtsanwalt kann mit Zustimmung dessen, der ihn gewählt hat, die Verteidigung einem Rechtskundigen, der die erste Prüfung für den Justizdienst bestanden hat und darin seit mindestens einem Jahr und drei Monaten beschäftigt ist, übertragen.

§ 140 Notwendige Verteidigung. (1) Ein Fall der notwendigen Verteidigung liegt vor, wenn

1.–4. *(hier nicht wiedergegeben)*

5. der Beschuldigte sich auf Grund richterlicher Anordnung oder mit richterlicher Genehmigung in einer Anstalt befindet;

6., 7. *(hier nicht wiedergegeben)*

8. der bisherige Verteidiger durch eine Entscheidung von der Mitwirkung in dem Verfahren ausgeschlossen ist;

9. dem Verletzten nach den §§ 397a und 406h Absatz 3 und 4 ein Rechtsanwalt beigeordnet worden ist;

10. bei einer richterlichen Vernehmung die Mitwirkung eines Verteidigers auf Grund der Bedeutung der Vernehmung zur Wahrung der Rechte des Beschuldigten geboten erscheint;

11. ein seh-, hör- oder sprachbehinderter Beschuldigter die Bestellung beantragt.

(2) Ein Fall der notwendigen Verteidigung liegt auch vor, wenn wegen der Schwere der Tat, der Schwere der zu erwartenden Rechtsfolge oder wegen der Schwierigkeit der Sach- oder Rechtslage die Mitwirkung eines Verteidigers geboten erscheint oder wenn ersichtlich ist, dass sich der Beschuldigte nicht selbst verteidigen kann.

§ 141 Zeitpunkt der Bestellung eines Pflichtverteidigers. (1) [1] In den Fällen der notwendigen Verteidigung wird dem Beschuldigten, dem der Tatvorwurf eröffnet worden ist und der noch keinen Verteidiger hat, unverzüglich ein Pflichtverteidiger bestellt, wenn der Beschuldigte dies nach Belehrung ausdrücklich beantragt. [2] Über den Antrag ist spätestens vor einer Vernehmung des Beschuldigten oder einer Gegenüberstellung mit ihm zu entscheiden.

(2) [1] Unabhängig von einem Antrag wird dem Beschuldigten, der noch keinen Verteidiger hat, in den Fällen der notwendigen Verteidigung ein Pflichtverteidiger bestellt, sobald

1. er einem Gericht zur Entscheidung über Haft oder einstweilige Unterbringung vorgeführt werden soll;
2. bekannt wird, dass der Beschuldigte, dem der Tatvorwurf eröffnet worden ist, sich auf Grund richterlicher Anordnung oder mit richterlicher Genehmigung in einer Anstalt befindet;
3. im Vorverfahren ersichtlich ist, dass sich der Beschuldigte, insbesondere bei einer Vernehmung des Beschuldigten oder einer Gegenüberstellung mit ihm, nicht selbst verteidigen kann, oder
4. er gemäß § 201 zur Erklärung über die Anklageschrift aufgefordert worden ist; ergibt sich erst später, dass die Mitwirkung eines Verteidigers notwendig ist, so wird er sofort bestellt.

[2] Erfolgt die Vorführung in den Fällen des Satzes 1 Nummer 1 zur Entscheidung über den Erlass eines Haftbefehls nach § 127b Absatz 2 oder über die Vollstreckung eines Haftbefehls gemäß § 230 Absatz 2 oder § 329 Absatz 3, so wird ein Pflichtverteidiger nur bestellt, wenn der Beschuldigte dies nach Belehrung ausdrücklich beantragt. [3] In den Fällen des Satzes 1 Nummer 2 und 3 kann die Bestellung unterbleiben, wenn beabsichtigt ist, das Verfahren alsbald einzustellen und keine anderen Untersuchungshandlungen als die Einholung von Registerauskünften oder die Beiziehung von Urteilen oder Akten vorgenommen werden sollen.

§ 141a Vernehmungen und Gegenüberstellungen vor der Bestellung eines Pflichtverteidigers. [1] Im Vorverfahren dürfen Vernehmungen des Beschuldigten oder Gegenüberstellungen mit dem Beschuldigten vor der Bestellung eines Pflichtverteidigers abweichend von § 141 Absatz 2 und, wenn der Beschuldigte hiermit ausdrücklich einverstanden ist, auch abweichend von § 141 Absatz 1 durchgeführt werden, soweit dies

1. zur Abwehr einer gegenwärtigen Gefahr für Leib oder Leben oder für die Freiheit einer Person dringend erforderlich ist oder
2. zur Abwendung einer erheblichen Gefährdung eines Strafverfahrens zwingend geboten ist.

[2]Das Recht des Beschuldigten, jederzeit, auch schon vor der Vernehmung, einen von ihm zu wählenden Verteidiger zu befragen, bleibt unberührt.

§ 142 Zuständigkeit und Bestellungsverfahren. (1) [1]Der Antrag des Beschuldigten nach § 141 Absatz 1 Satz 1 ist vor Erhebung der Anklage bei den Behörden oder Beamten des Polizeidienstes oder bei der Staatsanwaltschaft anzubringen. [2]Die Staatsanwaltschaft legt ihn mit einer Stellungnahme unverzüglich dem Gericht zur Entscheidung vor, sofern sie nicht nach Absatz 4 verfährt. [3]Nach Erhebung der Anklage ist der Antrag des Beschuldigten bei dem nach Absatz 3 Nummer 3 zuständigen Gericht anzubringen.

(2) Ist dem Beschuldigten im Vorverfahren ein Pflichtverteidiger gemäß § 141 Absatz 2 Satz 1 Nummer 1 bis 3 zu bestellen, so stellt die Staatsanwaltschaft unverzüglich den Antrag, dem Beschuldigten einen Pflichtverteidiger zu bestellen, sofern sie nicht nach Absatz 4 verfährt.

(3) Über die Bestellung entscheidet

1. das Amtsgericht, in dessen Bezirk die Staatsanwaltschaft oder ihre zuständige Zweigstelle ihren Sitz hat, oder das nach § 162 Absatz 1 Satz 3 zuständige Gericht;
2. in den Fällen des § 140 Absatz 1 Nummer 4 das Gericht, dem der Beschuldigte vorzuführen ist;
3. nach Erhebung der Anklage der Vorsitzende des Gerichts, bei dem das Verfahren anhängig ist.

(4) [1]Bei besonderer Eilbedürftigkeit kann auch die Staatsanwaltschaft über die Bestellung entscheiden. [2]Sie beantragt unverzüglich, spätestens innerhalb einer Woche nach ihrer Entscheidung, die gerichtliche Bestätigung der Bestellung oder der Ablehnung des Antrags des Beschuldigten. [3]Der Beschuldigte kann jederzeit die gerichtliche Entscheidung beantragen.

(5) [1]Vor der Bestellung eines Pflichtverteidigers ist dem Beschuldigten Gelegenheit zu geben, innerhalb einer zu bestimmenden Frist einen Verteidiger zu bezeichnen. [2]§ 136 Absatz 1 Satz 3 und 4 gilt entsprechend. [3]Ein von dem Beschuldigten innerhalb der Frist bezeichneter Verteidiger ist zu bestellen, wenn dem kein wichtiger Grund entgegensteht; ein wichtiger Grund liegt auch vor, wenn der Verteidiger nicht oder nicht rechtzeitig zur Verfügung steht.

(6) [1]Wird dem Beschuldigten ein Pflichtverteidiger bestellt, den er nicht bezeichnet hat, ist er aus dem Gesamtverzeichnis der Bundesrechtsanwaltskammer (§ 31 der Bundesrechtsanwaltsordnung) auszuwählen. [2]Dabei soll aus den dort eingetragenen Rechtsanwälten entweder ein Fachanwalt für Strafrecht oder ein anderer Rechtsanwalt, der gegenüber der Rechtsanwaltskammer sein Interesse an der Übernahme von Pflichtverteidigungen angezeigt hat und für die Übernahme der Verteidigung geeignet ist, ausgewählt werden.

(7) [1]Gerichtliche Entscheidungen über die Bestellung eines Pflichtverteidigers sind mit der sofortigen Beschwerde anfechtbar. [2]Sie ist ausgeschlossen, wenn der Beschuldigte einen Antrag nach § 143a Absatz 2 Satz 1 Nummer 1 stellen kann.

§ 143 Dauer und Aufhebung der Bestellung. (1) Die Bestellung des Pflichtverteidigers endet mit der Einstellung oder dem rechtskräftigen Abschluss des Strafverfahrens einschließlich eines Verfahrens nach den §§ 423 oder 460.

(2) [1]Die Bestellung kann aufgehoben werden, wenn kein Fall notwendiger Verteidigung mehr vorliegt. [2]In den Fällen des § 140 Absatz 1 Nummer 5 gilt dies nur, wenn der Beschuldigte mindestens zwei Wochen vor Beginn der Hauptverhandlung aus der Anstalt entlassen wird. [3]Beruht der Freiheitsentzug in den Fällen des § 140 Absatz 1 Nummer 5 auf einem Haftbefehl gemäß § 127b Absatz 2, § 230 Absatz 2 oder § 329 Absatz 3, soll die Bestellung mit der Aufhebung oder Außervollzugsetzung des Haftbefehls, spätestens zum Schluss der Hauptverhandlung, aufgehoben werden. [4]In den Fällen des § 140 Absatz 1 Nummer 4 soll die Bestellung mit dem Ende der Vorführung aufgehoben werden, falls der Beschuldigte auf freien Fuß gesetzt wird.

(3) Beschlüsse nach Absatz 2 sind mit der sofortigen Beschwerde anfechtbar.

§ 143a Verteidigerwechsel. (1) [1]Die Bestellung des Pflichtverteidigers ist aufzuheben, wenn der Beschuldigte einen anderen Verteidiger gewählt und dieser die Wahl angenommen hat. [2]Dies gilt nicht, wenn zu besorgen ist, dass der neue Verteidiger das Mandat demnächst niederlegen und seine Beiordnung als Pflichtverteidiger beantragen wird, oder soweit die Aufrechterhaltung der Bestellung aus den Gründen des § 144 erforderlich ist.

(2) [1]Die Bestellung des Pflichtverteidigers ist aufzuheben und ein neuer Pflichtverteidiger zu bestellen, wenn

1. der Beschuldigte, dem ein anderer als der von ihm innerhalb der nach § 142 Absatz 5 Satz 1 bestimmten Frist bezeichnete Verteidiger beigeordnet wurde oder dem zur Auswahl des Verteidigers nur eine kurze Frist gesetzt wurde, innerhalb von drei Wochen nach Bekanntmachung der gerichtlichen Entscheidung über die Bestellung beantragt, ihm einen anderen von ihm bezeichneten Verteidiger zu bestellen, und dem kein wichtiger Grund entgegensteht;
2. der anlässlich einer Vorführung vor den nächsten Richter gemäß § 115a bestellte Pflichtverteidiger die Aufhebung seiner Beiordnung aus wichtigem Grund, insbesondere wegen unzumutbarer Entfernung zum künftigen Aufenthaltsort des Beschuldigten, beantragt; der Antrag ist unverzüglich zu stellen, nachdem das Verfahren gemäß § 115a beendet ist; oder
3. das Vertrauensverhältnis zwischen Verteidiger und Beschuldigtem endgültig zerstört ist oder aus einem sonstigen Grund keine angemessene Verteidigung des Beschuldigten gewährleistet ist.

[2]In den Fällen der Nummern 2 und 3 gilt § 142 Absatz 5 und 6 entsprechend.

(3) [1]Für die Revisionsinstanz ist die Bestellung des bisherigen Pflichtverteidigers aufzuheben und dem Beschuldigten ein neuer, von ihm bezeichneter Pflichtverteidiger zu bestellen, wenn er dies spätestens binnen einer Woche nach Beginn der Revisionsbegründungsfrist beantragt und der Bestellung des bezeichneten Verteidigers kein wichtiger Grund entgegensteht. [2]Der Antrag ist bei dem Gericht zu stellen, dessen Urteil angefochten wird.

(4) Beschlüsse nach den Absätzen 1 bis 3 sind mit der sofortigen Beschwerde anfechtbar.

§ 144 Zusätzliche Pflichtverteidiger. (1) In den Fällen der notwendigen Verteidigung können dem Beschuldigten zu seinem gewählten oder einem gemäß § 141 bestellten Verteidiger bis zu zwei Pflichtverteidiger zusätzlich bestellt werden, wenn dies zur Sicherung der zügigen Durchführung des Verfahrens, insbesondere wegen dessen Umfang oder Schwierigkeit, erforderlich ist.

(2) [1] Die Bestellung eines zusätzlichen Verteidigers ist aufzuheben, sobald seine Mitwirkung zur zügigen Durchführung des Verfahrens nicht mehr erforderlich ist. [2] § 142 Absatz 5 bis 7 Satz 1 gilt entsprechend.

§ 145 Ausbleiben oder Weigerung des Pflichtverteidigers. (1) [1] Wenn in einem Falle, in dem die Verteidigung notwendig ist, der Verteidiger in der Hauptverhandlung ausbleibt, sich unzeitig entfernt oder sich weigert, die Verteidigung zu führen, so hat der Vorsitzende dem Angeklagten sogleich einen anderen Verteidiger zu bestellen. [2] Das Gericht kann jedoch auch eine Aussetzung der Verhandlung beschließen.

(2) Wird der notwendige Verteidiger erst im Laufe der Hauptverhandlung bestellt, so kann das Gericht eine Aussetzung der Verhandlung beschließen.

(3) Erklärt der neu bestellte Verteidiger, daß ihm die zur Vorbereitung der Verteidigung erforderliche Zeit nicht verbleiben würde, so ist die Verhandlung zu unterbrechen oder auszusetzen.

(4) Wird durch die Schuld des Verteidigers eine Aussetzung erforderlich, so sind ihm die hierdurch verursachten Kosten aufzuerlegen.

§ 145a Zustellungen an den Verteidiger. (1) [1] Der gewählte Verteidiger, dessen Bevollmächtigung nachgewiesen ist, sowie der bestellte Verteidiger gelten als ermächtigt, Zustellungen und sonstige Mitteilungen für den Beschuldigten in Empfang zu nehmen. [2] Zum Nachweis der Bevollmächtigung genügt die Übermittlung einer Kopie der Vollmacht durch den Verteidiger. [3] Die Nachreichung der Vollmacht im Original kann verlangt werden; hierfür kann eine Frist bestimmt werden.

(2) [1] Eine Ladung des Beschuldigten darf an den Verteidiger nur zugestellt werden, wenn er in seiner nachgewiesenen Vollmacht ausdrücklich zur Empfangnahme von Ladungen ermächtigt ist. [2] § 116a Abs. 3 bleibt unberührt.

(3) [1] Wird eine Entscheidung dem Verteidiger nach Absatz 1 zugestellt, so wird der Beschuldigte hiervon unterrichtet; zugleich erhält er formlos eine Abschrift der Entscheidung. [2] Wird eine Entscheidung dem Beschuldigten zugestellt, so wird der Verteidiger hiervon zugleich unterrichtet, auch wenn eine Vollmacht bei den Akten nicht vorliegt; dabei erhält er formlos eine Abschrift der Entscheidung.

§ 146 Verbot der Mehrfachverteidigung. [1] Ein Verteidiger kann nicht gleichzeitig mehrere derselben Tat Beschuldigte verteidigen. [2] In einem Verfahren kann er auch nicht gleichzeitig mehrere verschiedener Taten Beschuldigte verteidigen.

§ 146a Zurückweisung eines Wahlverteidigers. (1) [1] Ist jemand als Verteidiger gewählt worden, obwohl die Voraussetzungen des § 137 Abs. 1 Satz 2 oder des § 146 vorliegen, so ist er als Verteidiger zurückzuweisen, sobald dies erkennbar wird; gleiches gilt, wenn die Voraussetzungen des § 146 nach der Wahl eintreten. [2] Zeigen in den Fällen des § 137 Abs. 1 Satz 2 mehrere Verteidiger gleichzeitig ihre Wahl an und wird dadurch die Höchstzahl der wählbaren Verteidiger überschritten, so sind sie alle zurückzuweisen. [3] Über die

Zurückweisung entscheidet das Gericht, bei dem das Verfahren anhängig ist oder das für das Hauptverfahren zuständig wäre.

(2) Handlungen, die ein Verteidiger vor der Zurückweisung vorgenommen hat, sind nicht deshalb unwirksam, weil die Voraussetzungen des § 137 Abs. 1 Satz 2 oder des § 146 vorlagen.

§ 147 Akteneinsichtsrecht, Besichtigungsrecht; Auskunftsrecht des Beschuldigten. (1) Der Verteidiger ist befugt, die Akten, die dem Gericht vorliegen oder diesem im Falle der Erhebung der Anklage vorzulegen wären, einzusehen sowie amtlich verwahrte Beweisstücke zu besichtigen.

(2) [1] Ist der Abschluss der Ermittlungen noch nicht in den Akten vermerkt, kann dem Verteidiger die Einsicht in die Akten oder einzelne Aktenteile sowie die Besichtigung von amtlich verwahrten Beweisgegenständen versagt werden, soweit dies den Untersuchungszweck gefährden kann. [2] Liegen die Voraussetzungen von Satz 1 vor und befindet sich der Beschuldigte in Untersuchungshaft oder ist diese im Fall der vorläufigen Festnahme beantragt, sind dem Verteidiger die für die Beurteilung der Rechtmäßigkeit der Freiheitsentziehung wesentlichen Informationen in geeigneter Weise zugänglich zu machen; in der Regel ist insoweit Akteneinsicht zu gewähren.

(3) Die Einsicht in die Protokolle über die Vernehmung des Beschuldigten und über solche richterlichen Untersuchungshandlungen, bei denen dem Verteidiger die Anwesenheit gestattet worden ist oder hätte gestattet werden müssen, sowie in die Gutachten von Sachverständigen darf dem Verteidiger in keiner Lage des Verfahrens versagt werden.

(4) [1] Der Beschuldigte, der keinen Verteidiger hat, ist in entsprechender Anwendung der Absätze 1 bis 3 befugt, die Akten einzusehen und unter Aufsicht amtlich verwahrte Beweisstücke zu besichtigen, soweit der Untersuchungszweck auch in einem anderen Strafverfahren nicht gefährdet werden kann und überwiegende schutzwürdige Interessen Dritter nicht entgegenstehen. [2] Werden die Akten nicht elektronisch geführt, können ihm an Stelle der Einsichtnahme in die Akten Kopien aus den Akten bereitgestellt werden.

(5) [1] Über die Gewährung der Akteneinsicht entscheidet im vorbereitenden Verfahren und nach rechtskräftigem Abschluss des Verfahrens die Staatsanwaltschaft, im Übrigen der Vorsitzende des mit der Sache befassten Gerichts. [2] Versagt die Staatsanwaltschaft die Akteneinsicht, nachdem sie den Abschluss der Ermittlungen in den Akten vermerkt hat, versagt sie die Einsicht nach Absatz 3 oder befindet sich der Beschuldigte nicht auf freiem Fuß, so kann gerichtliche Entscheidung durch das nach § 162 zuständige Gericht beantragt werden. [3] Die §§ 297 bis 300, 302, 306 bis 309, 311a und 473a gelten entsprechend. [4] Diese Entscheidungen werden nicht mit Gründen versehen, soweit durch deren Offenlegung der Untersuchungszweck gefährdet werden könnte.

(6) [1] Ist der Grund für die Versagung der Akteneinsicht nicht vorher entfallen, so hebt die Staatsanwaltschaft die Anordnung spätestens mit dem Abschluß der Ermittlungen auf. [2] Dem Verteidiger oder dem Beschuldigten, der keinen Verteidiger hat, ist Mitteilung zu machen, sobald das Recht zur Akteneinsicht wieder uneingeschränkt besteht.

§ 148 Kommunikation des Beschuldigten mit dem Verteidiger.

(1) Dem Beschuldigten ist, auch wenn er sich nicht auf freiem Fuß befindet, schriftlicher und mündlicher Verkehr mit dem Verteidiger gestattet.

(2) [1] Ist ein nicht auf freiem Fuß befindlicher Beschuldigter einer Tat nach § 129a, auch in Verbindung mit § 129b Abs. 1, des Strafgesetzbuches dringend verdächtig, soll das Gericht anordnen, dass im Verkehr mit Verteidigern Schriftstücke und andere Gegenstände zurückzuweisen sind, sofern sich der Absender nicht damit einverstanden erklärt, dass sie zunächst dem nach § 148a zuständigen Gericht vorgelegt werden. [2] Besteht kein Haftbefehl wegen einer Straftat nach § 129a, auch in Verbindung mit § 129b Abs. 1, des Strafgesetzbuches, trifft die Entscheidung das Gericht, das für den Erlass eines Haftbefehls zuständig wäre. [3] Ist der schriftliche Verkehr nach Satz 1 zu überwachen, sind für Gespräche mit Verteidigern Vorrichtungen vorzusehen, die die Übergabe von Schriftstücken und anderen Gegenständen ausschließen.

§ 148a Durchführung von Überwachungsmaßnahmen. (1) [1] Für die Durchführung von Überwachungsmaßnahmen nach § 148 Abs. 2 ist der Richter bei dem Amtsgericht zuständig, in dessen Bezirk die Vollzugsanstalt liegt. [2] Ist eine Anzeige nach § 138 des Strafgesetzbuches zu erstatten, so sind Schriftstücke oder andere Gegenstände, aus denen sich die Verpflichtung zur Anzeige ergibt, vorläufig in Verwahrung zu nehmen; die Vorschriften über die Beschlagnahme bleiben unberührt.

(2) [1] Der Richter, der mit Überwachungsmaßnahmen betraut ist, darf mit dem Gegenstand der Untersuchung weder befaßt sein noch befaßt werden. [2] Der Richter hat über Kenntnisse, die er bei der Überwachung erlangt, Verschwiegenheit zu bewahren; § 138 des Strafgesetzbuches bleibt unberührt.

§ 149 Zulassung von Beiständen. (1) [1] Der Ehegatte oder Lebenspartner eines Angeklagten ist in der Hauptverhandlung als Beistand zuzulassen und auf sein Verlangen zu hören. [2] Zeit und Ort der Hauptverhandlung sollen ihm rechtzeitig mitgeteilt werden.

(2) Dasselbe gilt von dem gesetzlichen Vertreter eines Angeklagten.

(3) Im Vorverfahren unterliegt die Zulassung solcher Beistände dem richterlichen Ermessen.

§ 150 (weggefallen)

Zweites Buch. Verfahren im ersten Rechtszug

Erster Abschnitt. Öffentliche Klage

§§ 151–153f *(hier nicht wiedergegeben)*

§ 154 Teileinstellung bei mehreren Taten. (1) Die Staatsanwaltschaft kann von der Verfolgung einer Tat absehen,

1. wenn die Strafe oder die Maßregel der Besserung und Sicherung, zu der die Verfolgung führen kann, neben einer Strafe oder Maßregel der Besserung und Sicherung, die gegen den Beschuldigten wegen einer anderen Tat rechtskräftig verhängt worden ist oder die er wegen einer anderen Tat zu erwarten hat, nicht beträchtlich ins Gewicht fällt oder
2. darüber hinaus, wenn ein Urteil wegen dieser Tat in angemessener Frist nicht zu erwarten ist und wenn eine Strafe oder Maßregel der Besserung und Sicherung, die gegen den Beschuldigten rechtskräftig verhängt worden ist

oder die er wegen einer anderen Tat zu erwarten hat, zur Einwirkung auf den Täter und zur Verteidigung der Rechtsordnung ausreichend erscheint.

(2) Ist die öffentliche Klage bereits erhoben, so kann das Gericht auf Antrag der Staatsanwaltschaft das Verfahren in jeder Lage vorläufig einstellen.

(3) Ist das Verfahren mit Rücksicht auf eine wegen einer anderen Tat bereits rechtskräftig erkannten Strafe oder Maßregel der Besserung und Sicherung vorläufig eingestellt worden, so kann es, falls nicht inzwischen Verjährung eingetreten ist, wieder aufgenommen werden, wenn die rechtskräftig erkannte Strafe oder Maßregel der Besserung und Sicherung nachträglich wegfällt.

(4) Ist das Verfahren mit Rücksicht auf eine wegen einer anderen Tat zu erwartende Strafe oder Maßregel der Besserung und Sicherung vorläufig eingestellt worden, so kann es, falls nicht inzwischen Verjährung eingetreten ist, binnen drei Monaten nach Rechtskraft des wegen der anderen Tat ergehenden Urteils wieder aufgenommen werden.

(5) Hat das Gericht das Verfahren vorläufig eingestellt, so bedarf es zur Wiederaufnahme eines Gerichtsbeschlusses.

§ 154a Beschränkung der Verfolgung. (1) [1] Fallen einzelne abtrennbare Teile einer Tat oder einzelne von mehreren Gesetzesverletzungen, die durch dieselbe Tat begangen worden sind,

1. für die zu erwartende Strafe oder Maßregel der Besserung und Sicherung oder
2. neben einer Strafe oder Maßregel der Besserung und Sicherung, die gegen den Beschuldigten wegen einer anderen Tat rechtskräftig verhängt worden ist oder die er wegen einer anderen Tat zu erwarten hat,

nicht beträchtlich ins Gewicht, so kann die Verfolgung auf die übrigen Teile der Tat oder die übrigen Gesetzesverletzungen beschränkt werden. [2] § 154 Abs. 1 Nr. 2 gilt entsprechend. [3] Die Beschränkung ist aktenkundig zu machen.

(2) Nach Einreichung der Anklageschrift kann das Gericht in jeder Lage des Verfahrens mit Zustimmung der Staatsanwaltschaft die Beschränkung vornehmen.

(3) [1] Das Gericht kann in jeder Lage des Verfahrens ausgeschiedene Teile einer Tat oder Gesetzesverletzungen in das Verfahren wieder einbeziehen. [2] Einem Antrag der Staatsanwaltschaft auf Einbeziehung ist zu entsprechen. [3] Werden ausgeschiedene Teile einer Tat wieder einbezogen, so ist § 265 Abs. 4 entsprechend anzuwenden.

§§ 154b–154f *(hier nicht wiedergegeben)*

§ 155 Umfang der gerichtlichen Untersuchung und Entscheidung.

(1) Die Untersuchung und Entscheidung erstreckt sich nur auf die in der Klage bezeichnete Tat und auf die durch die Klage beschuldigten Personen.

(2) Innerhalb dieser Grenzen sind die Gerichte zu einer selbständigen Tätigkeit berechtigt und verpflichtet; insbesondere sind sie bei Anwendung des Strafgesetzes an die gestellten Anträge nicht gebunden.

§§ 155a–156 *(hier nicht wiedergegeben)*

§ 157 Bezeichnung als Angeschuldigter oder Angeklagter. Im Sinne dieses Gesetzes ist

Angeschuldigter der Beschuldigte, gegen den die öffentliche Klage erhoben ist,

Angeklagter der Beschuldigte oder Angeschuldigte, gegen den die Eröffnung des Hauptverfahrens beschlossen ist.

Zweiter Abschnitt. Vorbereitung der öffentlichen Klage

§ 158 Strafanzeige; Strafantrag. (1) [1]Die Anzeige einer Straftat und der Strafantrag können bei der Staatsanwaltschaft, den Behörden und Beamten des Polizeidienstes und den Amtsgerichten mündlich oder schriftlich angebracht werden. [2]Die mündliche Anzeige ist zu beurkunden. [3]Dem Verletzten ist auf Antrag der Eingang seiner Anzeige schriftlich zu bestätigen. [4]Die Bestätigung soll eine kurze Zusammenfassung der Angaben des Verletzten zu Tatzeit, Tatort und angezeigter Tat enthalten. [5]Die Bestätigung kann versagt werden, soweit der Untersuchungszweck, auch in einem anderen Strafverfahren, gefährdet erscheint.

(2) Bei Straftaten, deren Verfolgung nur auf Antrag eintritt, muß der Antrag bei einem Gericht oder der Staatsanwaltschaft schriftlich oder zu Protokoll, bei einer anderen Behörde schriftlich angebracht werden.

(3) [1]Zeigt ein im Inland wohnhafter Verletzter eine in einem anderen Mitgliedstaat der Europäischen Union begangene Straftat an, so übermittelt die Staatsanwaltschaft die Anzeige auf Antrag des Verletzten an die zuständige Strafverfolgungsbehörde des anderen Mitgliedstaats, wenn für die Tat das deutsche Strafrecht nicht gilt oder von der Verfolgung der Tat nach § 153c Absatz 1 Satz 1 Nummer 1, auch in Verbindung mit § 153f, abgesehen wird. [2]Von der Übermittlung kann abgesehen werden, wenn

1. die Tat und die für ihre Verfolgung wesentlichen Umstände der zuständigen ausländischen Behörde bereits bekannt sind oder
2. der Unrechtsgehalt der Tat gering ist und der verletzten Person die Anzeige im Ausland möglich gewesen wäre.

(4) [1]Ist der Verletzte der deutschen Sprache nicht mächtig, erhält er die notwendige Hilfe bei der Verständigung, um die Anzeige in einer ihm verständlichen Sprache anzubringen. [2]Die schriftliche Anzeigebestätigung nach Absatz 1 Satz 3 und 4 ist dem Verletzten in diesen Fällen auf Antrag in eine ihm verständliche Sprache zu übersetzen; Absatz 1 Satz 5 bleibt unberührt.

§ 159 *(hier nicht wiedergegeben)*

§ 160 Pflicht zur Sachverhaltsaufklärung. (1) Sobald die Staatsanwaltschaft durch eine Anzeige oder auf anderem Wege von dem Verdacht einer Straftat Kenntnis erhält, hat sie zu ihrer Entschließung darüber, ob die öffentliche Klage zu erheben ist, den Sachverhalt zu erforschen.

(2) Die Staatsanwaltschaft hat nicht nur die zur Belastung, sondern auch die zur Entlastung dienenden Umstände zu ermitteln und für die Erhebung der Beweise Sorge zu tragen, deren Verlust zu besorgen ist.

(3) [1]Die Ermittlungen der Staatsanwaltschaft sollen sich auch auf die Umstände erstrecken, die für die Bestimmung der Rechtsfolgen der Tat von Bedeutung sind. [2]Dazu kann sie sich der Gerichtshilfe bedienen.

(4) Eine Maßnahme ist unzulässig, soweit besondere bundesgesetzliche oder entsprechende landesgesetzliche Verwendungsregelungen entgegenstehen.

§ 160a Maßnahmen bei zeugnisverweigerungsberechtigten Berufsgeheimnisträgern. (1) [1]Eine Ermittlungsmaßnahme, die sich gegen eine in § 53 Absatz 1 Satz 1 Nummer 1, 2 oder Nummer 4 genannte Person, einen Rechtsanwalt oder einen Kammerrechtsbeistand richtet und voraussichtlich Erkenntnisse erbringen würde, über die diese das Zeugnis verweigern dürfte, ist unzulässig. [2]Dennoch erlangte Erkenntnisse dürfen nicht verwendet werden. [3]Aufzeichnungen hierüber sind unverzüglich zu löschen. [4]Die Tatsache ihrer Erlangung und der Löschung der Aufzeichnungen ist aktenkundig zu machen. [5]Die Sätze 2 bis 4 gelten entsprechend, wenn durch eine Ermittlungsmaßnahme, die sich nicht gegen eine in Satz 1 in Bezug genommene Person richtet, von dieser Person Erkenntnisse erlangt werden, über die sie das Zeugnis verweigern dürfte.

(2) [1]Soweit durch eine Ermittlungsmaßnahme eine in § 53 Abs. 1 Satz 1 Nr. 3 bis 3b oder Nr. 5 genannte Person betroffen wäre und dadurch voraussichtlich Erkenntnisse erlangt würden, über die diese Person das Zeugnis verweigern dürfte, ist dies im Rahmen der Prüfung der Verhältnismäßigkeit besonders zu berücksichtigen; betrifft das Verfahren keine Straftat von erheblicher Bedeutung, ist in der Regel nicht von einem Überwiegen des Strafverfolgungsinteresses auszugehen. [2]Soweit geboten, ist die Maßnahme zu unterlassen oder, soweit dies nach der Art der Maßnahme möglich ist, zu beschränken. [3]Für die Verwertung von Erkenntnissen zu Beweiszwecken gilt Satz 1 entsprechend. [4]Die Sätze 1 bis 3 gelten nicht für Rechtsanwälte und Kammerrechtsbeistände.

(3) Die Absätze 1 und 2 sind entsprechend anzuwenden, soweit die in § 53a Genannten das Zeugnis verweigern dürften.

(4) [1]Die Absätze 1 bis 3 sind nicht anzuwenden, wenn bestimmte Tatsachen den Verdacht begründen, dass die zeugnisverweigerungsberechtigte Person an der Tat oder an einer Datenhehlerei, Begünstigung, Strafvereitelung oder Hehlerei beteiligt ist. [2]Ist die Tat nur auf Antrag oder nur mit Ermächtigung verfolgbar, ist Satz 1 in den Fällen des § 53 Abs. 1 Satz 1 Nr. 5 anzuwenden, sobald und soweit der Strafantrag gestellt oder die Ermächtigung erteilt ist.

(5) Die §§ 97, 100d Absatz 5 und § 100g Absatz 4 bleiben unberührt.

§ 160b Erörterung des Verfahrensstands mit den Verfahrensbeteiligten. [1]Die Staatsanwaltschaft kann den Stand des Verfahrens mit den Verfahrensbeteiligten erörtern, soweit dies geeignet erscheint, das Verfahren zu fördern. [2]Der wesentliche Inhalt dieser Erörterung ist aktenkundig zu machen.

§ 161 Allgemeine Ermittlungsbefugnis der Staatsanwaltschaft.

(1) [1]Zu dem in § 160 Abs. 1 bis 3 bezeichneten Zweck ist die Staatsanwaltschaft befugt, von allen Behörden Auskunft zu verlangen und Ermittlungen jeder Art entweder selbst vorzunehmen oder durch die Behörden und Beamten des Polizeidienstes vornehmen zu lassen, soweit nicht andere gesetzliche Vorschriften ihre Befugnisse besonders regeln. [2]Die Behörden und Beamten des Polizeidienstes sind verpflichtet, dem Ersuchen oder Auftrag der Staatsanwaltschaft zu genügen, und in diesem Falle befugt, von allen Behörden Auskunft zu verlangen.

(2) Soweit in diesem Gesetz die Löschung personenbezogener Daten ausdrücklich angeordnet wird, ist § 58 Absatz 3 des Bundesdatenschutzgesetzes nicht anzuwenden.

(3) [1]Ist eine Maßnahme nach diesem Gesetz nur bei Verdacht bestimmter Straftaten zulässig, so dürfen die auf Grund einer entsprechenden Maßnahme nach anderen Gesetzen erlangten personenbezogenen Daten ohne Einwilligung der von der Maßnahme betroffenen Personen zu Beweiszwecken im Strafverfahren nur zur Aufklärung solcher Straftaten verwendet werden, zu deren Aufklärung eine solche Maßnahme nach diesem Gesetz hätte angeordnet werden dürfen. [2]§ 100e Absatz 6 Nummer 3 bleibt unberührt.

(4) In oder aus einer Wohnung erlangte personenbezogene Daten aus einem Einsatz technischer Mittel zur Eigensicherung im Zuge nicht offener Ermittlungen auf polizeirechtlicher Grundlage dürfen unter Beachtung des Grundsatzes der Verhältnismäßigkeit zu Beweiszwecken nur verwendet werden (Artikel 13 Abs. 5 des Grundgesetzes), wenn das Amtsgericht (§ 162 Abs. 1), in dessen Bezirk die anordnende Stelle ihren Sitz hat, die Rechtmäßigkeit der Maßnahme festgestellt hat; bei Gefahr im Verzug ist die richterliche Entscheidung unverzüglich nachzuholen.

§ 161a Vernehmung von Zeugen und Sachverständigen durch die Staatsanwaltschaft. (1) [1]Zeugen und Sachverständige sind verpflichtet, auf Ladung vor der Staatsanwaltschaft zu erscheinen und zur Sache auszusagen oder ihr Gutachten zu erstatten. [2]Soweit nichts anderes bestimmt ist, gelten die Vorschriften des sechsten und siebenten Abschnitts des ersten Buches über Zeugen und Sachverständige entsprechend. [3]Die eidliche Vernehmung bleibt dem Richter vorbehalten.

(2) [1]Bei unberechtigtem Ausbleiben oder unberechtigter Weigerung eines Zeugen oder Sachverständigen steht die Befugnis zu den in den §§ 51, 70 und 77 vorgesehenen Maßregeln der Staatsanwaltschaft zu. [2]Jedoch bleibt die Festsetzung der Haft dem nach § 162 zuständigen Gericht vorbehalten.

(3) [1]Gegen Entscheidungen der Staatsanwaltschaft nach Absatz 2 Satz 1 kann gerichtliche Entscheidung durch das nach § 162 zuständige Gericht beantragt werden. [2]Gleiches gilt, wenn die Staatsanwaltschaft Entscheidungen im Sinne des § 68b getroffen hat. [3]Die §§ 297 bis 300, 302, 306 bis 309, 311a und 473a gelten jeweils entsprechend. [4]Gerichtliche Entscheidungen nach den Sätzen 1 und 2 sind unanfechtbar.

(4) Ersucht eine Staatsanwaltschaft eine andere Staatsanwaltschaft um die Vernehmung eines Zeugen oder Sachverständigen, so stehen die Befugnisse nach Absatz 2 Satz 1 auch der ersuchten Staatsanwaltschaft zu.

(5) § 185 Absatz 1 und 2 des Gerichtsverfassungsgesetzes gilt entsprechend.

§ 162 Ermittlungsrichter. (1) [1]Erachtet die Staatsanwaltschaft die Vornahme einer gerichtlichen Untersuchungshandlung für erforderlich, so stellt sie ihre Anträge vor Erhebung der öffentlichen Klage bei dem Amtsgericht, in dessen Bezirk sie oder ihre den Antrag stellende Zweigstelle ihren Sitz hat. [2]Hält sie daneben den Erlass eines Haft- oder Unterbringungsbefehls für erforderlich, so kann sie, unbeschadet der §§ 125, 126a, auch einen solchen Antrag bei dem in Satz 1 bezeichneten Gericht stellen. [3]Für gerichtliche Vernehmungen und Augenscheinnahmen ist das Amtsgericht zuständig, in dessen Bezirk diese Untersuchungshandlungen vorzunehmen sind, wenn die

Staatsanwaltschaft dies zur Beschleunigung des Verfahrens oder zur Vermeidung von Belastungen Betroffener dort beantragt.

(2) Das Gericht hat zu prüfen, ob die beantragte Handlung nach den Umständen des Falles gesetzlich zulässig ist.

(3) [1] Nach Erhebung der öffentlichen Klage ist das Gericht zuständig, das mit der Sache befasst ist. [2] Während des Revisionsverfahrens ist das Gericht zuständig, dessen Urteil angefochten ist. [3] Nach rechtskräftigem Abschluss des Verfahrens gelten die Absätze 1 und 2 entsprechend. [4] Nach einem Antrag auf Wiederaufnahme ist das für die Entscheidungen im Wiederaufnahmeverfahren zuständige Gericht zuständig.

§ 163 *(hier nicht wiedergegeben)*

§ 163a Vernehmung des Beschuldigten. (1) [1] Der Beschuldigte ist spätestens vor dem Abschluß der Ermittlungen zu vernehmen, es sei denn, daß das Verfahren zur Einstellung führt. [2] In einfachen Sachen genügt es, daß ihm Gelegenheit gegeben wird, sich schriftlich zu äußern.

(2) Beantragt der Beschuldigte zu seiner Entlastung die Aufnahme von Beweisen, so sind sie zu erheben, wenn sie von Bedeutung sind.

(3) [1] Der Beschuldigte ist verpflichtet, auf Ladung vor der Staatsanwaltschaft zu erscheinen. [2] Die §§ 133 bis 136a und 168c Abs. 1 und 5 gelten entsprechend. [3] Über die Rechtmäßigkeit der Vorführung entscheidet auf Antrag des Beschuldigten das nach § 162 zuständige Gericht. [4] Die §§ 297 bis 300, 302, 306 bis 309, 311a und 473a gelten entsprechend. [5] Die Entscheidung des Gerichts ist unanfechtbar.

(4) [1] Bei der Vernehmung des Beschuldigten durch Beamte des Polizeidienstes ist dem Beschuldigten zu eröffnen, welche Tat ihm zur Last gelegt wird. [2] Im übrigen sind bei der Vernehmung des Beschuldigten durch Beamte des Polizeidienstes § 136 Absatz 1 Satz 2 bis 6, Absatz 2 bis 5 und § 136a anzuwenden. [3] § 168c Absatz 1 und 5 gilt für den Verteidiger entsprechend.

(5) Die §§ 186 und 187 Absatz 1 bis 3 sowie § 189 Absatz 4 des Gerichtsverfassungsgesetzes gelten entsprechend.

§ 163b Maßnahmen zur Identitätsfeststellung. (1) [1] Ist jemand einer Straftat verdächtig, so können die Staatsanwaltschaft und die Beamten des Polizeidienstes die zur Feststellung seiner Identität erforderlichen Maßnahmen treffen; § 163a Abs. 4 Satz 1 gilt entsprechend. [2] Der Verdächtige darf festgehalten werden, wenn die Identität sonst nicht oder nur unter erheblichen Schwierigkeiten festgestellt werden kann. [3] Unter den Voraussetzungen von Satz 2 sind auch die Durchsuchung der Person des Verdächtigen und der von ihm mitgeführten Sachen sowie die Durchführung erkennungsdienstlicher Maßnahmen zulässig.

(2) [1] Wenn und soweit dies zur Aufklärung einer Straftat geboten ist, kann auch die Identität einer Person festgestellt werden, die einer Straftat nicht verdächtig ist; § 69 Abs. 1 Satz 2 gilt entsprechend. [2] Maßnahmen der in Absatz 1 Satz 2 bezeichneten Art dürfen nicht getroffen werden, wenn sie zur Bedeutung der Sache außer Verhältnis stehen; Maßnahmen der in Absatz 1 Satz 3 bezeichneten Art dürfen nicht gegen den Willen der betroffenen Person getroffen werden.

§ 163c Freiheitsentziehung zur Identitätsfeststellung. (1) [1] Eine von einer Maßnahme nach § 163b betroffene Person darf in keinem Fall länger als zur Feststellung ihrer Identität unerläßlich festgehalten werden. [2] Die festgehaltene Person ist unverzüglich dem Richter bei dem Amtsgericht, in dessen Bezirk sie ergriffen worden ist, zum Zwecke der Entscheidung über Zulässigkeit und Fortdauer der Freiheitsentziehung vorzuführen, es sei denn, daß die Herbeiführung der richterlichen Entscheidung voraussichtlich längere Zeit in Anspruch nehmen würde, als zur Feststellung der Identität notwendig wäre. [3] Die §§ 114a bis 114c gelten entsprechend.

(2) Eine Freiheitsentziehung zum Zwecke der Feststellung der Identität darf die Dauer von insgesamt zwölf Stunden nicht überschreiten.

(3) Ist die Identität festgestellt, so sind in den Fällen des § 163b Abs. 2 die im Zusammenhang mit der Feststellung angefallenen Unterlagen zu vernichten.

§§ 163d–163f *(hier nicht wiedergegeben)*

§ 163g Automatische Kennzeichenerfassung. (1) [1] Örtlich begrenzt dürfen im öffentlichen Verkehrsraum ohne das Wissen der betroffenen Personen Kennzeichen von Kraftfahrzeugen sowie Ort, Datum, Uhrzeit und Fahrtrichtung durch den Einsatz technischer Mittel automatisch erhoben werden, wenn zureichende tatsächliche Anhaltspunkte dafür vorliegen, dass eine Straftat von erheblicher Bedeutung begangen worden ist, und die Annahme gerechtfertigt ist, dass diese Maßnahme zur Ermittlung der Identität oder des Aufenthaltsorts des Beschuldigten führen kann. [2] Die automatische Datenerhebung darf nur vorübergehend und nicht flächendeckend erfolgen.

(2) [1] Die nach Absatz 1 erhobenen Kennzeichen von Kraftfahrzeugen dürfen automatisch abgeglichen werden mit Kennzeichen von Kraftfahrzeugen,

1. die auf den Beschuldigten zugelassen sind oder von ihm genutzt werden oder
2. die auf andere Personen als den Beschuldigten zugelassen sind oder von ihnen genutzt werden, wenn aufgrund bestimmter Tatsachen anzunehmen ist, dass sie mit dem Beschuldigten in Verbindung stehen oder eine solche Verbindung hergestellt wird, und die Ermittlung des Aufenthaltsortes des Beschuldigten auf andere Weise erheblich weniger erfolgversprechend oder wesentlich erschwert wäre.

[2] Der automatische Abgleich hat unverzüglich nach der automatischen Datenerhebung nach Absatz 1 zu erfolgen. [3] Im Trefferfall ist unverzüglich die Übereinstimmung zwischen den nach Absatz 1 erhobenen Kennzeichen und den in Satz 1 bezeichneten weiteren Kennzeichen manuell zu überprüfen. [4] Wenn kein Treffer vorliegt oder die manuelle Überprüfung den Treffer nicht bestätigt, sind die nach Absatz 1 erhobenen Daten sofort und spurenlos zu löschen.

(3) [1] Die Anordnung der Maßnahmen nach den Absätzen 1 und 2 ergeht schriftlich durch die Staatsanwaltschaft. [2] Sie muss das Vorliegen der Voraussetzungen der Maßnahmen darlegen und diejenigen Kennzeichen, mit denen die automatisch erhobenen Daten nach Absatz 2 Satz 1 abgeglichen werden sollen, genau bezeichnen. [3] Die örtliche Begrenzung im öffentlichen Verkehrsraum (Absatz 1 Satz 1) ist zu benennen und die Anordnung ist zu befristen. [4] Bei Gefahr im Verzug darf die Anordnung auch mündlich und durch die Ermittlungspersonen der Staatsanwaltschaft (§ 152 des Gerichtsverfassungs-

gesetzes) ergehen; in diesem Fall sind die schriftlichen Darlegungen nach den Sätzen 2 und 3 binnen drei Tagen vom Anordnenden nachzuholen.

(4) Liegen die Voraussetzungen der Anordnung nicht mehr vor oder ist der Zweck der Maßnahmen erreicht, sind diese unverzüglich zu beenden.

§ 164 Festnahme von Störern. Bei Amtshandlungen an Ort und Stelle ist der Beamte, der sie leitet, befugt, Personen, die seine amtliche Tätigkeit vorsätzlich stören oder sich den von ihm innerhalb seiner Zuständigkeit getroffenen Anordnungen widersetzen, festnehmen und bis zur Beendigung seiner Amtsverrichtungen, jedoch nicht über den nächstfolgenden Tag hinaus, festhalten zu lassen.

§ 165 *(hier nicht wiedergegeben)*

§ 166 Beweisanträge des Beschuldigten bei richterlichen Vernehmungen. (1) Wird der Beschuldigte von dem Richter vernommen und beantragt er bei dieser Vernehmung zu seiner Entlastung einzelne Beweiserhebungen, so hat der Richter diese, soweit er sie für erheblich erachtet, vorzunehmen, wenn der Verlust der Beweise zu besorgen ist oder die Beweiserhebung die Freilassung des Beschuldigten begründen kann.

(2) Der Richter kann, wenn die Beweiserhebung in einem anderen Amtsbezirk vorzunehmen ist, den Richter des letzteren um ihre Vornahme ersuchen.

§ 167 Weitere Verfügung der Staatsanwaltschaft. In den Fällen der §§ 165 und 166 gebührt der Staatsanwaltschaft die weitere Verfügung.

§ 168 Protokoll über richterliche Untersuchungshandlungen. [1] Über jede richterliche Untersuchungshandlung ist ein Protokoll aufzunehmen. [2] Für die Protokollführung ist ein Urkundsbeamter der Geschäftsstelle zuzuziehen; hiervon kann der Richter absehen, wenn er die Zuziehung eines Protokollführers nicht für erforderlich hält. [3] In dringenden Fällen kann der Richter eine von ihm zu vereidigende Person als Protokollführer zuziehen. [4] Das Protokoll ist von dem Richter und, sofern ein solcher zugezogen wurde, dem Protokollführer zu unterschreiben.

§ 168a Art der Protokollierung; Aufzeichnungen. (1) [1] Das Protokoll muß Ort und Tag der Verhandlung sowie die Namen der mitwirkenden und beteiligten Personen angeben und ersehen lassen, ob die wesentlichen Förmlichkeiten des Verfahrens beachtet sind. [2] § 68 Abs. 2, 3 bleibt unberührt.

(2) [1] Das Protokoll kann in Form einer wörtlichen Wiedergabe der Verhandlung (Wortprotokoll) oder in Form einer Zusammenfassung ihres Inhalts (Inhaltsprotokoll) sowohl während der Verhandlung als auch nach ihrer Beendigung erstellt werden. [2] Die Verhandlung kann wörtlich oder in Form einer Zusammenfassung ihres Inhalts (zusammenfassende Aufzeichnung) aufgezeichnet werden. [3] Der Nachweis der Unrichtigkeit des Protokolls anhand der Aufzeichnung ist zulässig.

(3) Wird das Protokoll während der Verhandlung erstellt oder wird die Verhandlung in Form einer Zusammenfassung ihres Inhalts aufgezeichnet, so ist das Protokoll oder die zusammenfassende Aufzeichnung den an der Verhandlung beteiligten Personen, soweit es sie betrifft, zur Genehmigung auf einem

Bildschirm anzuzeigen, vorzulesen, abzuspielen oder zur Durchsicht vorzulegen, es sei denn, sie verzichten darauf.

(4) Wird das Protokoll nach Beendigung der Verhandlung als Inhaltsprotokoll erstellt, so ist es den an der Verhandlung beteiligten Personen, soweit es sie betrifft, zur Genehmigung zu übermitteln, es sei denn, sie verzichten darauf.

(5) Wird das Protokoll nach Beendigung der Verhandlung durch die wörtliche Übertragung einer Aufzeichnung erstellt, so versieht die Person, welche die Übertragung hergestellt oder eine maschinelle Übertragung überprüft hat, diese mit ihrem Namen und dem Zusatz, dass die Richtigkeit der Übertragung bestätigt wird.

(6) [1] Die Art der Protokollierung und der Aufzeichnung, die Genehmigung des Protokolls oder einer zusammenfassenden Aufzeichnung, Einwendungen dagegen sowie ein Verzicht auf die Vorlage zur Genehmigung sind im Protokoll zu vermerken oder sonst aktenkundig zu machen. [2] Aufzeichnungen sind zu den Akten zu nehmen, bei der Geschäftsstelle mit den Akten aufzubewahren oder in anderer Weise zu speichern. [3] Sie können gelöscht werden, wenn das Verfahren rechtskräftig abgeschlossen oder sonst beendet ist; § 58a Absatz 2 Satz 2 und § 136 Absatz 4 Satz 3 bleiben unberührt. [4] Die Art der Aufbewahrung oder Speicherung und die Löschung sind aktenkundig zu machen.

§ 168b Protokoll über ermittlungsbehördliche Untersuchungshandlungen. (1) Das Ergebnis der Untersuchungshandlungen der Ermittlungsbehörden ist aktenkundig zu machen.

(2) [1] Über die Vernehmung des Beschuldigten, der Zeugen und Sachverständigen soll ein Protokoll nach § 168a aufgenommen werden, soweit dies ohne erhebliche Verzögerung der Ermittlungen geschehen kann. [2] Wird über die Vernehmung des Beschuldigten kein Protokoll gefertigt, ist die Teilnahme seines Verteidigers an der Vernehmung aktenkundig zu machen.

(3) [1] Die in § 163a vorgeschriebenen Belehrungen des Beschuldigten vor seiner Vernehmung sowie die in § 58 Absatz 2 Satz 5 vorgeschriebene Belehrung vor einer Gegenüberstellung sind zu dokumentieren. [2] Dies gilt auch für die Entscheidung des Beschuldigten darüber, ob er vor seiner Vernehmung einen von ihm zu wählenden Verteidiger befragen möchte, und für das Einverständnis des Beschuldigten gemäß § 141a Satz 1.

§ 168c Anwesenheitsrecht bei richterlichen Vernehmungen. (1) [1] Bei der richterlichen Vernehmung des Beschuldigten ist der Staatsanwaltschaft und dem Verteidiger die Anwesenheit gestattet. [2] Diesen ist nach der Vernehmung Gelegenheit zu geben, sich dazu zu erklären oder Fragen an den Beschuldigten zu stellen. [3] Ungeeignete oder nicht zur Sache gehörende Fragen oder Erklärungen können zurückgewiesen werden.

(2) [1] Bei der richterlichen Vernehmung eines Zeugen oder Sachverständigen ist der Staatsanwaltschaft, dem Beschuldigten und dem Verteidiger die Anwesenheit gestattet. [2] Diesen ist nach der Vernehmung Gelegenheit zu geben, sich dazu zu erklären oder Fragen an die vernommene Person zu stellen. [3] Ungeeignete oder nicht zur Sache gehörende Fragen oder Erklärungen können zurückgewiesen werden. [4] § 241a gilt entsprechend.

(3) [1] Der Richter kann einen Beschuldigten von der Anwesenheit bei der Verhandlung ausschließen, wenn dessen Anwesenheit den Untersuchungszweck gefährden würde. [2] Dies gilt namentlich dann, wenn zu befürchten ist,

daß ein Zeuge in Gegenwart des Beschuldigten nicht die Wahrheit sagen werde.

(4) Hat ein nicht in Freiheit befindlicher Beschuldigter einen Verteidiger, so steht ihm ein Anspruch auf Anwesenheit nur bei solchen Terminen zu, die an der Gerichtsstelle des Ortes abgehalten werden, wo er in Haft ist.

(5) [1] Von den Terminen sind die zur Anwesenheit Berechtigten vorher zu benachrichtigen. [2] In den Fällen des Absatzes 2 unterbleibt die Benachrichtigung, soweit sie den Untersuchungserfolg gefährden würde. [3] Auf die Verlegung eines Termins wegen Verhinderung haben die zur Anwesenheit Berechtigten keinen Anspruch.

§ 168d Anwesenheitsrecht bei Einnahme eines richterlichen Augenscheins. (1) [1] Bei der Einnahme eines richterlichen Augenscheins ist der Staatsanwaltschaft, dem Beschuldigten und dem Verteidiger die Anwesenheit bei der Verhandlung gestattet. [2] § 168c Abs. 3 Satz 1, Abs. 4 und 5 gilt entsprechend.

(2) [1] Werden bei der Einnahme eines richterlichen Augenscheins Sachverständige zugezogen, so kann der Beschuldigte beantragen, daß die von ihm für die Hauptverhandlung vorzuschlagenden Sachverständigen zu dem Termin geladen werden, und, wenn der Richter den Antrag ablehnt, sie selbst laden lassen. [2] Den vom Beschuldigten benannten Sachverständigen ist die Teilnahme am Augenschein und an den erforderlichen Untersuchungen insoweit gestattet, als dadurch die Tätigkeit der vom Richter bestellten Sachverständigen nicht behindert wird.

§ 168e Vernehmung von Zeugen getrennt von Anwesenheitsberechtigten. [1] Besteht die dringende Gefahr eines schwerwiegenden Nachteils für das Wohl des Zeugen, wenn er in Gegenwart der Anwesenheitsberechtigten vernommen wird, und kann sie nicht in anderer Weise abgewendet werden, so soll der Richter die Vernehmung von den Anwesenheitsberechtigten getrennt durchführen. [2] Die Vernehmung wird diesen zeitgleich in Bild und Ton übertragen. [3] Die Mitwirkungsbefugnisse der Anwesenheitsberechtigten bleiben im übrigen unberührt. [4] Die §§ 58a und 241a finden entsprechende Anwendung. [5] Die Entscheidung nach Satz 1 ist unanfechtbar.

§§ 169, 169a *(hier nicht wiedergegeben)*

§ 170 Entscheidung über eine Anklageerhebung. (1) Bieten die Ermittlungen genügenden Anlaß zur Erhebung der öffentlichen Klage, so erhebt die Staatsanwaltschaft sie durch Einreichung einer Anklageschrift bei dem zuständigen Gericht.

(2) [1] Andernfalls stellt die Staatsanwaltschaft das Verfahren ein. [2] Hiervon setzt sie den Beschuldigten in Kenntnis, wenn er als solcher vernommen worden ist oder ein Haftbefehl gegen ihn erlassen war; dasselbe gilt, wenn er um einen Bescheid gebeten hat oder wenn ein besonderes Interesse an der Bekanntgabe ersichtlich ist.

§ 171 Einstellungsbescheid. [1] Gibt die Staatsanwaltschaft einem Antrag auf Erhebung der öffentlichen Klage keine Folge oder verfügt sie nach dem Abschluß der Ermittlungen die Einstellung des Verfahrens, so hat sie den Antragsteller unter Angabe der Gründe zu bescheiden. [2] In dem Bescheid ist der Antragsteller, der zugleich der Verletzte ist, über die Möglichkeit der Anfechtung und die dafür vorgesehene Frist (§ 172 Abs. 1) zu belehren. [3]§ 187 Absatz 1 Satz 1 und Absatz 2 des Gerichtsverfassungsgesetzes gilt entsprechend für Verletzte, die nach § 395 der Strafprozessordnung berechtigt wären, sich der öffentlichen Klage mit der Nebenklage anzuschließen, soweit sie einen Antrag auf Übersetzung stellen.

§§ 172–177 *(hier nicht wiedergegeben)*

Dritter Abschnitt. (weggefallen)

§§ 178 bis 197 (weggefallen)

Vierter Abschnitt. Entscheidung über die Eröffnung des Hauptverfahrens

§ 198 (weggefallen)

§§ 199–204 *(hier nicht wiedergegeben)*

§ 205 Einstellung des Verfahrens bei vorübergehenden Hindernissen.

[1]Steht der Hauptverhandlung für längere Zeit die Abwesenheit des Angeschuldigten oder ein anderes in seiner Person liegendes Hindernis entgegen, so kann das Gericht das Verfahren durch Beschluß vorläufig einstellen. [2]Der Vorsitzende sichert, soweit nötig, die Beweise.

§ 206 *(hier nicht wiedergegeben)*

§ 206a Einstellung des Verfahrens bei Verfahrenshindernis. (1) Stellt sich nach Eröffnung des Hauptverfahrens ein Verfahrenshindernis heraus, so kann das Gericht außerhalb der Hauptverhandlung das Verfahren durch Beschluß einstellen.

(2) Der Beschluß ist mit sofortiger Beschwerde anfechtbar.

§ 206b Einstellung des Verfahrens wegen Gesetzesänderung. [1]Wird ein Strafgesetz, das bei Beendigung der Tat gilt, vor der Entscheidung geändert und hat ein gerichtlich anhängiges Strafverfahren eine Tat zum Gegenstand, die nach dem bisherigen Recht strafbar war, nach dem neuen Recht aber nicht mehr strafbar ist, so stellt das Gericht außerhalb der Hauptverhandlung das Verfahren durch Beschluß ein. [2]Der Beschluß ist mit sofortiger Beschwerde anfechtbar.

§§ 207–211 *(hier nicht wiedergegeben)*

Fünfter Abschnitt. Vorbereitung der Hauptverhandlung

§ 212 Erörterung des Verfahrensstands mit den Verfahrensbeteiligten.

Nach Eröffnung des Hauptverfahrens gilt § 202a entsprechend.

§ 213 Bestimmung eines Termins zur Hauptverhandlung. (1) Der Termin zur Hauptverhandlung wird von dem Vorsitzenden des Gerichts anberaumt.

(2) In besonders umfangreichen erstinstanzlichen Verfahren vor dem Land- oder Oberlandesgericht, in denen die Hauptverhandlung voraussichtlich länger

als zehn Tage dauern wird, soll der Vorsitzende den äußeren Ablauf der Hauptverhandlung vor der Terminbestimmung mit dem Verteidiger, der Staatsanwaltschaft und dem Nebenklägervertreter abstimmen.

§ 214 Ladungen durch den Vorsitzenden; Herbeischaffung der Beweismittel. (1) [1] Die zur Hauptverhandlung erforderlichen Ladungen ordnet der Vorsitzende an. [2] Zugleich veranlasst er die nach § 397 Absatz 2 Satz 3, § 406d Absatz 1 und § 406h Absatz 2 Satz 2 erforderlichen Benachrichtigungen vom Termin; § 406d Absatz 4 gilt entsprechend. [3] Die Geschäftsstelle sorgt dafür, dass die Ladungen bewirkt und die Mitteilungen versandt werden.

(2) Ist anzunehmen, daß sich die Hauptverhandlung auf längere Zeit erstreckt, so soll der Vorsitzende die Ladung sämtlicher oder einzelner Zeugen und Sachverständigen zu einem späteren Zeitpunkt als dem Beginn der Hauptverhandlung anordnen.

(3) Der Staatsanwaltschaft steht das Recht der unmittelbaren Ladung weiterer Personen zu.

(4) [1] Die Staatsanwaltschaft bewirkt die Herbeischaffung der als Beweismittel dienenden Gegenstände. [2] Diese kann auch vom Gericht bewirkt werden.

§ 215 *(hier nicht wiedergegeben)*

§ 216 Ladung des Angeklagten. (1) [1] Die Ladung eines auf freiem Fuß befindlichen Angeklagten geschieht schriftlich unter der Warnung, daß im Falle seines unentschuldigten Ausbleibens seine Verhaftung oder Vorführung erfolgen werde. [2] Die Warnung kann in den Fällen des § 232 unterbleiben.

(2) [1] Der nicht auf freiem Fuß befindliche Angeklagte wird durch Bekanntmachung des Termins zur Hauptverhandlung gemäß § 35 geladen. [2] Dabei ist der Angeklagte zu befragen, ob und welche Anträge er zu seiner Verteidigung für die Hauptverhandlung zu stellen habe.

§ 217 Ladungsfrist. (1) Zwischen der Zustellung der Ladung (§ 216) und dem Tag der Hauptverhandlung muß eine Frist von mindestens einer Woche liegen.

(2) Ist die Frist nicht eingehalten worden, so kann der Angeklagte bis zum Beginn seiner Vernehmung zur Sache die Aussetzung der Verhandlung verlangen.

(3) Der Angeklagte kann auf die Einhaltung der Frist verzichten.

§ 218 Ladung des Verteidigers. [1] Neben dem Angeklagten ist der bestellte Verteidiger stets, der gewählte Verteidiger dann zu laden, wenn die Wahl dem Gericht angezeigt worden ist. [2] § 217 gilt entsprechend.

§ 219 Beweisanträge des Angeklagten. (1) [1] Beweisanträge hat der Angeklagte bei dem Vorsitzenden des Gerichts zu stellen. [2] Die hierauf ergehende Verfügung ist ihm bekanntzumachen.

(2) Beweisanträge des Angeklagten sind, soweit ihnen stattgegeben ist, der Staatsanwaltschaft mitzuteilen.

§ 220 Unmittelbare Ladung durch den Angeklagten. (1) [1] Lehnt der Vorsitzende den Antrag auf Ladung einer Person ab, so kann der Angeklagte sie unmittelbar laden lassen. [2] Hierzu ist er auch ohne vorgängigen Antrag befugt.

(2) Eine unmittelbar geladene Person ist nur dann zum Erscheinen verpflichtet, wenn ihr bei der Ladung die gesetzliche Entschädigung für Reisekosten und Versäumnis bar dargeboten oder deren Hinterlegung bei der Geschäftsstelle nachgewiesen wird.

(3) Ergibt sich in der Hauptverhandlung, daß die Vernehmung einer unmittelbar geladenen Person zur Aufklärung der Sache dienlich war, so hat das Gericht auf Antrag anzuordnen, daß ihr die gesetzliche Entschädigung aus der Staatskasse zu gewähren ist.

§ 221 Herbeischaffung von Beweismitteln von Amts wegen. Der Vorsitzende des Gerichts kann auch von Amts wegen die Herbeischaffung weiterer als Beweismittel dienender Gegenstände anordnen.

§ 222 Namhaftmachung von Zeugen und Sachverständigen. (1) [1] Das Gericht hat die geladenen Zeugen und Sachverständigen der Staatsanwaltschaft und dem Angeklagten rechtzeitig namhaft zu machen. [2] Macht die Staatsanwaltschaft von ihrem Recht nach § 214 Abs. 3 Gebrauch, so hat sie die geladenen Zeugen und Sachverständigen dem Gericht und dem Angeklagten rechtzeitig namhaft zu machen. [3] § 200 Abs. 1 Satz 3 bis 5 gilt sinngemäß.

(2) Der Angeklagte hat die von ihm unmittelbar geladenen oder zur Hauptverhandlung zu stellenden Zeugen und Sachverständigen rechtzeitig dem Gericht und der Staatsanwaltschaft namhaft zu machen und ihre vollständige Anschrift anzugeben.

§ 222a Mitteilung der Besetzung des Gerichts. (1) [1] Findet die Hauptverhandlung im ersten Rechtszug vor dem Landgericht oder dem Oberlandesgericht statt, so ist spätestens zu Beginn der Hauptverhandlung die Besetzung des Gerichts unter Hervorhebung des Vorsitzenden und hinzugezogener Ergänzungsrichter und Ergänzungsschöffen mitzuteilen. [2] Die Besetzung kann auf Anordnung des Vorsitzenden schon vor der Hauptverhandlung mitgeteilt werden; die Mitteilung ist zuzustellen. [3] Ändert sich die mitgeteilte Besetzung, so ist dies spätestens zu Beginn der Hauptverhandlung mitzuteilen.

(2) Ist die Mitteilung der Besetzung oder einer Besetzungsänderung später als eine Woche vor Beginn der Hauptverhandlung zugestellt oder erst zu Beginn der Hauptverhandlung bekanntgemacht worden, so kann das Gericht auf Antrag des Angeklagten, des Verteidigers oder der Staatsanwaltschaft die Hauptverhandlung zur Prüfung der Besetzung unterbrechen, wenn dies spätestens bis zum Beginn der Vernehmung des ersten Angeklagten zur Sache verlangt wird und absehbar ist, dass die Hauptverhandlung vor Ablauf der in § 222b Absatz 1 Satz 1 genannten Frist beendet sein könnte.

(3) In die für die Besetzung maßgebenden Unterlagen kann für den Angeklagten nur sein Verteidiger oder ein Rechtsanwalt, für den Nebenkläger nur ein Rechtsanwalt Einsicht nehmen.

§ 222b Besetzungseinwand. (1) [1] Ist die Besetzung des Gerichts nach § 222a mitgeteilt worden, so kann der Einwand, daß das Gericht vorschriftswidrig besetzt sei, nur innerhalb einer Woche nach Zustellung der Besetzungsmitteilung oder, soweit eine Zustellung nicht erfolgt ist, ihrer Bekanntmachung in der Hauptverhandlung geltend gemacht werden. [2] Die Tatsachen, aus denen sich die vorschriftswidrige Besetzung ergeben soll, sind dabei anzugeben. [3] Alle Beanstandungen sind gleichzeitig vorzubringen. [4] Außerhalb der Hauptverhandlung ist der Einwand schriftlich geltend zu machen; § 345 Abs. 2 und für den Nebenkläger § 390 Abs. 2 gelten entsprechend.

(2) [1] Über den Einwand entscheidet das Gericht in der für Entscheidungen außerhalb der Hauptverhandlung vorgeschriebenen Besetzung. [2] Hält es den Einwand für begründet, so stellt es fest, daß es nicht vorschriftsmäßig besetzt ist. [3] Führt ein Einwand zu einer Änderung der Besetzung, so ist auf die neue Besetzung § 222a nicht anzuwenden.

(3) [1] Hält das Gericht den Einwand für nicht begründet, so ist er spätestens vor Ablauf von drei Tagen dem Rechtsmittelgericht vorzulegen. [2] Die Entscheidung des Rechtsmittelgerichts ergeht ohne mündliche Verhandlung. [3] Den Verfahrensbeteiligten ist zuvor Gelegenheit zur Stellungnahme einzuräumen. [4] Erachtet das Rechtsmittelgericht den Einwand für begründet, stellt es fest, dass das Gericht nicht vorschriftsmäßig besetzt ist.

§ 223 Vernehmungen durch beauftragte oder ersuchte Richter.

(1) Wenn dem Erscheinen eines Zeugen oder Sachverständigen in der Hauptverhandlung für eine längere oder ungewisse Zeit Krankheit oder Gebrechlichkeit oder andere nicht zu beseitigende Hindernisse entgegenstehen, so kann das Gericht seine Vernehmung durch einen beauftragten oder ersuchten Richter anordnen.

(2) Dasselbe gilt, wenn einem Zeugen oder Sachverständigen das Erscheinen wegen großer Entfernung nicht zugemutet werden kann.

§ 224 Benachrichtigung der Beteiligten über den Termin. (1) [1] Von den zum Zweck dieser Vernehmung anberaumten Terminen sind die Staatsanwaltschaft, der Angeklagte und der Verteidiger vorher zu benachrichtigen; ihrer Anwesenheit bei der Vernehmung bedarf es nicht. [2] Die Benachrichtigung unterbleibt, wenn sie den Untersuchungserfolg gefährden würde. [3] Das aufgenommene Protokoll ist der Staatsanwaltschaft und dem Verteidiger vorzulegen.

(2) Hat ein nicht in Freiheit befindlicher Angeklagter einen Verteidiger, so steht ihm ein Anspruch auf Anwesenheit nur bei solchen Terminen zu, die an der Gerichtsstelle des Ortes abgehalten werden, wo er in Haft ist.

§ 225 Einnahme des richterlichen Augenscheins durch beauftragte oder ersuchte Richter. Ist zur Vorbereitung der Hauptverhandlung noch ein richterlicher Augenschein einzunehmen, so sind die Vorschriften des § 224 anzuwenden.

§ 225a Zuständigkeitsänderung vor der Hauptverhandlung. (1) [1] Hält ein Gericht vor Beginn einer Hauptverhandlung die sachliche Zuständigkeit eines Gerichts höherer Ordnung für begründet, so legt es die Akten durch Vermittlung der Staatsanwaltschaft diesem vor; § 209a Nr. 2 Buchstabe a gilt entsprechend. [2] Das Gericht, dem die Sache vorgelegt worden ist, entscheidet durch Beschluß darüber, ob es die Sache übernimmt.

(2) [1] Werden die Akten von einem Strafrichter oder einem Schöffengericht einem Gericht höherer Ordnung vorgelegt, so kann der Angeklagte innerhalb einer bei der Vorlage zu bestimmenden Frist die Vornahme einzelner Beweiserhebungen beantragen. [2] Über den Antrag entscheidet der Vorsitzende des Gerichts, dem die Sache vorgelegt worden ist.

(3) [1] In dem Übernahmebeschluß sind der Angeklagte und das Gericht, vor dem die Hauptverhandlung stattfinden soll, zu bezeichnen. [2] § 207 Abs. 2 Nr. 2 bis 4, Abs. 3 und 4 gilt entsprechend. [3] Die Anfechtbarkeit des Beschlusses bestimmt sich nach § 210.

(4) *(hier nicht wiedergegeben)*

Sechster Abschnitt. Hauptverhandlung

§ 226 Ununterbrochene Gegenwart. (1) Die Hauptverhandlung erfolgt in ununterbrochener Gegenwart der zur Urteilsfindung berufenen Personen sowie der Staatsanwaltschaft und eines Urkundsbeamten der Geschäftsstelle.

(2) [1] Der Strafrichter kann in der Hauptverhandlung von der Hinzuziehung eines Urkundsbeamten der Geschäftsstelle absehen. [2] Die Entscheidung ist unanfechtbar.

§ 227 Mehrere Staatsanwälte und Verteidiger. Es können mehrere Beamte der Staatsanwaltschaft und mehrere Verteidiger in der Hauptverhandlung mitwirken und ihre Verrichtungen unter sich teilen.

§ 228 Aussetzung und Unterbrechung. (1) [1] Über die Aussetzung einer Hauptverhandlung oder deren Unterbrechung nach § 229 Abs. 2 entscheidet das Gericht. [2] Kürzere Unterbrechungen ordnet der Vorsitzende an.

(2) Eine Verhinderung des Verteidigers gibt, unbeschadet der Vorschrift des § 145, dem Angeklagten kein Recht, die Aussetzung der Verhandlung zu verlangen.

(3) Ist die Frist des § 217 Abs. 1 nicht eingehalten worden, so soll der Vorsitzende den Angeklagten mit der Befugnis, Aussetzung der Verhandlung zu verlangen, bekanntmachen.

§ 229 Höchstdauer einer Unterbrechung. (1) Eine Hauptverhandlung darf bis zu drei Wochen unterbrochen werden.

(2) Eine Hauptverhandlung darf auch bis zu einem Monat unterbrochen werden, wenn sie davor jeweils an mindestens zehn Tagen stattgefunden hat.

(3) [1] Hat eine Hauptverhandlung bereits an mindestens zehn Tagen stattgefunden, so ist der Lauf der in den Absätzen 1 und 2 genannten Fristen gehemmt, solange

1. ein Angeklagter oder eine zur Urteilsfindung berufene Person wegen Krankheit oder
2. eine zur Urteilsfindung berufene Person wegen gesetzlichen Mutterschutzes oder der Inanspruchnahme von Elternzeit

nicht zu der Hauptverhandlung erscheinen kann, längstens jedoch für zwei Monate. [2] Die in den Absätzen 1 und 2 genannten Fristen enden frühestens zehn Tage nach Ablauf der Hemmung. [3] Beginn und Ende der Hemmung stellt das Gericht durch unanfechtbaren Beschluß fest.

(4) [1] Wird die Hauptverhandlung nicht spätestens am Tage nach Ablauf der in den vorstehenden Absätzen bezeichneten Frist fortgesetzt, so ist mit ihr von neuem zu beginnen. [2] Ist der Tag nach Ablauf der Frist ein Sonntag, ein allgemeiner Feiertag oder ein Sonnabend, so kann die Hauptverhandlung am nächsten Werktag fortgesetzt werden.

(5) [1] Ist dem Gericht wegen einer vorübergehenden technischen Störung die Fortsetzung der Hauptverhandlung am Tag nach Ablauf der in den vorstehenden Absätzen bezeichneten Frist oder im Fall des Absatzes 4 Satz 2 am nächsten Werktag unmöglich, ist es abweichend von Absatz 4 Satz 1 zulässig, die Hauptverhandlung unverzüglich nach der Beseitigung der technischen Störung, spätestens aber innerhalb von zehn Tagen nach Fristablauf fortzusetzen. [2] Das Vorliegen einer technischen Störung im Sinne des Satzes 1 stellt das Gericht durch unanfechtbaren Beschluss fest.

§ 230 Ausbleiben des Angeklagten. (1) Gegen einen ausgebliebenen Angeklagten findet eine Hauptverhandlung nicht statt.

(2) *(hier nicht wiedergegeben)*

§ 231 Anwesenheitspflicht des Angeklagten. (1) [1] Der erschienene Angeklagte darf sich aus der Verhandlung nicht entfernen. [2] Der Vorsitzende kann die geeigneten Maßregeln treffen, um die Entfernung zu verhindern; auch kann er den Angeklagten während einer Unterbrechung der Verhandlung in Gewahrsam halten lassen.

(2) *(hier nicht wiedergegeben)*

§ 231a Herbeiführung der Verhandlungsunfähigkeit durch den Angeklagten. (1) [1] Hat sich der Angeklagte vorsätzlich und schuldhaft in einen seine Verhandlungsfähigkeit ausschließenden Zustand versetzt und verhindert er dadurch wissentlich die ordnungsmäßige Durchführung oder Fortsetzung der Hauptverhandlung in seiner Gegenwart, so wird die Hauptverhandlung, wenn er noch nicht über die Anklage vernommen war, in seiner Abwesenheit durchgeführt oder fortgesetzt, soweit das Gericht seine Anwesenheit nicht für unerläßlich hält. [2] Nach Satz 1 ist nur zu verfahren, wenn der Angeklagte nach Eröffnung des Hauptverfahrens Gelegenheit gehabt hat, sich vor dem Gericht oder einem beauftragten Richter zur Anklage zu äußern.

(2) Sobald der Angeklagte wieder verhandlungsfähig ist, hat ihn der Vorsitzende, solange mit der Verkündung des Urteils noch nicht begonnen worden ist, von dem wesentlichen Inhalt dessen zu unterrichten, was in seiner Abwesenheit verhandelt worden ist.

(3) [1] Die Verhandlung in Abwesenheit des Angeklagten nach Absatz 1 beschließt das Gericht nach Anhörung eines Arztes als Sachverständigen. [2] Der Beschluß kann bereits vor Beginn der Hauptverhandlung gefaßt werden. [3] Gegen den Beschluß ist sofortige Beschwerde zulässig; sie hat aufschiebende Wirkung. [4] Eine bereits begonnene Hauptverhandlung ist bis zur Entscheidung über die sofortige Beschwerde zu unterbrechen; die Unterbrechung darf, auch wenn die Voraussetzungen des § 229 Abs. 2 nicht vorliegen, bis zu dreißig Tagen dauern.

(4) Dem Angeklagten, der keinen Verteidiger hat, ist ein Verteidiger zu bestellen, sobald eine Verhandlung ohne den Angeklagten nach Absatz 1 in Betracht kommt.

§ 231b Fortsetzung nach Entfernung des Angeklagten zur Aufrechterhaltung der Ordnung. (1) [1] Wird der Angeklagte wegen ordnungswidrigen Benehmens aus dem Sitzungszimmer entfernt oder zur Haft abgeführt (§ 177 des Gerichtsverfassungsgesetzes), so kann in seiner Abwesenheit verhandelt werden, wenn das Gericht seine fernere Anwesenheit nicht für unerläßlich hält und solange zu befürchten ist, daß die Anwesenheit des Angeklagten den Ablauf der Hauptverhandlung in schwerwiegender Weise beeinträchtigen würde. [2] Dem Angeklagten ist in jedem Fall Gelegenheit zu geben, sich zur Anklage zu äußern.

(2) Sobald der Angeklagte wieder vorgelassen ist, ist nach § 231a Abs. 2 zu verfahren.

§§ 231c–234a *(hier nicht wiedergegeben)*

§ 235 Wiedereinsetzung in den vorigen Stand bei Verhandlung ohne den Angeklagten. [1] Hat die Hauptverhandlung gemäß § 232 ohne den Angeklagten stattgefunden, so kann er gegen das Urteil binnen einer Woche nach seiner Zustellung die Wiedereinsetzung in den vorigen Stand unter den gleichen Voraussetzungen wie gegen die Versäumung einer Frist nachsuchen; hat er von der Ladung zur Hauptverhandlung keine Kenntnis erlangt, so kann er stets die Wiedereinsetzung in den vorigen Stand beanspruchen. [2] Hierüber ist der Angeklagte bei der Zustellung des Urteils zu belehren.

§ 236 *(hier nicht wiedergegeben)*

§ 237 Verbindung mehrerer Strafsachen. Das Gericht kann im Falle eines Zusammenhangs zwischen mehreren bei ihm anhängigen Strafsachen ihre Verbindung zum Zwecke gleichzeitiger Verhandlung anordnen, auch wenn dieser Zusammenhang nicht der in § 3 bezeichnete ist.

§ 238 Verhandlungsleitung. (1) Die Leitung der Verhandlung, die Vernehmung des Angeklagten und die Aufnahme des Beweises erfolgt durch den Vorsitzenden.

(2) Wird eine auf die Sachleitung bezügliche Anordnung des Vorsitzenden von einer bei der Verhandlung beteiligten Person als unzulässig beanstandet, so entscheidet das Gericht.

§ 239 Kreuzverhör. (1) [1] Die Vernehmung der von der Staatsanwaltschaft und dem Angeklagten benannten Zeugen und Sachverständigen ist der Staatsanwaltschaft und dem Verteidiger auf deren übereinstimmenden Antrag von dem Vorsitzenden zu überlassen. [2] Bei den von der Staatsanwaltschaft benannten Zeugen und Sachverständigen hat diese, bei den von dem Angeklagten benannten der Verteidiger in erster Reihe das Recht zur Vernehmung.

(2) Der Vorsitzende hat auch nach dieser Vernehmung die ihm zur weiteren Aufklärung der Sache erforderlich scheinenden Fragen an die Zeugen und Sachverständigen zu richten.

§ 240 Fragerecht. (1) Der Vorsitzende hat den beisitzenden Richtern auf Verlangen zu gestatten, Fragen an den Angeklagten, die Zeugen und die Sachverständigen zu stellen.

(2) [1] Dasselbe hat der Vorsitzende der Staatsanwaltschaft, dem Angeklagten und dem Verteidiger sowie den Schöffen zu gestatten. [2] Die unmittelbare Befragung eines Angeklagten durch einen Mitangeklagten ist unzulässig.

§ 241 Zurückweisung von Fragen durch den Vorsitzenden. (1) Dem, welcher im Falle des § 239 Abs. 1 die Befugnis der Vernehmung mißbraucht, kann sie von dem Vorsitzenden entzogen werden.

(2) In den Fällen des § 239 Abs. 1 und des § 240 Abs. 2 kann der Vorsitzende ungeeignete oder nicht zur Sache gehörende Fragen zurückweisen.

§ 241a Vernehmung minderjähriger Zeugen durch den Vorsitzenden. (1) Die Vernehmung von Zeugen unter 18 Jahren wird allein von dem Vorsitzenden durchgeführt.

(2) [1] Die in § 240 Abs. 1 und Abs. 2 Satz 1 bezeichneten Personen können verlangen, daß der Vorsitzende den Zeugen weitere Fragen stellt. [2] Der Vorsitzende kann diesen Personen eine unmittelbare Befragung der Zeugen gestatten, wenn nach pflichtgemäßem Ermessen ein Nachteil für das Wohl der Zeugen nicht zu befürchten ist.

(3) § 241 Abs. 2 gilt entsprechend.

§ 242 Entscheidung über die Zulässigkeit von Fragen. Zweifel über die Zulässigkeit einer Frage entscheidet in allen Fällen das Gericht.

§ 243 Gang der Hauptverhandlung. (1) [1] Die Hauptverhandlung beginnt mit dem Aufruf der Sache. [2] Der Vorsitzende stellt fest, ob der Angeklagte und der Verteidiger anwesend und die Beweismittel herbeigeschafft, insbesondere die geladenen Zeugen und Sachverständigen erschienen sind.

(2) [1] Die Zeugen verlassen den Sitzungssaal. [2] Der Vorsitzende vernimmt den Angeklagten über seine persönlichen Verhältnisse.

(3) [1] Darauf verliest der Staatsanwalt den Anklagesatz. [2] Dabei legt er in den Fällen des § 207 Abs. 3 die neue Anklageschrift zugrunde. [3] In den Fällen des § 207 Abs. 2 Nr. 3 trägt der Staatsanwalt den Anklagesatz mit der dem Eröffnungsbeschluß zugrunde liegenden rechtlichen Würdigung vor; außerdem kann er seine abweichende Rechtsauffassung äußern. [4] In den Fällen des § 207 Abs. 2 Nr. 4 berücksichtigt er die Änderungen, die das Gericht bei der Zulassung der Anklage zur Hauptverhandlung beschlossen hat.

(4) [1] Der Vorsitzende teilt mit, ob Erörterungen nach den §§ 202a, 212 stattgefunden haben, wenn deren Gegenstand die Möglichkeit einer Verständigung (§ 257c) gewesen ist und wenn ja, deren wesentlichen Inhalt. [2] Diese Pflicht gilt auch im weiteren Verlauf der Hauptverhandlung, soweit sich Änderungen gegenüber der Mitteilung zu Beginn der Hauptverhandlung ergeben haben.

(5) [1] Sodann wird der Angeklagte darauf hingewiesen, daß es ihm freistehe, sich zu der Anklage zu äußern oder nicht zur Sache auszusagen. [2] Ist der Angeklagte zur Äußerung bereit, so wird er nach Maßgabe des § 136 Abs. 2 zur Sache vernommen. [3] Auf Antrag erhält der Verteidiger in besonders umfangreichen erstinstanzlichen Verfahren vor dem Land- oder Oberlandesgericht, in denen die Hauptverhandlung voraussichtlich länger als zehn Tage dauern wird, Gelegenheit, vor der Vernehmung des Angeklagten für diesen eine Erklärung zur Anklage abzugeben, die den Schlussvortrag nicht vorwegnehmen darf. [4] Der Vorsitzende kann dem Verteidiger aufgeben, die weitere Erklärung schriftlich einzureichen, wenn ansonsten der Verfahrensablauf erheblich verzögert würde; § 249 Absatz 2 Satz 1 gilt entsprechend. [5] Vorstrafen des Angeklagten sollen nur insoweit festgestellt werden, als sie für die Entscheidung von Bedeutung sind. [6] Wann sie festgestellt werden, bestimmt der Vorsitzende.

§ 244 Beweisaufnahme; Untersuchungsgrundsatz; Ablehnung von Beweisanträgen. (1) Nach der Vernehmung des Angeklagten folgt die Beweisaufnahme.

(2) Das Gericht hat zur Erforschung der Wahrheit die Beweisaufnahme von Amts wegen auf alle Tatsachen und Beweismittel zu erstrecken, die für die Entscheidung von Bedeutung sind.

(3) [1] Ein Beweisantrag liegt vor, wenn der Antragsteller ernsthaft verlangt, Beweis über eine bestimmt behauptete konkrete Tatsache, die die Schuld- oder Rechtsfolgenfrage betrifft, durch ein bestimmt bezeichnetes Beweismittel zu erheben und dem Antrag zu entnehmen ist, weshalb das bezeichnete Beweismittel die behauptete Tatsache belegen können soll. [2] Ein Beweisantrag ist abzulehnen, wenn die Erhebung des Beweises unzulässig ist. [3] Im Übrigen darf ein Beweisantrag nur abgelehnt werden, wenn

1. eine Beweiserhebung wegen Offenkundigkeit überflüssig ist,
2. die Tatsache, die bewiesen werden soll, für die Entscheidung ohne Bedeutung ist,
3. die Tatsache, die bewiesen werden soll, schon erwiesen ist,
4. das Beweismittel völlig ungeeignet ist,
5. das Beweismittel unerreichbar ist oder
6. eine erhebliche Behauptung, die zur Entlastung des Angeklagten bewiesen werden soll, so behandelt werden kann, als wäre die behauptete Tatsache wahr.

(4) [1] Ein Beweisantrag auf Vernehmung eines Sachverständigen kann, soweit nichts anderes bestimmt ist, auch abgelehnt werden, wenn das Gericht selbst die erforderliche Sachkunde besitzt. [2] Die Anhörung eines weiteren Sachverständigen kann auch dann abgelehnt werden, wenn durch das frühere Gutachten das Gegenteil der behaupteten Tatsache bereits erwiesen ist; dies gilt nicht, wenn die Sachkunde des früheren Gutachters zweifelhaft ist, wenn sein Gutachten von unzutreffenden tatsächlichen Voraussetzungen ausgeht, wenn das Gutachten Widersprüche enthält oder wenn der neue Sachverständige über Forschungsmittel verfügt, die denen eines früheren Gutachters überlegen erscheinen.

(5) [1] Ein Beweisantrag auf Einnahme eines Augenscheins kann abgelehnt werden, wenn der Augenschein nach dem pflichtgemäßen Ermessen des Gerichts zur Erforschung der Wahrheit nicht erforderlich ist. [2] Unter derselben Voraussetzung kann auch ein Beweisantrag auf Vernehmung eines Zeugen abgelehnt werden, dessen Ladung im Ausland zu bewirken wäre. [3] Ein Beweisantrag auf Verlesung eines Ausgangsdokuments kann abgelehnt werden, wenn nach pflichtgemäßem Ermessen des Gerichts kein Anlass besteht, an der inhaltlichen Übereinstimmung mit dem übertragenen Dokument zu zweifeln.

(6) [1] Die Ablehnung eines Beweisantrages bedarf eines Gerichtsbeschlusses. [2] Einer Ablehnung nach Satz 1 bedarf es nicht, wenn die beantragte Beweiserhebung nichts Sachdienliches zu Gunsten des Antragstellers erbringen kann, der Antragsteller sich dessen bewusst ist und er die Verschleppung des Verfahrens bezweckt; die Verfolgung anderer verfahrensfremder Ziele steht der Verschleppungsabsicht nicht entgegen. [3] Nach Abschluss der von Amts wegen vorgesehenen Beweisaufnahme kann der Vorsitzende eine angemessene Frist zum Stellen von Beweisanträgen bestimmen. [4] Beweisanträge, die nach Fristab-

lauf gestellt werden, können im Urteil beschieden werden; dies gilt nicht, wenn die Stellung des Beweisantrags vor Fristablauf nicht möglich war. [5]Wird ein Beweisantrag nach Fristablauf gestellt, sind die Tatsachen, die die Einhaltung der Frist unmöglich gemacht haben, mit dem Antrag glaubhaft zu machen.

§ 245 *(hier nicht wiedergegeben)*

§ 246 Ablehnung von Beweisanträgen wegen Verspätung. (1) Eine Beweiserhebung darf nicht deshalb abgelehnt werden, weil das Beweismittel oder die zu beweisende Tatsache zu spät vorgebracht worden sei.

(2) Ist jedoch ein zu vernehmender Zeuge oder Sachverständiger dem Gegner des Antragstellers so spät namhaft gemacht oder eine zu beweisende Tatsache so spät vorgebracht worden, daß es dem Gegner an der zur Einziehung von Erkundigungen erforderlichen Zeit gefehlt hat, so kann er bis zum Schluß der Beweisaufnahme die Aussetzung der Hauptverhandlung zum Zweck der Erkundigung beantragen.

(3) Dieselbe Befugnis haben die Staatsanwaltschaft und der Angeklagte bei den auf Anordnung des Vorsitzenden oder des Gerichts geladenen Zeugen oder Sachverständigen.

(4) Über die Anträge entscheidet das Gericht nach freiem Ermessen.

§ 246a *(hier nicht wiedergegeben)*

§ 247 Entfernung des Angeklagten bei Vernehmung von Mitangeklagten und Zeugen. [1]Das Gericht kann anordnen, daß sich der Angeklagte während einer Vernehmung aus dem Sitzungszimmer entfernt, wenn zu befürchten ist, ein Mitangeklagter oder ein Zeuge werde bei seiner Vernehmung in Gegenwart des Angeklagten die Wahrheit nicht sagen. [2]Das gleiche gilt, wenn bei der Vernehmung einer Person unter 18 Jahren als Zeuge in Gegenwart des Angeklagten ein erheblicher Nachteil für das Wohl des Zeugen zu befürchten ist oder wenn bei einer Vernehmung einer anderen Person als Zeuge in Gegenwart des Angeklagten die dringende Gefahr eines schwerwiegenden Nachteils für ihre Gesundheit besteht. [3]Die Entfernung des Angeklagten kann für die Dauer von Erörterungen über den Zustand des Angeklagten und die Behandlungsaussichten angeordnet werden, wenn ein erheblicher Nachteil für seine Gesundheit zu befürchten ist. [4]Der Vorsitzende hat den Angeklagten, sobald dieser wieder anwesend ist, von dem wesentlichen Inhalt dessen zu unterrichten, was während seiner Abwesenheit ausgesagt oder sonst verhandelt worden ist.

§ 247a Anordnung einer audiovisuellen Vernehmung von Zeugen.

(1) [1]Besteht die dringende Gefahr eines schwerwiegenden Nachteils für das Wohl des Zeugen, wenn er in Gegenwart der in der Hauptverhandlung Anwesenden vernommen wird, so kann das Gericht anordnen, daß der Zeuge sich während der Vernehmung an einem anderen Ort aufhält; eine solche Anordnung ist auch unter den Voraussetzungen des § 251 Abs. 2 zulässig, soweit dies zur Erforschung der Wahrheit erforderlich ist. [2]Die Entscheidung ist unanfechtbar. [3]Die Aussage wird zeitgleich in Bild und Ton in das Sitzungszimmer übertragen. [4]Sie soll aufgezeichnet werden, wenn zu besorgen ist, daß der Zeuge in einer weiteren Hauptverhandlung nicht vernommen werden kann

und die Aufzeichnung zur Erforschung der Wahrheit erforderlich ist. [5] § 58a Abs. 2 findet entsprechende Anwendung.

(2) [1] Das Gericht kann anordnen, dass die Vernehmung eines Sachverständigen in der Weise erfolgt, dass dieser sich an einem anderen Ort als das Gericht aufhält und die Vernehmung zeitgleich in Bild und Ton an den Ort, an dem sich der Sachverständige aufhält, und in das Sitzungszimmer übertragen wird. [2] Dies gilt nicht in den Fällen des § 246a. [3] Die Entscheidung nach Satz 1 ist unanfechtbar.

§ 248 Entlassung der Zeugen und Sachverständigen. [1] Die vernommenen Zeugen und Sachverständigen dürfen sich nur mit Genehmigung oder auf Anweisung des Vorsitzenden von der Gerichtsstelle entfernen. [2] Die Staatsanwaltschaft und der Angeklagte sind vorher zu hören.

§ 249 Führung des Urkundenbeweises durch Verlesung; Selbstleseverfahren. (1) [1] Urkunden sind zum Zweck der Beweiserhebung über ihren Inhalt in der Hauptverhandlung zu verlesen. [2] Elektronische Dokumente sind Urkunden, soweit sie verlesbar sind.

(2) [1] Von der Verlesung kann, außer in den Fällen der §§ 253 und 254, abgesehen werden, wenn die Richter und Schöffen vom Wortlaut der Urkunde Kenntnis genommen haben und die übrigen Beteiligten hierzu Gelegenheit hatten. [2] Widerspricht der Staatsanwalt, der Angeklagte oder der Verteidiger unverzüglich der Anordnung des Vorsitzenden, nach Satz 1 zu verfahren, so entscheidet das Gericht. [3] Die Anordnung des Vorsitzenden, die Feststellungen über die Kenntnisnahme und die Gelegenheit hierzu und der Widerspruch sind in das Protokoll aufzunehmen.

§ 250 Grundsatz der persönlichen Vernehmung. [1] Beruht der Beweis einer Tatsache auf der Wahrnehmung einer Person, so ist diese in der Hauptverhandlung zu vernehmen. [2] Die Vernehmung darf nicht durch Verlesung des über eine frühere Vernehmung aufgenommenen Protokolls oder einer Erklärung ersetzt werden.

§ 251 Urkundenbeweis durch Verlesung von Protokollen. (1) Die Vernehmung eines Zeugen, Sachverständigen oder Mitbeschuldigten kann durch die Verlesung eines Protokolls über eine Vernehmung oder einer Urkunde, die eine von ihm erstellte Erklärung enthält, ersetzt werden,

1. wenn der Angeklagte einen Verteidiger hat und der Staatsanwalt, der Verteidiger und der Angeklagte damit einverstanden sind;
2. wenn die Verlesung lediglich der Bestätigung eines Geständnisses des Angeklagten dient und der Angeklagte, der keinen Verteidiger hat, sowie der Staatsanwalt der Verlesung zustimmen;
3. wenn der Zeuge, Sachverständige oder Mitbeschuldigte verstorben ist oder aus einem anderen Grunde in absehbarer Zeit gerichtlich nicht vernommen werden kann;
4. soweit das Protokoll oder die Urkunde das Vorliegen oder die Höhe eines Vermögensschadens betrifft.

(2) Die Vernehmung eines Zeugen, Sachverständigen oder Mitbeschuldigten darf durch die Verlesung des Protokolls über seine frühere richterliche Vernehmung auch ersetzt werden, wenn

1. dem Erscheinen des Zeugen, Sachverständigen oder Mitbeschuldigten in der Hauptverhandlung für eine längere oder ungewisse Zeit Krankheit, Gebrechlichkeit oder andere nicht zu beseitigende Hindernisse entgegenstehen;
2. dem Zeugen oder Sachverständigen das Erscheinen in der Hauptverhandlung wegen großer Entfernung unter Berücksichtigung der Bedeutung seiner Aussage nicht zugemutet werden kann;
3. der Staatsanwalt, der Verteidiger und der Angeklagte mit der Verlesung einverstanden sind.

(3) Soll die Verlesung anderen Zwecken als unmittelbar der Urteilsfindung, insbesondere zur Vorbereitung der Entscheidung darüber dienen, ob die Ladung und Vernehmung einer Person erfolgen sollen, so dürfen Protokolle und Urkunden auch sonst verlesen werden.

(4) [1] In den Fällen der Absätze 1 und 2 beschließt das Gericht, ob die Verlesung angeordnet wird. [2] Der Grund der Verlesung wird bekanntgegeben. [3] Wird das Protokoll über eine richterliche Vernehmung verlesen, so wird festgestellt, ob der Vernommene vereidigt worden ist. [4] Die Vereidigung wird nachgeholt, wenn sie dem Gericht notwendig erscheint und noch ausführbar ist.

§ 252 Verbot der Protokollverlesung nach Zeugnisverweigerung. Die Aussage eines vor der Hauptverhandlung vernommenen Zeugen, der erst in der Hauptverhandlung von seinem Recht, das Zeugnis zu verweigern, Gebrauch macht, darf nicht verlesen werden.

§ 253 Protokollverlesung zur Gedächtnisunterstützung. (1) Erklärt ein Zeuge oder Sachverständiger, daß er sich einer Tatsache nicht mehr erinnere, so kann der hierauf bezügliche Teil des Protokolls über seine frühere Vernehmung zur Unterstützung seines Gedächtnisses verlesen werden.

(2) Dasselbe kann geschehen, wenn ein in der Vernehmung hervortretender Widerspruch mit der früheren Aussage nicht auf andere Weise ohne Unterbrechung der Hauptverhandlung festgestellt oder behoben werden kann.

§ 254 Verlesung eines richterlichen Protokolls bei Geständnis oder Widersprüchen. (1) Erklärungen des Angeklagten, die in einem richterlichen Protokoll oder in einer Bild-Ton-Aufzeichnung einer Vernehmung enthalten sind, können zum Zweck der Beweisaufnahme über ein Geständnis verlesen beziehungsweise vorgeführt werden.

(2) Dasselbe kann geschehen, wenn ein in der Vernehmung hervortretender Widerspruch mit der früheren Aussage nicht auf andere Weise ohne Unterbrechung der Hauptverhandlung festgestellt oder behoben werden kann.

§ 255 Protokollierung der Verlesung. In den Fällen der §§ 253 und 254 ist die Verlesung und ihr Grund auf Antrag der Staatsanwaltschaft oder des Angeklagten im Protokoll zu erwähnen.

§ 255a Vorführung einer aufgezeichneten Zeugenvernehmung.

(1) Für die Vorführung der Bild-Ton-Aufzeichnung einer Zeugenvernehmung gelten die Vorschriften zur Verlesung eines Protokolls über eine Vernehmung gemäß §§ 251, 252, 253 und 255 entsprechend.

(2) [1] In Verfahren wegen Straftaten gegen die sexuelle Selbstbestimmung (§§ 174 bis 184k des Strafgesetzbuches) oder gegen das Leben (§§ 211 bis 222 des Strafgesetzbuches), wegen Misshandlung von Schutzbefohlenen (§ 225 des Strafgesetzbuches) oder wegen Straftaten gegen die persönliche Freiheit nach den §§ 232 bis 233a des Strafgesetzbuches kann die Vernehmung eines Zeugen unter 18 Jahren durch die Vorführung der Bild-Ton-Aufzeichnung seiner früheren richterlichen Vernehmung ersetzt werden, wenn der Angeklagte und sein Verteidiger Gelegenheit hatten, an dieser mitzuwirken, und wenn der Zeuge, dessen Vernehmung nach § 58a Absatz 1 Satz 3 in Bild und Ton aufgezeichnet worden ist, der vernehmungsersetzenden Vorführung dieser Aufzeichnung in der Hauptverhandlung nicht unmittelbar nach der aufgezeichneten Vernehmung widersprochen hat. [2] Dies gilt auch für Zeugen, die Verletzte einer dieser Straftaten sind und zur Zeit der Tat unter 18 Jahre alt waren oder Verletzte einer Straftat gegen die sexuelle Selbstbestimmung (§§ 174 bis 184k des Strafgesetzbuches) sind. [3] Das Gericht hat bei seiner Entscheidung auch die schutzwürdigen Interessen des Zeugen zu berücksichtigen und den Grund für die Vorführung bekanntzugeben. [4] Eine ergänzende Vernehmung des Zeugen ist zulässig.

§ 256 Verlesung der Erklärungen von Behörden und Sachverständigen. (1) Verlesen werden können

1. die ein Zeugnis oder ein Gutachten enthaltenden Erklärungen
   a) öffentlicher Behörden,
   b) der Sachverständigen, die für die Erstellung von Gutachten der betreffenden Art allgemein vereidigt sind, sowie
   c) der Ärzte eines gerichtsärztlichen Dienstes mit Ausschluss von Leumundszeugnissen,
2. unabhängig vom Tatvorwurf ärztliche Atteste über Körperverletzungen,
3. ärztliche Berichte zur Entnahme von Blutproben,
4. Gutachten über die Auswertung eines Fahrtschreibers, die Bestimmung der Blutgruppe oder des Blutalkoholgehalts einschließlich seiner Rückrechnung,
5. Protokolle sowie in einer Urkunde enthaltene Erklärungen der Strafverfolgungsbehörden über Ermittlungshandlungen, soweit diese nicht eine Vernehmung zum Gegenstand haben und
6. Übertragungsnachweise und Vermerke nach § 32e Absatz 3.

(2) Ist das Gutachten einer kollegialen Fachbehörde eingeholt worden, so kann das Gericht die Behörde ersuchen, eines ihrer Mitglieder mit der Vertretung des Gutachtens in der Hauptverhandlung zu beauftragen und dem Gericht zu bezeichnen.

§ 257 Befragung des Angeklagten und Erklärungsrechte nach einer Beweiserhebung. (1) Nach der Vernehmung eines jeden Mitangeklagten und nach jeder einzelnen Beweiserhebung soll der Angeklagte befragt werden, ob er dazu etwas zu erklären habe.

(2) Auf Verlangen ist auch dem Staatsanwalt und dem Verteidiger nach der Vernehmung des Angeklagten und nach jeder einzelnen Beweiserhebung Gelegenheit zu geben, sich dazu zu erklären.

(3) Die Erklärungen dürfen den Schlußvortrag nicht vorwegnehmen.

§ 257a Form von Anträgen und Anregungen zu Verfahrensfragen. [1]Das Gericht kann den Verfahrensbeteiligten aufgeben, Anträge und Anregungen zu Verfahrensfragen schriftlich zu stellen. [2]Dies gilt nicht für die in § 258 bezeichneten Anträge. [3]§ 249 findet entsprechende Anwendung.

§ 257b Erörterung des Verfahrensstands mit den Verfahrensbeteiligten. Das Gericht kann in der Hauptverhandlung den Stand des Verfahrens mit den Verfahrensbeteiligten erörtern, soweit dies geeignet erscheint, das Verfahren zu fördern.

§ 257c Verständigung zwischen Gericht und Verfahrensbeteiligten.

(1) [1]Das Gericht kann sich in geeigneten Fällen mit den Verfahrensbeteiligten nach Maßgabe der folgenden Absätze über den weiteren Fortgang und das Ergebnis des Verfahrens verständigen. [2]§ 244 Absatz 2 bleibt unberührt.

(2) [1]Gegenstand dieser Verständigung dürfen nur die Rechtsfolgen sein, die Inhalt des Urteils und der dazugehörigen Beschlüsse sein können, sonstige verfahrensbezogene Maßnahmen im zugrundeliegenden Erkenntnisverfahren sowie das Prozessverhalten der Verfahrensbeteiligten. [2]Bestandteil jeder Verständigung soll ein Geständnis sein. [3]Der Schuldspruch sowie Maßregeln der Besserung und Sicherung dürfen nicht Gegenstand einer Verständigung sein.

(3) [1]Das Gericht gibt bekannt, welchen Inhalt die Verständigung haben könnte. [2]Es kann dabei unter freier Würdigung aller Umstände des Falles sowie der allgemeinen Strafzumessungserwägungen auch eine Ober- und Untergrenze der Strafe angeben. [3]Die Verfahrensbeteiligten erhalten Gelegenheit zur Stellungnahme. [4]Die Verständigung kommt zustande, wenn Angeklagter und Staatsanwaltschaft dem Vorschlag des Gerichtes zustimmen.

(4) [1]Die Bindung des Gerichtes an eine Verständigung entfällt, wenn rechtlich oder tatsächlich bedeutsame Umstände übersehen worden sind oder sich neu ergeben haben und das Gericht deswegen zu der Überzeugung gelangt, dass der in Aussicht gestellte Strafrahmen nicht mehr tat- oder schuldangemessen ist. [2]Gleiches gilt, wenn das weitere Prozessverhalten des Angeklagten nicht dem Verhalten entspricht, das der Prognose des Gerichtes zugrunde gelegt worden ist. [3]Das Geständnis des Angeklagten darf in diesen Fällen nicht verwertet werden. [4]Das Gericht hat eine Abweichung unverzüglich mitzuteilen.

(5) Der Angeklagte ist über die Voraussetzungen und Folgen einer Abweichung des Gerichtes von dem in Aussicht gestellten Ergebnis nach Absatz 4 zu belehren.

§ 258 Schlussvorträge; Recht des letzten Wortes. (1) Nach dem Schluß der Beweisaufnahme erhalten der Staatsanwalt und sodann der Angeklagte zu ihren Ausführungen und Anträgen das Wort.

(2) Dem Staatsanwalt steht das Recht der Erwiderung zu; dem Angeklagten gebührt das letzte Wort.

(3) Der Angeklagte ist, auch wenn ein Verteidiger für ihn gesprochen hat, zu befragen, ob er selbst noch etwas zu seiner Verteidigung anzuführen habe.

§ 259 Dolmetscher. (1) Einem der Gerichtssprache nicht mächtigen Angeklagten müssen aus den Schlußvorträgen mindestens die Anträge des Staatsanwalts und des Verteidigers durch den Dolmetscher bekanntgemacht werden.

(2) Dasselbe gilt nach Maßgabe des § 186 des Gerichtsverfassungsgesetzes für einen hör- oder sprachbehinderten Angeklagten.

§ 260 Urteil. (1) Die Hauptverhandlung schließt mit der auf die Beratung folgenden Verkündung des Urteils.

(2) Wird ein Berufsverbot angeordnet, so ist im Urteil der Beruf, der Berufszweig, das Gewerbe oder der Gewerbezweig, dessen Ausübung verboten wird, genau zu bezeichnen.

(3) Die Einstellung des Verfahrens ist im Urteil auszusprechen, wenn ein Verfahrenshindernis besteht.

(4) [1] Die Urteilsformel gibt die rechtliche Bezeichnung der Tat an, deren der Angeklagte schuldig gesprochen wird. [2] Hat ein Straftatbestand eine gesetzliche Überschrift, so soll diese zur rechtlichen Bezeichnung der Tat verwendet werden. [3] Wird eine Geldstrafe verhängt, so sind Zahl und Höhe der Tagessätze in die Urteilsformel aufzunehmen. [4] Wird die Entscheidung über die Sicherungsverwahrung vorbehalten, die Strafe oder Maßregel der Besserung und Sicherung zur Bewährung ausgesetzt, der Angeklagte mit Strafvorbehalt verwarnt oder von Strafe abgesehen, so ist dies in der Urteilsformel zum Ausdruck zu bringen. [5] Im übrigen unterliegt die Fassung der Urteilsformel dem Ermessen des Gerichts.

(5) [1] Nach der Urteilsformel werden die angewendeten Vorschriften nach Paragraph, Absatz, Nummer, Buchstabe und mit der Bezeichnung des Gesetzes aufgeführt. [2] Ist bei einer Verurteilung, durch die auf Freiheitsstrafe oder Gesamtfreiheitsstrafe von nicht mehr als zwei Jahren erkannt wird, die Tat oder der ihrer Bedeutung nach überwiegende Teil der Taten auf Grund einer Betäubungsmittelabhängigkeit begangen worden, so ist außerdem § 17 Abs. 2 des Bundeszentralregistergesetzes anzuführen.

§ 261 Grundsatz der freien richterlichen Beweiswürdigung. Über das Ergebnis der Beweisaufnahme entscheidet das Gericht nach seiner freien, aus dem Inbegriff der Verhandlung geschöpften Überzeugung.

§ 262 Entscheidung zivilrechtlicher Vorfragen. (1) Hängt die Strafbarkeit einer Handlung von der Beurteilung eines bürgerlichen Rechtsverhältnisses ab, so entscheidet das Strafgericht auch über dieses nach den für das Verfahren und den Beweis in Strafsachen geltenden Vorschriften.

(2) Das Gericht ist jedoch befugt, die Untersuchung auszusetzen und einem der Beteiligten zur Erhebung der Zivilklage eine Frist zu bestimmen oder das Urteil des Zivilgerichts abzuwarten.

§ 263 Abstimmung. (1) Zu jeder dem Angeklagten nachteiligen Entscheidung über die Schuldfrage und die Rechtsfolgen der Tat ist eine Mehrheit von zwei Dritteln der Stimmen erforderlich.

(2) Die Schuldfrage umfaßt auch solche vom Strafgesetz besonders vorgesehene Umstände, welche die Strafbarkeit ausschließen, vermindern oder erhöhen.

(3) Die Schuldfrage umfaßt nicht die Voraussetzungen der Verjährung.

§ 264 Gegenstand des Urteils. (1) Gegenstand der Urteilsfindung ist die in der Anklage bezeichnete Tat, wie sie sich nach dem Ergebnis der Verhandlung darstellt.

(2) Das Gericht ist an die Beurteilung der Tat, die dem Beschluß über die Eröffnung des Hauptverfahrens zugrunde liegt, nicht gebunden.

§§ 265–266 *(hier nicht wiedergegeben)*

§ 267 Urteilsgründe. (1) [1] Wird der Angeklagte verurteilt, so müssen die Urteilsgründe die für erwiesen erachteten Tatsachen angeben, in denen die gesetzlichen Merkmale der Straftat gefunden werden. [2] Soweit der Beweis aus anderen Tatsachen gefolgert wird, sollen auch diese Tatsachen angegeben werden. [3] Auf Abbildungen, die sich bei den Akten befinden, kann hierbei wegen der Einzelheiten verwiesen werden.

(2) Waren in der Verhandlung vom Strafgesetz besonders vorgesehene Umstände behauptet worden, welche die Strafbarkeit ausschließen, vermindern oder erhöhen, so müssen die Urteilsgründe sich darüber aussprechen, ob diese Umstände für festgestellt oder für nicht festgestellt erachtet werden.

(3) [1] Die Gründe des Strafurteils müssen ferner das zur Anwendung gebrachte Strafgesetz bezeichnen und die Umstände anführen, die für die Zumessung der Strafe bestimmend gewesen sind. [2] Macht das Strafgesetz Milderungen von dem Vorliegen minder schwerer Fälle abhängig, so müssen die Urteilsgründe ergeben, weshalb diese Umstände angenommen oder einem in der Verhandlung gestellten Antrag entgegen verneint werden; dies gilt entsprechend für die Verhängung einer Freiheitsstrafe in den Fällen des § 47 des Strafgesetzbuches. [3] Die Urteilsgründe müssen auch ergeben, weshalb ein besonders schwerer Fall nicht angenommen wird, wenn die Voraussetzungen erfüllt sind, unter denen nach dem Strafgesetz in der Regel ein solcher Fall vorliegt; liegen diese Voraussetzungen nicht vor, wird aber gleichwohl ein besonders schwerer Fall angenommen, so gilt Satz 2 entsprechend. [4] Die Urteilsgründe müssen ferner ergeben, weshalb die Strafe zur Bewährung ausgesetzt oder einem in der Verhandlung gestellten Antrag entgegen nicht ausgesetzt worden ist; dies gilt entsprechend für die Verwarnung mit Strafvorbehalt und das Absehen von Strafe. [5] Ist dem Urteil eine Verständigung (§ 257c) vorausgegangen, ist auch dies in den Urteilsgründen anzugeben.

(4) *(hier nicht wiedergegeben)*

(5) [1] Wird der Angeklagte freigesprochen, so müssen die Urteilsgründe ergeben, ob der Angeklagte für nicht überführt oder ob und aus welchen Gründen die für erwiesen angenommene Tat für nicht strafbar erachtet worden ist. [2] Verzichten alle zur Anfechtung Berechtigten auf Rechtsmittel oder wird innerhalb der Frist kein Rechtsmittel eingelegt, so braucht nur angegeben zu werden, ob die dem Angeklagten zur Last gelegte Straftat aus tatsächlichen oder rechtlichen Gründen nicht festgestellt worden ist. [3] Absatz 4 Satz 4 ist anzuwenden.

(6) *(hier nicht wiedergegeben)*

§ 268 Urteilsverkündung. (1) Das Urteil ergeht im Namen des Volkes.

(2) [1] Das Urteil wird durch Verlesung der Urteilsformel und Eröffnung der Urteilsgründe verkündet. [2] Die Eröffnung der Urteilsgründe geschieht durch Verlesung oder durch mündliche Mitteilung ihres wesentlichen Inhalts. [3] Bei

der Entscheidung, ob die Urteilsgründe verlesen werden oder ihr wesentlicher Inhalt mündlich mitgeteilt wird, sowie im Fall der mündlichen Mitteilung des wesentlichen Inhalts der Urteilsgründe soll auf die schutzwürdigen Interessen von Prozessbeteiligten, Zeugen oder Verletzten Rücksicht genommen werden. [4] Die Verlesung der Urteilsformel hat in jedem Falle der Mitteilung der Urteilsgründe voranzugehen.

(3) [1] Das Urteil soll am Schluß der Verhandlung verkündet werden. [2] Es muß spätestens zwei Wochen danach verkündet werden, andernfalls mit der Hauptverhandlung von neuem zu beginnen ist. [3] § 229 Absatz 3, 4 Satz 2 und Absatz 5 gilt entsprechend.

§§ 268a–268d *(hier nicht wiedergegeben)*

§ 269 Verbot der Verweisung bei Zuständigkeit eines Gerichts niederer Ordnung. Das Gericht darf sich nicht für unzuständig erklären, weil die Sache vor ein Gericht niederer Ordnung gehöre.

§ 270 Verweisung bei Zuständigkeit eines Gerichts höherer Ordnung.

(1) [1] Hält ein Gericht nach Beginn einer Hauptverhandlung die sachliche Zuständigkeit eines Gerichts höherer Ordnung für begründet, so verweist es die Sache durch Beschluß an das zuständige Gericht; § 209a Nr. 2 Buchstabe a gilt entsprechend. [2] Ebenso ist zu verfahren, wenn das Gericht einen rechtzeitig geltend gemachten Einwand des Angeklagten nach § 6a für begründet hält.

(2) In dem Beschluß bezeichnet das Gericht den Angeklagten und die Tat gemäß § 200 Abs. 1 Satz 1.

(3) [1] Der Beschluß hat die Wirkung eines das Hauptverfahren eröffnenden Beschlusses. [2] Seine Anfechtbarkeit bestimmt sich nach § 210.

(4) [1] Ist der Verweisungsbeschluß von einem Strafrichter oder einem Schöffengericht ergangen, so kann der Angeklagte innerhalb einer bei der Bekanntmachung des Beschlusses zu bestimmenden Frist die Vornahme einzelner Beweiserhebungen vor der Hauptverhandlung beantragen. [2] Über den Antrag entscheidet der Vorsitzende des Gerichts, an das die Sache verwiesen worden ist.

§ 271 Hauptverhandlungsprotokoll. (1) [1] Über die Hauptverhandlung ist ein Protokoll aufzunehmen und von dem Vorsitzenden und dem Urkundsbeamten der Geschäftsstelle, soweit dieser in der Hauptverhandlung anwesend war, zu unterschreiben. [2] Der Tag der Fertigstellung ist darin anzugeben oder aktenkundig zu machen.

(2) [1] Ist der Vorsitzende verhindert, so unterschreibt für ihn der älteste beisitzende Richter. [2] Ist der Vorsitzende das einzige richterliche Mitglied des Gerichts, so genügt bei seiner Verhinderung die Unterschrift des Urkundsbeamten der Geschäftsstelle.

§ 272 Inhalt des Hauptverhandlungsprotokolls. Das Protokoll über die Hauptverhandlung enthält

1. den Ort und den Tag der Verhandlung;
2. die Namen der Richter und Schöffen, des Beamten der Staatsanwaltschaft, des Urkundsbeamten der Geschäftsstelle und des zugezogenen Dolmetschers;
3. die Bezeichnung der Straftat nach der Anklage;

4. die Namen der Angeklagten, ihrer Verteidiger, der Privatkläger, der Nebenkläger, der Anspruchsteller nach § 403, der sonstigen Nebenbeteiligten, der gesetzlichen Vertreter, der Bevollmächtigten und der Beistände;
5. die Angabe, daß öffentlich verhandelt oder die Öffentlichkeit ausgeschlossen ist.

§ 273 Beurkundung der Hauptverhandlung. (1) [1]Das Protokoll muß den Gang und die Ergebnisse der Hauptverhandlung im wesentlichen wiedergeben und die Beachtung aller wesentlichen Förmlichkeiten ersichtlich machen, auch die Bezeichnung der verlesenen Urkunden oder derjenigen, von deren Verlesung nach § 249 Abs. 2 abgesehen worden ist, sowie die im Laufe der Verhandlung gestellten Anträge, die ergangenen Entscheidungen und die Urteilsformel enthalten. [2]In das Protokoll muss auch der wesentliche Ablauf und Inhalt einer Erörterung nach§ 257b aufgenommen werden.

(1a) [1]Das Protokoll muss auch den wesentlichen Ablauf und Inhalt sowie das Ergebnis einer Verständigung nach § 257c wiedergeben. [2]Gleiches gilt für die Beachtung der in § 243 Absatz 4, § 257c Absatz 4 Satz 4 und Absatz 5 vorgeschriebenen Mitteilungen und Belehrungen. [3]Hat eine Verständigung nicht stattgefunden, ist auch dies im Protokoll zu vermerken.

(2) [1]Aus der Hauptverhandlung vor dem Strafrichter und dem Schöffengericht sind außerdem die wesentlichen Ergebnisse der Vernehmungen in das Protokoll aufzunehmen; dies gilt nicht, wenn alle zur Anfechtung Berechtigten auf Rechtsmittel verzichten oder innerhalb der Frist kein Rechtsmittel eingelegt wird. [2]Der Vorsitzende kann anordnen, dass anstelle der Aufnahme der wesentlichen Vernehmungsergebnisse in das Protokoll einzelne Vernehmungen im Zusammenhang als Tonaufzeichnung zur Akte genommen werden. [3]§ 58a Abs. 2 Satz 1 und 3 bis 6 gilt entsprechend.

(3) [1]Kommt es auf die Feststellung eines Vorgangs in der Hauptverhandlung oder des Wortlauts einer Aussage oder einer Äußerung an, so hat der Vorsitzende von Amts wegen oder auf Antrag einer an der Verhandlung beteiligten Person die vollständige Protokollierung und Verlesung anzuordnen. [2]Lehnt der Vorsitzende die Anordnung ab, so entscheidet auf Antrag einer an der Verhandlung beteiligten Person das Gericht. [3]In dem Protokoll ist zu vermerken, daß die Verlesung geschehen und die Genehmigung erfolgt ist oder welche Einwendungen erhoben worden sind.

(4) Bevor das Protokoll fertiggestellt ist, darf das Urteil nicht zugestellt werden.

§ 274 Beweiskraft des Protokolls. [1]Die Beobachtung der für die Hauptverhandlung vorgeschriebenen Förmlichkeiten kann nur durch das Protokoll bewiesen werden. [2]Gegen den diese Förmlichkeiten betreffenden Inhalt des Protokolls ist nur der Nachweis der Fälschung zulässig.

§ 275 Absetzungsfrist und Form des Urteils. (1) [1]Ist das Urteil mit den Gründen nicht bereits vollständig in das Protokoll aufgenommen worden, so ist es unverzüglich zu den Akten zu bringen. [2]Dies muß spätestens fünf Wochen nach der Verkündung geschehen; diese Frist verlängert sich, wenn die Hauptverhandlung länger als drei Tage gedauert hat, um zwei Wochen, und wenn die Hauptverhandlung länger als zehn Tage gedauert hat, für jeden begonnenen Abschnitt von zehn Hauptverhandlungstagen um weitere zwei Wochen. [3]Nach

Ablauf der Frist dürfen die Urteilsgründe nicht mehr geändert werden. [4]Die Frist darf nur überschritten werden, wenn und solange das Gericht durch einen im Einzelfall nicht voraussehbaren unabwendbaren Umstand an ihrer Einhaltung gehindert worden ist. [5]Der Zeitpunkt, zu dem das Urteil zu den Akten gebracht ist, und der Zeitpunkt einer Änderung der Gründe müssen aktenkundig sein.

(2) [1]Das Urteil ist von den Richtern, die bei der Entscheidung mitgewirkt haben, zu unterschreiben. [2]Ist ein Richter verhindert, seine Unterschrift beizufügen, so wird dies unter der Angabe des Verhinderungsgrundes von dem Vorsitzenden und bei dessen Verhinderung von dem ältesten beisitzenden Richter unter dem Urteil vermerkt. [3]Der Unterschrift der Schöffen bedarf es nicht.

(3) Die Bezeichnung des Tages der Sitzung sowie die Namen der Richter, der Schöffen, des Beamten der Staatsanwaltschaft, des Verteidigers und des Urkundsbeamten der Geschäftsstelle, die an der Sitzung teilgenommen haben, sind in das Urteil aufzunehmen.

Siebter Abschnitt. Entscheidung über die im Urteil vorbehaltene oder die nachträgliche Anordnung der Sicherungsverwahrung

§ 275a *(hier nicht wiedergegeben)*

Achter Abschnitt. Verfahren gegen Abwesende

§§ 276–295 *(hier nicht wiedergegeben)*

Drittes Buch. Rechtsmittel

Erster Abschnitt. Allgemeine Vorschriften

§ 296 Rechtsmittelberechtigte. (1) Die zulässigen Rechtsmittel gegen gerichtliche Entscheidungen stehen sowohl der Staatsanwaltschaft als dem Beschuldigten zu.

(2) Die Staatsanwaltschaft kann von ihnen auch zugunsten des Beschuldigten Gebrauch machen.

§ 297 Einlegung durch den Verteidiger. Für den Beschuldigten kann der Verteidiger, jedoch nicht gegen dessen ausdrücklichen Willen, Rechtsmittel einlegen.

§ 298 Einlegung durch den gesetzlichen Vertreter. (1) Der gesetzliche Vertreter eines Beschuldigten kann binnen der für den Beschuldigten laufenden Frist selbständig von den zulässigen Rechtsmitteln Gebrauch machen.

(2) Auf ein solches Rechtsmittel und auf das Verfahren sind die für die Rechtsmittel des Beschuldigten geltenden Vorschriften entsprechend anzuwenden.

§ 299 Abgabe von Erklärungen bei Freiheitsentzug. (1) Der nicht auf freiem Fuß befindliche Beschuldigte kann die Erklärungen, die sich auf Rechtsmittel beziehen, zu Protokoll der Geschäftsstelle des Amtsgerichts geben, in dessen Bezirk die Anstalt liegt, wo er auf behördliche Anordnung verwahrt wird.

(2) Zur Wahrung einer Frist genügt es, wenn innerhalb der Frist das Protokoll aufgenommen wird.

§ 300 Falschbezeichnung eines zulässigen Rechtsmittels. Ein Irrtum in der Bezeichnung des zulässigen Rechtsmittels ist unschädlich.

§ 301 Wirkung eines Rechtsmittels der Staatsanwaltschaft. Jedes von der Staatsanwaltschaft eingelegte Rechtsmittel hat die Wirkung, daß die angefochtene Entscheidung auch zugunsten des Beschuldigten abgeändert oder aufgehoben werden kann.

§ 302 Zurücknahme und Verzicht. (1) [1]Die Zurücknahme eines Rechtsmittels sowie der Verzicht auf die Einlegung eines Rechtsmittels können auch vor Ablauf der Frist zu seiner Einlegung wirksam erfolgen. [2]Ist dem Urteil eine Verständigung (§ 257c) vorausgegangen, ist ein Verzicht ausgeschlossen. [3]Ein von der Staatsanwaltschaft zugunsten des Beschuldigten eingelegtes Rechtsmittel kann ohne dessen Zustimmung nicht zurückgenommen werden.

(2) Der Verteidiger bedarf zur Zurücknahme einer ausdrücklichen Ermächtigung.

§ 303 Zustimmungserfordernis bei Zurücknahme. [1]Wenn die Entscheidung über das Rechtsmittel auf Grund mündlicher Verhandlung stattzufinden hat, so kann die Zurücknahme nach Beginn der Hauptverhandlung nur mit Zustimmung des Gegners erfolgen. [2]Die Zurücknahme eines Rechtsmittels des Angeklagten bedarf jedoch nicht der Zustimmung des Nebenklägers.

Zweiter Abschnitt. Beschwerde

§ 304 Zulässigkeit. (1) Die Beschwerde ist gegen alle von den Gerichten im ersten Rechtszug oder im Berufungsverfahren erlassenen Beschlüsse und gegen die Verfügungen des Vorsitzenden, des Richters im Vorverfahren und eines beauftragten oder ersuchten Richters zulässig, soweit das Gesetz sie nicht ausdrücklich einer Anfechtung entzieht.

(2) Auch Zeugen, Sachverständige und andere Personen können gegen Beschlüsse und Verfügungen, durch die sie betroffen werden, Beschwerde erheben.

(3) Gegen Entscheidungen über Kosten oder notwendige Auslagen ist die Beschwerde nur zulässig, wenn der Wert des Beschwerdegegenstands 200 Euro übersteigt.

(4) [1]Gegen Beschlüsse und Verfügungen des Bundesgerichtshofes ist keine Beschwerde zulässig. [2]Dasselbe gilt für Beschlüsse und Verfügungen der Oberlandesgerichte; in Sachen, in denen die Oberlandesgerichte im ersten Rechtszug zuständig sind, ist jedoch die Beschwerde zulässig gegen Beschlüsse und Verfügungen, welche

1. die Verhaftung, einstweilige Unterbringung, Unterbringung zur Beobachtung, Bestellung eines Pflichtverteidigers oder deren Aufhebung, Beschlagnahme, Durchsuchung oder die in § 101 Abs. 1 oder § 101a Absatz 1 bezeichneten Maßnahmen betreffen,
2. die Eröffnung des Hauptverfahrens ablehnen oder das Verfahren wegen eines Verfahrenshindernisses einstellen,

3. die Hauptverhandlung in Abwesenheit des Angeklagten (§ 231a) anordnen oder die Verweisung an ein Gericht niederer Ordnung aussprechen,
4. die Akteneinsicht betreffen oder
5. den Widerruf der Strafaussetzung, den Widerruf des Straferlasses und die Verurteilung zu der vorbehaltenen Strafe (§ 453 Abs. 2 Satz 3), die Anordnung vorläufiger Maßnahmen zur Sicherung des Widerrufs (§ 453c), die Aussetzung des Strafrestes und deren Widerruf (§ 454 Abs. 3 und 4), die Wiederaufnahme des Verfahrens (§ 372 Satz 1) oder die Einziehung oder die Unbrauchbarmachung nach den §§ 435, 436 Absatz 2 in Verbindung mit § 434 Absatz 2 und § 439 betreffen.

[3] § 138d Abs. 6 bleibt unberührt.

(5) Gegen Verfügungen des Ermittlungsrichters des Bundesgerichtshofes und des Oberlandesgerichts (§ 169 Abs. 1) ist die Beschwerde nur zulässig, wenn sie die Verhaftung, einstweilige Unterbringung, Bestellung eines Pflichtverteidigers oder deren Aufhebung, Beschlagnahme, Durchsuchung oder die in § 101 Abs. 1 bezeichneten Maßnahmen betreffen.

§ 305 Nicht der Beschwerde unterliegende Entscheidungen. [1] Entscheidungen der erkennenden Gerichte, die der Urteilsfällung vorausgehen, unterliegen nicht der Beschwerde. [2] Ausgenommen sind Entscheidungen über Verhaftungen, die einstweilige Unterbringung, Beschlagnahmen, die vorläufige Entziehung der Fahrerlaubnis, das vorläufige Berufsverbot oder die Festsetzung von Ordnungs- oder Zwangsmitteln sowie alle Entscheidungen, durch die dritte Personen betroffen werden.

§ 305a *(hier nicht wiedergegeben)*

§ 306 Einlegung; Abhilfeverfahren. (1) Die Beschwerde wird bei dem Gericht, von dem oder von dessen Vorsitzenden die angefochtene Entscheidung erlassen ist, zu Protokoll der Geschäftsstelle oder schriftlich eingelegt.

(2) Erachtet das Gericht oder der Vorsitzende, dessen Entscheidung angefochten wird, die Beschwerde für begründet, so haben sie ihr abzuhelfen; andernfalls ist die Beschwerde sofort, spätestens vor Ablauf von drei Tagen, dem Beschwerdegericht vorzulegen.

(3) Diese Vorschriften gelten auch für die Entscheidungen des Richters im Vorverfahren und des beauftragten oder ersuchten Richters.

§ 307 Keine Vollzugshemmung. (1) Durch Einlegung der Beschwerde wird der Vollzug der angefochtenen Entscheidung nicht gehemmt.

(2) Jedoch kann das Gericht, der Vorsitzende oder der Richter, dessen Entscheidung angefochten wird, sowie auch das Beschwerdegericht anordnen, daß die Vollziehung der angefochtenen Entscheidung auszusetzen ist.

§ 308 Befugnisse des Beschwerdegerichts. (1) [1] Das Beschwerdegericht darf die angefochtene Entscheidung nicht zum Nachteil des Gegners des Beschwerdeführers ändern, ohne daß diesem die Beschwerde zur Gegenerklärung mitgeteilt worden ist. [2] Dies gilt nicht in den Fällen des § 33 Abs. 4 Satz 1.

(2) Das Beschwerdegericht kann Ermittlungen anordnen oder selbst vornehmen.

§ 309 Entscheidung. (1) Die Entscheidung über die Beschwerde ergeht ohne mündliche Verhandlung, in geeigneten Fällen nach Anhörung der Staatsanwaltschaft.

(2) Wird die Beschwerde für begründet erachtet, so erläßt das Beschwerdegericht zugleich die in der Sache erforderliche Entscheidung.

§ 310 Weitere Beschwerde. (1) Beschlüsse, die von dem Landgericht oder von dem nach § 120 Abs. 3 des Gerichtsverfassungsgesetzes zuständigen Oberlandesgericht auf die Beschwerde hin erlassen worden sind, können durch weitere Beschwerde angefochten werden, wenn sie

1. eine Verhaftung,
2. eine einstweilige Unterbringung oder
3. einen Vermögensarrest nach § 111e über einen Betrag von mehr als 20 000 Euro

betreffen.

(2) Im übrigen findet eine weitere Anfechtung der auf eine Beschwerde ergangenen Entscheidungen nicht statt.

§ 311 Sofortige Beschwerde. (1) Für die Fälle der sofortigen Beschwerde gelten die nachfolgenden besonderen Vorschriften.

(2) Die Beschwerde ist binnen einer Woche einzulegen; die Frist beginnt mit der Bekanntmachung (§ 35) der Entscheidung.

(3) [1] Das Gericht ist zu einer Abänderung seiner durch Beschwerde angefochtenen Entscheidung nicht befugt. [2] Es hilft jedoch der Beschwerde ab, wenn es zum Nachteil des Beschwerdeführers Tatsachen oder Beweisergebnisse verwertet hat, zu denen dieser noch nicht gehört worden ist, und es auf Grund des nachträglichen Vorbringens die Beschwerde für begründet erachtet.

§ 311a Nachträgliche Anhörung des Gegners. (1) [1] Hat das Beschwerdegericht einer Beschwerde ohne Anhörung des Gegners des Beschwerdeführers stattgegeben und kann seine Entscheidung nicht angefochten werden, so hat es diesen, sofern der ihm dadurch entstandene Nachteil noch besteht, von Amts wegen oder auf Antrag nachträglich zu hören und auf einen Antrag zu entscheiden. [2] Das Beschwerdegericht kann seine Entscheidung auch ohne Antrag ändern.

(2) Für das Verfahren gelten die §§ 307, 308 Abs. 2 und § 309 Abs. 2 entsprechend.

Dritter Abschnitt. Berufung

§§ 312–332 *(hier nicht wiedergegeben)*

Vierter Abschnitt. Revision

§§ 333–335 *(hier nicht wiedergegeben)*

§ 336 Überprüfung der dem Urteil vorausgegangenen Entscheidungen. [1] Der Beurteilung des Revisionsgerichts unterliegen auch die Entscheidungen, die dem Urteil vorausgegangen sind, sofern es auf ihnen beruht. [2] Dies gilt nicht für Entscheidungen, die ausdrücklich für unanfechtbar erklärt oder mit der sofortigen Beschwerde anfechtbar sind.

§ 337 Revisionsgründe. (1) Die Revision kann nur darauf gestützt werden, daß das Urteil auf einer Verletzung des Gesetzes beruhe.

(2) Das Gesetz ist verletzt, wenn eine Rechtsnorm nicht oder nicht richtig angewendet worden ist.

§ 338 Absolute Revisionsgründe. Ein Urteil ist stets als auf einer Verletzung des Gesetzes beruhend anzusehen,

1. wenn das erkennende Gericht nicht vorschriftsmäßig besetzt war; war nach § 222a die Mitteilung der Besetzung vorgeschrieben, so kann die Revision auf die vorschriftswidrige Besetzung nur gestützt werden, wenn
   a) das Gericht in einer Besetzung entschieden hat, deren Vorschriftswidrigkeit nach § 222b Absatz 2 Satz 2 oder Absatz 3 Satz 4 festgestellt worden ist, oder
   b) das Rechtsmittelgericht nicht nach § 222b Absatz 3 entschieden hat und
      aa) die Vorschriften über die Mitteilung verletzt worden sind,
      bb) der rechtzeitig und in der vorgeschriebenen Form geltend gemachte Einwand der vorschriftswidrigen Besetzung übergangen oder zurückgewiesen worden ist oder
      cc) die Besetzung nach § 222b Absatz 1 Satz 1 nicht mindestens eine Woche geprüft werden konnte, obwohl ein Antrag nach § 222a Absatz 2 gestellt wurde;
2. wenn bei dem Urteil ein Richter oder Schöffe mitgewirkt hat, der von der Ausübung des Richteramtes kraft Gesetzes ausgeschlossen war;
3. wenn bei dem Urteil ein Richter oder Schöffe mitgewirkt hat, nachdem er wegen Besorgnis der Befangenheit abgelehnt war und das Ablehnungsgesuch entweder für begründet erklärt war oder mit Unrecht verworfen worden ist;
4. wenn das Gericht seine Zuständigkeit mit Unrecht angenommen hat;
5. wenn die Hauptverhandlung in Abwesenheit der Staatsanwaltschaft oder einer Person, deren Anwesenheit das Gesetz vorschreibt, stattgefunden hat;
6. wenn das Urteil auf Grund einer mündlichen Verhandlung ergangen ist, bei der die Vorschriften über die Öffentlichkeit des Verfahrens verletzt sind;
7. wenn das Urteil keine Entscheidungsgründe enthält oder diese nicht innerhalb des sich aus § 275 Abs. 1 Satz 2 und 4 ergebenden Zeitraums zu den Akten gebracht worden sind;
8. wenn die Verteidigung in einem für die Entscheidung wesentlichen Punkt durch einen Beschluß des Gerichts unzulässig beschränkt worden ist.

§ 339 Rechtsnormen zugunsten des Angeklagten. Die Verletzung von Rechtsnormen, die lediglich zugunsten des Angeklagten gegeben sind, kann von der Staatsanwaltschaft nicht zu dem Zweck geltend gemacht werden, um eine Aufhebung des Urteils zum Nachteil des Angeklagten herbeizuführen.

§ 340 Revision gegen Berufungsurteile bei Vertretung des Angeklagten. Ist nach § 329 Absatz 2 verfahren worden, kann der Angeklagte die Revision gegen das auf seine Berufung hin ergangene Urteil nicht darauf stützen, dass seine Anwesenheit in der Berufungshauptverhandlung erforderlich gewesen wäre.

§ 341 Form und Frist. (1) Die Revision muß bei dem Gericht, dessen Urteil angefochten wird, binnen einer Woche nach Verkündung des Urteils zu Protokoll der Geschäftsstelle oder schriftlich eingelegt werden.

(2) Hat die Verkündung des Urteils nicht in Anwesenheit des Angeklagten stattgefunden, so beginnt für diesen die Frist mit der Zustellung, sofern nicht in den Fällen der §§ 234, 329 Absatz 2, § 387 Absatz 1, § 411 Absatz 2 und § 434 Absatz 1 Satz 1 die Verkündung in Anwesenheit des Verteidigers mit nachgewiesener Vertretungsvollmacht stattgefunden hat.

§ 342 Revision und Wiedereinsetzungsantrag. (1) Der Beginn der Frist zur Einlegung der Revision wird dadurch nicht ausgeschlossen, daß gegen ein auf Ausbleiben des Angeklagten ergangenes Urteil eine Wiedereinsetzung in den vorigen Stand nachgesucht werden kann.

(2) [1] Stellt der Angeklagte einen Antrag auf Wiedereinsetzung in den vorigen Stand, so wird die Revision dadurch gewahrt, daß sie sofort für den Fall der Verwerfung jenes Antrags rechtzeitig eingelegt und begründet wird. [2] Die weitere Verfügung in bezug auf die Revision bleibt dann bis zur Erledigung des Antrags auf Wiedereinsetzung in den vorigen Stand ausgesetzt.

(3) Die Einlegung der Revision ohne Verbindung mit dem Antrag auf Wiedereinsetzung in den vorigen Stand gilt als Verzicht auf die letztere.

§ 343 Hemmung der Rechtskraft. (1) Durch rechtzeitige Einlegung der Revision wird die Rechtskraft des Urteils, soweit es angefochten ist, gehemmt.

(2) Dem Beschwerdeführer, dem das Urteil mit den Gründen noch nicht zugestellt war, ist es nach Einlegung der Revision zuzustellen.

§ 344 Revisionsbegründung. (1) Der Beschwerdeführer hat die Erklärung abzugeben, inwieweit er das Urteil anfechte und dessen Aufhebung beantrage (Revisionsanträge), und die Anträge zu begründen.

(2) [1] Aus der Begründung muß hervorgehen, ob das Urteil wegen Verletzung einer Rechtsnorm über das Verfahren oder wegen Verletzung einer anderen Rechtsnorm angefochten wird. [2] Ersterenfalls müssen die den Mangel enthaltenden Tatsachen angegeben werden.

§ 345 Revisionsbegründungsfrist. (1) [1] Die Revisionsanträge und ihre Begründung sind spätestens binnen eines Monats nach Ablauf der Frist zur Einlegung des Rechtsmittels bei dem Gericht, dessen Urteil angefochten wird, anzubringen. [2] Die Revisionsbegründungsfrist verlängert sich, wenn das Urteil später als einundzwanzig Wochen nach der Verkündung zu den Akten gebracht worden ist, um einen Monat und, wenn es später als fünfunddreißig Wochen nach der Verkündung zu den Akten gebracht worden ist, um einen weiteren Monat. [3] War bei Ablauf der Frist zur Einlegung des Rechtsmittels das Urteil noch nicht zugestellt, so beginnt die Frist mit der Zustellung des Urteils und in den Fällen des Satzes 2 der Mitteilung des Zeitpunktes, zu dem es zu den Akten gebracht ist.

(2) Seitens des Angeklagten kann dies nur in einer von dem Verteidiger oder einem Rechtsanwalt unterzeichneten Schrift oder zu Protokoll der Geschäftsstelle geschehen.

§ 346 Verspätete oder formwidrige Einlegung. (1) Ist die Revision verspätet eingelegt oder sind die Revisionsanträge nicht rechtzeitig oder nicht in der in § 345 Abs. 2 vorgeschriebenen Form angebracht worden, so hat das Gericht, dessen Urteil angefochten wird, das Rechtsmittel durch Beschluß als unzulässig zu verwerfen.

(2) [1] Der Beschwerdeführer kann binnen einer Woche nach Zustellung des Beschlusses auf die Entscheidung des Revisionsgerichts antragen. [2] In diesem Falle sind die Akten an das Revisionsgericht einzusenden; die Vollstreckung des Urteils wird jedoch hierdurch nicht gehemmt. [3] Die Vorschrift des § 35a gilt entsprechend.

§ 347 Zustellung; Gegenerklärung; Vorlage der Akten an das Revisionsgericht. (1) [1] Ist die Revision rechtzeitig eingelegt und sind die Revisionsanträge rechtzeitig und in der vorgeschriebenen Form angebracht, so ist die Revisionsschrift dem Gegner des Beschwerdeführers zuzustellen. [2] Diesem steht frei, binnen einer Woche eine schriftliche Gegenerklärung einzureichen. [3] Wird das Urteil wegen eines Verfahrensmangels angefochten, so gibt der Staatsanwalt in dieser Frist eine Gegenerklärung ab, wenn anzunehmen ist, dass dadurch die Prüfung der Revisionsbeschwerde erleichtert wird. [4] Der Angeklagte kann die Gegenerklärung auch zu Protokoll der Geschäftsstelle abgeben.

(2) Nach Eingang der Gegenerklärung oder nach Ablauf der Frist sendet die Staatsanwaltschaft die Akten an das Revisionsgericht.

§ 348 Unzuständigkeit des Gerichts. (1) Findet das Gericht, an das die Akten gesandt sind, daß die Verhandlung und Entscheidung über das Rechtsmittel zur Zuständigkeit eines anderen Gerichts gehört, so hat es durch Beschluß seine Unzuständigkeit auszusprechen.

(2) Dieser Beschluß, in dem das zuständige Revisionsgericht zu bezeichnen ist, unterliegt keiner Anfechtung und ist für das in ihm bezeichnete Gericht bindend.

(3) Die Abgabe der Akten erfolgt durch die Staatsanwaltschaft.

§ 349 Entscheidung ohne Hauptverhandlung durch Beschluss.

(1) Erachtet das Revisionsgericht die Vorschriften über die Einlegung der Revision oder die über die Anbringung der Revisionsanträge nicht für beobachtet, so kann es das Rechtsmittel durch Beschluß als unzulässig verwerfen.

(2) Das Revisionsgericht kann auf einen Antrag der Staatsanwaltschaft, der zu begründen ist, auch dann durch Beschluß entscheiden, wenn es die Revision einstimmig für offensichtlich unbegründet erachtet.

(3) [1] Die Staatsanwaltschaft teilt den Antrag nach Absatz 2 mit den Gründen dem Beschwerdeführer mit. [2] Der Beschwerdeführer kann binnen zwei Wochen eine schriftliche Gegenerklärung beim Revisionsgericht einreichen.

(4) Erachtet das Revisionsgericht die zugunsten des Angeklagten eingelegte Revision einstimmig für begründet, so kann es das angefochtene Urteil durch Beschluß aufheben.

(5) Wendet das Revisionsgericht Absatz 1, 2 oder 4 nicht an, so entscheidet es über das Rechtsmittel durch Urteil.

§ 350 Revisionshauptverhandlung. (1) [1] Dem Angeklagten, seinem gesetzlichen Vertreter und dem Verteidiger sowie dem Nebenkläger und den Personen, die nach § 214 Absatz 1 Satz 2 vom Termin zu benachrichtigen sind,

sind Ort und Zeit der Hauptverhandlung mitzuteilen. [2]Ist die Mitwirkung eines Verteidigers notwendig, so ist dieser zu laden.

(2) [1]Der Angeklagte kann in der Hauptverhandlung erscheinen oder sich durch einen Verteidiger mit nachgewiesener Vertretungsvollmacht vertreten lassen. [2]Die Hauptverhandlung kann, soweit nicht die Mitwirkung eines Verteidigers notwendig ist, auch durchgeführt werden, wenn weder der Angeklagte noch ein Verteidiger anwesend ist. [3]Die Entscheidung darüber, ob der Angeklagte, der nicht auf freiem Fuß ist, zu der Hauptverhandlung vorgeführt wird, liegt im Ermessen des Gerichts.

§ 351 Gang der Revisionshauptverhandlung. (1) Die Hauptverhandlung beginnt mit dem Vortrag eines Berichterstatters.

(2) [1]Hierauf werden die Staatsanwaltschaft sowie der Angeklagte und sein Verteidiger mit ihren Ausführungen und Anträgen, und zwar der Beschwerdeführer zuerst, gehört. [2]Dem Angeklagten gebührt das letzte Wort.

§ 352 Umfang der Urteilsprüfung. (1) Der Prüfung des Revisionsgerichts unterliegen nur die gestellten Revisionsanträge und, soweit die Revision auf Mängel des Verfahrens gestützt wird, nur die Tatsachen, die bei Anbringung der Revisionsanträge bezeichnet worden sind.

(2) Eine weitere Begründung der Revisionsanträge als die in § 344 Abs. 2 vorgeschriebene ist nicht erforderlich und, wenn sie unrichtig ist, unschädlich.

§ 353 Aufhebung des Urteils und der Feststellungen. (1) Soweit die Revision für begründet erachtet wird, ist das angefochtene Urteil aufzuheben.

(2) Gleichzeitig sind die dem Urteil zugrunde liegenden Feststellungen aufzuheben, sofern sie durch die Gesetzesverletzung betroffen werden, wegen deren das Urteil aufgehoben wird.

§ 354 Eigene Entscheidung in der Sache; Zurückverweisung.

(1) Erfolgt die Aufhebung des Urteils nur wegen Gesetzesverletzung bei Anwendung des Gesetzes auf die dem Urteil zugrunde liegenden Feststellungen, so hat das Revisionsgericht in der Sache selbst zu entscheiden, sofern ohne weitere tatsächliche Erörterungen nur auf Freisprechung oder auf Einstellung oder auf eine absolut bestimmte Strafe zu erkennen ist oder das Revisionsgericht in Übereinstimmung mit dem Antrag der Staatsanwaltschaft die gesetzlich niedrigste Strafe oder das Absehen von Strafe für angemessen erachtet.

(1a) [1]Wegen einer Gesetzesverletzung nur bei Zumessung der Rechtsfolgen kann das Revisionsgericht von der Aufhebung des angefochtenen Urteils absehen, sofern die verhängte Rechtsfolge angemessen ist. [2]Auf Antrag der Staatsanwaltschaft kann es die Rechtsfolgen angemessen herabsetzen.

(1b) [1]Hebt das Revisionsgericht das Urteil nur wegen Gesetzesverletzung bei Bildung einer Gesamtstrafe (§§ 53, 54, 55 des Strafgesetzbuches) auf, kann dies mit der Maßgabe geschehen, dass eine nachträgliche gerichtliche Entscheidung über die Gesamtstrafe nach den §§ 460, 462 zu treffen ist. [2]Entscheidet das Revisionsgericht nach Absatz 1 oder Absatz 1a hinsichtlich einer Einzelstrafe selbst, gilt Satz 1 entsprechend. [3]Die Absätze 1 und 1a bleiben im Übrigen unberührt.

(2) [1]In anderen Fällen ist die Sache an eine andere Abteilung oder Kammer des Gerichtes, dessen Urteil aufgehoben wird, oder an ein zu demselben Land

gehörendes anderes Gericht gleicher Ordnung zurückzuverweisen. [2] In Verfahren, in denen ein Oberlandesgericht im ersten Rechtszug entschieden hat, ist die Sache an einen anderen Senat dieses Gerichts zurückzuverweisen.

(3) Die Zurückverweisung kann an ein Gericht niederer Ordnung erfolgen, wenn die noch in Frage kommende strafbare Handlung zu dessen Zuständigkeit gehört.

§ 354a Entscheidung bei Gesetzesänderung. Das Revisionsgericht hat auch dann nach § 354 zu verfahren, wenn es das Urteil aufhebt, weil zur Zeit der Entscheidung des Revisionsgerichts ein anderes Gesetz gilt als zur Zeit des Erlasses der angefochtenen Entscheidung.

§ 355 Verweisung an das zuständige Gericht. Wird ein Urteil aufgehoben, weil das Gericht des vorangehenden Rechtszuges sich mit Unrecht für zuständig erachtet hat, so verweist das Revisionsgericht gleichzeitig die Sache an das zuständige Gericht.

§ 356 Urteilsverkündung. Die Verkündung des Urteils erfolgt nach Maßgabe des § 268.

§ 356a Verletzung des Anspruchs auf rechtliches Gehör bei einer Revisionsentscheidung. [1] Hat das Gericht bei einer Revisionsentscheidung den Anspruch eines Beteiligten auf rechtliches Gehör in entscheidungserheblicher Weise verletzt, versetzt es insoweit auf Antrag das Verfahren durch Beschluss in die Lage zurück, die vor dem Erlass der Entscheidung bestand. [2] Der Antrag ist binnen einer Woche nach Kenntnis von der Verletzung des rechtlichen Gehörs schriftlich oder zu Protokoll der Geschäftsstelle beim Revisionsgericht zu stellen und zu begründen. [3] Der Zeitpunkt der Kenntniserlangung ist glaubhaft zu machen. [4] Hierüber ist der Angeklagte bei der Bekanntmachung eines Urteils, das ergangen ist, obwohl weder er selbst noch ein Verteidiger mit nachgewiesener Vertretungsvollmacht anwesend war, zu belehren. [5] § 47 gilt entsprechend.

§ 357 Revisionserstreckung auf Mitverurteilte. [1] Erfolgt zugunsten eines Angeklagten die Aufhebung des Urteils wegen Gesetzesverletzung bei Anwendung des Strafgesetzes und erstreckt sich das Urteil, soweit es aufgehoben wird, noch auf andere Angeklagte, die nicht Revision eingelegt haben, so ist zu erkennen, als ob sie gleichfalls Revision eingelegt hätten. [2] § 47 Abs. 3 gilt entsprechend.

§ 358 Bindung des Tatgerichts; Verbot der Schlechterstellung.

(1) Das Gericht, an das die Sache zur anderweiten Verhandlung und Entscheidung verwiesen ist, hat die rechtliche Beurteilung, die der Aufhebung des Urteils zugrunde gelegt ist, auch seiner Entscheidung zugrunde zu legen.

(2) [1] Das angefochtene Urteil darf in Art und Höhe der Rechtsfolgen der Tat nicht zum Nachteil des Angeklagten geändert werden, wenn lediglich der Angeklagte, zu seinen Gunsten die Staatsanwaltschaft oder sein gesetzlicher Vertreter Revision eingelegt hat. [2] Wird die Anordnung der Unterbringung in einem psychiatrischen Krankenhaus aufgehoben, hindert diese Vorschrift nicht, an Stelle der Unterbringung eine Strafe zu verhängen. [3] Satz 1 steht auch nicht

der Anordnung der Unterbringung in einem psychiatrischen Krankenhaus oder einer Entziehungsanstalt entgegen.

Viertes Buch. Wiederaufnahme eines durch rechtskräftiges Urteil abgeschlossenen Verfahrens

§ 359[1)] Wiederaufnahme zugunsten des Verurteilten. Die Wiederaufnahme eines durch rechtskräftiges Urteil abgeschlossenen Verfahrens zugunsten des Verurteilten ist zulässig,

1. wenn eine in der Hauptverhandlung zu seinen Ungunsten als echt vorgebrachte Urkunde unecht oder verfälscht war;
2. wenn der Zeuge oder Sachverständige sich bei einem zuungunsten des Verurteilten abgelegten Zeugnis oder abgegebenen Gutachten einer vorsätzlichen oder fahrlässigen Verletzung der Eidespflicht oder einer vorsätzlichen falschen uneidlichen Aussage schuldig gemacht hat;
3. wenn bei dem Urteil ein Richter oder Schöffe mitgewirkt hat, der sich in Beziehung auf die Sache einer strafbaren Verletzung seiner Amtspflichten schuldig gemacht hat, sofern die Verletzung nicht vom Verurteilten selbst veranlaßt ist;
4. wenn ein zivilgerichtliches Urteil, auf welches das Strafurteil gegründet ist, durch ein anderes rechtskräftig gewordenes Urteil aufgehoben ist;
5. wenn neue Tatsachen oder Beweismittel beigebracht sind, die allein oder in Verbindung mit den früher erhobenen Beweisen die Freisprechung des Angeklagten oder in Anwendung eines milderen Strafgesetzes eine geringere Bestrafung oder eine wesentlich andere Entscheidung über eine Maßregel der Besserung und Sicherung zu begründen geeignet sind;
6. wenn der Europäische Gerichtshof für Menschenrechte eine Verletzung der Europäischen Konvention zum Schutze der Menschenrechte und Grundfreiheiten oder ihre Protokolle festgestellt hat und das Urteil auf dieser Verletzung beruht.

§ 360 Keine Hemmung der Vollstreckung. (1) Durch den Antrag auf Wiederaufnahme des Verfahrens wird die Vollstreckung des Urteils nicht gehemmt.

(2) Das Gericht kann jedoch einen Aufschub sowie eine Unterbrechung der Vollstreckung anordnen.

§ 361 Wiederaufnahme nach Vollstreckung oder Tod des Verurteilten.

(1) Der Antrag auf Wiederaufnahme des Verfahrens wird weder durch die erfolgte Strafvollstreckung noch durch den Tod des Verurteilten ausgeschlossen.

[1)] Beachte hierzu auch § 79 Abs. 1 BundesverfassungsgerichtsG idF der Bek. v. 11.8.1993 (BGBl. I S. 1473), zuletzt geänd. durch G v. 20.11.2019 (BGBl. I S. 1724):

„**§ 79.** (1) Gegen ein rechtskräftiges Strafurteil, das auf einer mit dem Grundgesetz v. 23.5.1949 (BGBl. I S. 1), zuletzt geänd. durch G v. 28.6.2022 (BGBl. I S. 968) für unvereinbar oder nach § 78f für nichtig erklärten Norm oder auf der Auslegung einer Norm beruht, die vom Bundesverfassungsgericht für unvereinbar mit dem Grundgesetz v. 23.5.1949 (BGBl. I S. 1), zuletzt geänd. durch G v. 28.6.2022 (BGBl. I S. 968) erklärt worden ist, ist die Wiederaufnahme des Verfahrens nach den Vorschriften der Strafprozeßordnung zulässig."

(2) Im Falle des Todes sind der Ehegatte, der Lebenspartner, die Verwandten auf- und absteigender Linie sowie die Geschwister des Verstorbenen zu dem Antrag befugt.

§ 362 Wiederaufnahme zuungunsten des Verurteilten. Die Wiederaufnahme eines durch rechtskräftiges Urteil abgeschlossenen Verfahrens zuungunsten des Angeklagten ist zulässig,

1. wenn eine in der Hauptverhandlung zu seinen Gunsten als echt vorgebrachte Urkunde unecht oder verfälscht war;
2. wenn der Zeuge oder Sachverständige sich bei einem zugunsten des Angeklagten abgelegten Zeugnis oder abgegebenen Gutachten einer vorsätzlichen oder fahrlässigen Verletzung der Eidespflicht oder einer vorsätzlichen falschen uneidlichen Aussage schuldig gemacht hat;
3. wenn bei dem Urteil ein Richter oder Schöffe mitgewirkt hat, der sich in Beziehung auf die Sache einer strafbaren Verletzung seiner Amtspflichten schuldig gemacht hat;
4. wenn von dem Freigesprochenen vor Gericht oder außergerichtlich ein glaubwürdiges Geständnis der Straftat abgelegt wird;
5. wenn neue Tatsachen oder Beweismittel beigebracht werden, die allein oder in Verbindung mit früher erhobenen Beweisen dringende Gründe dafür bilden, dass der freigesprochene Angeklagte wegen Mordes (§ 211 des Strafgesetzbuches), Völkermordes (§ 6 Absatz 1 des Völkerstrafgesetzbuches), des Verbrechens gegen die Menschlichkeit (§ 7 Absatz 1 Nummer 1 und 2 des Völkerstrafgesetzbuches) oder Kriegsverbrechens gegen eine Person (§ 8 Absatz 1 Nummer 1 des Völkerstrafgesetzbuches) verurteilt wird.

§ 363 Unzulässigkeit. (1) Eine Wiederaufnahme des Verfahrens zu dem Zweck, eine andere Strafbemessung auf Grund desselben Strafgesetzes herbeizuführen, ist nicht zulässig.

(2) Eine Wiederaufnahme des Verfahrens zu dem Zweck, eine Milderung der Strafe wegen verminderter Schuldfähigkeit (§ 21 des Strafgesetzbuches) herbeizuführen, ist gleichfalls ausgeschlossen.

§ 364 Behauptung einer Straftat. [1] Ein Antrag auf Wiederaufnahme des Verfahrens, der auf die Behauptung einer Straftat gegründet werden soll, ist nur dann zulässig, wenn wegen dieser Tat eine rechtskräftige Verurteilung ergangen ist oder wenn die Einleitung oder Durchführung eines Strafverfahrens aus anderen Gründen als wegen Mangels an Beweis nicht erfolgen kann. [2] Dies gilt nicht im Falle des § 359 Nr. 5.

§ 364a Bestellung eines Verteidigers für das Wiederaufnahmeverfahren. Das für die Entscheidungen im Wiederaufnahmeverfahren zuständige Gericht bestellt dem Verurteilten, der keinen Verteidiger hat, auf Antrag einen Verteidiger für das Wiederaufnahmeverfahren, wenn wegen der Schwierigkeit der Sach- oder Rechtslage die Mitwirkung eines Verteidigers geboten erscheint.

§ 364b Bestellung eines Verteidigers für die Vorbereitung des Wiederaufnahmeverfahrens. (1) [1] Das für die Entscheidungen im Wiederaufnahmeverfahren zuständige Gericht bestellt dem Verurteilten, der keinen Verteidiger hat, auf Antrag einen Verteidiger schon für die Vorbereitung eines Wiederaufnahmeverfahrens, wenn

1. hinreichende tatsächliche Anhaltspunkte dafür vorliegen, daß bestimmte Nachforschungen zu Tatsachen oder Beweismitteln führen, welche die Zulässigkeit eines Antrags auf Wiederaufnahme des Verfahrens begründen können,
2. wegen der Schwierigkeit der Sach- oder Rechtslage die Mitwirkung eines Verteidigers geboten erscheint und
3. der Verurteilte außerstande ist, ohne Beeinträchtigung des für ihn und seine Familie notwendigen Unterhalts auf eigene Kosten einen Verteidiger zu beauftragen.

[2] Ist dem Verurteilten bereits ein Verteidiger bestellt, so stellt das Gericht auf Antrag durch Beschluß fest, daß die Voraussetzungen der Nummern 1 bis 3 des Satzes 1 vorliegen.

(2) Für das Verfahren zur Feststellung der Voraussetzungen des Absatzes 1 Satz 1 Nr. 3 gelten § 117 Abs. 2 bis 4 und § 118 Abs. 2 Satz 1, 2 und 4 der Zivilprozeßordnung entsprechend.

§ 365 Geltung der allgemeinen Vorschriften über Rechtsmittel für den Antrag. Die allgemeinen Vorschriften über Rechtsmittel gelten auch für den Antrag auf Wiederaufnahme des Verfahrens.

§ 366 Inhalt und Form des Antrags. (1) In dem Antrag müssen der gesetzliche Grund der Wiederaufnahme des Verfahrens sowie die Beweismittel angegeben werden.

(2) Von dem Angeklagten und den in § 361 Abs. 2 bezeichneten Personen kann der Antrag nur mittels einer von dem Verteidiger oder einem Rechtsanwalt unterzeichneten Schrift oder zu Protokoll der Geschäftsstelle angebracht werden.

§ 367 Zuständigkeit des Gerichts; Entscheidung ohne mündliche Verhandlung. (1) [1] Die Zuständigkeit des Gerichts für die Entscheidungen im Wiederaufnahmeverfahren und über den Antrag zur Vorbereitung eines Wiederaufnahmeverfahrens richtet sich nach den besonderen Vorschriften des Gerichtsverfassungsgesetzes.[1)] [2] Der Verurteilte kann Anträge nach den §§ 364a und 364b oder einen Antrag auf Zulassung der Wiederaufnahme des Verfahrens auch bei dem Gericht einreichen, dessen Urteil angefochten wird; dieses leitet den Antrag dem zuständigen Gericht zu.

(2) Die Entscheidungen über Anträge nach den §§ 364a und 364b und den Antrag auf Zulassung der Wiederaufnahme des Verfahrens ergehen ohne mündliche Verhandlung.

§ 368 Verwerfung wegen Unzulässigkeit. (1) Ist der Antrag nicht in der vorgeschriebenen Form angebracht oder ist darin kein gesetzlicher Grund der Wiederaufnahme geltend gemacht oder kein geeignetes Beweismittel angeführt, so ist der Antrag als unzulässig zu verwerfen.

---

1) § 140a GVG idF der Bek. v. 9.5.1975 (BGBl. I S. 1077), zuletzt geänd. durch G v. 7.7.2021 (BGBl. I S. 2363).

(2) Andernfalls ist er dem Gegner des Antragstellers unter Bestimmung einer Frist zur Erklärung zuzustellen.

§ 369 Beweisaufnahme. (1) Wird der Antrag für zulässig befunden, so beauftragt das Gericht mit der Aufnahme der angetretenen Beweise, soweit dies erforderlich ist, einen Richter.

(2) Dem Ermessen des Gerichts bleibt es überlassen, ob die Zeugen und Sachverständigen eidlich vernommen werden sollen.

(3) [1] Bei der Vernehmung eines Zeugen oder Sachverständigen und bei der Einnahme eines richterlichen Augenscheins ist der Staatsanwaltschaft, dem Angeklagten und dem Verteidiger die Anwesenheit zu gestatten. [2] § 168c Abs. 3, § 224 Abs. 1 und § 225 gelten entsprechend. [3] Befindet sich der Angeklagte nicht auf freiem Fuß, so hat er keinen Anspruch auf Anwesenheit, wenn der Termin nicht an der Gerichtsstelle des Ortes abgehalten wird, wo er sich in Haft befindet, und seine Mitwirkung der mit der Beweiserhebung bezweckten Klärung nicht dienlich ist.

(4) Nach Schluß der Beweisaufnahme sind die Staatsanwaltschaft und der Angeklagte unter Bestimmung einer Frist zu weiterer Erklärung aufzufordern.

§ 370 Entscheidung über die Begründetheit. (1) Der Antrag auf Wiederaufnahme des Verfahrens wird ohne mündliche Verhandlung als unbegründet verworfen, wenn die darin aufgestellten Behauptungen keine genügende Bestätigung gefunden haben oder wenn in den Fällen des § 359 Nr. 1 und 2 oder des § 362 Nr. 1 und 2 nach Lage der Sache die Annahme ausgeschlossen ist, daß die in diesen Vorschriften bezeichnete Handlung auf die Entscheidung Einfluß gehabt hat.

(2) Andernfalls ordnet das Gericht die Wiederaufnahme des Verfahrens und die Erneuerung der Hauptverhandlung an.

§ 371 Freisprechung ohne erneute Hauptverhandlung. (1) Ist der Verurteilte bereits verstorben, so hat ohne Erneuerung der Hauptverhandlung das Gericht nach Aufnahme des etwa noch erforderlichen Beweises entweder auf Freisprechung zu erkennen oder den Antrag auf Wiederaufnahme abzulehnen.

(2) Auch in anderen Fällen kann das Gericht, bei öffentlichen Klagen jedoch nur mit Zustimmung der Staatsanwaltschaft, den Verurteilten sofort freisprechen, wenn dazu genügende Beweise bereits vorliegen.

(3) [1] Mit der Freisprechung ist die Aufhebung des früheren Urteils zu verbinden. [2] War lediglich auf eine Maßregel der Besserung und Sicherung erkannt, so tritt an die Stelle der Freisprechung die Aufhebung des früheren Urteils.

(4) *(hier nicht wiedergegeben)*

§ 372 Sofortige Beschwerde. [1] Alle Entscheidungen, die aus Anlaß eines Antrags auf Wiederaufnahme des Verfahrens von dem Gericht im ersten Rechtszug erlassen werden, können mit sofortiger Beschwerde angefochten werden. [2] Der Beschluß, durch den das Gericht die Wiederaufnahme des Verfahrens und die Erneuerung der Hauptverhandlung anordnet, kann von der Staatsanwaltschaft nicht angefochten werden.

§ 373 Urteil nach erneuter Hauptverhandlung; Verbot der Schlechterstellung. (1) In der erneuten Hauptverhandlung ist entweder das frühere Urteil aufrechtzuerhalten oder unter seiner Aufhebung anderweit in der Sache zu erkennen.

(2) [1] Das frühere Urteil darf in Art und Höhe der Rechtsfolgen der Tat nicht zum Nachteil des Verurteilten geändert werden, wenn lediglich der Verurteilte, zu seinen Gunsten die Staatsanwaltschaft oder sein gesetzlicher Vertreter die Wiederaufnahme des Verfahrens beantragt hat. [2] Diese Vorschrift steht der Anordnung der Unterbringung in einem psychiatrischen Krankenhaus oder einer Entziehungsanstalt nicht entgegen.

§ 373a Verfahren bei Strafbefehl. (1) Die Wiederaufnahme eines durch rechtskräftigen Strafbefehl abgeschlossenen Verfahrens zuungunsten des Verurteilten ist auch zulässig, wenn neue Tatsachen oder Beweismittel beigebracht sind, die allein oder in Verbindung mit den früheren Beweisen geeignet sind, die Verurteilung wegen eines Verbrechens zu begründen.

(2) Im übrigen gelten für die Wiederaufnahme eines durch rechtskräftigen Strafbefehl abgeschlossenen Verfahrens die §§ 359 bis 373 entsprechend.

Fünftes Buch. Beteiligung des Verletzten am Verfahren

Erster Abschnitt. Definition

§ 373b Begriff des Verletzten. (1) Im Sinne dieses Gesetzes sind Verletzte diejenigen, die durch die Tat, ihre Begehung unterstellt oder rechtskräftig festgestellt, in ihren Rechtsgütern unmittelbar beeinträchtigt worden sind oder unmittelbar einen Schaden erlitten haben.

(2) Verletzten im Sinne des Absatzes 1 gleichgestellt sind

1. der Ehegatte oder der Lebenspartner,
2. der in einem gemeinsamen Haushalt lebende Lebensgefährte,
3. die Verwandten in gerader Linie,
4. die Geschwister und
5. die Unterhaltsberechtigten

einer Person, deren Tod eine direkte Folge der Tat, ihre Begehung unterstellt oder rechtskräftig festgestellt, gewesen ist.

Zweiter Abschnitt. Privatklage

§§ 374–406l *(hier nicht wiedergegeben)*

Sechstes Buch. Besondere Arten des Verfahrens

Erster Abschnitt. Verfahren bei Strafbefehlen

§§ 407–410 *(hier nicht wiedergegeben)*

§ 411 Verwerfung wegen Unzulässigkeit; Termin zur Hauptverhandlung. (1) [1] Ist der Einspruch verspätet eingelegt oder sonst unzulässig, so wird er ohne Hauptverhandlung durch Beschluß verworfen; gegen den Beschluß ist sofortige Beschwerde zulässig. [2] Andernfalls wird Termin zur Hauptverhandlung anberaumt. [3] Hat der Angeklagte seinen Einspruch auf die Höhe der

Tagessätze einer festgesetzten Geldstrafe beschränkt, kann das Gericht mit Zustimmung des Angeklagten, des Verteidigers und der Staatsanwaltschaft ohne Hauptverhandlung durch Beschluss entscheiden; von der Festsetzung im Strafbefehl darf nicht zum Nachteil des Angeklagten abgewichen werden; gegen den Beschluss ist sofortige Beschwerde zulässig.

(2) [1] Der Angeklagte kann sich in der Hauptverhandlung durch einen Verteidiger mit nachgewiesener Vertretungsvollmacht vertreten lassen. [2] § 420 ist anzuwenden.

(3) [1] Die Klage und der Einspruch können bis zur Verkündung des Urteils im ersten Rechtszug zurückgenommen werden. [2] § 303 gilt entsprechend. [3] Ist der Strafbefehl im Verfahren nach § 408a erlassen worden, so kann die Klage nicht zurückgenommen werden.

(4) Bei der Urteilsfällung ist das Gericht an den im Strafbefehl enthaltenen Ausspruch nicht gebunden, soweit Einspruch eingelegt ist.

§ 412 *(hier nicht wiedergegeben)*

Zweiter Abschnitt. Sicherungsverfahren

§§ 413–416 *(hier nicht wiedergegeben)*

Abschnitt 2a. Beschleunigtes Verfahren

§ 417 Zulässigkeit. Im Verfahren vor dem Strafrichter und dem Schöffengericht stellt die Staatsanwaltschaft schriftlich oder mündlich den Antrag auf Entscheidung im beschleunigten Verfahren, wenn die Sache auf Grund des einfachen Sachverhalts oder der klaren Beweislage zur sofortigen Verhandlung geeignet ist.

§ 418 Durchführung der Hauptverhandlung. (1) [1] Stellt die Staatsanwaltschaft den Antrag, so wird die Hauptverhandlung sofort oder in kurzer Frist durchgeführt, ohne daß es einer Entscheidung über die Eröffnung des Hauptverfahrens bedarf. [2] Zwischen dem Eingang des Antrags bei Gericht und dem Beginn der Hauptverhandlung sollen nicht mehr als sechs Wochen liegen.

(2) [1] Der Beschuldigte wird nur dann geladen, wenn er sich nicht freiwillig zur Hauptverhandlung stellt oder nicht dem Gericht vorgeführt wird. [2] Mit der Ladung wird ihm mitgeteilt, was ihm zur Last gelegt wird. [3] Die Ladungsfrist beträgt vierundzwanzig Stunden.

(3) [1] Der Einreichung einer Anklageschrift bedarf es nicht. [2] Wird eine solche nicht eingereicht, so wird die Anklage bei Beginn der Hauptverhandlung mündlich erhoben und ihr wesentlicher Inhalt in das Sitzungsprotokoll aufgenommen. [3] § 408a gilt entsprechend.

(4) Ist eine Freiheitsstrafe von mindestens sechs Monaten zu erwarten, so wird dem Beschuldigten, der noch keinen Verteidiger hat, für das beschleunigte Verfahren vor dem Amtsgericht ein Verteidiger bestellt.

§ 419 Entscheidung des Gerichts; Strafmaß. (1) [1] Der Strafrichter oder das Schöffengericht hat dem Antrag zu entsprechen, wenn sich die Sache zur Verhandlung in diesem Verfahren eignet. [2] Eine höhere Freiheitsstrafe als Freiheitsstrafe von einem Jahr oder eine Maßregel der Besserung und Sicherung darf in diesem Verfahren nicht verhängt werden. [3]Die Entziehung der Fahrerlaubnis ist zulässig.

(2) [1]Die Entscheidung im beschleunigten Verfahren kann auch in der Hauptverhandlung bis zur Verkündung des Urteils abgelehnt werden. [2]Der Beschluß ist nicht anfechtbar.

(3) Wird die Entscheidung im beschleunigten Verfahren abgelehnt, so beschließt das Gericht die Eröffnung des Hauptverfahrens, wenn der Angeschuldigte einer Straftat hinreichend verdächtig erscheint (§ 203); wird nicht eröffnet und die Entscheidung im beschleunigten Verfahren abgelehnt, so kann von der Einreichung einer neuen Anklageschrift abgesehen werden.

§ 420 Beweisaufnahme. (1) Die Vernehmung eines Zeugen, Sachverständigen oder Mitbeschuldigten darf durch Verlesung von Protokollen über eine frühere Vernehmung sowie von Urkunden, die eine von ihnen erstellte Äußerung enthalten, ersetzt werden.

(2) Erklärungen von Behörden und sonstigen Stellen über ihre dienstlichen Wahrnehmungen, Untersuchungen und Erkenntnisse sowie über diejenigen ihrer Angehörigen dürfen auch dann verlesen werden, wenn die Voraussetzungen des § 256 nicht vorliegen.

(3) Das Verfahren nach den Absätzen 1 und 2 bedarf der Zustimmung des Angeklagten, des Verteidigers und der Staatsanwaltschaft, soweit sie in der Hauptverhandlung anwesend sind.

(4) Im Verfahren vor dem Strafrichter bestimmt dieser unbeschadet des § 244 Abs. 2 den Umfang der Beweisaufnahme.

Dritter Abschnitt. Verfahren bei Einziehung und Vermögensbeschlagnahme

§ 421 Absehen von der Einziehung. (1) Das Gericht kann mit Zustimmung der Staatsanwaltschaft von der Einziehung absehen, wenn

1. das Erlangte nur einen geringen Wert hat,
2. die Einziehung nach den §§ 74 und 74c des Strafgesetzbuchs neben der zu erwartenden Strafe oder Maßregel der Besserung und Sicherung nicht ins Gewicht fällt oder
3. das Verfahren, soweit es die Einziehung betrifft, einen unangemessenen Aufwand erfordern oder die Herbeiführung der Entscheidung über die anderen Rechtsfolgen der Tat unangemessen erschweren würde.

(2) [1]Das Gericht kann die Wiedereinbeziehung in jeder Lage des Verfahrens anordnen. [2]Einem darauf gerichteten Antrag der Staatsanwaltschaft hat es zu entsprechen. [3]§ 265 gilt entsprechend.

(3) [1]Im vorbereitenden Verfahren kann die Staatsanwaltschaft das Verfahren auf die anderen Rechtsfolgen beschränken. [2]Die Beschränkung ist aktenkundig zu machen.

§ 422 Abtrennung der Einziehung. [1]Würde die Herbeiführung einer Entscheidung über die Einziehung nach den §§ 73 bis 73c des Strafgesetzbuches die Entscheidung über die anderen Rechtsfolgen der Tat unangemessen erschweren oder verzögern, kann das Gericht das Verfahren über die Einziehung abtrennen. [2]Das Gericht kann die Verbindung in jeder Lage des Verfahrens wieder anordnen.

§ 423 Einziehung nach Abtrennung. (1) [1]Trennt das Gericht das Verfahren nach § 422 ab, trifft es die Entscheidung über die Einziehung nach der Rechtskraft des Urteils in der Hauptsache. [2]Das Gericht ist an die Entscheidung in der Hauptsache und die tatsächlichen Feststellungen, auf denen diese beruht, gebunden.

(2) Die Entscheidung über die Einziehung soll spätestens sechs Monate nach dem Eintritt der Rechtskraft des Urteils in der Hauptsache getroffen werden.

(3) [1]Das Gericht entscheidet durch Beschluss. [2]Die Entscheidung ist mit sofortiger Beschwerde anfechtbar.

(4) [1]Abweichend von Absatz 3 kann das Gericht anordnen, dass die Entscheidung auf Grund mündlicher Verhandlung durch Urteil ergeht. [2]Das Gericht muss die Anordnung nach Satz 1 treffen, wenn die Staatsanwaltschaft oder derjenige, gegen den sich die Einziehung richtet, dies beantragt. [3]Die §§ 324 und 427 bis 431 gelten entsprechend; ergänzend finden die Vorschriften über die Hauptverhandlung entsprechende Anwendung.

§ 424 Einziehungsbeteiligte am Strafverfahren. (1) Richtet sich die Einziehung gegen eine Person, die nicht Beschuldigter ist, so wird sie auf Anordnung des Gerichts am Strafverfahren beteiligt, soweit dieses die Einziehung betrifft (Einziehungsbeteiligter).

(2) [1]Die Anordnung der Verfahrensbeteiligung unterbleibt, wenn derjenige, der von ihr betroffen wäre, bei Gericht oder bei der Staatsanwaltschaft schriftlich oder zu Protokoll oder bei einer anderen Behörde schriftlich erklärt, dass er gegen die Einziehung des Gegenstandes keine Einwendungen vorbringen wolle. [2]War die Anordnung zum Zeitpunkt der Erklärung bereits ergangen, wird sie aufgehoben.

(3) Die Verfahrensbeteiligung kann bis zum Ausspruch der Einziehung und, wenn eine zulässige Berufung eingelegt ist, bis zur Beendigung der Schlussvorträge im Berufungsverfahren angeordnet werden.

(4) [1]Der Beschluss, durch den die Verfahrensbeteiligung angeordnet wird, kann nicht angefochten werden. [2]Wird die Verfahrensbeteiligung abgelehnt, ist sofortige Beschwerde zulässig.

(5) Durch die Verfahrensbeteiligung wird der Fortgang des Verfahrens nicht aufgehalten.

§ 425 Absehen von der Verfahrensbeteiligung. (1) In den Fällen der §§ 74a und 74b des Strafgesetzbuches kann das Gericht von der Anordnung der Verfahrensbeteiligung absehen, wenn wegen bestimmter Tatsachen anzunehmen ist, dass sie nicht ausgeführt werden kann.

(2) [1]Absatz 1 gilt entsprechend, wenn

1. eine Partei, Vereinigung oder Einrichtung außerhalb des räumlichen Geltungsbereichs dieses Gesetzes zu beteiligen wäre, die Bestrebungen gegen den Bestand oder die Sicherheit der Bundesrepublik Deutschland oder gegen einen der in § 92 Absatz 2 des Strafgesetzbuches bezeichneten Verfassungsgrundsätze verfolgt, und

2. den Umständen nach anzunehmen ist, dass diese Partei, Vereinigung oder Einrichtung oder einer ihrer Mittelsmänner den Gegenstand zur Förderung ihrer Bestrebungen zur Verfügung gestellt hat.

[2] Vor der Entscheidung über die Einziehung des Gegenstandes ist der Besitzer der Sache oder der zur Verfügung über das Recht Befugte zu hören, wenn dies ausführbar ist.

§ 426 Anhörung von möglichen Einziehungsbeteiligten im vorbereitenden Verfahren. (1) [1] Ergeben sich im vorbereitenden Verfahren Anhaltspunkte dafür, dass jemand als Einziehungsbeteiligter in Betracht kommt, ist er zu hören. [2] Dies gilt nur, wenn die Anhörung ausführbar erscheint. [3] § 425 Absatz 2 gilt entsprechend.

(2) Erklärt derjenige, der als Einziehungsbeteiligter in Betracht kommt, dass er gegen die Einziehung Einwendungen vorbringen wolle, gelten im Fall seiner Vernehmung die Vorschriften über die Vernehmung des Beschuldigten insoweit entsprechend, als seine Verfahrensbeteiligung in Betracht kommt.

§ 427 Befugnisse des Einziehungsbeteiligten im Hauptverfahren.

(1) [1] Von der Eröffnung des Hauptverfahrens an hat der Einziehungsbeteiligte, soweit dieses Gesetz nichts anderes bestimmt, die Befugnisse, die einem Angeklagten zustehen. [2] Im beschleunigten Verfahren gilt dies vom Beginn der Hauptverhandlung, im Strafbefehlsverfahren vom Erlass des Strafbefehls an.

(2) [1] Das Gericht kann zur Aufklärung des Sachverhalts das persönliche Erscheinen des Einziehungsbeteiligten anordnen. [2] Bleibt der Einziehungsbeteiligte, dessen persönliches Erscheinen angeordnet ist, ohne genügende Entschuldigung aus, so kann das Gericht seine Vorführung anordnen, wenn er unter Hinweis auf diese Möglichkeit durch Zustellung geladen worden ist.

§ 428 Vertretung des Einziehungsbeteiligten. (1) [1] Der Einziehungsbeteiligte kann sich in jeder Lage des Verfahrens durch einen Rechtsanwalt mit nachgewiesener Vertretungsvollmacht vertreten lassen. [2] Die für die Verteidigung geltenden Vorschriften der §§ 137 bis 139, 145a bis 149 und 218 sind entsprechend anzuwenden.

(2) [1] Der Vorsitzende bestellt dem Einziehungsbeteiligten auf Antrag oder von Amts wegen einen Rechtsanwalt, wenn wegen der Schwierigkeit der Sach- oder Rechtslage, soweit sie die Einziehung betrifft, die Mitwirkung eines Rechtsanwalts geboten erscheint oder wenn ersichtlich ist, dass der Einziehungsbeteiligte seine Rechte nicht selbst wahrnehmen kann. [2] Dem Antrag eines seh-, hör- oder sprachbehinderten Einziehungsbeteiligten ist zu entsprechen.

(3) Für das vorbereitende Verfahren gilt Absatz 1 entsprechend.

§ 429 Terminsnachricht an den Einziehungsbeteiligten. (1) Dem Einziehungsbeteiligten wird der Termin zur Hauptverhandlung durch Zustellung bekanntgemacht; § 40 gilt entsprechend.

(2) Mit der Terminsnachricht wird dem Einziehungsbeteiligten, soweit er an dem Verfahren beteiligt ist, die Anklageschrift und in den Fällen des § 207 Absatz 2 der Eröffnungsbeschluss mitgeteilt.

(3) Zugleich wird der Einziehungsbeteiligte darauf hingewiesen, dass

1. auch ohne ihn verhandelt werden kann,
2. er sich durch einen Rechtsanwalt mit nachgewiesener Vertretungsvollmacht vertreten lassen kann und
3. über die Einziehung auch ihm gegenüber entschieden wird.

§ 430 Stellung in der Hauptverhandlung. (1) [1] Bleibt der Einziehungsbeteiligte in der Hauptverhandlung trotz ordnungsgemäßer Terminsnachricht aus, kann ohne ihn verhandelt werden; § 235 ist nicht anzuwenden. [2] Gleiches gilt, wenn sich der Einziehungsbeteiligte aus der Hauptverhandlung entfernt oder bei der Fortsetzung einer unterbrochenen Hauptverhandlung ausbleibt.

(2) Auf Beweisanträge des Einziehungsbeteiligten zur Frage der Schuld des Angeklagten ist § 244 Absatz 3 Satz 2, Absatz 4 bis 6 nicht anzuwenden.

(3) [1] Ordnet das Gericht die Einziehung eines Gegenstandes nach § 74b Absatz 1 des Strafgesetzbuches an, ohne dass eine Entschädigung nach § 74b Absatz 2 des Strafgesetzbuches zu gewähren ist, spricht es zugleich aus, dass dem Einziehungsbeteiligten eine Entschädigung nicht zusteht. [2] Dies gilt nicht, wenn das Gericht eine Entschädigung des Einziehungsbeteiligten nach § 74b Absatz 3 Satz 2 des Strafgesetzbuches für geboten hält; in diesem Fall entscheidet es zugleich über die Höhe der Entschädigung. [3] Das Gericht weist den Einziehungsbeteiligten zuvor auf die Möglichkeit einer solchen Entscheidung hin und gibt ihm Gelegenheit, sich zu äußern.

(4) [1] War der Einziehungsbeteiligte bei der Verkündung des Urteils nicht zugegen und auch nicht vertreten, so beginnt die Frist zur Einlegung eines Rechtsmittels mit der Zustellung der Urteilsformel an ihn. [2] Bei der Zustellung des Urteils kann das Gericht anordnen, dass Teile des Urteils, welche die Einziehung nicht betreffen, ausgeschieden werden.

§ 431 Rechtsmittelverfahren. (1) [1] Im Rechtsmittelverfahren erstreckt sich die Prüfung, ob die Einziehung dem Einziehungsbeteiligten gegenüber gerechtfertigt ist, auf den Schuldspruch des angefochtenen Urteils nur, wenn der Einziehungsbeteiligte
1. insoweit Einwendungen vorbringt und
2. im vorausgegangenen Verfahren ohne sein Verschulden zum Schuldspruch nicht gehört worden ist.

[2] Erstreckt sich hiernach die Prüfung auch auf den Schuldspruch, legt das Gericht die zur Schuld getroffenen Feststellungen zugrunde, soweit nicht das Vorbringen des Einziehungsbeteiligten eine erneute Prüfung erfordert.

(2) Im Berufungsverfahren gilt Absatz 1 nicht, wenn zugleich auf ein Rechtsmittel eines anderen Beteiligten über den Schuldspruch zu entscheiden ist.

(3) Im Revisionsverfahren sind die Einwendungen gegen den Schuldspruch innerhalb der Begründungsfrist vorzubringen.

(4) [1] Wird nur die Entscheidung über die Höhe der Entschädigung angefochten, kann über das Rechtsmittel durch Beschluss entschieden werden, wenn die Beteiligten nicht widersprechen. [2] Das Gericht weist sie zuvor auf die Möglichkeit eines solchen Verfahrens und des Widerspruchs hin und gibt ihnen Gelegenheit, sich zu äußern.

§ 432 Einziehung durch Strafbefehl. (1) [1] Wird die Einziehung durch Strafbefehl angeordnet, so wird der Strafbefehl auch dem Einziehungsbeteiligten zugestellt, soweit er an dem Verfahren beteiligt ist. [2] § 429 Absatz 3 Nummer 2 gilt entsprechend.

(2) Ist nur über den Einspruch des Einziehungsbeteiligten zu entscheiden, so gilt § 434 Absatz 2 und 3 entsprechend.

§ 433 Nachverfahren. (1) Ist die Einziehung rechtskräftig angeordnet worden und macht jemand glaubhaft, dass er seine Rechte als Einziehungsbeteiligter ohne sein Verschulden weder im Verfahren des ersten Rechtszuges noch im Berufungsverfahren hat wahrnehmen können, so kann er in einem Nachverfahren geltend machen, dass die Einziehung ihm gegenüber nicht gerechtfertigt sei.

(2) [1] Das Nachverfahren ist binnen eines Monats nach Ablauf des Tages zu beantragen, an dem der Antragsteller von der rechtskräftigen Entscheidung Kenntnis erlangt hat. [2] Der Antrag ist unzulässig, wenn seit Eintritt der Rechtskraft zwei Jahre verstrichen sind und die Vollstreckung beendet ist.

(3) [1] Durch den Antrag auf Durchführung des Nachverfahrens wird die Vollstreckung der Anordnung der Einziehung nicht gehemmt; das Gericht kann jedoch einen Aufschub sowie eine Unterbrechung der Vollstreckung anordnen. [2] Wird in den Fällen des § 73b des Strafgesetzbuches, auch in Verbindung mit § 73c des Strafgesetzbuches, unter den Voraussetzungen des Absatzes 1 ein Nachverfahren beantragt, sollen bis zu dessen Abschluss Vollstreckungsmaßnahmen gegen den Antragsteller unterbleiben.

(4) [1] Für den Umfang der Prüfung gilt § 431 Absatz 1 entsprechend. [2] Wird das vom Antragsteller behauptete Recht nicht erwiesen, ist der Antrag unbegründet.

(5) Vor der Entscheidung kann das Gericht unter den Voraussetzungen des § 421 Absatz 1 mit Zustimmung der Staatsanwaltschaft die Anordnung der Einziehung aufheben.

(6) Eine Wiederaufnahme des Verfahrens nach § 359 Nummer 5 zu dem Zweck, die Einwendungen nach Absatz 1 geltend zu machen, ist ausgeschlossen.

§ 434 Entscheidung im Nachverfahren. (1) Die Entscheidung über die Einziehung im Nachverfahren trifft das Gericht des ersten Rechtszuges.

(2) Das Gericht entscheidet durch Beschluss, gegen den sofortige Beschwerde zulässig ist.

(3) [1] Über einen zulässigen Antrag wird auf Grund mündlicher Verhandlung durch Urteil entschieden, wenn die Staatsanwaltschaft oder sonst der Antragsteller es beantragt oder das Gericht dies anordnet; die Vorschriften über die Hauptverhandlung gelten entsprechend. [2] Wer gegen das Urteil eine zulässige Berufung eingelegt hat, kann gegen das Berufungsurteil nicht mehr Revision einlegen.

(4) Ist durch Urteil entschieden, so gilt § 431 Absatz 4 entsprechend.

§ 435 Selbständiges Einziehungsverfahren. (1) [1] Die Staatsanwaltschaft und der Privatkläger können den Antrag stellen, die Einziehung selbständig anzuordnen, wenn dies gesetzlich zulässig und die Anordnung nach dem Ergebnis der Ermittlungen zu erwarten ist. [2] Die Staatsanwaltschaft kann insbesondere von dem Antrag absehen, wenn das Erlangte nur einen geringen Wert hat oder das Verfahren einen unangemessenen Aufwand erfordern würde.

(2) [1] In dem Antrag ist der Gegenstand oder der Geldbetrag, der dessen Wert entspricht, zu bezeichnen. [2] Ferner ist anzugeben, welche Tatsachen die Zulässigkeit der selbständigen Einziehung begründen. [3] Im Übrigen gilt § 200 entsprechend.

(3) [1] Für das weitere Verfahren gelten die §§ 201 bis 204, 207, 210 und 211 entsprechend, soweit dies ausführbar ist. [2] Im Übrigen finden die §§ 424 bis 430 und 433 entsprechende Anwendung.

(4) [1] Für Ermittlungen, die ausschließlich der Durchführung des selbständigen Einziehungsverfahrens dienen, gelten sinngemäß die Vorschriften über das Strafverfahren. [2] Ermittlungsmaßnahmen, die nur gegen einen Beschuldigten zulässig sind, und verdeckte Maßnahmen im Sinne des § 101 Absatz 1 sind nicht zulässig.

§ 436 Entscheidung im selbständigen Einziehungsverfahren. (1) [1] Die Entscheidung über die selbständige Einziehung trifft das Gericht, das im Fall der Strafverfolgung einer bestimmten Person zuständig wäre. [2] Für die Entscheidung über die selbständige Einziehung ist örtlich zuständig auch das Gericht, in dessen Bezirk der Gegenstand sichergestellt worden ist.

(2) § 423 Absatz 1 Satz 2 und § 434 Absatz 2 bis 4 gelten entsprechend.

§ 437 Besondere Regelungen für das selbständige Einziehungsverfahren. [1] Bei der Entscheidung über die selbständige Einziehung nach § 76a Absatz 4 des Strafgesetzbuches kann das Gericht seine Überzeugung davon, dass der Gegenstand aus einer rechtswidrigen Tat herrührt, insbesondere auf ein grobes Missverhältnis zwischen dem Wert des Gegenstandes und den rechtmäßigen Einkünften des Betroffenen stützen. [2] Darüber hinaus kann es bei seiner Entscheidung insbesondere auch berücksichtigen

1. das Ergebnis der Ermittlungen zu der Tat, die Anlass für das Verfahren war,
2. die Umstände, unter denen der Gegenstand aufgefunden und sichergestellt worden ist, sowie
3. die sonstigen persönlichen und wirtschaftlichen Verhältnisse des Betroffenen.

§ 438 Nebenbetroffene am Strafverfahren. (1) [1] Ist über die Einziehung eines Gegenstandes zu entscheiden, ordnet das Gericht an, dass eine Person, die weder Angeschuldigte ist noch als Einziehungsbeteiligte in Betracht kommt, als Nebenbetroffene an dem Verfahren beteiligt wird, soweit es die Einziehung betrifft, wenn es glaubhaft erscheint, dass

1. dieser Person der Gegenstand gehört oder zusteht oder
2. diese Person an dem Gegenstand ein sonstiges Recht hat, dessen Erlöschen nach § 75 Absatz 2 Satz 2 und 3 des Strafgesetzbuches im Falle der Einziehung angeordnet werden könnte.

[2] Für die Anordnung der Verfahrensbeteiligung gelten § 424 Absatz 2 bis 5 und § 425 entsprechend.

(2) [1] Das Gericht kann anordnen, dass sich die Beteiligung nicht auf die Frage der Schuld des Angeschuldigten erstreckt, wenn

1. die Einziehung im Fall des Absatzes 1 Nummer 1 nur unter der Voraussetzung in Betracht kommt, dass der Gegenstand demjenigen gehört oder zusteht, gegen den sich die Einziehung richtet, oder
2. der Gegenstand nach den Umständen, welche die Einziehung begründen können, auch auf Grund von Rechtsvorschriften außerhalb des Strafrechts ohne Entschädigung dauerhaft entzogen werden könnte.

[2] § 424 Absatz 4 Satz 2 gilt entsprechend.

(3) Im Übrigen gelten die §§ 426 bis 434 entsprechend mit der Maßgabe, dass in den Fällen des § 432 Absatz 2 und des § 433 das Gericht den Schuldspruch nicht nachprüft, wenn nach den Umständen, welche die Einziehung begründet haben, eine Anordnung nach Absatz 2 zulässig wäre.

§ 439 Der Einziehung gleichstehende Rechtsfolgen. Vernichtung, Unbrauchbarmachung und Beseitigung eines gesetzwidrigen Zustandes stehen im Sinne der §§ 421 bis 436 der Einziehung gleich.

§§ 440–442 *(aufgehoben)*

§ 443 Vermögensbeschlagnahme. (1) [1] Das im Geltungsbereich dieses Gesetzes befindliche Vermögen oder einzelne Vermögensgegenstände eines Beschuldigten, gegen den wegen einer Straftat nach

1. den §§ 81 bis 83 Abs. 1, § 89a oder § 89c Absatz 1 bis 4, den §§ 94 oder 96 Abs. 1, den §§ 97a oder 100, den §§ 129 oder 129a, auch in Verbindung mit § 129b Abs. 1, des Strafgesetzbuches,
2. einer in § 330 Abs. 1 Satz 1 des Strafgesetzbuches in Bezug genommenen Vorschrift unter der Voraussetzung, daß der Beschuldigte verdächtig ist, vorsätzlich Leib oder Leben eines anderen oder fremde Sachen von bedeutendem Wert gefährdet zu haben, oder unter einer der in § 330 Abs. 1 Satz 2 Nr. 1 bis 3 des Strafgesetzbuches genannten Voraussetzungen oder nach § 330 Abs. 2, § 330a Abs. 1, 2 des Strafgesetzbuches,
3. den §§ 51, 52 Abs. 1 Nr. 1, 2 Buchstabe c und d, Abs. 5, 6 des Waffengesetzes, den §§ 17 und 18 des Außenwirtschaftsgesetzes, wenn die Tat vorsätzlich begangen wird, oder nach § 19 Abs. 1 bis 3, § 20 Abs. 1 oder 2, jeweils auch in Verbindung mit § 21, oder § 22a Abs. 1 bis 3 des Gesetzes über die Kontrolle von Kriegswaffen oder
4. einer in § 29 Abs. 3 Satz 2 Nr. 1 des Betäubungsmittelgesetzes in Bezug genommenen Vorschrift unter den dort genannten Voraussetzungen oder einer Straftat nach den §§ 29a, 30 Abs. 1 Nr. 1, 2, 4, § 30a oder § 30b des Betäubungsmittelgesetzes

die öffentliche Klage erhoben oder Haftbefehl erlassen worden ist, können mit Beschlag belegt werden. [2] Die Beschlagnahme umfaßt auch das Vermögen, das dem Beschuldigten später zufällt. [3] Die Beschlagnahme ist spätestens nach Beendigung der Hauptverhandlung des ersten Rechtszuges aufzuheben

(2) [1] Die Beschlagnahme wird durch den Richter angeordnet. [2] Bei Gefahr im Verzug kann die Staatsanwaltschaft die Beschlagnahme vorläufig anordnen; die vorläufige Anordnung tritt außer Kraft, wenn sie nicht binnen drei Tagen vom Richter bestätigt wird.

(3) Die Vorschriften der §§ 291 bis 293 gelten entsprechend.

Vierter Abschnitt. Verfahren bei Festsetzung von Geldbußen gegen juristische Personen und Personenvereinigungen

§ 444 Verfahren. (1) [1] Ist im Strafverfahren über die Festsetzung einer Geldbuße gegen eine juristische Person oder eine Personenvereinigung zu entscheiden (§ 30 des Gesetzes über Ordnungswidrigkeiten[1)]), so ordnet das Gericht deren Beteiligung an dem Verfahren an, soweit es die Tat betrifft. [2] § 424 Absatz 3 und 4 gilt entsprechend.

(2) [1] Die juristische Person oder die Personenvereinigung wird zur Hauptverhandlung geladen; bleibt ihr Vertreter ohne genügende Entschuldigung aus, so kann ohne sie verhandelt werden. [2] Für ihre Verfahrensbeteiligung gelten im übrigen die §§ 426 bis 428, 429 Absatz 2 und 3 Nummer 1, § 430 Absatz 2 und 4, § 431 Absatz 1 bis 3, § 432 Absatz 1 und, soweit nur über ihren Einspruch zu entscheiden ist, § 434 Absatz 2 und 3 sinngemäß.

(3) [1] Für das selbständige Verfahren gelten die §§ 435, 436 Absatz 1 und 2 in Verbindung mit § 434 Absatz 2 oder 3 sinngemäß. [2] Örtlich zuständig ist auch das Gericht, in dessen Bezirk die juristische Person oder die Personenvereinigung ihren Sitz oder eine Zweigniederlassung hat.

§§ 445 bis 448 (weggefallen)

Siebentes Buch. Strafvollstreckung und Kosten des Verfahrens

Erster Abschnitt. Strafvollstreckung[2)]

§ 449 Vollstreckbarkeit. Strafurteile sind nicht vollstreckbar, bevor sie rechtskräftig geworden sind.

§ 450 Anrechnung von Untersuchungshaft und Führerscheinentziehung. (1) Auf die zu vollstreckende Freiheitsstrafe ist unverkürzt die Untersuchungshaft anzurechnen, die der Angeklagte erlitten hat, seit er auf Einlegung eines Rechtsmittels verzichtet oder das eingelegte Rechtsmittel zurückgenommen hat oder seitdem die Einlegungsfrist abgelaufen ist, ohne daß er eine Erklärung abgegeben hat.

(2) Hat nach dem Urteil eine Verwahrung, Sicherstellung oder Beschlagnahme des Führerscheins auf Grund des § 111a Abs. 5 Satz 2 fortgedauert, so ist diese Zeit unverkürzt auf das Fahrverbot (§ 44 des Strafgesetzbuches) anzurechnen.

§ 450a Anrechnung einer im Ausland erlittenen Freiheitsentziehung.

(1) [1] Auf die zu vollstreckende Freiheitsstrafe ist auch die im Ausland erlittene Freiheitsentziehung anzurechnen, die der Verurteilte in einem Auslieferungsverfahren zum Zwecke der Strafvollstreckung erlitten hat. [2] Dies gilt auch dann, wenn der Verurteilte zugleich zum Zwecke der Strafverfolgung ausgeliefert worden ist.

[1)] Nr. **1**.

[2)] Vgl. dazu StrafvollstreckungsO v. 1.8.2011 (BAnz. Nr. 112a S. 1), geänd. durch VwV v. 10.8. 2017 (BAnz AT 18.08.2017 B6).

Wegen des Strafvollzugs vgl. StrafvollzugsG v. 16.3.1976 (BGBl. I S. 581, ber. S. 2088; 1977 S. 436), zuletzt geänd. durch G v. 5.10.2021 (BGBl. I S. 4607).

(2) Bei Auslieferung zum Zwecke der Vollstreckung mehrerer Strafen ist die im Ausland erlittene Freiheitsentziehung auf die höchste Strafe, bei Strafen gleicher Höhe auf die Strafe anzurechnen, die nach der Einlieferung des Verurteilten zuerst vollstreckt wird.

(3) [1] Das Gericht kann auf Antrag der Staatsanwaltschaft anordnen, daß die Anrechnung ganz oder zum Teil unterbleibt, wenn sie im Hinblick auf das Verhalten des Verurteilten nach dem Erlaß des Urteils, in dem die dem Urteil zugrunde liegenden tatsächlichen Feststellungen letztmalig geprüft werden konnten, nicht gerechtfertigt ist. [2] Trifft das Gericht eine solche Anordnung, so wird die im Ausland erlittene Freiheitsentziehung, soweit ihre Dauer die Strafe nicht überschreitet, auch in einem anderen Verfahren auf die Strafe nicht angerechnet.

§ 451 Vollstreckungsbehörde. (1) Die Strafvollstreckung erfolgt durch die Staatsanwaltschaft als Vollstreckungsbehörde auf Grund einer von dem Urkundsbeamten der Geschäftsstelle zu erteilenden, mit der Bescheinigung der Vollstreckbarkeit versehenen, beglaubigten Abschrift der Urteilsformel.

(2) Den Amtsanwälten steht die Strafvollstreckung nur insoweit zu, als die Landesjustizverwaltung sie ihnen übertragen hat.

(3) [1] Die Staatsanwaltschaft, die Vollstreckungsbehörde ist, nimmt auch gegenüber der Strafvollstreckungskammer bei einem anderen Landgericht die staatsanwaltschaftlichen Aufgaben wahr. [2] Sie kann ihre Aufgaben der für dieses Gericht zuständigen Staatsanwaltschaft übertragen, wenn dies im Interesse des Verurteilten geboten erscheint und die Staatsanwaltschaft am Ort der Strafvollstreckungskammer zustimmt.

§§ 452–454b *(hier nicht wiedergegeben)*

§ 455 Strafausstand wegen Vollzugsuntauglichkeit. (1) Die Vollstreckung einer Freiheitsstrafe ist aufzuschieben, wenn der Verurteilte in Geisteskrankheit verfällt.

(2) Dasselbe gilt bei anderen Krankheiten, wenn von der Vollstreckung eine nahe Lebensgefahr für den Verurteilten zu besorgen ist.

(3) Die Strafvollstreckung kann auch dann aufgeschoben werden, wenn sich der Verurteilte in einem körperlichen Zustand befindet, bei dem eine sofortige Vollstreckung mit der Einrichtung der Strafanstalt unverträglich ist.

(4) [1] Die Vollstreckungsbehörde kann die Vollstreckung einer Freiheitsstrafe unterbrechen, wenn

1. der Verurteilte in Geisteskrankheit verfällt,
2. wegen einer Krankheit von der Vollstreckung eine nahe Lebensgefahr für den Verurteilten zu besorgen ist oder
3. der Verurteilte sonst schwer erkrankt und die Krankheit in einer Vollzugsanstalt oder einem Anstaltskrankenhaus nicht erkannt oder behandelt werden kann

und zu erwarten ist, daß die Krankheit voraussichtlich für eine erhebliche Zeit fortbestehen wird. [2] Die Vollstreckung darf nicht unterbrochen werden, wenn überwiegende Gründe, namentlich der öffentlichen Sicherheit, entgegenstehen.

§ 455a Strafausstand aus Gründen der Vollzugsorganisation. (1) Die Vollstreckungsbehörde kann die Vollstreckung einer Freiheitsstrafe oder einer freiheitsentziehenden Maßregel der Besserung und Sicherung aufschieben oder ohne Einwilligung des Gefangenen unterbrechen, wenn dies aus Gründen der Vollzugsorganisation erforderlich ist und überwiegende Gründe der öffentlichen Sicherheit nicht entgegenstehen.

(2) Kann die Entscheidung der Vollstreckungsbehörde nicht rechtzeitig eingeholt werden, so kann der Anstaltsleiter die Vollstreckung unter den Voraussetzungen des Absatzes 1 ohne Einwilligung des Gefangenen vorläufig unterbrechen.

§ 456 Vorübergehender Aufschub. (1) Auf Antrag des Verurteilten kann die Vollstreckung aufgeschoben werden, sofern durch die sofortige Vollstreckung dem Verurteilten oder seiner Familie erhebliche, außerhalb des Strafzwecks liegende Nachteile erwachsen.

(2) Der Strafaufschub darf den Zeitraum von vier Monaten nicht übersteigen.

(3) Die Bewilligung kann an eine Sicherheitsleistung oder andere Bedingungen geknüpft werden.

§§ 456a–458 *(hier nicht wiedergegeben)*

§ 459 Vollstreckung der Geldstrafe; Anwendung des Justizbeitreibungsgesetzes. Für die Vollstreckung der Geldstrafe gelten die Vorschriften des Justizbeitreibungsgesetzes, soweit dieses Gesetz nichts anderes bestimmt.

§§ 459a–459f *(hier nicht wiedergegeben)*

§ 459g Vollstreckung von Nebenfolgen. (1) [1] Die Anordnung der Einziehung oder der Unbrauchbarmachung einer Sache wird dadurch vollstreckt, dass die Sache demjenigen, gegen den sich die Anordnung richtet, weggenommen wird. [2] Für die Vollstreckung gelten die Vorschriften des Justizbeitreibungsgesetzes.

(2) Für die Vollstreckung der Nebenfolgen, die zu einer Geldzahlung verpflichten, gelten die §§ 459, 459a sowie 459c Absatz 1 und 2 entsprechend.

(3) [1] Für die Vollstreckung nach den Absätzen 1 und 2 gelten außerdem die §§ 94 bis 98 entsprechend mit Ausnahme von § 98 Absatz 2 Satz 3, die §§ 102 bis 110, § 111c Absatz 1 und 2, § 111f Absatz 1, § 111k Absatz 1 und 2 sowie § 131 Absatz 1. [2] § 457 Absatz 1 bleibt unberührt. [3] Vor gerichtlichen Entscheidungen unterbleibt die Anhörung des Betroffenen, wenn sie den Zweck der Anordnung gefährden würde.

(4) [1] Das Gericht ordnet den Ausschluss der Vollstreckung der Einziehung nach den §§ 73 bis 73c des Strafgesetzbuchs an, soweit der aus der Tat erwachsene Anspruch auf Rückgewähr des Erlangten oder auf Ersatz des Wertes des Erlangten erloschen ist. [2] Dies gilt nicht für Ansprüche, die durch Verjährung erloschen sind.

(5) [1] In den Fällen des Absatzes 2 unterbleibt auf Anordnung des Gerichts die Vollstreckung, soweit sie unverhältnismäßig wäre. [2] Die Vollstreckung wird auf Anordnung des Gerichts wieder aufgenommen, wenn nachträglich Umstände bekannt werden oder eintreten, die einer Anordnung nach Satz 1 entgegen-

stehen. [3]Vor der Anordnung nach Satz 2 unterbleibt die Anhörung des Betroffenen, wenn sie den Zweck der Anordnung gefährden würde. [4]Die Anordnung nach Satz 1 steht Ermittlungen dazu, ob die Voraussetzungen für eine Wiederaufnahme der Vollstreckung vorliegen, nicht entgegen.

§§ 459h–463e *(hier nicht wiedergegeben)*

Zweiter Abschnitt. Kosten des Verfahrens[1)]

§ 464 Kosten- und Auslagenentscheidung; sofortige Beschwerde.

(1) Jedes Urteil, jeder Strafbefehl und jede eine Untersuchung einstellende Entscheidung muß darüber Bestimmung treffen, von wem die Kosten des Verfahrens zu tragen sind.

(2) Die Entscheidung darüber, wer die notwendigen Auslagen trägt, trifft das Gericht in dem Urteil oder in dem Beschluß, der das Verfahren abschließt.

(3) [1]Gegen die Entscheidung über die Kosten und die notwendigen Auslagen ist die sofortige Beschwerde zulässig; sie ist unzulässig, wenn eine Anfechtung der in Absatz 1 genannten Hauptentscheidung durch den Beschwerdeführer nicht statthaft ist. [2]Das Beschwerdegericht ist an die tatsächlichen Feststellungen, auf denen die Entscheidung beruht, gebunden. [3]Wird gegen das Urteil, soweit es die Entscheidung über die Kosten und die notwendigen Auslagen betrifft, sofortige Beschwerde und im übrigen Berufung oder Revision eingelegt, so ist das Berufungs- oder Revisionsgericht, solange es mit der Berufung oder Revision befaßt ist, auch für die Entscheidung über die sofortige Beschwerde zuständig.

§ 464a Kosten des Verfahrens; notwendige Auslagen. (1) [1]Kosten des Verfahrens sind die Gebühren und Auslagen der Staatskasse. [2]Zu den Kosten gehören auch die durch die Vorbereitung der öffentlichen Klage entstandenen sowie die Kosten der Vollstreckung einer Rechtsfolge der Tat. [3]Zu den Kosten eines Antrags auf Wiederaufnahme des durch ein rechtskräftiges Urteil abgeschlossenen Verfahrens gehören auch die zur Vorbereitung eines Wiederaufnahmeverfahrens (§§ 364a und 364b) entstandenen Kosten, soweit sie durch einen Antrag des Verurteilten verursacht sind.

(2) Zu den notwendigen Auslagen eines Beteiligten gehören auch

1. die Entschädigung für eine notwendige Zeitversäumnis nach den Vorschriften, die für die Entschädigung von Zeugen gelten, und
2. die Gebühren und Auslagen eines Rechtsanwalts, soweit sie nach § 91 Abs. 2 der Zivilprozeßordnung zu erstatten sind.

§ 464b Kostenfestsetzung. [1]Die Höhe der Kosten und Auslagen die ein Beteiligter einem anderen Beteiligten zu erstatten hat, wird auf Antrag eines Beteiligten durch das Gericht des ersten Rechtszuges festgesetzt. [2]Auf Antrag ist auszusprechen, dass die festgesetzten Kosten und Auslagen von der Anbringung des Festsetzungsantrags an zu verzinsen sind. [3]Auf die Höhe des Zinssatzes, das Verfahren und auf die Vollstreckung der Entscheidung sind die Vorschriften der Zivilprozessordnung entsprechend anzuwenden. [4]Abweichend

[1)] Vgl. auch JustizbeitreibungsG idF der Bek. v. 27.6.2017 (BGBl. I S. 1926), zuletzt geänd. durch G v. 4.5.2021 (BGBl. I S. 882).

von § 311 Absatz 2 beträgt die Frist zur Einlegung der sofortigen Beschwerde zwei Wochen. [5]Zur Bezeichnung des Nebenklägers kann im Kostenfestsetzungsbeschluss die Angabe der vollständigen Anschrift unterbleiben.

§ 464c Kosten bei Bestellung eines Dolmetschers oder Übersetzers für den Angeschuldigten. Ist für einen Angeschuldigten, der der deutschen Sprache nicht mächtig, hör- oder sprachbehindert ist, ein Dolmetscher oder Übersetzer herangezogen worden, so werden die dadurch entstandenen Auslagen dem Angeschuldigten auferlegt, soweit er diese durch schuldhafte Säumnis oder in sonstiger Weise schuldhaft unnötig verursacht hat; dies ist außer im Falle des § 467 Abs. 2 ausdrücklich auszusprechen.

§ 464d Verteilung der Auslagen nach Bruchteilen. Die Auslagen der Staatskasse und die notwendigen Auslagen der Beteiligten können nach Bruchteilen verteilt werden.

§ 465 Kostentragungspflicht des Verurteilten. (1) [1]Die Kosten des Verfahrens hat der Angeklagte insoweit zu tragen, als sie durch das Verfahren wegen einer Tat entstanden sind, wegen derer er verurteilt oder eine Maßregel der Besserung und Sicherung gegen ihn angeordnet wird. [2]Eine Verurteilung im Sinne dieser Vorschrift liegt auch dann vor, wenn der Angeklagte mit Strafvorbehalt verwarnt wird oder das Gericht von Strafe absieht.

(2) [1]Sind durch Untersuchungen zur Aufklärung bestimmter belastender oder entlastender Umstände besondere Auslagen entstanden und sind diese Untersuchungen zugunsten des Angeklagten ausgegangen, so hat das Gericht die entstandenen Auslagen teilweise oder auch ganz der Staatskasse aufzuerlegen, wenn es unbillig wäre, den Angeklagten damit zu belasten. [2]Dies gilt namentlich dann, wenn der Angeklagte wegen einzelner abtrennbarer Teile einer Tat oder wegen einzelner von mehreren Gesetzesverletzungen nicht verurteilt wird. [3]Die Sätze 1 und 2 gelten entsprechend für die notwendigen Auslagen des Angeklagten. [4]Das Gericht kann anordnen, dass die Erhöhung der Gerichtsgebühren im Falle der Beiordnung eines psychosozialen Prozessbegleiters ganz oder teilweise unterbleibt, wenn es unbillig wäre, den Angeklagten damit zu belasten.

(3) Stirbt ein Verurteilter vor eingetretener Rechtskraft des Urteils, so haftet sein Nachlaß nicht für die Kosten.

§ 466 Haftung Mitverurteilter für Auslagen als Gesamtschuldner. [1]Mitangeklagte, gegen die in bezug auf dieselbe Tat auf Strafe erkannt oder eine Maßregel der Besserung und Sicherung angeordnet wird, haften für die Auslagen als Gesamtschuldner. [2]Dies gilt nicht für die durch die Tätigkeit eines bestellten Verteidigers oder eines Dolmetschers und die durch die Vollstreckung, die einstweilige Unterbringung oder die Untersuchungshaft entstandenen Kosten sowie für Auslagen, die durch Untersuchungshandlungen, die ausschließlich gegen einen Mitangeklagten gerichtet waren, entstanden sind.

§ 467 Kosten und notwendige Auslagen bei Freispruch, Nichteröffnung und Einstellung. (1) Soweit der Angeschuldigte freigesprochen, die Eröffnung des Hauptverfahrens gegen ihn abgelehnt oder das Verfahren gegen ihn eingestellt wird, fallen die Auslagen der Staatskasse und die notwendigen Auslagen des Angeschuldigten der Staatskasse zur Last.

(2) [1] Die Kosten des Verfahrens, die der Angeschuldigte durch eine schuldhafte Säumnis verursacht hat, werden ihm auferlegt. [2] Die ihm insoweit entstandenen Auslagen werden der Staatskasse nicht auferlegt.

(3) [1] Die notwendigen Auslagen des Angeschuldigten werden der Staatskasse nicht auferlegt, wenn der Angeschuldigte die Erhebung der öffentlichen Klage dadurch veranlaßt hat, daß er in einer Selbstanzeige vorgetäuscht hat, die ihm zur Last gelegte Tat begangen zu haben. [2] Das Gericht kann davon absehen, die notwendigen Auslagen des Angeschuldigten der Staatskasse aufzuerlegen, wenn er

1. die Erhebung der öffentlichen Klage dadurch veranlaßt hat, daß er sich selbst in wesentlichen Punkten wahrheitswidrig oder im Widerspruch zu seinen späteren Erklärungen belastet oder wesentliche entlastende Umstände verschwiegen hat, obwohl er sich zur Beschuldigung geäußert hat, oder
2. wegen einer Straftat nur deshalb nicht verurteilt wird, weil ein Verfahrenshindernis besteht.

(4) Stellt das Gericht das Verfahren nach einer Vorschrift ein, die dies nach seinem Ermessen zuläßt, so kann es davon absehen, die notwendigen Auslagen des Angeschuldigten der Staatskasse aufzuerlegen.

(5) Die notwendigen Auslagen des Angeschuldigten werden der Staatskasse nicht auferlegt, wenn das Verfahren nach vorangegangener vorläufiger Einstellung (§ 153a) endgültig eingestellt wird.

§ 467a Auslagen der Staatskasse bei Einstellung nach Anklagerücknahme. (1) [1] Nimmt die Staatsanwaltschaft die öffentliche Klage zurück und stellt sie das Verfahren ein, so hat das Gericht, bei dem die öffentliche Klage erhoben war, auf Antrag der Staatsanwaltschaft oder des Angeschuldigten die diesem erwachsenen notwendigen Auslagen der Staatskasse aufzuerlegen. [2] § 467 Abs. 2 bis 5 gilt sinngemäß.

(2) Die einem Nebenbeteiligten (§ 424 Absatz 1, § 438 Absatz 1, §§ 439, 444 Abs. 1 Satz 1) erwachsenen notwendigen Auslagen kann das Gericht in den Fällen des Absatzes 1 Satz 1 auf Antrag der Staatsanwaltschaft oder des Nebenbeteiligten der Staatskasse oder einem anderen Beteiligten auferlegen.

(3) Die Entscheidung nach den Absätzen 1 und 2 ist unanfechtbar.

§ 468 *(hier nicht wiedergegeben)*

§ 469 Kostentragungspflicht des Anzeigenden bei leichtfertiger oder vorsätzlicher Erstattung einer unwahren Anzeige. (1) [1] Ist ein, wenn auch nur außergerichtliches Verfahren durch eine vorsätzlich oder leichtfertig erstattete unwahre Anzeige veranlaßt worden, so hat das Gericht dem Anzeigenden, nachdem er gehört worden ist, die Kosten des Verfahrens und die dem Beschuldigten erwachsenen notwendigen Auslagen aufzuerlegen. [2] Die einem Nebenbeteiligten (§ 424 Absatz 1, § 438 Absatz 1, §§ 439, 444 Abs. 1 Satz 1) erwachsenen notwendigen Auslagen kann das Gericht dem Anzeigenden auferlegen.

(2) War noch kein Gericht mit der Sache befaßt, so ergeht die Entscheidung auf Antrag der Staatsanwaltschaft durch das Gericht, das für die Eröffnung des Hauptverfahrens zuständig gewesen wäre.

(3) Die Entscheidung nach den Absätzen 1 und 2 ist unanfechtbar.

§ 470 Kosten bei Zurücknahme des Strafantrags. [1]Wird das Verfahren wegen Zurücknahme des Antrags, durch den es bedingt war, eingestellt, so hat der Antragsteller die Kosten sowie die dem Beschuldigten und einem Nebenbeteiligten (§ 424 Absatz 1, § 438 Absatz 1, §§ 439, 444 Abs. 1 Satz 1) erwachsenen notwendigen Auslagen zu tragen. [2]Sie können dem Angeklagten oder einem Nebenbeteiligten auferlegt werden, soweit er sich zur Übernahme bereit erklärt, der Staatskasse, soweit es unbillig wäre, die Beteiligten damit zu belasten.

§§ 471–472a *(hier nicht wiedergegeben)*

§ 472b Kosten und notwendige Auslagen bei Nebenbeteiligung.

(1) [1]Wird die Einziehung, der Vorbehalt der Einziehung, die Vernichtung, Unbrauchbarmachung oder Beseitigung eines gesetzwidrigen Zustandes angeordnet, so können dem Nebenbeteiligten die durch seine Beteiligung erwachsenen besonderen Kosten auferlegt werden. [2]Die dem Nebenbeteiligten erwachsenen notwendigen Auslagen können, soweit es der Billigkeit entspricht, dem Angeklagten, im selbständigen Verfahren auch einem anderen Nebenbeteiligten auferlegt werden.

(2) Wird eine Geldbuße gegen eine juristische Person oder eine Personenvereinigung festgesetzt, so hat diese die Kosten des Verfahrens entsprechend den §§ 465, 466 zu tragen.

(3) Wird von der Anordnung einer der in Absatz 1 Satz 1 bezeichneten Nebenfolgen oder der Festsetzung einer Geldbuße gegen eine juristische Person oder eine Personenvereinigung abgesehen, so können die dem Nebenbeteiligten erwachsenen notwendigen Auslagen der Staatskasse oder einem anderen Beteiligten auferlegt werden.

§ 473 Kosten bei zurückgenommenem oder erfolglosem Rechtsmittel; Kosten der Wiedereinsetzung. (1) [1]Die Kosten eines zurückgenommenen oder erfolglos eingelegten Rechtsmittels treffen den, der es eingelegt hat. [2]Hat der Beschuldigte das Rechtsmittel erfolglos eingelegt oder zurückgenommen, so sind ihm die dadurch dem Nebenkläger oder dem zum Anschluß als Nebenkläger Berechtigten in Wahrnehmung seiner Befugnisse nach § 406h erwachsenen notwendigen Auslagen aufzuerlegen. [3]Hat im Falle des Satzes 1 allein der Nebenkläger ein Rechtsmittel eingelegt oder durchgeführt, so sind ihm die dadurch erwachsenen notwendigen Auslagen des Beschuldigten aufzuerlegen. [4]Für die Kosten des Rechtsmittels und die notwendigen Auslagen der Beteiligten gilt § 472a Abs. 2 entsprechend, wenn eine zulässig erhobene sofortige Beschwerde nach § 406a Abs. 1 Satz 1 durch eine den Rechtszug abschließende Entscheidung unzulässig geworden ist.

(2) [1]Hat im Falle des Absatzes 1 die Staatsanwaltschaft das Rechtsmittel zuungunsten des Beschuldigten oder eines Nebenbeteiligten (§ 424 Absatz 1, §§ 439, 444 Abs. 1 Satz 1) eingelegt, so sind die ihm erwachsenen notwendigen Auslagen der Staatskasse aufzuerlegen. [2]Dasselbe gilt, wenn das von der Staatsanwaltschaft zugunsten des Beschuldigten oder eines Nebenbeteiligten eingelegte Rechtsmittel Erfolg hat.

(3) Hat der Beschuldigte oder ein anderer Beteiligter das Rechtsmittel auf bestimmte Beschwerdepunkte beschränkt und hat ein solches Rechtsmittel

Erfolg, so sind die notwendigen Auslagen des Beteiligten der Staatskasse aufzuerlegen.

(4) [1] Hat das Rechtsmittel teilweise Erfolg, so hat das Gericht die Gebühr zu ermäßigen und die entstandenen Auslagen teilweise oder auch ganz der Staatskasse aufzuerlegen, soweit es unbillig wäre, die Beteiligten damit zu belasten. [2] Dies gilt entsprechend für die notwendigen Auslagen der Beteiligten.

(5) Ein Rechtsmittel gilt als erfolglos, soweit eine Anordnung nach § 69 Abs. 1 oder § 69b Abs. 1 des Strafgesetzbuches nur deshalb nicht aufrechterhalten wird, weil ihre Voraussetzungen wegen der Dauer einer vorläufigen Entziehung der Fahrerlaubnis (§ 111a Abs. 1) oder einer Verwahrung, Sicherstellung oder Beschlagnahme des Führerscheins (§ 69a Abs. 6 des Strafgesetzbuches) nicht mehr vorliegen.

(6) Die Absätze 1 bis 4 gelten entsprechend für die Kosten und die notwendigen Auslagen, die durch einen Antrag

1. auf Wiederaufnahme des durch ein rechtskräftiges Urteil abgeschlossenen Verfahrens oder
2. auf ein Nachverfahren (§ 433)

verursacht worden sind.

(7) Die Kosten der Wiedereinsetzung in den vorigen Stand fallen dem Antragsteller zur Last, soweit sie nicht durch einen unbegründeten Widerspruch des Gegners entstanden sind.

§ 473a Kosten und notwendige Auslagen bei gesonderter Entscheidung über die Rechtmäßigkeit einer Ermittlungsmaßnahme. [1] Hat das Gericht auf Antrag des Betroffenen in einer gesonderten Entscheidung über die Rechtmäßigkeit einer Ermittlungsmaßnahme oder ihres Vollzuges zu befinden, bestimmt es zugleich, von wem die Kosten und die notwendigen Auslagen der Beteiligten zu tragen sind. [2] Diese sind, soweit die Maßnahme oder ihr Vollzug für rechtswidrig erklärt wird, der Staatskasse, im Übrigen dem Antragsteller aufzuerlegen. [3] § 304 Absatz 3 und § 464 Absatz 3 Satz 1 gelten entsprechend.

Achtes Buch. Schutz und Verwendung von Daten

Erster Abschnitt. Erteilung von Auskünften und Akteneinsicht, sonstige Verwendung von Daten für verfahrensübergreifende Zwecke

§ 474 Auskünfte und Akteneinsicht für Justizbehörden und andere öffentliche Stellen. (1) Gerichte, Staatsanwaltschaften und andere Justizbehörden erhalten Akteneinsicht, wenn dies für Zwecke der Rechtspflege erforderlich ist.

(2) [1] Im Übrigen sind Auskünfte aus Akten an öffentliche Stellen zulässig, soweit

1. die Auskünfte zur Feststellung, Durchsetzung oder zur Abwehr von Rechtsansprüchen im Zusammenhang mit der Straftat erforderlich sind,
2. diesen Stellen in sonstigen Fällen auf Grund einer besonderen Vorschrift von Amts wegen personenbezogene Daten aus Strafverfahren übermittelt werden dürfen oder soweit nach einer Übermittlung von Amts wegen die Übermittlung weiterer personenbezogener Daten zur Aufgabenerfüllung erforderlich ist oder

3. die Auskünfte zur Vorbereitung von Maßnahmen erforderlich sind, nach deren Erlass auf Grund einer besonderen Vorschrift von Amts wegen personenbezogene Daten aus Strafverfahren an diese Stellen übermittelt werden dürfen.

[2] Die Erteilung von Auskünften an die Nachrichtendienste richtet sich nach § 18 des Bundesverfassungsschutzgesetzes, § 12 des Sicherheitsüberprüfungsgesetzes, § 10 des MAD-Gesetzes und § 10 des BND-Gesetzes sowie den entsprechenden landesrechtlichen Vorschriften.

(3) Unter den Voraussetzungen des Absatzes 2 kann Akteneinsicht gewährt werden, wenn die Erteilung von Auskünften einen unverhältnismäßigen Aufwand erfordern würde oder die Akteneinsicht begehrende Stelle unter Angabe von Gründen erklärt, dass die Erteilung einer Auskunft zur Erfüllung ihrer Aufgabe nicht ausreichen würde.

(4) Unter den Voraussetzungen der Absätze 1 oder 3 können amtlich verwahrte Beweisstücke besichtigt werden.

(5) Akten, die noch in Papierform vorliegen, können in den Fällen der Absätze 1 und 3 zur Einsichtnahme übersandt werden.

(6) Landesgesetzliche Regelungen, die parlamentarischen Ausschüssen ein Recht auf Akteneinsicht einräumen, bleiben unberührt.

§ 475 Auskünfte und Akteneinsicht für Privatpersonen und sonstige Stellen. (1) [1] Für eine Privatperson und für sonstige Stellen kann unbeschadet des § 57 des Bundesdatenschutzgesetzes ein Rechtsanwalt Auskünfte aus Akten erhalten, die dem Gericht vorliegen oder diesem im Falle der Erhebung der öffentlichen Klage vorzulegen wären, soweit er hierfür ein berechtigtes Interesse darlegt. [2] Auskünfte sind zu versagen, wenn der hiervon Betroffene ein schutzwürdiges Interesse an der Versagung hat.

(2) Unter den Voraussetzungen des Absatzes 1 kann Akteneinsicht gewährt werden, wenn die Erteilung von Auskünften einen unverhältnismäßigen Aufwand erfordern oder nach Darlegung dessen, der Akteneinsicht begehrt, zur Wahrnehmung des berechtigten Interesses nicht ausreichen würde.

(3) Unter den Voraussetzungen des Absatzes 2 können amtlich verwahrte Beweisstücke besichtigt werden.

(4) Unter den Voraussetzungen des Absatzes 1 können auch Privatpersonen und sonstigen Stellen Auskünfte aus den Akten erteilt werden.

§ 476 Auskünfte und Akteneinsicht zu Forschungszwecken. (1) [1] Die Übermittlung personenbezogener Daten in Akten an Hochschulen, andere Einrichtungen, die wissenschaftliche Forschung betreiben, und öffentliche Stellen ist zulässig, soweit

1. dies für die Durchführung bestimmter wissenschaftlicher Forschungsarbeiten erforderlich ist,
2. eine Nutzung anonymisierter Daten zu diesem Zweck nicht möglich oder die Anonymisierung mit einem unverhältnismäßigen Aufwand verbunden ist und
3. das öffentliche Interesse an der Forschungsarbeit das schutzwürdige Interesse des Betroffenen an dem Ausschluss der Übermittlung erheblich überwiegt.

[2]Bei der Abwägung nach Satz 1 Nr. 3 ist im Rahmen des öffentlichen Interesses das wissenschaftliche Interesse an dem Forschungsvorhaben besonders zu berücksichtigen.

(2) [1]Die Übermittlung der Daten erfolgt durch Erteilung von Auskünften, wenn hierdurch der Zweck der Forschungsarbeit erreicht werden kann und die Erteilung keinen unverhältnismäßigen Aufwand erfordert. [2]Andernfalls kann auch Akteneinsicht gewährt werden. [3]Die Akten, die in Papierform vorliegen, können zur Einsichtnahme übersandt werden.

(3) [1]Personenbezogene Daten werden nur an solche Personen übermittelt, die Amtsträger oder für den öffentlichen Dienst besonders Verpflichtete sind oder die zur Geheimhaltung verpflichtet worden sind. [2]§ 1 Abs. 2, 3 und 4 Nr. 2 des Verpflichtungsgesetzes findet auf die Verpflichtung zur Geheimhaltung entsprechende Anwendung.

(4) [1]Die personenbezogenen Daten dürfen nur für die Forschungsarbeit verwendet werden, für die sie übermittelt worden sind. [2]Die Verwendung für andere Forschungsarbeiten oder die Weitergabe richtet sich nach den Absätzen 1 bis 3 und bedarf der Zustimmung der Stelle, die die Übermittlung der Daten angeordnet hat.

(5) [1]Die Daten sind gegen unbefugte Kenntnisnahme durch Dritte zu schützen. [2]Die wissenschaftliche Forschung betreibende Stelle hat dafür zu sorgen, dass die Verwendung der personenbezogenen Daten räumlich und organisatorisch getrennt von der Erfüllung solcher Verwaltungsaufgaben oder Geschäftszwecke erfolgt, für die diese Daten gleichfalls von Bedeutung sein können.

(6) [1]Sobald der Forschungszweck es erlaubt, sind die personenbezogenen Daten zu anonymisieren. [2]Solange dies noch nicht möglich ist, sind die Merkmale gesondert aufzubewahren, mit denen Einzelangaben über persönliche oder sachliche Verhältnisse einer bestimmten oder bestimmbaren Person zugeordnet werden können. [3]Sie dürfen mit den Einzelangaben nur zusammengeführt werden, soweit der Forschungszweck dies erfordert.

(7) [1]Wer nach den Absätzen 1 bis 3 personenbezogene Daten erhalten hat, darf diese nur veröffentlichen, wenn dies für die Darstellung von Forschungsergebnissen über Ereignisse der Zeitgeschichte unerlässlich ist. [2]Die Veröffentlichung bedarf der Zustimmung der Stelle, die die Daten übermittelt hat.

(8) Ist der Empfänger eine nichtöffentliche Stelle, finden die Vorschriften der Verordnung (EU) 2016/679 und des Bundesdatenschutzgesetzes auch dann Anwendung, wenn die personenbezogenen Daten nicht automatisiert verarbeitet werden und nicht in einem Dateisystem gespeichert sind oder gespeichert werden.

§ 477 Datenübermittlung von Amts wegen. (1) Von Amts wegen dürfen personenbezogene Daten aus Strafverfahren Strafverfolgungsbehörden und Strafgerichten für Zwecke der Strafverfolgung sowie den zuständigen Behörden und Gerichten für Zwecke der Verfolgung von Ordnungswidrigkeiten übermittelt werden, soweit diese Daten aus der Sicht der übermittelnden Stelle hierfür erforderlich sind.

(2) Eine von Amts wegen erfolgende Übermittlung personenbezogener Daten aus Strafverfahren ist auch zulässig, wenn die Kenntnis der Daten aus der Sicht der übermittelnden Stelle erforderlich ist für

1. die Vollstreckung von Strafen oder von Maßnahmen im Sinne des § 11 Absatz 1 Nummer 8 des Strafgesetzbuches oder für die Vollstreckung oder Durchführung von Erziehungsmaßregeln oder von Zuchtmitteln im Sinne des Jugendgerichtsgesetzes[1],
2. den Vollzug von freiheitsentziehenden Maßnahmen oder
3. Entscheidungen in Strafsachen, insbesondere über die Strafaussetzung zur Bewährung oder deren Widerruf, oder in Bußgeld- oder Gnadensachen.

§ 478 Form der Datenübermittlung. Auskünfte nach den §§ 474 bis 476 und Datenübermittlungen von Amts wegen nach § 477 können auch durch Überlassung von Kopien aus den Akten erfolgen.

§ 479 Übermittlungsverbote und Verwendungsbeschränkungen.

(1) Auskünfte nach den §§ 474 bis 476 und Datenübermittlungen von Amts wegen nach § 477 sind zu versagen, wenn ihnen Zwecke des Strafverfahrens, auch die Gefährdung des Untersuchungszwecks in einem anderen Strafverfahren, oder besondere bundesgesetzliche oder landesgesetzliche Verwendungsregelungen entgegenstehen.

(2) [1] Ist eine Maßnahme nach diesem Gesetz nur bei Verdacht bestimmter Straftaten zulässig, so gilt für die Verwendung der auf Grund einer solchen Maßnahme erlangten Daten in anderen Strafverfahren § 161 Absatz 3 entsprechend. [2] Darüber hinaus dürfen verwertbare personenbezogene Daten, die durch eine Maßnahme der nach Satz 1 bezeichneten Art erlangt worden sind, ohne Einwilligung der von der Maßnahme betroffenen Personen nur verwendet werden

1. zu Zwecken der Gefahrenabwehr, soweit sie dafür durch eine entsprechende Maßnahme nach den für die zuständige Stelle geltenden Gesetzen erhoben werden könnten,
2. zur Abwehr einer Gefahr für Leib, Leben oder Freiheit einer Person oder für die Sicherheit oder den Bestand des Bundes oder eines Landes oder für bedeutende Vermögenswerte, wenn sich aus den Daten im Einzelfall jeweils konkrete Ansätze zur Abwehr einer solchen Gefahr erkennen lassen,
3. für Zwecke, für die eine Übermittlung nach § 18 des Bundesverfassungsschutzgesetzes zulässig ist, sowie
4. nach Maßgabe des § 476.

[3] § 100i Absatz 2 Satz 2 und § 108 Absatz 2 und 3 bleiben unberührt.

(3) Wenn in den Fällen der §§ 474 bis 476

1. der Angeklagte freigesprochen, die Eröffnung des Hauptverfahrens abgelehnt oder das Verfahren eingestellt wurde oder
2. die Verurteilung nicht in ein Führungszeugnis für Behörden aufgenommen wird und seit der Rechtskraft der Entscheidung mehr als zwei Jahre verstrichen sind,

dürfen Auskünfte aus den Akten und Akteneinsicht an nichtöffentliche Stellen nur gewährt werden, wenn ein rechtliches Interesse an der Kenntnis der Information glaubhaft gemacht ist und der frühere Beschuldigte kein schutzwürdiges Interesse an der Versagung hat.

---

[1] Auszugsweise abgedruckt unter Nr. **4**.

(4) [1]Die Verantwortung für die Zulässigkeit der Übermittlung trägt die übermittelnde Stelle. [2]Abweichend hiervon trägt in den Fällen der §§ 474 bis 476 der Empfänger die Verantwortung für die Zulässigkeit der Übermittlung, sofern dieser eine öffentliche Stelle oder ein Rechtsanwalt ist. [3]Die übermittelnde Stelle prüft in diesem Falle nur, ob das Übermittlungsersuchen im Rahmen der Aufgaben des Empfängers liegt, es sei denn, dass ein besonderer Anlass zu einer weitergehenden Prüfung der Zulässigkeit der Übermittlung vorliegt.

(5) § 32f Absatz 5 Satz 2 und 3 gilt mit folgenden Maßgaben entsprechend:

1. Eine Verwendung der nach den §§ 474 und 475 erlangten personenbezogenen Daten für andere Zwecke ist zulässig, wenn dafür Auskunft oder Akteneinsicht gewährt werden dürfte und im Falle des § 475 die Stelle, die Auskunft oder Akteneinsicht gewährt hat, zustimmt;
2. eine Verwendung der nach § 477 erlangten personenbezogenen Daten für andere Zwecke ist zulässig, wenn dafür eine Übermittlung nach § 477 erfolgen dürfte.

§ 480 Entscheidung über die Datenübermittlung. (1) [1]Über die Übermittlungen nach den §§ 474 bis 477 entscheidet im vorbereitenden Verfahren und nach rechtskräftigem Abschluss des Verfahrens die Staatsanwaltschaft, im Übrigen der Vorsitzende des mit der Sache befassten Gerichts. [2]Die Staatsanwaltschaft ist auch nach Erhebung der öffentlichen Klage befugt, personenbezogene Daten zu übermitteln. [3]Die Staatsanwaltschaft kann die Behörden des Polizeidienstes, die die Ermittlungen geführt haben oder führen, ermächtigen, in den Fällen des § 475 Akteneinsicht und Auskünfte zu erteilen. [4]Gegen deren Entscheidung kann die Entscheidung der Staatsanwaltschaft eingeholt werden. [5]Die Übermittlung personenbezogener Daten zwischen Behörden des Polizeidienstes oder eine entsprechende Akteneinsicht ist ohne Entscheidung nach Satz 1 zulässig, sofern keine Zweifel an der Zulässigkeit der Übermittlung oder der Akteneinsicht bestehen.

(2) [1]Aus beigezogenen Akten, die nicht Aktenbestandteil sind, dürfen Übermittlungen nur mit Zustimmung der Stelle erfolgen, um deren Akten es sich handelt; Gleiches gilt für die Akteneinsicht. [2]In den Fällen der §§ 474 bis 476 sind Auskünfte und Akteneinsicht nur zulässig, wenn der Antragsteller die Zustimmung nachweist.

(3) [1]In den Fällen des § 475 kann gegen die Entscheidung der Staatsanwaltschaft nach Absatz 1 gerichtliche Entscheidung durch das nach § 162 zuständige Gericht beantragt werden. [2]Die §§ 297 bis 300, 302, 306 bis 309, 311a und 473a gelten entsprechend. [3]Die Entscheidung des Gerichts ist unanfechtbar, solange die Ermittlungen noch nicht abgeschlossen sind. [4]Diese Entscheidungen werden nicht mit Gründen versehen, soweit durch deren Offenlegung der Untersuchungszweck gefährdet werden könnte.

(4) Die übermittelnde Stelle hat die Übermittlung und deren Zweck aktenkundig zu machen.

§ 481 Verwendung personenbezogener Daten für polizeiliche Zwecke. (1) [1]Die Polizeibehörden dürfen nach Maßgabe der Polizeigesetze personenbezogene Daten aus Strafverfahren verwenden. [2]Zu den dort genannten Zwecken dürfen Strafverfolgungsbehörden und Gerichte an Polizeibehörden personenbezogene Daten aus Strafverfahren übermitteln oder Akteneinsicht gewähren. [3] Mitteilungen nach Satz 2 können auch durch Bewährungshelfer und Führungsaufsichtsstellen erfolgen, wenn dies zur Abwehr einer Gefahr für ein bedeutendes Rechtsgut erforderlich und eine rechtzeitige Übermittlung durch die in Satz 2 genannten Stellen nicht gewährleistet ist. [4] Die Sätze 1 und 2 gelten nicht in den Fällen, in denen die Polizei ausschließlich zum Schutz privater Rechte tätig wird.

(2) Die Verwendung ist unzulässig, soweit besondere bundesgesetzliche oder entsprechende landesgesetzliche Verwendungsregelungen entgegenstehen.

(3) Hat die Polizeibehörde Zweifel, ob eine Verwendung personenbezogener Daten nach dieser Bestimmung zulässig ist, gilt § 480 Absatz 1 Satz 1 und 2 entsprechend.

§ 482 Mitteilung des Aktenzeichens und des Verfahrensausgangs an die Polizei. (1) Die Staatsanwaltschaft teilt der Polizeibehörde, die mit der Angelegenheit befasst war, ihr Aktenzeichen mit.

(2) [1] Sie unterrichtet die Polizeibehörde in den Fällen des Absatzes 1 über den Ausgang des Verfahrens durch Mitteilung der Entscheidungsformel, der entscheidenden Stelle sowie des Datums und der Art der Entscheidung. [2] Die Übersendung der Mitteilung zum Bundeszentralregister ist zulässig, im Falle des Erforderns auch des Urteils oder einer mit Gründen versehenen Einstellungsentscheidung.

(3) In Verfahren gegen Unbekannt sowie bei Verkehrsstrafsachen, soweit sie nicht unter die §§ 142, 315 bis 315c des Strafgesetzbuches fallen, wird der Ausgang des Verfahrens nach Absatz 2 von Amts wegen nicht mitgeteilt.

(4) Wird ein Urteil übersandt, das angefochten worden ist, so ist anzugeben, wer Rechtsmittel eingelegt hat.

Zweiter Abschnitt. Regelungen über die Datenverarbeitung

§ 483 Datenverarbeitung für Zwecke des Strafverfahrens. (1) [1] Gerichte, Strafverfolgungsbehörden einschließlich Vollstreckungsbehörden, Bewährungshelfer, Aufsichtsstellen bei Führungsaufsicht und die Gerichtshilfe dürfen personenbezogene Daten in Dateisystemen verarbeiten, soweit dies für Zwecke des Strafverfahrens erforderlich ist. [2] Die Polizei darf unter der Voraussetzung des Satzes 1 personenbezogene Daten auch in einem Informationssystem verarbeiten, welches nach Maßgabe eines anderen Gesetzes errichtet ist. [3] Für dieses Informationssystem wird mindestens festgelegt:

1. die Kennzeichnung der personenbezogenen Daten durch die Bezeichnung
   a) des Verfahrens, in dem die Daten erhoben wurden,
   b) der Maßnahme, wegen der die Daten erhoben wurden, sowie der Rechtsgrundlage der Erhebung und
   c) der Straftat, zu deren Aufklärung die Daten erhoben wurden,
2. die Zugriffsberechtigungen,
3. die Fristen zur Prüfung, ob gespeicherte Daten zu löschen sind sowie die Speicherungsdauer der Daten.

(2) Die Daten dürfen auch für andere Strafverfahren, die internationale Rechtshilfe in Strafsachen und Gnadensachen genutzt werden.

(3) Erfolgt in einem Dateisystem der Polizei die Speicherung zusammen mit Daten, deren Speicherung sich nach den Polizeigesetzen richtet, so ist für die

Verarbeitung personenbezogener Daten und die Rechte der Betroffenen das für die speichernde Stelle geltende Recht maßgeblich.

§ 484 Datenverarbeitung für Zwecke künftiger Strafverfahren; Verordnungsermächtigung. (1) Strafverfolgungsbehörden dürfen für Zwecke künftiger Strafverfahren

1. die Personendaten des Beschuldigten und, soweit erforderlich, andere zur Identifizierung geeignete Merkmale,
2. die zuständige Stelle und das Aktenzeichen,
3. die nähere Bezeichnung der Straftaten, insbesondere die Tatzeiten, die Tatorte und die Höhe etwaiger Schäden,
4. die Tatvorwürfe durch Angabe der gesetzlichen Vorschriften,
5. die Einleitung des Verfahrens sowie die Verfahrenserledigungen bei der Staatsanwaltschaft und bei Gericht nebst Angabe der gesetzlichen Vorschriften

in Dateisystemen verarbeiten.

(2) [1] Weitere personenbezogene Daten von Beschuldigten und Tatbeteiligten dürfen sie in Dateisystemen nur verarbeiten, soweit dies erforderlich ist, weil wegen der Art oder Ausführung der Tat, der Persönlichkeit des Beschuldigten oder Tatbeteiligten oder sonstiger Erkenntnisse Grund zu der Annahme besteht, dass weitere Strafverfahren gegen den Beschuldigten zu führen sind. [2] Wird der Beschuldigte rechtskräftig freigesprochen, die Eröffnung des Hauptverfahrens gegen ihn unanfechtbar abgelehnt oder das Verfahren nicht nur vorläufig eingestellt, so ist die Verarbeitung nach Satz 1 unzulässig, wenn sich aus den Gründen der Entscheidung ergibt, dass die betroffene Person die Tat nicht oder nicht rechtswidrig begangen hat.

(3) [1] Das Bundesministerium der Justiz und für Verbraucherschutz und die Landesregierungen bestimmen für ihren jeweiligen Geschäftsbereich durch Rechtsverordnung das Nähere über die Art der Daten, die nach Absatz 2 für Zwecke künftiger Strafverfahren gespeichert werden dürfen. [2] Dies gilt nicht für Daten in Dateisystemen, die nur vorübergehend vorgehalten und innerhalb von drei Monaten nach ihrer Erstellung gelöscht werden. [3] Die Landesregierungen können die Ermächtigung durch Rechtsverordnung auf die zuständigen Landesministerien übertragen.

(4) Die Verarbeitung personenbezogener Daten, die für Zwecke künftiger Strafverfahren von der Polizei gespeichert sind oder werden, richtet sich, ausgenommen die Verarbeitung für Zwecke eines Strafverfahrens, nach den Polizeigesetzen.

§ 485 Datenverarbeitung für Zwecke der Vorgangsverwaltung. [1] Gerichte, Strafverfolgungsbehörden einschließlich Vollstreckungsbehörden, Bewährungshelfer, Aufsichtsstellen bei Führungsaufsicht und die Gerichtshilfe dürfen personenbezogene Daten in Dateisystemen verarbeiten, soweit dies für Zwecke der Vorgangsverwaltung erforderlich ist. [2] Eine Nutzung für die in § 483 bezeichneten Zwecke ist zulässig. [3] Eine Nutzung für die in § 484 bezeichneten Zwecke ist zulässig, soweit die Speicherung auch nach dieser Vorschrift zulässig wäre. [4] § 483 Absatz 1 Satz 2 und Absatz 3 ist entsprechend anwendbar.

§ 486 Gemeinsame Dateisysteme. [1]Die personenbezogenen Daten können für die in den §§ 483 bis 485 genannten Stellen in gemeinsamen Dateisystemen gespeichert werden. [2]Dies gilt für Fälle des § 483 Absatz 1 Satz 2, auch in Verbindung mit § 485 Satz 4, entsprechend.

§ 487 Übermittlung gespeicherter Daten; Auskunft. (1) [1]Die nach den §§ 483 bis 485 gespeicherten Daten dürfen den zuständigen Stellen übermittelt werden, soweit dies für die in diesen Vorschriften genannten Zwecke, für Zwecke eines Gnadenverfahrens, des Vollzugs von freiheitsentziehenden Maßnahmen oder der internationalen Rechtshilfe in Strafsachen erforderlich ist. [2]§ 479 Absatz 1 und 2 und § 485 Satz 3 gelten entsprechend. [3]Bewährungshelfer und Führungsaufsichtsstellen dürfen personenbezogene Daten von Verurteilten, die unter Aufsicht gestellt sind, an die Einrichtungen des Justiz- und Maßregelvollzugs übermitteln, wenn diese Daten für den Vollzug der Freiheitsentziehung, insbesondere zur Förderung der Vollzugs- und Behandlungsplanung oder der Entlassungsvorbereitung, erforderlich sind; das Gleiche gilt für Mitteilungen an Vollstreckungsbehörden, soweit diese Daten für die in § 477 Absatz 2 Nummer 1 oder 3 genannten Zwecke erforderlich sind.

(2) [1]Außerdem kann, unbeschadet des § 57 des Bundesdatenschutzgesetzes, Auskunft erteilt werden, soweit nach den Vorschriften dieses Gesetzes Akteneinsicht oder Auskunft aus den Akten gewährt werden könnte. [2]Entsprechendes gilt für Mitteilungen nach den §§ 477 und 481 Absatz 1 Satz 2 sowie für andere besondere gesetzliche Bestimmungen, die die Übermittlung personenbezogener Daten aus Strafverfahren anordnen oder erlauben.

(3) [1]Die Verantwortung für die Zulässigkeit der Übermittlung trägt die übermittelnde Stelle. [2]Erfolgt die Übermittlung auf Ersuchen des Empfängers, trägt dieser die Verantwortung. [3]In diesem Falle prüft die übermittelnde Stelle nur, ob das Übermittlungsersuchen im Rahmen der Aufgaben des Empfängers liegt, es sei denn, dass besonderer Anlass zu einer weitergehenden Prüfung der Zulässigkeit der Übermittlung besteht.

(4) [1]Die nach den §§ 483 bis 485 gespeicherten Daten dürfen auch für wissenschaftliche Zwecke übermittelt werden. [2]§ 476 gilt entsprechend.

(5) Besondere gesetzliche Bestimmungen, die die Übermittlung von Daten aus einem Strafverfahren anordnen oder erlauben, bleiben unberührt.

(6) [1]Die Daten dürfen nur zu dem Zweck verwendet werden, für den sie übermittelt worden sind. [2]Eine Verwendung für andere Zwecke ist zulässig, soweit die Daten auch dafür hätten übermittelt werden dürfen.

§ 488[1)] Automatisierte Verfahren für Datenübermittlungen. (1) [1]Die Einrichtung eines automatisierten Abrufverfahrens oder eines automatisierten Anfrage- und Auskunftsverfahrens ist für Übermittlungen nach § 487 Abs. 1 zwischen den in § 483 Abs. 1 genannten Stellen zulässig, soweit diese Form der Datenübermittlung unter Berücksichtigung der schutzwürdigen Interessen der betroffenen Personen wegen der Vielzahl der Übermittlungen oder wegen ihrer besonderen Eilbedürftigkeit angemessen ist. [2]Die beteiligten Stellen haben zu gewährleisten, dass dem jeweiligen Stand der Technik entsprechende Maßnahmen zur Sicherstellung von Datenschutz und Datensicherheit getroffen

---

[1)] Beachte hierzu Übergangsvorschrift in § 17 EGStPO v. 1.2.1877 (RGBl. S. 346), zuletzt geänd. durch G v. 16.9.2022 (BGBl. I S. 1454).

werden, die insbesondere die Vertraulichkeit und Unversehrtheit der Daten gewährleisten; im Falle der Nutzung allgemein zugänglicher Netze sind dem jeweiligen Stand der Technik entsprechende Verschlüsselungsverfahren anzuwenden.

(2) [1] Bei der Festlegung zur Einrichtung eines automatisierten Abrufverfahrens haben die beteiligten Stellen zu gewährleisten, dass die Zulässigkeit des Abrufverfahrens kontrolliert werden kann. [2] Hierzu haben sie Folgendes schriftlich festzulegen:

1. den Anlass und den Zweck des Abrufverfahrens,
2. die Dritten, an die übermittelt wird,
3. die Art der zu übermittelnden Daten und
4. die nach § 64 des Bundesdatenschutzgesetzes erforderlichen technischen und organisatorischen Maßnahmen.

[3] Die Festlegung bedarf der Zustimmung der für die speichernde und die abrufende Stelle jeweils zuständigen Bundes- und Landesministerien. [4] Die speichernde Stelle übersendet die Festlegungen der Stelle, die für die Kontrolle der Einhaltung der Vorschriften über den Datenschutz bei öffentlichen Stellen zuständig ist.

(3) [1] Die Verantwortung für die Zulässigkeit des einzelnen Abrufs trägt der Empfänger. [2] Die speichernde Stelle prüft die Zulässigkeit der Abrufe nur, wenn dazu Anlass besteht. [3] Die speichernde Stelle hat zu gewährleisten, dass die Übermittlung personenbezogener Daten festgestellt und überprüft werden kann. [4] Im Rahmen der Protokollierung nach § 76 des Bundesdatenschutzgesetzes hat sie ergänzend zu den dort in Absatz 2 aufgeführten Daten die abgerufenen Daten, die Kennung der abrufenden Stelle und das Aktenzeichen des Empfängers zu protokollieren. [5] Die Protokolldaten sind nach zwölf Monaten zu löschen.

(4) Die Absätze 2 und 3 gelten für das automatisierte Anfrage- und Auskunftsverfahren entsprechend.

§ 489 Löschung und Einschränkung der Verarbeitung von Daten.

(1) Zu löschen sind, unbeschadet der anderen, in § 75 Absatz 2 des Bundesdatenschutzgesetzes genannten Gründe für die Pflicht zur Löschung,

1. die nach § 483 gespeicherten Daten mit der Erledigung des Verfahrens, soweit ihre Speicherung nicht nach den §§ 484 und 485 zulässig ist,
2. die nach § 484 gespeicherten Daten, soweit die dortigen Voraussetzungen nicht mehr vorliegen und ihre Speicherung nicht nach § 485 zulässig ist, und
3. die nach § 485 gespeicherten Daten, sobald ihre Speicherung zur Vorgangsverwaltung nicht mehr erforderlich ist.

(2) [1] Als Erledigung des Verfahrens gilt die Erledigung bei der Staatsanwaltschaft oder, sofern die öffentliche Klage erhoben wurde, bei Gericht. [2] Ist eine Strafe oder eine sonstige Sanktion angeordnet worden, so ist der Abschluss der Vollstreckung oder der Erlass maßgeblich. [3] Wird das Verfahren eingestellt und hindert die Einstellung die Wiederaufnahme der Verfolgung nicht, so ist das Verfahren mit Eintritt der Verjährung als erledigt anzusehen.

(3) [1] Der Verantwortliche prüft nach festgesetzten Fristen, ob gespeicherte Daten zu löschen sind. [2] Die Frist zur Überprüfung der Notwendigkeit der

Speicherung nach § 75 Absatz 4 des Bundesdatenschutzgesetzes beträgt für die nach § 484 gespeicherten Daten

1. bei Beschuldigten, die zur Tatzeit das achtzehnte Lebensjahr vollendet hatten, zehn Jahre,
2. bei Jugendlichen fünf Jahre,
3. in den Fällen des rechtskräftigen Freispruchs, der unanfechtbaren Ablehnung der Eröffnung des Hauptverfahrens und der nicht nur vorläufigen Verfahrenseinstellung drei Jahre,
4. bei nach § 484 Absatz 1 gespeicherten Daten zu Personen, die zur Tatzeit nicht strafmündig waren, zwei Jahre.

(4) Der Verantwortliche kann in der Errichtungsanordnung nach § 490 kürzere Prüffristen festlegen.

(5) Die Fristen nach Absatz 3 beginnen mit dem Tag, an dem das letzte Ereignis eingetreten ist, das zur Speicherung der Daten geführt hat, jedoch nicht vor

1. Entlassung der betroffenen Person aus einer Justizvollzugsanstalt oder
2. Beendigung einer mit Freiheitsentziehung verbundenen Maßregel der Besserung und Sicherung.

(6) [1] § 58 Absatz 3 Satz 1 Nummer 1 und 3 des Bundesdatenschutzgesetzes gilt für die Löschung nach Absatz 1 entsprechend. [2] Darüber hinaus ist an Stelle der Löschung personenbezogener Daten deren Verarbeitung einzuschränken, soweit die Daten für laufende Forschungsarbeiten benötigt werden. [3] Die Verarbeitung personenbezogener Daten ist ferner einzuschränken, soweit sie nur zu Zwecken der Datensicherung oder der Datenschutzkontrolle gespeichert sind. [4] Daten, deren Verarbeitung nach den Sätzen 1 oder 2 eingeschränkt ist, dürfen nur zu dem Zweck verwendet werden, für den ihre Löschung unterblieben ist. [5] Sie dürfen auch verwendet werden, soweit dies zur Behebung einer bestehenden Beweisnot unerlässlich ist.

(7) Anstelle der Löschung der Daten sind die Datenträger an ein Staatsarchiv abzugeben, soweit besondere archivrechtliche Regelungen dies vorsehen.

§ 490 Errichtungsanordnung für automatisierte Dateisysteme. [1] Der Verantwortliche legt für jedes automatisierte Dateisystem in einer Errichtungsanordnung mindestens fest:

1. die Bezeichnung des Dateisystems,
2. die Rechtsgrundlage und den Zweck des Dateisystems,
3. den Personenkreis, über den Daten in dem Dateisystem verarbeitet werden,
4. die Art der zu verarbeitenden Daten,
5. die Anlieferung oder Eingabe der zu verarbeitenden Daten,
6. die Voraussetzungen, unter denen in dem Dateisystem verarbeitete Daten an welche Empfänger und in welchem Verfahren übermittelt werden,
7. Prüffristen und Speicherungsdauer.

[2] Dies gilt nicht für Dateisysteme, die nur vorübergehend vorgehalten und innerhalb von drei Monaten nach ihrer Erstellung gelöscht werden, und Informationssysteme gemäß § 483 Absatz 1 Satz 2.

§ 491 Auskunft an betroffene Personen. (1) [1] Ist die betroffene Person bei einem gemeinsamen Dateisystem nicht in der Lage, den Verantwortlichen festzustellen, so kann sie sich zum Zweck der Auskunft nach § 57 des Bundesdatenschutzgesetzes an jede beteiligte speicherungsberechtigte Stelle wenden. [2] Über die Erteilung einer Auskunft entscheidet die ersuchte speicherungsberechtigte Stelle im Einvernehmen mit dem Verantwortlichen.

(2) Für den Auskunftsanspruch betroffener Personen gilt § 57 des Bundesdatenschutzgesetzes.

Dritter–Fünfter Abschnitt. *(hier nicht wiedergegeben)*

§§ 492–500 *(hier nicht wiedergegeben)*

4. Jugendgerichtsgesetz (JGG)

In der Fassung der Bekanntmachung vom 11. Dezember 1974[1)]
(BGBl. I S. 3427)

FNA 451-1

zuletzt geänd. durch Art. 21 G zur Fortentwicklung der StrafprozessO und zur Änd. weiterer Vorschriften v. 25.6.2021 (BGBl. I S. 2099)

– Auszug –

Erster Teil. Anwendungsbereich

§ 1 Persönlicher und sachlicher Anwendungsbereich. (1) Dieses Gesetz gilt, wenn ein Jugendlicher oder ein Heranwachsender eine Verfehlung begeht, die nach den allgemeinen Vorschriften mit Strafe bedroht ist.

(2) Jugendlicher ist, wer zur Zeit der Tat vierzehn, aber noch nicht achtzehn, Heranwachsender, wer zur Zeit der Tat achtzehn, aber noch nicht einundzwanzig Jahre alt ist.

(3) Ist zweifelhaft, ob der Beschuldigte zur Zeit der Tat das achtzehnte Lebensjahr vollendet hat, sind die für Jugendliche geltenden Verfahrensvorschriften anzuwenden.

§ 2 Ziel des Jugendstrafrechts; Anwendung des allgemeinen Strafrechts. (1) [1]Die Anwendung des Jugendstrafrechts soll vor allem erneuten Straftaten eines Jugendlichen oder Heranwachsenden entgegenwirken. [2]Um dieses Ziel zu erreichen, sind die Rechtsfolgen und unter Beachtung des elterlichen Erziehungsrechts auch das Verfahren vorrangig am Erziehungsgedanken auszurichten.

(2) Die allgemeinen Vorschriften gelten nur, soweit in diesem Gesetz nichts anderes bestimmt ist.

Zweiter Teil. Jugendliche

Erstes Hauptstück. Verfehlungen Jugendlicher und ihre Folgen

Erster Abschnitt. Allgemeine Vorschriften

§ 3 Verantwortlichkeit. [1]Ein Jugendlicher ist strafrechtlich verantwortlich, wenn er zur Zeit der Tat nach seiner sittlichen und geistigen Entwicklung reif genug ist, das Unrecht der Tat einzusehen und nach dieser Einsicht zu handeln. [2]Zur Erziehung eines Jugendlichen, der mangels Reife strafrechtlich nicht verantwortlich ist, kann der Richter dieselben Maßnahmen anordnen wie das Familiengericht.

§§ 4–32 *(hier nicht wiedergegeben)*

[1)] Neubekanntmachung des JGG v. 4.8.1953 (BGBl. I S. 751) in der ab 1.1.1975 geltenden Fassung.

Zweites Hauptstück. Jugendgerichtsverfassung und Jugendstrafverfahren

Erster Abschnitt. Jugendgerichtsverfassung

§ 33 Jugendgerichte. (1) Über Verfehlungen Jugendlicher entscheiden die Jugendgerichte.

(2) Jugendgerichte sind der Strafrichter als Jugendrichter, das Schöffengericht (Jugendschöffengericht) und die Strafkammer (Jugendkammer).

(3) [1] Die Landesregierungen werden ermächtigt, durch Rechtsverordnung zu regeln, daß ein Richter bei einem Amtsgericht zum Jugendrichter für den Bezirk mehrerer Amtsgerichte (Bezirksjugendrichter) bestellt und daß bei einem Amtsgericht ein gemeinsames Jugendschöffengericht für den Bezirk mehrerer Amtsgerichte eingerichtet wird. [2] Die Landesregierungen können die Ermächtigung durch Rechtsverordnung auf die Landesjustizverwaltungen übertragen.[1)]

§ 33a Besetzung des Jugendschöffengerichts. (1) [1] Das Jugendschöffengericht besteht aus dem Jugendrichter als Vorsitzenden und zwei Jugendschöffen. [2] Als Jugendschöffen sollen zu jeder Hauptverhandlung ein Mann und eine Frau herangezogen werden.

(2) Bei Entscheidungen außerhalb der Hauptverhandlung wirken die Jugendschöffen nicht mit.

§ 33b Besetzung der Jugendkammer. (1) Die Jugendkammer ist mit drei Richtern einschließlich des Vorsitzenden und zwei Jugendschöffen (große Jugendkammer), in Verfahren über Berufungen gegen Urteile des Jugendrichters mit dem Vorsitzenden und zwei Jugendschöffen (kleine Jugendkammer) besetzt.

(2) [1] Bei der Eröffnung des Hauptverfahrens beschließt die große Jugendkammer über ihre Besetzung in der Hauptverhandlung. [2] Ist das Hauptverfahren bereits eröffnet, beschließt sie hierüber bei der Anberaumung des Termins zur Hauptverhandlung. [3] Sie beschließt eine Besetzung mit drei Richtern einschließlich des Vorsitzenden und zwei Jugendschöffen, wenn

---

[1)] Die Länder haben hierzu ua folgende Vorschriften erlassen: **Baden-Württemberg:** §§ 21 und 23 ZuVOJu v. 20.11.1998 (GBl. S. 680), zuletzt geänd. durch VO v. 21.12.2021 (GBl. 2022 S. 1); **Bayern:** GZVJu v. 11.6.2012 (GVBl. S. 295), zuletzt geänd. durch V v. 12.9.2022 (GVBl. S. 633); **Berlin:** ZuwV v. 8.5.2008 (GVBl. S. 116), zuletzt geänd. durch VO v. 20.12.2021 (GVBl. S. 1396); **Brandenburg:** GerZV v. 2.9.2014 (GVBl. II Nr. 62), zuletzt geänd. durch G v. 30.6.2022 (GVBl. I Nr. 16); **Hamburg:** WeiterübertragungsVO-JugendgerichtsG v. 22.1.2002 (HmbGVBl. S. 11), zuletzt geänd. durch VO v. 6.10.2020 (HmbGVBl. S. 523), VO über die Zuständigkeit des Amtsgerichts Hamburg in Strafsachen gegen Jugendliche und Heranwachsende v. 18.3.2004 (HmbGVBl. S. 182); **Hessen:** JuZuV v. 3.6.2013 (GVBl. S. 386), zuletzt geänd. durch VO v. 17.5.2022 (GVBl. S. 360); **Niedersachsen:** SubdelegationsVO-Justiz v. 6.7.2007 (Nds. GVBl. S. 244), zuletzt geänd. durch VO v. 11.8.2022 (Nds. GVBl. S. 484); **Nordrhein-Westfalen:** VO über die Zuständigkeit der Amtsgerichte in Strafsachen gegen Erwachsene, in Jugendstrafsachen, in Bußgeldverfahren und Abschiebungshaftsachen v. 5.7.2010 (GV. NRW. S. 422), zuletzt geänd. durch VO v. 22.2.2022 (GV. NRW. S. 308); **Rheinland-Pfalz:** LandesVO über die gerichtliche Zuständigkeit in Strafsachen und Bußgeldverfahren v. 19.11.1985 (GVBl. S. 265), zuletzt geänd. durch VO v. 11.8.2017 (GVBl. S. 186); **Sachsen-Anhalt:** VO zur Übertragung von Verordnungsermächtigungen im Bereich der Justiz v. 28.3.2008 (GVBl. LSA S. 137), zuletzt geänd. durch VO v. 14.12.2021 (GVBl. LSA S. 612); **Schleswig-Holstein:** JErmÜVO v. 4.12.1996 (GVOBl. Schl.-H. S. 720), zuletzt geänd. durch VO v. 29.4.2022 (GVOBl. Schl.-H. S. 601).

1. die Sache nach den allgemeinen Vorschriften einschließlich der Regelung des § 74e des Gerichtsverfassungsgesetzes zur Zuständigkeit des Schwurgerichts gehört,
2. ihre Zuständigkeit nach § 41 Absatz 1 Nummer 5 begründet ist oder
3. nach dem Umfang oder der Schwierigkeit der Sache die Mitwirkung eines dritten Richters notwendig erscheint.

[4] Im Übrigen beschließt die große Jugendkammer eine Besetzung mit zwei Richtern einschließlich des Vorsitzenden und zwei Jugendschöffen.

(3) Die Mitwirkung eines dritten Richters ist nach Absatz 2 Satz 3 Nummer 3 in der Regel notwendig, wenn

1. die Jugendkammer die Sache nach § 41 Absatz 1 Nummer 2 übernommen hat,
2. die Hauptverhandlung voraussichtlich länger als zehn Tage dauern wird oder
3. die Sache eine der in § 74c Absatz 1 Satz 1 des Gerichtsverfassungsgesetzes genannten Straftaten zum Gegenstand hat.

(4) [1] In Verfahren über die Berufung gegen ein Urteil des Jugendschöffengerichts gilt Absatz 2 entsprechend. [2] Die große Jugendkammer beschließt ihre Besetzung mit drei Richtern einschließlich des Vorsitzenden und zwei Jugendschöffen auch dann, wenn mit dem angefochtenen Urteil auf eine Jugendstrafe von mehr als vier Jahren erkannt wurde.

(5) Hat die große Jugendkammer eine Besetzung mit zwei Richtern einschließlich des Vorsitzenden und zwei Jugendschöffen beschlossen und ergeben sich vor Beginn der Hauptverhandlung neue Umstände, die nach Maßgabe der Absätze 2 bis 4 eine Besetzung mit drei Richtern einschließlich des Vorsitzenden und zwei Jugendschöffen erforderlich machen, beschließt sie eine solche Besetzung.

(6) Ist eine Sache vom Revisionsgericht zurückverwiesen oder die Hauptverhandlung ausgesetzt worden, kann die jeweils zuständige Jugendkammer erneut nach Maßgabe der Absätze 2 bis 4 über ihre Besetzung beschließen.

(7) § 33a Abs. 1 Satz 2, Abs. 2 gilt entsprechend.

§ 34 Aufgaben des Jugendrichters. (1) Dem Jugendrichter obliegen alle Aufgaben, die ein Richter beim Amtsgericht im Strafverfahren hat.

(2) [1] Dem Jugendrichter sollen für die Jugendlichen die familiengerichtlichen Erziehungsaufgaben übertragen werden. [2] Aus besonderen Gründen, namentlich wenn der Jugendrichter für den Bezirk mehrerer Amtsgerichte bestellt ist, kann hiervon abgewichen werden.

(3) Familiengerichtliche Erziehungsaufgaben sind

[Nr. 1 bis 31.12.2022:]

1. die Unterstützung der Eltern, des Vormundes und des Pflegers durch geeignete Maßnahmen (§ 1631 Abs. 3, §§ 1800, 1915 des Bürgerlichen Gesetzbuches),

[Nr. 1 ab 1.1.2023:]

1. *die Unterstützung der Eltern, des Vormunds und des Pflegers durch geeignete Maßnahmen (§ 1631 Absatz 3, § 1802 Absatz 1 Satz 1, § 1813 Absatz 1 des Bürgerlichen Gesetzbuchs),*

2. die Maßnahmen zur Abwendung einer Gefährdung des Jugendlichen (§§ 1666, 1666a, ***[bis 31.12.2022:*** 1837 Abs. 4, § 1915***][ab 1.1.2023:*** *auch in Verbindung mit § 1802 Absatz 2 Satz 3 und § 1813 Absatz 1]* des Bürgerlichen Gesetzbuches).

§ 35 Jugendschöffen. (1) [1]Die Schöffen der Jugendgerichte (Jugendschöffen) werden auf Vorschlag des Jugendhilfeausschusses für die Dauer von fünf Geschäftsjahren von dem in § 40 des Gerichtsverfassungsgesetzes vorgesehenen Ausschuß gewählt. [2]Dieser soll eine gleiche Anzahl von Männern und Frauen wählen.

(2) [1]Der Jugendhilfeausschuß soll ebensoviele Männer wie Frauen und muss mindestens die doppelte Anzahl von Personen vorschlagen, die als Jugendschöffen und Jugendersatzschöffen benötigt werden. [2]Die Vorgeschlagenen sollen erzieherisch befähigt und in der Jugenderziehung erfahren sein.

(3) [1]Die Vorschlagsliste des Jugendhilfeausschusses gilt als Vorschlagsliste im Sinne des § 36 des Gerichtsverfassungsgesetzes. [2]Für die Aufnahme in die Liste ist die Zustimmung von zwei Dritteln der anwesenden stimmberechtigten Mitglieder, mindestens jedoch der Hälfte aller stimmberechtigten Mitglieder des Jugendhilfeausschusses erforderlich. [3]Die Vorschlagsliste ist im Jugendamt eine Woche lang zu jedermanns Einsicht aufzulegen. [4]Der Zeitpunkt der Auflegung ist vorher öffentlich bekanntzumachen.

(4) Bei der Entscheidung über Einsprüche gegen die Vorschlagsliste des Jugendhilfeausschusses und bei der Wahl der Jugendschöffen und Jugendersatzschöffen führt der Jugendrichter den Vorsitz in dem Schöffenwahlausschuß.

(5) Die Jugendschöffen werden in besondere für Männer und Frauen getrennt zu führende Schöffenlisten aufgenommen.

(6) Die Wahl der Jugendschöffen erfolgt gleichzeitig mit der Wahl der Schöffen für die Schöffengerichte und die Strafkammern.

§ 36 Jugendstaatsanwalt. (1) [1]Für Verfahren, die zur Zuständigkeit der Jugendgerichte gehören, werden Jugendstaatsanwälte bestellt. [2]Richter auf Probe und Beamte auf Probe sollen im ersten Jahr nach ihrer Ernennung nicht zum Jugendstaatsanwalt bestellt werden.

(2) [1]Jugendstaatsanwaltliche Aufgaben dürfen Amtsanwälten nur übertragen werden, wenn diese die besonderen Anforderungen erfüllen, die für die Wahrnehmung jugendstaatsanwaltlicher Aufgaben an Staatsanwälte gestellt werden. [2]Referendaren kann im Einzelfall die Wahrnehmung jugendstaatsanwaltlicher Aufgaben unter Aufsicht eines Jugendstaatsanwalts übertragen werden. [3]Die Sitzungsvertretung in Verfahren vor den Jugendgerichten dürfen Referendare nur unter Aufsicht und im Beisein eines Jugendstaatsanwalts wahrnehmen.

§ 37 Auswahl der Jugendrichter und Jugendstaatsanwälte. (1) [1]Die Richter bei den Jugendgerichten und die Jugendstaatsanwälte sollen erzieherisch befähigt und in der Jugenderziehung erfahren sein. [2]Sie sollen über Kenntnisse auf den Gebieten der Kriminologie, Pädagogik und Sozialpädagogik sowie der Jugendpsychologie verfügen. [3]Einem Richter oder Staatsanwalt, dessen Kenntnisse auf diesen Gebieten nicht belegt sind, sollen die Aufgaben eines Jugendrichters oder Jugendstaatsanwalts erstmals nur zugewiesen werden, wenn der Erwerb der Kenntnisse durch die Wahrnehmung von einschlägigen

Fortbildungsangeboten oder eine anderweitige einschlägige Weiterqualifizierung alsbald zu erwarten ist.

(2) Von den Anforderungen des Absatzes 1 kann bei Richtern und Staatsanwälten, die nur im Bereitschaftsdienst zur Wahrnehmung jugendgerichtlicher oder jugendstaatsanwaltlicher Aufgaben eingesetzt werden, abgewichen werden, wenn andernfalls ein ordnungsgemäßer und den betroffenen Richtern und Staatsanwälten zumutbarer Betrieb des Bereitschaftsdiensts nicht gewährleistet wäre.

(3) [1] Als Jugendrichter beim Amtsgericht oder als Vorsitzender einer Jugendkammer sollen nach Möglichkeit Personen eingesetzt werden, die bereits über Erfahrungen aus früherer Wahrnehmung jugendgerichtlicher oder jugendstaatsanwaltlicher Aufgaben verfügen. [2] Davon kann bei Richtern, die nur im Bereitschaftsdienst Geschäfte des Jugendrichters wahrnehmen, abgewichen werden. [3] Ein Richter auf Probe darf im ersten Jahr nach seiner Ernennung Geschäfte des Jugendrichters nicht wahrnehmen.

§ 37a Zusammenarbeit in gemeinsamen Gremien. (1) Jugendrichter und Jugendstaatsanwälte können zum Zweck einer abgestimmten Aufgabenwahrnehmung fallübergreifend mit öffentlichen Einrichtungen und sonstigen Stellen, deren Tätigkeit sich auf die Lebenssituation junger Menschen auswirkt, zusammenarbeiten, insbesondere durch Teilnahme an gemeinsamen Konferenzen und Mitwirkung in vergleichbaren gemeinsamen Gremien.

(2) An einzelfallbezogener derartiger Zusammenarbeit sollen Jugendstaatsanwälte teilnehmen, wenn damit aus ihrer Sicht die Erreichung des Ziels nach § 2 Absatz 1 gefördert wird.

§ 38 Jugendgerichtshilfe. (1) Die Jugendgerichtshilfe wird von den Jugendämtern im Zusammenwirken mit den Vereinigungen für Jugendhilfe ausgeübt.

(2) [1] Die Vertreter der Jugendgerichtshilfe bringen die erzieherischen, sozialen und sonstigen im Hinblick auf die Ziele und Aufgaben der Jugendhilfe bedeutsamen Gesichtspunkte im Verfahren vor den Jugendgerichten zur Geltung. [2] Sie unterstützen zu diesem Zweck die beteiligten Behörden durch Erforschung der Persönlichkeit, der Entwicklung und des familiären, sozialen und wirtschaftlichen Hintergrundes des Jugendlichen und äußern sich zu einer möglichen besonderen Schutzbedürftigkeit sowie zu den Maßnahmen, die zu ergreifen sind.

(3) [1] Sobald es im Verfahren von Bedeutung ist, soll über das Ergebnis der Nachforschungen nach Absatz 2 möglichst zeitnah Auskunft gegeben werden. [2] In Haftsachen berichten die Vertreter der Jugendgerichtshilfe beschleunigt über das Ergebnis ihrer Nachforschungen. [3] Bei einer wesentlichen Änderung der nach Absatz 2 bedeutsamen Umstände führen sie nötigenfalls ergänzende Nachforschungen durch und berichten der Jugendstaatsanwaltschaft und nach Erhebung der Anklage auch dem Jugendgericht darüber.

(4) [1] Ein Vertreter der Jugendgerichtshilfe nimmt an der Hauptverhandlung teil, soweit darauf nicht nach Absatz 7 verzichtet wird. [2] Entsandt werden soll die Person, die die Nachforschungen angestellt hat. [3] Erscheint trotz rechtzeitiger Mitteilung nach § 50 Absatz 3 Satz 1 kein Vertreter der Jugendgerichtshilfe in der Hauptverhandlung und ist kein Verzicht nach Absatz 7 erklärt worden, so kann dem Träger der öffentlichen Jugendhilfe auferlegt werden, die

dadurch verursachten Kosten zu ersetzen; § 51 Absatz 2 der Strafprozessordnung[1)] gilt entsprechend.

(5) [1] Soweit nicht ein Bewährungshelfer dazu berufen ist, wacht die Jugendgerichtshilfe darüber, dass der Jugendliche Weisungen und Auflagen nachkommt. [2] Erhebliche Zuwiderhandlungen teilt sie dem Jugendgericht mit. [3] Im Fall der Unterstellung nach § 10 Absatz 1 Satz 3 Nummer 5 übt sie die Betreuung und Aufsicht aus, wenn das Jugendgericht nicht eine andere Person damit betraut. [4] Während der Bewährungszeit arbeitet sie eng mit dem Bewährungshelfer zusammen. [5] Während des Vollzugs bleibt sie mit dem Jugendlichen in Verbindung und nimmt sich seiner Wiedereingliederung in die Gemeinschaft an.

(6) [1] Im gesamten Verfahren gegen einen Jugendlichen ist die Jugendgerichtshilfe heranzuziehen. [2] Dies soll so früh wie möglich geschehen. [3] Vor der Erteilung von Weisungen (§ 10) sind die Vertreter der Jugendgerichtshilfe stets zu hören; kommt eine Betreuungsweisung in Betracht, sollen sie sich auch dazu äußern, wer als Betreuungshelfer bestellt werden soll.

(7) [1] Das Jugendgericht und im Vorverfahren die Jugendstaatsanwaltschaft können auf die Erfüllung der Anforderungen des Absatzes 3 und auf Antrag der Jugendgerichtshilfe auf die Erfüllung der Anforderungen des Absatzes 4 Satz 1 verzichten, soweit dies auf Grund der Umstände des Falles gerechtfertigt und mit dem Wohl des Jugendlichen vereinbar ist. [2] Der Verzicht ist der Jugendgerichtshilfe und den weiteren am Verfahren Beteiligten möglichst frühzeitig mitzuteilen. [3] Im Vorverfahren kommt ein Verzicht insbesondere in Betracht, wenn zu erwarten ist, dass das Verfahren ohne Erhebung der öffentlichen Klage abgeschlossen wird. [4] Der Verzicht auf die Anwesenheit eines Vertreters der Jugendgerichtshilfe in der Hauptverhandlung kann sich auf Teile der Hauptverhandlung beschränken. [5] Er kann auch während der Hauptverhandlung erklärt werden und bedarf in diesem Fall keines Antrags.

Zweiter Abschnitt. Zuständigkeit

§§ 39, 40 *(hier nicht wiedergegeben)*

§ 41 Sachliche Zuständigkeit der Jugendkammer. (1) *(hier nicht wiedergegeben)*

(2) [1] Die Jugendkammer ist außerdem zuständig für die Verhandlung und Entscheidung über das Rechtsmittel der Berufung gegen die Urteile des Jugendrichters und des Jugendschöffengerichts. [2] Sie trifft auch die in § 73 Abs. 1 des Gerichtsverfassungsgesetzes bezeichneten Entscheidungen.

§ 42 Örtliche Zuständigkeit. (1) Neben dem Richter, der nach dem allgemeinen Verfahrensrecht oder nach besonderen Vorschriften zuständig ist, sind zuständig

1. der Richter, dem die familiengerichtlichen Erziehungsaufgaben für den Beschuldigten obliegen,
2. der Richter, in dessen Bezirk sich der auf freiem Fuß befindliche Beschuldigte zur Zeit der Erhebung der Anklage aufhält,

[1)] Nr. 3.

3. solange der Beschuldigte eine Jugendstrafe noch nicht vollständig verbüßt hat, der Richter, dem die Aufgaben des Vollstreckungsleiters obliegen.

(2) Der Staatsanwalt soll die Anklage nach Möglichkeit vor dem Richter erheben, dem die familiengerichtlichen Erziehungsaufgaben obliegen, solange aber der Beschuldigte eine Jugendstrafe noch nicht vollständig verbüßt hat, vor dem Richter, dem die Aufgaben des Vollstreckungsleiters obliegen.

(3) [1] Wechselt der Angeklagte seinen Aufenthalt, so kann der Richter das Verfahren mit Zustimmung des Staatsanwalts an den Richter abgeben, in dessen Bezirk sich der Angeklagte aufhält. [2] Hat der Richter, an den das Verfahren abgegeben worden ist, gegen die Übernahme Bedenken, so entscheidet das gemeinschaftliche obere Gericht.

Dritter Abschnitt. Jugendstrafverfahren

Erster Unterabschnitt. Das Vorverfahren

§§ 43–46a *(hier nicht wiedergegeben)*

Zweiter Unterabschnitt. Das Hauptverfahren

§§ 47, 47a *(hier nicht wiedergegeben)*

§ 48 Nichtöffentlichkeit. (1) Die Verhandlung vor dem erkennenden Gericht einschließlich der Verkündung der Entscheidungen ist nicht öffentlich.

(2) [1] Neben den am Verfahren Beteiligten ist dem Verletzten, seinem Erziehungsberechtigten und seinem gesetzlichen Vertreter und, falls der Angeklagte der Aufsicht und Leitung eines Bewährungshelfers oder der Betreuung und Aufsicht eines Betreuungshelfers untersteht oder für ihn ein Erziehungsbeistand bestellt ist, dem Helfer und dem Erziehungsbeistand die Anwesenheit gestattet. [2] Das gleiche gilt in den Fällen, in denen dem Jugendlichen Hilfe zur Erziehung in einem Heim oder einer vergleichbaren Einrichtung gewährt wird, für den Leiter der Einrichtung. [3] Andere Personen kann der Vorsitzende aus besonderen Gründen, namentlich zu Ausbildungszwecken, zulassen.

(3) [1] Sind in dem Verfahren auch Heranwachsende oder Erwachsene angeklagt, so ist die Verhandlung öffentlich. [2] Die Öffentlichkeit kann ausgeschlossen werden, wenn dies im Interesse der Erziehung jugendlicher Angeklagter geboten ist.

§ 49 *(aufgehoben)*

§ 50 Anwesenheit in der Hauptverhandlung. (1) Die Hauptverhandlung kann nur dann ohne den Angeklagten stattfinden, wenn dies im allgemeinen Verfahren zulässig wäre, besondere Gründe dafür vorliegen und die Jugendstaatsanwaltschaft zustimmt.

(2) [1] Der Vorsitzende soll auch die Ladung der Erziehungsberechtigten und der gesetzlichen Vertreter anordnen. [2] Die Vorschriften über die Ladung, die Folgen des Ausbleibens und die Entschädigung von Zeugen gelten entsprechend.

(3) [1] Der Jugendgerichtshilfe sind Ort und Zeit der Hauptverhandlung in angemessener Frist vor dem vorgesehenen Termin mitzuteilen. [2] Der Vertreter der Jugendgerichtshilfe erhält in der Hauptverhandlung auf Verlangen das Wort. [3] Ist kein Vertreter der Jugendgerichtshilfe anwesend, kann unter den

Voraussetzungen des § 38 Absatz 7 Satz 1 ein schriftlicher Bericht der Jugendgerichtshilfe in der Hauptverhandlung verlesen werden.

(4) [1]Nimmt ein bestellter Bewährungshelfer an der Hauptverhandlung teil, so soll er zu der Entwicklung des Jugendlichen in der Bewährungszeit gehört werden. [2]Satz 1 gilt für einen bestellten Betreuungshelfer und den Leiter eines sozialen Trainingskurses, an dem der Jugendliche teilnimmt, entsprechend.

§ 51 Zeitweilige Ausschließung von Beteiligten. (1) [1]Der Vorsitzende soll den Angeklagten für die Dauer solcher Erörterungen von der Verhandlung ausschließen, aus denen Nachteile für die Erziehung entstehen können. [2]Er hat ihn von dem, was in seiner Abwesenheit verhandelt worden ist, zu unterrichten, soweit es für seine Verteidigung erforderlich ist.

(2) [1]Der Vorsitzende kann auch Erziehungsberechtigte und gesetzliche Vertreter des Angeklagten von der Verhandlung ausschließen, soweit

1. erhebliche erzieherische Nachteile drohen, weil zu befürchten ist, dass durch die Erörterung der persönlichen Verhältnisse des Angeklagten in ihrer Gegenwart eine erforderliche künftige Zusammenarbeit zwischen den genannten Personen und der Jugendgerichtshilfe bei der Umsetzung zu erwartender jugendgerichtlicher Sanktionen in erheblichem Maße erschwert wird,
2. sie verdächtig sind, an der Verfehlung des Angeklagten beteiligt zu sein, oder soweit sie wegen einer Beteiligung verurteilt sind,
3. eine Gefährdung des Lebens, des Leibes oder der Freiheit des Angeklagten, eines Zeugen oder einer anderen Person oder eine sonstige erhebliche Beeinträchtigung des Wohls des Angeklagten zu besorgen ist,
4. zu befürchten ist, dass durch ihre Anwesenheit die Ermittlung der Wahrheit beeinträchtigt wird, oder
5. Umstände aus dem persönlichen Lebensbereich eines Verfahrensbeteiligten, Zeugen oder durch eine rechtswidrige Tat Verletzten zur Sprache kommen, deren Erörterung in ihrer Anwesenheit schutzwürdige Interessen verletzen würde, es sei denn, das Interesse der Erziehungsberechtigten und gesetzlichen Vertreter an der Erörterung dieser Umstände in ihrer Gegenwart überwiegt.

[2]Der Vorsitzende kann in den Fällen des Satzes 1 Nr. 3 bis 5 auch Erziehungsberechtigte und gesetzliche Vertreter des Verletzten von der Verhandlung ausschließen, im Fall der Nummer 3 auch dann, wenn eine sonstige erhebliche Beeinträchtigung des Wohls des Verletzten zu besorgen ist. [3]Erziehungsberechtigte und gesetzliche Vertreter sind auszuschließen, wenn die Voraussetzungen des Satzes 1 Nr. 5 vorliegen und der Ausschluss von der Person, deren Lebensbereich betroffen ist, beantragt wird. [4]Satz 1 Nr. 5 gilt nicht, soweit die Personen, deren Lebensbereiche betroffen sind, in der Hauptverhandlung dem Ausschluss widersprechen.

(3) § 177 des Gerichtsverfassungsgesetzes gilt entsprechend.

(4) [1]In den Fällen des Absatzes 2 ist vor einem Ausschluss auf ein einvernehmliches Verlassen des Sitzungssaales hinzuwirken. [2]Der Vorsitzende hat die Erziehungsberechtigten und gesetzlichen Vertreter des Angeklagten, sobald diese wieder anwesend sind, in geeigneter Weise von dem wesentlichen Inhalt dessen zu unterrichten, was während ihrer Abwesenheit ausgesagt oder sonst verhandelt worden ist.

(5) Der Ausschluss von Erziehungsberechtigten und gesetzlichen Vertretern nach den Absätzen 2 und 3 ist auch zulässig, wenn sie zum Beistand (§ 69) bestellt sind.

(6) [1] Werden die Erziehungsberechtigten und die gesetzlichen Vertreter für einen nicht unerheblichen Teil der Hauptverhandlung ausgeschlossen, so ist für die Dauer ihres Ausschlusses von dem Vorsitzenden einer anderen für den Schutz der Interessen des Jugendlichen geeigneten volljährigen Person die Anwesenheit zu gestatten. [2] Dem Jugendlichen soll Gelegenheit gegeben werden, eine volljährige Person seines Vertrauens zu bezeichnen. [3] Die anwesende andere geeignete Person erhält in der Hauptverhandlung auf Verlangen das Wort. [4] Wird keiner sonstigen anderen Person nach Satz 1 die Anwesenheit gestattet, muss ein für die Betreuung des Jugendlichen in dem Jugendstrafverfahren zuständiger Vertreter der Jugendhilfe anwesend sein.

(7) Sind in der Hauptverhandlung keine Erziehungsberechtigten und keine gesetzlichen Vertreter anwesend, weil sie binnen angemessener Frist nicht erreicht werden konnten, so gilt Absatz 6 entsprechend.

§ 51a Neubeginn der Hauptverhandlung. Ergibt sich erst während der Hauptverhandlung, dass die Mitwirkung eines Verteidigers nach § 68 Nummer 5 notwendig ist, so ist mit der Hauptverhandlung von neuem zu beginnen, wenn der Jugendliche nicht von Beginn der Hauptverhandlung an verteidigt war.

§§ 52–53 *(hier nicht wiedergegeben)*

§ 54 Urteilsgründe. (1) [1] Wird der Angeklagte schuldig gesprochen, so wird in den Urteilsgründen auch ausgeführt, welche Umstände für seine Bestrafung, für die angeordneten Maßnahmen, für die Überlassung ihrer Auswahl und Anordnung an das Familiengericht oder für das Absehen von Zuchtmitteln und Strafe bestimmend waren. [2] Dabei soll namentlich die seelische, geistige und körperliche Eigenart des Angeklagten berücksichtigt werden.

(2) Die Urteilsgründe werden dem Angeklagten nicht mitgeteilt, soweit davon Nachteile für die Erziehung zu befürchten sind.

Dritter Unterabschnitt. Rechtsmittelverfahren

§§ 55, 56 *(hier nicht wiedergegeben)*

Vierter Unterabschnitt. Verfahren bei Aussetzung der Jugendstrafe zur Bewährung

§§ 57–61b *(hier nicht wiedergegeben)*

Fünfter Unterabschnitt. Verfahren bei Aussetzung der Verhängung der Jugendstrafe

§§ 62–64 *(hier nicht wiedergegeben)*

Sechster Unterabschnitt. Ergänzende Entscheidungen

§§ 65, 66 *(hier nicht wiedergegeben)*

Siebenter Unterabschnitt. Gemeinsame Verfahrensvorschriften

§ 67 Stellung der Erziehungsberechtigten und der gesetzlichen Vertreter. (1) Soweit der Beschuldigte ein Recht darauf hat, gehört zu werden oder Fragen und Anträge zu stellen, steht dieses Recht auch den Erziehungsberechtigten und den gesetzlichen Vertretern zu.

(2) Die Rechte der gesetzlichen Vertreter zur Wahl eines Verteidigers und zur Einlegung von Rechtsbehelfen stehen auch den Erziehungsberechtigten zu.

(3) [1] Bei Untersuchungshandlungen, bei denen der Jugendliche ein Recht darauf hat, anwesend zu sein, namentlich bei seiner Vernehmung, ist den Erziehungsberechtigten und den gesetzlichen Vertretern die Anwesenheit gestattet, soweit

1. dies dem Wohl des Jugendlichen dient und
2. ihre Anwesenheit das Strafverfahren nicht beeinträchtigt.

[2] Die Voraussetzungen des Satzes 1 Nummer 1 und 2 sind in der Regel erfüllt, wenn keiner der in § 51 Absatz 2 genannten Ausschlussgründe und keine entsprechend § 177 des Gerichtsverfassungsgesetzes zu behandelnde Missachtung einer zur Aufrechterhaltung der Ordnung getroffenen Anordnung vorliegt. [3] Ist kein Erziehungsberechtigter und kein gesetzlicher Vertreter anwesend, weil diesen die Anwesenheit versagt wird oder weil binnen angemessener Frist kein Erziehungsberechtigter und kein gesetzlicher Vertreter erreicht werden konnte, so ist einer anderen für den Schutz der Interessen des Jugendlichen geeigneten volljährigen Person die Anwesenheit zu gestatten, wenn die Voraussetzungen des Satzes 1 Nummer 1 und 2 im Hinblick auf diese Person erfüllt sind.

(4) [1] Das Jugendgericht kann die Rechte nach den Absätzen 1 bis 3 Erziehungsberechtigten und gesetzlichen Vertretern entziehen, soweit sie verdächtig sind, an der Verfehlung des Beschuldigten beteiligt zu sein, oder soweit sie wegen einer Beteiligung verurteilt sind. [2] Liegen die Voraussetzungen des Satzes 1 bei einem Erziehungsberechtigten oder einem gesetzlichen Vertreter vor, so kann der Richter die Entziehung gegen beide aussprechen, wenn ein Mißbrauch der Rechte zu befürchten ist. [3] Stehen den Erziehungsberechtigten und den gesetzlichen Vertretern ihre Rechte nicht mehr zu, so bestellt das Familiengericht einen Pfleger zur Wahrnehmung der Interessen des Beschuldigten im anhängigen Strafverfahren. [4] Die Hauptverhandlung wird bis zur Bestellung des Pflegers ausgesetzt.

(5) [1] Sind mehrere erziehungsberechtigt, so kann jeder von ihnen die in diesem Gesetz bestimmten Rechte der Erziehungsberechtigten ausüben. [2] In der Hauptverhandlung oder in einer sonstigen gerichtlichen Verhandlung werden abwesende Erziehungsberechtigte als durch anwesende vertreten angesehen. [3] Sind Mitteilungen oder Ladungen vorgeschrieben, so genügt es, wenn sie an eine erziehungsberechtigte Person gerichtet werden.

§ 67a Unterrichtung der Erziehungsberechtigten und der gesetzlichen Vertreter. (1) Ist eine Mitteilung an den Beschuldigten vorgeschrieben, so soll die entsprechende Mitteilung an die Erziehungsberechtigten und die gesetzlichen Vertreter gerichtet werden.

(2) [1] Die Informationen, die der Jugendliche nach § 70a zu erhalten hat, sind jeweils so bald wie möglich auch den Erziehungsberechtigten und den gesetzlichen Vertretern zu erteilen. [2] Wird dem Jugendlichen einstweilig die Freiheit

entzogen, sind die Erziehungsberechtigten und die gesetzlichen Vertreter so bald wie möglich über den Freiheitsentzug und die Gründe hierfür zu unterrichten.

(3) Mitteilungen und Informationen nach den Absätzen 1 und 2 an Erziehungsberechtigte und gesetzliche Vertreter unterbleiben, soweit

1. auf Grund der Unterrichtung eine erhebliche Beeinträchtigung des Wohls des Jugendlichen zu besorgen wäre, insbesondere bei einer Gefährdung des Lebens, des Leibes oder der Freiheit des Jugendlichen oder bei Vorliegen der Voraussetzungen des § 67 Absatz 4 Satz 1 oder 2,
2. auf Grund der Unterrichtung der Zweck der Untersuchung erheblich gefährdet würde oder
3. Erziehungsberechtigte oder gesetzliche Vertreter binnen angemessener Frist nicht erreicht werden können.

(4) [1] Werden nach Absatz 3 weder Erziehungsberechtigte noch gesetzliche Vertreter unterrichtet, so ist eine andere für den Schutz der Interessen des Jugendlichen geeignete volljährige Person zu unterrichten. [2] Dem Jugendlichen soll zuvor Gelegenheit gegeben werden, eine volljährige Person seines Vertrauens zu bezeichnen. [3] Eine andere geeignete volljährige Person kann auch der für die Betreuung des Jugendlichen in dem Jugendstrafverfahren zuständige Vertreter der Jugendgerichtshilfe sein.

(5) [1] Liegen Gründe, aus denen Mitteilungen und Informationen nach Absatz 3 unterbleiben können, nicht mehr vor, so sind im weiteren Verfahren vorgeschriebene Mitteilungen und Informationen auch wieder an die betroffenen Erziehungsberechtigten und gesetzlichen Vertreter zu richten. [2] Außerdem erhalten sie in diesem Fall nachträglich auch solche Mitteilungen und Informationen, die der Jugendliche nach § 70a bereits erhalten hat, soweit diese im Laufe des Verfahrens von Bedeutung bleiben oder sobald sie Bedeutung erlangen.

(6) Für den dauerhaften Entzug der Rechte nach den Absätzen 1 und 2 findet das Verfahren nach § 67 Absatz 4 entsprechende Anwendung.

§ 68 Notwendige Verteidigung. Ein Fall der notwendigen Verteidigung liegt vor, wenn

1. im Verfahren gegen einen Erwachsenen ein Fall der notwendigen Verteidigung vorliegen würde,
2. den Erziehungsberechtigten und den gesetzlichen Vertretern ihre Rechte nach diesem Gesetz entzogen sind,
3. die Erziehungsberechtigten und die gesetzlichen Vertreter nach § 51 Abs. 2 von der Verhandlung ausgeschlossen worden sind und die Beeinträchtigung in der Wahrnehmung ihrer Rechte durch eine nachträgliche Unterrichtung (§ 51 Abs. 4 Satz 2) oder die Anwesenheit einer anderen geeigneten volljährigen Person nicht hinreichend ausgeglichen werden kann,
4. zur Vorbereitung eines Gutachtens über den Entwicklungsstand des Beschuldigten (§ 73) seine Unterbringung in einer Anstalt in Frage kommt oder
5. die Verhängung einer Jugendstrafe, die Aussetzung der Verhängung einer Jugendstrafe oder die Anordnung der Unterbringung in einem psychiatrischen Krankenhaus oder in einer Entziehungsanstalt zu erwarten ist.

§ 68a Zeitpunkt der Bestellung eines Pflichtverteidigers. (1) [1]In den Fällen der notwendigen Verteidigung wird dem Jugendlichen, der noch keinen Verteidiger hat, ein Pflichtverteidiger spätestens bestellt, bevor eine Vernehmung des Jugendlichen oder eine Gegenüberstellung mit ihm durchgeführt wird. [2]Dies gilt nicht, wenn ein Fall der notwendigen Verteidigung allein deshalb vorliegt, weil dem Jugendlichen ein Verbrechen zur Last gelegt wird, ein Absehen von der Strafverfolgung nach § 45 Absatz 2 oder 3 zu erwarten ist und die Bestellung eines Pflichtverteidigers zu dem in Satz 1 genannten Zeitpunkt auch unter Berücksichtigung des Wohls des Jugendlichen und der Umstände des Einzelfalls unverhältnismäßig wäre.

(2) § 141 Absatz 2 Satz 2 der Strafprozessordnung[1)] ist nicht anzuwenden.

§ 68b Vernehmungen und Gegenüberstellungen vor der Bestellung eines Pflichtverteidigers. [1]Abweichend von § 68a Absatz 1 dürfen im Vorverfahren Vernehmungen des Jugendlichen oder Gegenüberstellungen mit ihm vor der Bestellung eines Pflichtverteidigers durchgeführt werden, soweit dies auch unter Berücksichtigung des Wohls des Jugendlichen

1. zur Abwehr schwerwiegender nachteiliger Auswirkungen auf Leib oder Leben oder die Freiheit einer Person dringend erforderlich ist oder
2. ein sofortiges Handeln der Strafverfolgungsbehörden zwingend geboten ist, um eine erhebliche Gefährdung eines sich auf eine schwere Straftat beziehenden Strafverfahrens abzuwenden.

[2]Das Recht des Jugendlichen, jederzeit, auch schon vor der Vernehmung, einen von ihm zu wählenden Verteidiger zu befragen, bleibt unberührt.

§ 69 Beistand. (1) Der Vorsitzende kann dem Beschuldigten in jeder Lage des Verfahrens einen Beistand bestellen, wenn kein Fall der notwendigen Verteidigung vorliegt.

(2) Der Erziehungsberechtigte und der gesetzliche Vertreter dürfen nicht zum Beistand bestellt werden, wenn hierdurch ein Nachteil für die Erziehung zu erwarten wäre.

(3) [1]Dem Beistand kann Akteneinsicht gewährt werden. [2]Im übrigen hat er in der Hauptverhandlung die Rechte eines Verteidigers. [3]Zu einer Vertretung des Angeklagten ist er nicht befugt.

§ 70 Mitteilungen an amtliche Stellen. (1) [1]Die Jugendgerichtshilfe, in geeigneten Fällen auch das Familiengericht und die Schule werden von der Einleitung und dem Ausgang des Verfahrens unterrichtet. [2]Sie benachrichtigen die Jugendstaatsanwaltschaft, wenn ihnen bekannt wird, daß gegen den Beschuldigten noch ein anderes Strafverfahren anhängig ist. [3]Das Familiengericht teilt der Jugendstaatsanwaltschaft ferner familiengerichtliche Maßnahmen sowie ihre Änderung und Aufhebung mit, soweit nicht für das Familiengericht erkennbar ist, daß schutzwürdige Interessen des Beschuldigten oder einer sonst von der Mitteilung betroffenen Person oder Stelle an dem Ausschluß der Übermittlung überwiegen.

(2) [1]Von der Einleitung des Verfahrens ist die Jugendgerichtshilfe spätestens zum Zeitpunkt der Ladung des Jugendlichen zu seiner ersten Vernehmung als

---

1) Nr. **3**.

Beschuldigter zu unterrichten. [2] Im Fall einer ersten Beschuldigtenvernehmung ohne vorherige Ladung muss die Unterrichtung spätestens unverzüglich nach der Vernehmung erfolgen.

(3) [1] Im Fall des einstweiligen Entzugs der Freiheit des Jugendlichen teilen die den Freiheitsentzug durchführenden Stellen der Jugendstaatsanwaltschaft und dem Jugendgericht von Amts wegen Erkenntnisse mit, die sie auf Grund einer medizinischen Untersuchung erlangt haben, soweit diese Anlass zu Zweifeln geben, ob der Jugendliche verhandlungsfähig oder bestimmten Untersuchungshandlungen oder Maßnahmen gewachsen ist. [2] Im Übrigen bleibt § 114e der Strafprozessordnung unberührt.

§§ 70a–73 *(hier nicht wiedergegeben)*

§ 74 Kosten und Auslagen. Im Verfahren gegen einen Jugendlichen kann davon abgesehen werden, dem Angeklagten Kosten und Auslagen aufzuerlegen.

Achter Unterabschnitt. Vereinfachtes Jugendverfahren

§ 75 (weggefallen)

§§ 76, 77 *(hier nicht wiedergegeben)*

§ 78 Verfahren und Entscheidung. (1) [1] Der Jugendrichter entscheidet im vereinfachten Jugendverfahren auf Grund einer mündlichen Verhandlung durch Urteil. [2] Er darf auf Hilfe zur Erziehung im Sinne des § 12 Nr. 2, Jugendstrafe oder Unterbringung in einer Entziehungsanstalt nicht erkennen.

(2) [1] Der Staatsanwalt ist nicht verpflichtet, an der Verhandlung teilzunehmen. [2] Nimmt er nicht teil, so bedarf es seiner Zustimmung zu einer Einstellung des Verfahrens in der Verhandlung oder zur Durchführung der Verhandlung in Abwesenheit des Angeklagten nicht.

(3) [1] Zur Vereinfachung, Beschleunigung und jugendgemäßen Gestaltung des Verfahrens darf von Verfahrensvorschriften abgewichen werden, soweit dadurch die Erforschung der Wahrheit nicht beeinträchtigt wird. [2] Die Vorschriften über die Anwesenheit des Angeklagten (§ 50), die Stellung der Erziehungsberechtigten und der gesetzlichen Vertreter und deren Unterrichtung (§§ 67, 67a), die Mitteilungen an amtliche Stellen (§ 70) und die Unterrichtung des Jugendlichen (§ 70a) müssen beachtet werden. [3] Bleibt der Beschuldigte der mündlichen Verhandlung fern und ist sein Fernbleiben nicht genügend entschuldigt, so kann die Vorführung angeordnet werden, wenn dies mit der Ladung angedroht worden ist.

Neunter Unterabschnitt. Ausschluß von Vorschriften des allgemeinen Verfahrensrechts

§§ 79–81 *(hier nicht wiedergegeben)*

Zehnter Unterabschnitt.[1)] Anordnung der Sicherungsverwahrung

§ 81a[1)] Verfahren und Entscheidung. Für das Verfahren und die Entscheidung über die Anordnung der Unterbringung in der Sicherungsverwahrung

---

[1)] Beachte hierzu Übergangsvorschrift in Art. 316f EGStGB v. 2.3.1974 (BGBl. I S. 469, ber. 1975 S. 1916, 1976 S. 507), zuletzt geänd. durch G v. 11.7.2022 (BGBl. I S. 1082).

gelten § 275a der Strafprozessordnung und die §§ 74f und 120a des Gerichtsverfassungsgesetzes sinngemäß.

Drittes Hauptstück. Vollstreckung und Vollzug

Erster Abschnitt. Vollstreckung

Erster Unterabschnitt. Verfassung der Vollstreckung und Zuständigkeit

§ 82[1] **Vollstreckungsleiter.** (1) [1] Vollstreckungsleiter ist der Jugendrichter. [2] Er nimmt auch die Aufgaben wahr, welche die Strafprozeßordnung der Strafvollstreckungskammer zuweist.

(2) Soweit der Richter Hilfe zur Erziehung im Sinne des § 12 angeordnet hat, richtet sich die weitere Zuständigkeit nach den Vorschriften des Achten Buches Sozialgesetzbuch.

(3) In den Fällen des § 7 Abs. 2 und 4 richten sich die Vollstreckung der Unterbringung und die Zuständigkeit hierfür nach den Vorschriften der Strafprozessordnung[2], wenn der Betroffene das einundzwanzigste Lebensjahr vollendet hat.

§ 83 Entscheidungen im Vollstreckungsverfahren. (1) Die Entscheidungen des Vollstreckungsleiters nach den §§ 86 bis 89a und 89b Abs. 2 sowie nach den §§ 462a und 463 der Strafprozeßordnung sind jugendrichterliche Entscheidungen.

(2) Für die bei der Vollstreckung notwendig werdenden gerichtlichen Entscheidungen gegen eine vom Vollstreckungsleiter getroffene Anordnung ist die Jugendkammer in den Fällen zuständig, in denen

1. der Vollstreckungsleiter selbst oder unter seinem Vorsitz das Jugendschöffengericht im ersten Rechtszug erkannt hat,
2. der Vollstreckungsleiter in Wahrnehmung der Aufgaben der Strafvollstreckungskammer über seine eigene Anordnung zu entscheiden hätte.

(3) *(hier nicht wiedergegeben)*

§ 84 Örtliche Zuständigkeit. (1) Der Jugendrichter leitet die Vollstreckung in allen Verfahren ein, in denen er selbst oder unter seinem Vorsitz das Jugendschöffengericht im ersten Rechtszuge erkannt hat.

(2) [1] Soweit, abgesehen von den Fällen des Absatzes 1, die Entscheidung eines anderen Richters zu vollstrecken ist, steht die Einleitung der Vollstreckung dem Jugendrichter des Amtsgerichts zu, dem die familiengerichtlichen Erziehungsaufgaben obliegen. [2] Ist in diesen Fällen der Verurteilte volljährig, steht die Einleitung der Vollstreckung dem Jugendrichter des Amtsgerichts zu, dem die familiengerichtlichen Erziehungsaufgaben bei noch fehlender Volljährigkeit oblägen.

(3) In den Fällen der Absätze 1 und 2 führt der Jugendrichter die Vollstreckung durch, soweit § 85 nichts anderes bestimmt.

---

[1] Beachte hierzu Übergangsvorschrift in Art. 316f EGStGB v. 2.3 1974 (BGBl. I S. 469, ber. 1975 S. 1916, 1976 S. 507), zuletzt geänd. durch G v. 11.7.2022 (BGBl. I S. 1082).

[2] Auszugsweise abgedruckt unter Nr. **3**.

§ 85[1)] Abgabe und Übergang der Vollstreckung. (1) Ist Jugendarrest zu vollstrecken, so gibt der zunächst zuständige Jugendrichter die Vollstreckung an den Jugendrichter ab, der nach § 90 Abs. 2 Satz 2 als Vollzugsleiter zuständig ist.

(2)–(4) *(hier nicht wiedergegeben)*

(5) Aus wichtigen Gründen kann der Vollstreckungsleiter die Vollstreckung widerruflich an einen sonst nicht oder nicht mehr zuständigen Jugendrichter abgeben.

(6), (7) *(hier nicht wiedergegeben)*

Zweiter Unterabschnitt. Jugendarrest

§ 86 Umwandlung des Freizeitarrestes. Der Vollstreckungsleiter kann Freizeitarrest in Kurzarrest umwandeln, wenn die Voraussetzungen des § 16 Abs. 3 nachträglich eingetreten sind.

§ 87 Vollstreckung des Jugendarrestes. (1) Die Vollstreckung des Jugendarrestes wird nicht zur Bewährung ausgesetzt.

(2) *(hier nicht wiedergegeben)*

(3) [1] Der Vollstreckungsleiter sieht von der Vollstreckung des Jugendarrestes ganz oder, ist Jugendarrest teilweise verbüßt, von der Vollstreckung des Restes ab, wenn seit Erlaß des Urteils Umstände hervorgetreten sind, die allein oder in Verbindung mit den bereits bekannten Umständen ein Absehen von der Vollstreckung aus Gründen der Erziehung rechtfertigen. [2] Sind seit Eintritt der Rechtskraft sechs Monate verstrichen, sieht er von der Vollstreckung ganz ab, wenn dies aus Gründen der Erziehung geboten ist. [3] Von der Vollstreckung des Jugendarrestes kann er ganz absehen, wenn zu erwarten ist, daß der Jugendarrest neben einer Strafe, die gegen den Verurteilten wegen einer anderen Tat verhängt worden ist oder die er wegen einer anderen Tat zu erwarten hat, seinen erzieherischen Zweck nicht mehr erfüllen wird. [4] Vor der Entscheidung hört der Vollstreckungsleiter nach Möglichkeit das erkennende Gericht, die Staatsanwaltschaft und die Vertretung der Jugendgerichtshilfe.

(4) [1] Die Vollstreckung des Jugendarrestes ist unzulässig, wenn seit Eintritt der Rechtskraft ein Jahr verstrichen ist. [2] Im Falle des § 16a darf nach Ablauf von drei Monaten seit Eintritt der Rechtskraft der Vollzug nicht mehr begonnen werden. [3] Jugendarrest, der nach § 16a verhängt wurde und noch nicht verbüßt ist, wird nicht mehr vollstreckt, wenn das Gericht

1. die Aussetzung der Jugendstrafe widerruft (§ 26 Absatz 1),
2. auf eine Jugendstrafe erkennt, deren Verhängung zur Bewährung ausgesetzt worden war (§ 30 Absatz 1 Satz 1), oder
3. die Aussetzung der Jugendstrafe in einem nachträglichen Beschluss ablehnt (§ 61a Absatz 1).

[1)] **Amtl. Anm.:** Soweit § 85 Abs. 2 Ermächtigungen der obersten Landesbehörden zum Erlaß von Rechtsverordnungen vorsieht, sind die Landesregierungen zum Erlaß dieser Rechtsverordnungen ermächtigt. Die Landesregierungen können die Ermächtigungen auf oberste Landesbehörden übertragen (Gesetz über Rechtsverordnungen im Bereich der Gerichtsbarkeit vom 1.7.1960, BGBl. I S. 481).

Dritter Unterabschnitt. Jugendstrafe

§§ 88–89b *(hier nicht wiedergegeben)*

Vierter Unterabschnitt. Untersuchungshaft

§ 89c *(hier nicht wiedergegeben)*

Zweiter Abschnitt. Vollzug

§ 90 Jugendarrest. (1) [1]Der Vollzug des Jugendarrestes soll das Ehrgefühl des Jugendlichen wecken und ihm eindringlich zum Bewußtsein bringen, daß er für das von ihm begangene Unrecht einzustehen hat. [2]Der Vollzug des Jugendarrestes soll erzieherisch gestaltet werden. [3]Er soll dem Jugendlichen helfen, die Schwierigkeiten zu bewältigen, die zur Begehung der Straftat beigetragen haben.

(2) [1]Der Jugendarrest wird in Jugendarrestanstalten oder Freizeitarresträumen der Landesjustizverwaltung vollzogen. [2]Vollzugsleiter ist der Jugendrichter am Ort des Vollzugs.

§§ 91–125 *(hier nicht wiedergegeben)*

5. Gesetz über die Entschädigung für Strafverfolgungsmaßnahmen (StrEG)[1)]

Vom 8. März 1971
(BGBl. I S. 157)

FNA 313-4

zuletzt geänd. durch Art. 1 Drittes ÄndG v. 30.9.2020 (BGBl. I S. 2049)

– Auszug –

§ 1 Entschädigung für Urteilsfolgen. (1) Wer durch eine strafgerichtliche Verurteilung einen Schaden erlitten hat, wird aus der Staatskasse entschädigt, soweit die Verurteilung im Wiederaufnahmeverfahren oder sonst, nachdem sie rechtskräftig geworden ist, in einem Strafverfahren fortfällt oder gemildert wird.

(2) Absatz 1 gilt entsprechend, wenn ohne Verurteilung eine Maßregel der Besserung und Sicherung oder eine Nebenfolge angeordnet worden ist.

§ 2 Entschädigung für andere Strafverfolgungsmaßnahmen. (1) Wer durch den Vollzug der Untersuchungshaft oder einer anderen Strafverfolgungsmaßnahme einen Schaden erlitten hat, wird aus der Staatskasse entschädigt, soweit er freigesprochen oder das Verfahren gegen ihn eingestellt wird oder soweit das Gericht die Eröffnung des Hauptverfahrens gegen ihn ablehnt.

(2) Andere Strafverfolgungsmaßnahmen sind

1.–3. *(hier nicht wiedergegeben)*

4. die Sicherstellung, die Beschlagnahme, der Vermögensarrest nach § 111e der Strafprozeßordnung[2)] und die Durchsuchung, soweit die Entschädigung nicht in anderen Gesetzen geregelt ist,

5., 6. *(hier nicht wiedergegeben)*

(3) Als Strafverfolgungsmaßnahmen im Sinne dieser Vorschrift gelten die Auslieferungshaft, die vorläufige Auslieferungshaft, die Sicherstellung, die Beschlagnahme und die Durchsuchung, die im Ausland auf Ersuchen einer deutschen Behörde angeordnet worden sind.

§ 3 Entschädigung bei Einstellung nach Ermessensvorschrift. Wird das Verfahren nach einer Vorschrift eingestellt, die dies nach dem Ermessen des Gerichts oder der Staatsanwaltschaft zuläßt, so kann für die in § 2 genannten Strafverfolgungsmaßnahmen eine Entschädigung gewährt werden, soweit dies nach den Umständen des Falles der Billigkeit entspricht.

§ 4 Entschädigung nach Billigkeit. (1) Für die in § 2 genannten Strafverfolgungsmaßnahmen kann eine Entschädigung gewährt werden, soweit dies nach den Umständen des Falles der Billigkeit entspricht,

1. wenn das Gericht von Strafe abgesehen hat,

[1)] Inkrafttreten gem. § 21 am 11.4.1971.
[2)] Nr. **3**.

2. soweit die in der strafgerichtlichen Verurteilung angeordneten Rechtsfolgen geringer sind als die darauf gerichteten Strafverfolgungsmaßnahmen.

(2) Der strafgerichtlichen Verurteilung im Sinne des Absatzes 1 Nr. 2 steht es gleich, wenn die Tat nach Einleitung des Strafverfahrens nur unter dem rechtlichen Gesichtspunkt einer Ordnungswidrigkeit geahndet wird.

§ 5 Ausschluß der Entschädigung. (1) Die Entschädigung ist ausgeschlossen

1.–3. *(hier nicht wiedergegeben)*

4. für die Beschlagnahme und den Vermögensarrest (§§ 111b bis 111h der Strafprozeßordnung[1]), wenn die Einziehung einer Sache angeordnet ist.

(2) [1] Die Entschädigung ist auch ausgeschlossen, wenn und soweit der Beschuldigte die Strafverfolgungsmaßnahme vorsätzlich oder grob fahrlässig verursacht hat. [2] Die Entschädigung wird nicht dadurch ausgeschlossen, daß der Beschuldigte sich darauf beschränkt hat, nicht zur Sache auszusagen, oder daß er unterlassen hat, ein Rechtsmittel einzulegen.

(3) Die Entschädigung ist ferner ausgeschlossen, wenn und soweit der Beschuldigte die Strafverfolgungsmaßnahme dadurch schuldhaft verursacht hat, daß er einer ordnungsgemäßen Ladung vor den Richter nicht Folge geleistet oder einer Anweisung nach § 116 Abs. 1 Nr. 1 bis 3, Abs. 3 der Strafprozeßordnung zuwidergehandelt hat.

§ 6 Versagung der Entschädigung. (1) Die Entschädigung kann ganz oder teilweise versagt werden, wenn der Beschuldigte

1. die Strafverfolgungsmaßnahme dadurch veranlaßt hat, daß er sich selbst in wesentlichen Punkten wahrheitswidrig oder im Widerspruch zu seinen späteren Erklärungen belastet oder wesentliche entlastende Umstände verschwiegen hat, obwohl er sich zur Beschuldigung geäußert hat, oder
2. wegen einer Straftat nur deshalb nicht verurteilt oder das Verfahren gegen ihn eingestellt worden ist, weil er im Zustand der Schuldunfähigkeit gehandelt hat oder weil ein Verfahrenshindernis bestand.

(2) *(hier nicht wiedergegeben)*

§ 7 Umfang des Entschädigungsanspruchs. (1) Gegenstand der Entschädigung ist der durch die Strafverfolgungsmaßnahme verursachte Vermögensschaden, im Falle der Freiheitsentziehung auf Grund gerichtlicher Entscheidung auch der Schaden, der nicht Vermögensschaden ist.

(2) Entschädigung für Vermögensschaden wird nur geleistet, wenn der nachgewiesene Schaden den Betrag von fünfundzwanzig Euro übersteigt.

(3) Für den Schaden, der nicht Vermögensschaden ist, beträgt die Entschädigung 75 Euro für jeden angefangenen Tag der Freiheitsentziehung.

(4) Für einen Schaden, der auch ohne die Strafverfolgungsmaßnahme eingetreten wäre, wird keine Entschädigung geleistet.

§ 8 Entscheidung des Strafgerichts. (1) [1] Über die Verpflichtung zur Entschädigung entscheidet das Gericht in dem Urteil oder in dem Beschluß, der

[1] Nr. 3.

das Verfahren abschließt. [2] Ist die Entscheidung in der Hauptverhandlung nicht möglich, so entscheidet das Gericht nach Anhörung der Beteiligten außerhalb der Hauptverhandlung durch Beschluß.

(2) Die Entscheidung muß die Art und gegebenenfalls den Zeitraum der Strafverfolgungsmaßnahme bezeichnen, für die Entschädigung zugesprochen wird.

(3) [1] Gegen die Entscheidung über die Entschädigungspflicht ist auch im Falle der Unanfechtbarkeit der das Verfahren abschließenden Entscheidung die sofortige Beschwerde nach den Vorschriften der Strafprozeßordnung zulässig. [2] § 464 Abs. 3 Satz 2 und 3 der Strafprozeßordnung ist entsprechend anzuwenden.

§ 9 Verfahren nach Einstellung durch die Staatsanwaltschaft. (1) [1] Hat die Staatsanwaltschaft das Verfahren eingestellt, so entscheidet das Amtsgericht am Sitz der Staatsanwaltschaft über die Entschädigungspflicht. [2] An die Stelle des Amtsgerichts tritt das Gericht, das für die Eröffnung des Hauptverfahrens zuständig gewesen wäre, wenn

1. die Staatsanwaltschaft das Verfahren eingestellt hat, nachdem sie die öffentliche Klage zurückgenommen hat,
2. der Generalbundesanwalt oder die Staatsanwaltschaft beim Oberlandesgericht das Verfahren in einer Strafsache eingestellt hat, für die das Oberlandesgericht im ersten Rechtszug zuständig ist.

[3] Die Entscheidung ergeht auf Antrag des Beschuldigten. [4] Der Antrag ist innerhalb einer Frist von einem Monat nach Zustellung der Mitteilung über die Einstellung des Verfahrens zu stellen. [5] In der Mitteilung ist der Beschuldigte über sein Antragsrecht, die Frist und das zuständige Gericht zu belehren. [6] Die Vorschriften der §§ 44 bis 46 der Strafprozeßordnung gelten entsprechend.

(2) Gegen die Entscheidung des Gerichts ist die sofortige Beschwerde nach den Vorschriften der Strafprozeßordnung zulässig.

(3) War die Erhebung der öffentlichen Klage von dem Verletzten beantragt, so ist über die Entschädigungspflicht nicht zu entscheiden, solange durch einen Antrag auf gerichtliche Entscheidung die Erhebung der öffentlichen Klage herbeigeführt werden kann.

§ 10 Anmeldung des Anspruchs; Frist. (1) [1] Ist die Entschädigungspflicht der Staatskasse rechtskräftig festgestellt, so ist der Anspruch auf Entschädigung innerhalb von sechs Monaten bei der Staatsanwaltschaft geltend zu machen, welche die Ermittlungen im ersten Rechtszug zuletzt geführt hat. [2] Der Anspruch ist ausgeschlossen, wenn der Berechtigte es schuldhaft versäumt hat, ihn innerhalb der Frist zu stellen. [3] Die Staatsanwaltschaft hat den Berechtigten über sein Antragsrecht und die Frist zu belehren. [4] Die Frist beginnt mit der Zustellung der Belehrung.

(2) [1] Über den Antrag entscheidet die Landesjustizverwaltung. [2] Eine Ausfertigung der Entscheidung ist dem Antragsteller nach den Vorschriften der Zivilprozeßordnung zuzustellen.

§ 11 Ersatzanspruch des kraft Gesetzes Unterhaltsberechtigten.

(1) [1] Außer demjenigen, zu dessen Gunsten die Entschädigungspflicht der Staatskasse ausgesprochen worden ist, haben die Personen, denen er kraft

Gesetzes unterhaltspflichtig war, Anspruch auf Entschädigung. [2]Ihnen ist insoweit Ersatz zu leisten, als ihnen durch die Strafverfolgungsmaßnahme der Unterhalt entzogen worden ist.

(2) [1]Sind Unterhaltsberechtigte bekannt, so soll die Staatsanwaltschaft, bei welcher der Anspruch geltend zu machen ist, sie über ihr Antragsrecht und die Frist belehren. [2]Im übrigen ist § 10 Abs. 1 anzuwenden.

§ 12 Ausschluß der Geltendmachung der Entschädigung. Der Anspruch auf Entschädigung kann nicht mehr geltend gemacht werden, wenn seit dem Ablauf des Tages, an dem die Entschädigungspflicht rechtskräftig festgestellt ist, ein Jahr verstrichen ist, ohne daß ein Antrag nach § 10 Abs. 1 gestellt worden ist.

§ 13 Rechtsweg; Beschränkung der Übertragbarkeit. (1) [1]Gegen die Entscheidung über den Entschädigungsanspruch ist der Rechtsweg gegeben. [2]Die Klage ist innerhalb von drei Monaten nach Zustellung der Entscheidung zu erheben. [3]Für die Ansprüche auf Entschädigung sind die Zivilkammern der Landgerichte ohne Rücksicht auf den Wert des Streitgegenstandes ausschließlich zuständig.

(2) Bis zur rechtskräftigen Entscheidung über den Antrag ist der Anspruch nicht übertragbar.

§ 14 Nachträgliche Strafverfolgung. (1) [1]Die Entscheidung über die Entschädigungspflicht tritt außer Kraft, wenn zuungunsten des Freigesprochenen die Wiederaufnahme des Verfahrens angeordnet oder wenn gegen den Berechtigten, gegen den das Verfahren eingestellt worden war, oder gegen den das Gericht die Eröffnung des Hauptverfahrens abgelehnt hatte, nachträglich wegen derselben Tat das Hauptverfahren eröffnet wird. [2]Eine bereits geleistete Entschädigung kann zurückgefordert werden.

(2) Ist zuungunsten des Freigesprochenen die Wiederaufnahme beantragt oder sind gegen denjenigen, gegen den das Verfahren eingestellt worden war, oder gegen den das Gericht die Eröffnung des Hauptverfahrens abgelehnt hatte, die Untersuchung oder die Ermittlungen wiederaufgenommen worden, so kann die Entscheidung über den Anspruch sowie die Zahlung der Entschädigung ausgesetzt werden.

§ 15 Ersatzpflichtige Kasse. (1) Ersatzpflichtig ist das Land, bei dessen Gericht das Strafverfahren im ersten Rechtszug anhängig war oder, wenn das Verfahren bei Gericht noch nicht anhängig war, dessen Gericht nach § 9 Abs. 1 über die Entschädigungspflicht entschieden hat.

(2) [1]Bis zum Betrag der geleisteten Entschädigung gehen die Ansprüche auf die Staatskasse über, welche dem Entschädigten gegen Dritte zustehen, weil durch deren rechtswidrige Handlungen die Strafverfolgungsmaßnahme herbeigeführt worden war. [2]Der Übergang kann nicht zum Nachteil des Berechtigten geltend gemacht werden.

§ 16 *(hier nicht wiedergegeben)*

§ 16a Entschädigung für die Folgen einer rechtskräftigen Verurteilung, einer freiheitsentziehenden oder anderen vorläufigen Strafverfolgungsmaßnahme in der Deutschen Demokratischen Republik. [1]Die

§§ 1 und 2 finden keine Anwendung auf die Folgen einer strafgerichtlichen Verurteilung, einer Maßregel oder Nebenfolge oder einer freiheitsentziehenden oder anderen vorläufigen Strafverfolgungsmaßnahme, die vor dem Wirksamwerden des Beitritts in der Deutschen Demokratischen Republik erfolgte oder angeordnet wurde. [2] Die Voraussetzungen der Entschädigung für diese Folgen richten sich nach den bis zu diesem Zeitpunkt in der Deutschen Demokratischen Republik geltenden Vorschriften über die Entschädigung für Untersuchungshaft und Strafen mit Freiheitsentzug (§§ 369 ff. der Strafprozeßordnung der Deutschen Demokratischen Republik), soweit nicht eine Rehabilitierung nach dem Strafrechtlichen Rehabilitierungsgesetz erfolgt oder ein Kassationsverfahren nach den vom 3. Oktober 1990 bis zum Inkrafttreten des Strafrechtlichen Rehabilitierungsgesetzes geltenden Vorschriften abgeschlossen ist. [3] Für Art und Höhe der Entschädigung gelten die Vorschriften des Strafrechtlichen Rehabilitierungsgesetzes entsprechend.

§§ 17–21 *(aufgehoben)*

6. Verwaltungszustellungsgesetz (VwZG)[1) 2) 3)]

Vom 12. August 2005

(BGBl. I S. 2354)

FNA 201-9

zuletzt geänd. durch Art. 6 Personengesellschaftsrechtsmodernisierungsgesetz (MoPeG) v. 10.8.2021 (BGBl. I S. 3436)

§ 1 Anwendungsbereich. (1) Die Vorschriften dieses Gesetzes gelten für das Zustellungsverfahren der Bundesbehörden, der bundesunmittelbaren Körperschaften, Anstalten und Stiftungen des öffentlichen Rechts und der Landesfinanzbehörden.

(2) Zugestellt wird, soweit dies durch Rechtsvorschrift oder behördliche Anordnung bestimmt ist.

[1)] Verkündet als Art. 1 G zur Novellierung des Verwaltungszustellungsrechts v. 12.8.2005 (BGBl. I S. 2354); Inkrafttreten gem. Art. 4 Abs. 1 Satz 2 dieses G am 1.2.2006.

[2)] Siehe zur Verwaltungszustellung u.a. auch die folgenden Vorschriften der Länder:

- **Baden-Württemberg:** Verwaltungszustellungsgesetz für Baden-Württemberg – LVwZG v. 3.7. 2007 (GBl. S. 293), zuletzt geänd. durch G v. 4.2.2021 (GBl. S. 181)
- **Bayern:** Bayerisches Verwaltungszustellungs- und Vollstreckungsgesetz (VwZVG) v. 11.11.1970 (BayRS II S. 232), zuletzt geänd. durch V v. 26.3.2019 (GVBl. S. 98)
- **Berlin:** Gesetz über das Verfahren der Berliner Verwaltung v. 21.4.2016 (GVBl. S. 218), zuletzt geänd. durch G v. 27.9.2021 (GVBl. S. 1117)
- **Brandenburg:** Verwaltungszustellungsgesetz für das Land Brandenburg (BbgVwZG) v. 18.10.1991 (GVBl. S. 457), zuletzt geänd. durch G v. 28.6.2006 (GVBl. I S. 74)
- **Bremen:** Bremisches Verwaltungszustellungsgesetz (BremVwZG) v. 26.1.2006 (Brem.GBl. S. 49)
- **Hamburg:** Hamburgisches Verwaltungszustellungsgesetz (HmbVwZG) v. 21.6.1954 (BS Hbg I), zuletzt geänd. durch G v. 25.11.2010 (HmbGVBl. S. 614)
- **Hessen:** Hessisches Verwaltungszustellungsgesetz (HessVwZG) v. 14.2.1957 (GVBl. I S. 9), zuletzt geänd. durch G v. 13.12.2012 (GVBl. S. 622)
- **Mecklenburg-Vorpommern:** Verwaltungsverfahrens-, Zustellungs- und Vollstreckungsgesetz des Landes Mecklenburg-Vorpommern (Landesverwaltungsverfahrensgesetz – VwVfG M-V) idF der Bek. v. 6.5.2020 (GVOBl. M-V S. 410)
- **Niedersachsen:** Niedersächsisches Verwaltungszustellungsgesetz (NVwZG) v. 23.2.2006 (Nds. GVBl. S. 72)
- **Nordrhein-Westfalen:** Verwaltungszustellungsgesetz für das Land Nordrhein-Westfalen (Landeszustellungsgesetz – LZG NRW) v. 7.3.2006 (GV. NRW. S. 94), zuletzt geänd. durch G v. 23.6.2021 (GV. NRW. S. 762)
- **Rheinland-Pfalz:** Landesverwaltungszustellungsgesetz (LVwZG) v. 2.3.2006 (GVBl. S. 56), geänd. durch G v. 3.4.2014 (GVBl. S. 34)
- **Saarland:** Saarländisches Verwaltungszustellungsgesetz (SVwZG) v. 13.12.2005 (Amtsbl. 2006 S. 214)
- **Sachsen:** Gesetz zur Regelung des Verwaltungsverfahrens- und des Verwaltungszustellungsrechts für den Freistaat Sachsen (SächsVwVfZG) v. 19.5.2010 (SächsGVBl. S. 142), geänd. durch G v. 12.7. 2013 (SächsGVBl. S. 503)
- **Sachsen-Anhalt:** Verwaltungszustellungsgesetz des Landes Sachsen-Anhalt (VwZG-LSA) v. 9.10. 1992 (GVBl. LSA S. 715), zuletzt geänd. durch G v. 17.1.2008 (GVBl. LSA S. 2)
- **Schleswig-Holstein:** Allgemeines Verwaltungsgesetz für das Land Schleswig-Holstein (LVwG) idF der Bek. v. 2.6.1992 (GVOBl. Schl.-H. S. 243, ber. S. 534), zuletzt geänd. durch G v. 29.4.2022 (GVOBl. Schl.-H. S. 549)
- **Thüringen:** Thüringer Verwaltungszustellungs- und Vollstreckungsgesetz (ThürVwZVG) idF der Bek. v. 5.2.2009 (GVBl. S. 24), zuletzt geänd. durch G v. 23.9.2015 (GVBl. S. 131)

[3)] Die Änderung durch G v. 10.8.2021 (BGBl. I S. 3436) tritt erst **mWv 1.1.2024** in Kraft und ist im Text noch nicht berücksichtigt.

§ 2 Allgemeines. (1) Zustellung ist die Bekanntgabe eines schriftlichen oder elektronischen Dokuments in der in diesem Gesetz bestimmten Form.

(2) [1] Die Zustellung wird durch einen Erbringer von Postdienstleistungen (Post), einen nach § 17 des De-Mail-Gesetzes akkreditierten Diensteanbieter oder durch die Behörde ausgeführt. [2] Daneben gelten die in den §§ 9 und 10 geregelten Sonderarten der Zustellung.

(3) [1] Die Behörde hat die Wahl zwischen den einzelnen Zustellungsarten. [2] § 5 Absatz 5 Satz 2 bleibt unberührt.

§ 3 Zustellung durch die Post mit Zustellungsurkunde. (1) Soll durch die Post mit Zustellungsurkunde zugestellt werden, übergibt die Behörde der Post den Zustellungsauftrag, das zuzustellende Dokument in einem verschlossenen Umschlag und einen vorbereiteten Vordruck einer Zustellungsurkunde.

(2) [1] Für die Ausführung der Zustellung gelten die §§ 177 bis 182 der Zivilprozessordnung entsprechend. [2] Im Fall des § 181 Abs. 1 der Zivilprozessordnung kann das zuzustellende Dokument bei einer von der Post dafür bestimmten Stelle am Ort der Zustellung oder am Ort des Amtsgerichts, in dessen Bezirk der Ort der Zustellung liegt, niedergelegt werden oder bei der Behörde, die den Zustellungsauftrag erteilt hat, wenn sie ihren Sitz an einem der vorbezeichneten Orte hat. [3] Für die Zustellungsurkunde, den Zustellungsauftrag, den verschlossenen Umschlag nach Absatz 1 und die schriftliche Mitteilung nach § 181 Abs. 1 Satz 3 der Zivilprozessordnung sind die Vordrucke nach der Zustellungsvordruckverordnung zu verwenden.

§ 4 Zustellung durch die Post mittels Einschreiben. (1) Ein Dokument kann durch die Post mittels Einschreiben durch Übergabe oder mittels Einschreiben mit Rückschein zugestellt werden.

(2) [1] Zum Nachweis der Zustellung genügt der Rückschein. [2] Im Übrigen gilt das Dokument am dritten Tag nach der Aufgabe zur Post als zugestellt, es sei denn, dass es nicht oder zu einem späteren Zeitpunkt zugegangen ist. [3] Im Zweifel hat die Behörde den Zugang und dessen Zeitpunkt nachzuweisen. [4] Der Tag der Aufgabe zur Post ist in den Akten zu vermerken.

§ 5 Zustellung durch die Behörde gegen Empfangsbekenntnis; elektronische Zustellung. (1) [1] Bei der Zustellung durch die Behörde händigt der zustellende Bedienstete das Dokument dem Empfänger in einem verschlossenen Umschlag aus. [2] Das Dokument kann auch offen ausgehändigt werden, wenn keine schutzwürdigen Interessen des Empfängers entgegenstehen. [3] Der Empfänger hat ein mit dem Datum der Aushändigung versehenes Empfangsbekenntnis zu unterschreiben. [4] Der Bedienstete vermerkt das Datum der Zustellung auf dem Umschlag des auszuhändigenden Dokuments oder bei offener Aushändigung auf dem Dokument selbst.

(2) [1] Die §§ 177 bis 181 der Zivilprozessordnung sind anzuwenden. [2] Zum Nachweis der Zustellung ist in den Akten zu vermerken:

1. im Fall der Ersatzzustellung in der Wohnung, in Geschäftsräumen und Einrichtungen nach § 178 der Zivilprozessordnung der Grund, der diese Art der Zustellung rechtfertigt,
2. im Fall der Zustellung bei verweigerter Annahme nach § 179 der Zivilprozessordnung, wer die Annahme verweigert hat und dass das Dokument am

Ort der Zustellung zurückgelassen oder an den Absender zurückgesandt wurde sowie der Zeitpunkt und der Ort der verweigerten Annahme,

3. in den Fällen der Ersatzzustellung nach den §§ 180 und 181 der Zivilprozessordnung der Grund der Ersatzzustellung sowie wann und wo das Dokument in einen Briefkasten eingelegt oder sonst niedergelegt und in welcher Weise die Niederlegung schriftlich mitgeteilt wurde.

3 Im Fall des § 181 Abs. 1 der Zivilprozessordnung kann das zuzustellende Dokument bei der Behörde, die den Zustellungsauftrag erteilt hat, niedergelegt werden, wenn diese Behörde ihren Sitz am Ort der Zustellung oder am Ort des Amtsgerichts hat, in dessen Bezirk der Ort der Zustellung liegt.

(3) 1 Zur Nachtzeit, an Sonntagen und allgemeinen Feiertagen darf nach den Absätzen 1 und 2 im Inland nur mit schriftlicher oder elektronischer Erlaubnis des Behördenleiters zugestellt werden. 2 Die Nachtzeit umfasst die Stunden von 21 bis 6 Uhr. 3 Die Erlaubnis ist bei der Zustellung abschriftlich mitzuteilen. 4 Eine Zustellung, bei der diese Vorschriften nicht beachtet sind, ist wirksam, wenn die Annahme nicht verweigert wird.

(4) Das Dokument kann an Behörden, Körperschaften, Anstalten und Stiftungen des öffentlichen Rechts, an Rechtsanwälte, Patentanwälte, Notare, Steuerberater, Steuerbevollmächtigte, Wirtschaftsprüfer, vereidigte Buchprüfer, Berufsausübungsgesellschaften im Sinne der Bundesrechtsanwaltsordnung, der Patentanwaltsordnung und des Steuerberatungsgesetzes, Wirtschaftsprüfungsgesellschaften und Buchprüfungsgesellschaften auch auf andere Weise, auch elektronisch, gegen Empfangsbekenntnis zugestellt werden.

(5) 1 Ein elektronisches Dokument kann im Übrigen unbeschadet des Absatzes 4 elektronisch zugestellt werden, soweit der Empfänger hierfür einen Zugang eröffnet. 2 Es ist elektronisch zuzustellen, wenn auf Grund einer Rechtsvorschrift ein Verfahren auf Verlangen des Empfängers in elektronischer Form abgewickelt wird. 3 Für die Übermittlung ist das Dokument mit einer qualifizierten elektronischen Signatur zu versehen und gegen unbefugte Kenntnisnahme Dritter zu schützen.

(6) 1 Bei der elektronischen Zustellung ist die Übermittlung mit dem Hinweis „Zustellung gegen Empfangsbekenntnis" einzuleiten. 2 Die Übermittlung muss die absendende Behörde, den Namen und die Anschrift des Zustellungsadressaten sowie den Namen des Bediensteten erkennen lassen, der das Dokument zur Übermittlung aufgegeben hat.

(7) 1 Zum Nachweis der Zustellung nach den Absätzen 4 und 5 genügt das mit Datum und Unterschrift versehene Empfangsbekenntnis, das an die Behörde durch die Post oder elektronisch zurückzusenden ist. 2 Ein elektronisches Dokument gilt in den Fällen des Absatzes 5 Satz 2 am dritten Tag nach der Absendung an den vom Empfänger hierfür eröffneten Zugang als zugestellt, wenn der Behörde nicht spätestens an diesem Tag ein Empfangsbekenntnis nach Satz 1 zugeht. 3 Satz 2 gilt nicht, wenn der Empfänger nachweist, dass das Dokument nicht oder zu einem späteren Zeitpunkt zugegangen ist. 4 Der Empfänger ist in den Fällen des Absatzes 5 Satz 2 vor der Übermittlung über die Rechtsfolgen nach den Sätzen 2 und 3 zu belehren. 5 Zum Nachweis der Zustellung ist von der absendenden Behörde in den Akten zu vermerken, zu welchem Zeitpunkt und an welchen Zugang das Dokument gesendet wurde. 6 Der Empfänger ist über den Eintritt der Zustellungsfiktion nach Satz 2 zu benachrichtigen.

§ 5a Elektronische Zustellung gegen Abholbestätigung über De-Mail-Dienste. (1) [1] Die elektronische Zustellung kann unbeschadet des § 5 Absatz 4 und 5 Satz 1 und 2 durch Übermittlung der nach § 17 des De-Mail-Gesetzes akkreditierten Diensteanbieter gegen Abholbestätigung nach § 5 Absatz 9 des De-Mail-Gesetzes an das De-Mail-Postfach des Empfängers erfolgen. [2] Für die Zustellung nach Satz 1 ist § 5 Absatz 4 und 6 mit der Maßgabe anzuwenden, dass an die Stelle des Empfangsbekenntnisses die Abholbestätigung tritt.

(2) [1] Der nach § 17 des De-Mail-Gesetzes akkreditierte Diensteanbieter hat eine Versandbestätigung nach § 5 Absatz 7 des De-Mail-Gesetzes und eine Abholbestätigung nach § 5 Absatz 9 des De-Mail-Gesetzes zu erzeugen. [2] Er hat diese Bestätigungen unverzüglich der absendenden Behörde zu übermitteln.

(3) [1] Zum Nachweis der elektronischen Zustellung genügt die Abholbestätigung nach § 5 Absatz 9 des De-Mail-Gesetzes. [2] Für diese gelten § 371 Absatz 1 Satz 2 und § 371a Absatz 3 der Zivilprozessordnung.

(4) [1] Ein elektronisches Dokument gilt in den Fällen des § 5 Absatz 5 Satz 2 am dritten Tag nach der Absendung an das De-Mail-Postfach des Empfängers als zugestellt, wenn er dieses Postfach als Zugang eröffnet hat und der Behörde nicht spätestens an diesem Tag eine elektronische Abholbestätigung nach § 5 Absatz 9 des De-Mail-Gesetzes zugeht. [2] Satz 1 gilt nicht, wenn der Empfänger nachweist, dass das Dokument nicht oder zu einem späteren Zeitpunkt zugegangen ist. [3] Der Empfänger ist in den Fällen des § 5 Absatz 5 Satz 2 vor der Übermittlung über die Rechtsfolgen nach den Sätzen 1 und 2 zu belehren. [4] Als Nachweis der Zustellung nach Satz 1 dient die Versandbestätigung nach § 5 Absatz 7 des De-Mail-Gesetzes oder ein Vermerk der absendenden Behörde in den Akten, zu welchem Zeitpunkt und an welches De-Mail-Postfach das Dokument gesendet wurde. [5] Der Empfänger ist über den Eintritt der Zustellungsfiktion nach Satz 1 elektronisch zu benachrichtigen.

§ 6 Zustellung an gesetzliche Vertreter. (1) [1] Bei Geschäftsunfähigen oder beschränkt Geschäftsfähigen ist an ihre gesetzlichen Vertreter zuzustellen. [2] Gleiches gilt bei Personen, für die ein Betreuer bestellt ist, soweit der Aufgabenkreis des Betreuers reicht. ***[Satz 3 ab 1.1.2023:]*** *[3] Das zugestellte Dokument ist der betreuten Person nach Wahl der Behörde abschriftlich mitzuteilen oder elektronisch zu übermitteln.*

(2) [1] Bei Behörden wird an den Behördenleiter, bei juristischen Personen, nicht rechtsfähigen Personenvereinigungen und Zweckvermögen an ihre gesetzlichen Vertreter zugestellt. [2] § 34 Abs. 2 der Abgabenordnung bleibt unberührt.

(3) Bei mehreren gesetzlichen Vertretern oder Behördenleitern genügt die Zustellung an einen von ihnen.

(4) Der zustellende Bedienstete braucht nicht zu prüfen, ob die Anschrift den Vorschriften der Absätze 1 bis 3 entspricht.

§ 7 Zustellung an Bevollmächtigte. (1) [1] Zustellungen können an den allgemeinen oder für bestimmte Angelegenheiten bestellten Bevollmächtigten gerichtet werden. [2] Sie sind an ihn zu richten, wenn er schriftliche Vollmacht vorgelegt hat. [3] Ist ein Bevollmächtigter für mehrere Beteiligte bestellt, so genügt die Zustellung eines Dokuments an ihn für alle Beteiligten.

(2) Einem Zustellungsbevollmächtigten mehrerer Beteiligter sind so viele Ausfertigungen oder Abschriften zuzustellen, als Beteiligte vorhanden sind.

(3) Auf § 180 Abs. 2 der Abgabenordnung beruhende Regelungen und § 183 der Abgabenordnung bleiben unberührt.

§ 8 Heilung von Zustellungsmängeln. Lässt sich die formgerechte Zustellung eines Dokuments nicht nachweisen oder ist es unter Verletzung zwingender Zustellungsvorschriften zugegangen, gilt es als in dem Zeitpunkt zugestellt, in dem es dem Empfangsberechtigten tatsächlich zugegangen ist, im Fall des § 5 Abs. 5 in dem Zeitpunkt, in dem der Empfänger das Empfangsbekenntnis zurückgesendet hat.

§ 9 Zustellung im Ausland. (1) Eine Zustellung im Ausland erfolgt

1. durch Einschreiben mit Rückschein, soweit die Zustellung von Dokumenten unmittelbar durch die Post völkerrechtlich zulässig ist,
2. auf Ersuchen der Behörde durch die Behörden des fremden Staates oder durch die zuständige diplomatische oder konsularische Vertretung der Bundesrepublik Deutschland,
3. auf Ersuchen der Behörde durch das Auswärtige Amt an eine Person, die das Recht der Immunität genießt und zu einer Vertretung der Bundesrepublik Deutschland im Ausland gehört, sowie an Familienangehörige einer solchen Person, wenn diese das Recht der Immunität genießen, oder
4. durch Übermittlung elektronischer Dokumente, soweit dies völkerrechtlich zulässig ist.

(2) [1] Zum Nachweis der Zustellung nach Absatz 1 Nr. 1 genügt der Rückschein. [2] Die Zustellung nach Absatz 1 Nr. 2 und 3 wird durch das Zeugnis der ersuchten Behörde nachgewiesen. [3] Der Nachweis der Zustellung gemäß Absatz 1 Nr. 4 richtet sich nach § 5 Abs. 7 Satz 1 bis 3 und 5 sowie nach § 5a Absatz 3 und 4 Satz 1, 2 und 4.

(3) [1] Die Behörde kann bei der Zustellung nach Absatz 1 Nr. 2 und 3 anordnen, dass die Person, an die zugestellt werden soll, innerhalb einer angemessenen Frist einen Zustellungsbevollmächtigten benennt, der im Inland wohnt oder dort einen Geschäftsraum hat. [2] Wird kein Zustellungsbevollmächtigter benannt, können spätere Zustellungen bis zur nachträglichen Benennung dadurch bewirkt werden, dass das Dokument unter der Anschrift der Person, an die zugestellt werden soll, zur Post gegeben wird. [3] Das Dokument gilt am siebenten Tag nach Aufgabe zur Post als zugestellt, wenn nicht feststeht, dass es den Empfänger nicht oder zu einem späteren Zeitpunkt erreicht hat. [4] Die Behörde kann eine längere Frist bestimmen. [5] In der Anordnung nach Satz 1 ist auf diese Rechtsfolgen hinzuweisen. [6] Zum Nachweis der Zustellung ist in den Akten zu vermerken, zu welcher Zeit und unter welcher Anschrift das Dokument zur Post gegeben wurde. [7] Ist durch Rechtsvorschrift angeordnet, dass ein Verwaltungsverfahren über eine einheitliche Stelle nach den Vorschriften des Verwaltungsverfahrensgesetzes abgewickelt werden kann, finden die Sätze 1 bis 6 keine Anwendung.

§ 10 Öffentliche Zustellung. (1) [1] Die Zustellung kann durch öffentliche Bekanntmachung erfolgen, wenn

1. der Aufenthaltsort des Empfängers unbekannt ist und eine Zustellung an einen Vertreter oder Zustellungsbevollmächtigten nicht möglich ist,
2. bei juristischen Personen, die zur Anmeldung einer inländischen Geschäftsanschrift zum Handelsregister verpflichtet sind, eine Zustellung weder unter der eingetragenen Anschrift noch unter einer im Handelsregister eingetragenen Anschrift einer für Zustellungen empfangsberechtigten Person oder einer ohne Ermittlungen bekannten anderen inländischen Anschrift möglich ist oder
3. sie im Fall des § 9 nicht möglich ist oder keinen Erfolg verspricht.

[2] Die Anordnung über die öffentliche Zustellung trifft ein zeichnungsberechtigter Bediensteter.

(2) [1] Die öffentliche Zustellung erfolgt durch Bekanntmachung einer Benachrichtigung an der Stelle, die von der Behörde hierfür allgemein bestimmt ist, oder durch Veröffentlichung einer Benachrichtigung im Bundesanzeiger[1]. [2] Die Benachrichtigung muss

1. die Behörde, für die zugestellt wird,
2. den Namen und die letzte bekannte Anschrift des Zustellungsadressaten,
3. das Datum und das Aktenzeichen des Dokuments sowie
4. die Stelle, wo das Dokument eingesehen werden kann,

erkennen lassen. [3] Die Benachrichtigung muss den Hinweis enthalten, dass das Dokument öffentlich zugestellt wird und Fristen in Gang gesetzt werden können, nach deren Ablauf Rechtsverluste drohen können. [4] Bei der Zustellung einer Ladung muss die Benachrichtigung den Hinweis enthalten, dass das Dokument eine Ladung zu einem Termin enthält, dessen Versäumung Rechtsnachteile zur Folge haben kann. [5] In den Akten ist zu vermerken, wann und wie die Benachrichtigung bekannt gemacht wurde. [6] Das Dokument gilt als zugestellt, wenn seit dem Tag der Bekanntmachung der Benachrichtigung zwei Wochen vergangen sind.

[1] Siehe hierzu **ab dem 11.1.2021** die Bek. der Neueinrichtung einer Veröffentlichungsplattform für öffentliche Zustellungen nach § 10 VerwaltungszustellungsG durch die Zollverwaltung v. 26.11.2020 (BAnz AT 16.12.2020 B7).

7. Straßenverkehrsgesetz (StVG)

In der Fassung der Bekanntmachung vom 5. März 2003[1)]
(BGBl. I S. 310, ber. S. 919)

FNA 9231-1

zuletzt geänd. durch Art. 1 Gesetz zum autonomen Fahren v. 12.7.2021 (BGBl. I S. 3108)

– Auszug –

I., II. *(hier nicht wiedergegeben)*

III. Straf- und Bußgeldvorschriften

§ 21 Fahren ohne Fahrerlaubnis. (1) Mit Freiheitsstrafe bis zu einem Jahr oder mit Geldstrafe wird bestraft, wer

1. ein Kraftfahrzeug führt, obwohl er die dazu erforderliche Fahrerlaubnis nicht hat oder ihm das Führen des Fahrzeugs nach § 44 des Strafgesetzbuchs oder nach § 25 dieses Gesetzes verboten ist, oder
2. als Halter eines Kraftfahrzeugs anordnet oder zulässt, dass jemand das Fahrzeug führt, der die dazu erforderliche Fahrerlaubnis nicht hat oder dem das Führen des Fahrzeugs nach § 44 des Strafgesetzbuchs oder nach § 25 dieses Gesetzes verboten ist.

(2) Mit Freiheitsstrafe bis zu sechs Monaten oder mit Geldstrafe bis zu 180 Tagessätzen wird bestraft, wer

1. eine Tat nach Absatz 1 fahrlässig begeht,
2. vorsätzlich oder fahrlässig ein Kraftfahrzeug führt, obwohl der vorgeschriebene Führerschein nach § 94 der Strafprozessordnung[2)] in Verwahrung genommen, sichergestellt oder beschlagnahmt ist, oder
3. vorsätzlich oder fahrlässig als Halter eines Kraftfahrzeugs anordnet oder zulässt, dass jemand das Fahrzeug führt, obwohl der vorgeschriebene Führerschein nach § 94 der Strafprozessordnung in Verwahrung genommen, sichergestellt oder beschlagnahmt ist.

(3) In den Fällen des Absatzes 1 kann das Kraftfahrzeug, auf das sich die Tat bezieht, eingezogen werden, wenn der Täter

1. das Fahrzeug geführt hat, obwohl ihm die Fahrerlaubnis entzogen oder das Führen des Fahrzeugs nach § 44 des Strafgesetzbuchs oder nach § 25 dieses Gesetzes verboten war oder obwohl eine Sperre nach § 69a Abs. 1 Satz 3 des Strafgesetzbuchs gegen ihn angeordnet war,
2. als Halter des Fahrzeugs angeordnet oder zugelassen hat, dass jemand das Fahrzeug führte, dem die Fahrerlaubnis entzogen oder das Führen des Fahrzeugs nach § 44 des Strafgesetzbuchs oder nach § 25 dieses Gesetzes verboten war oder gegen den eine Sperre nach § 69a Abs. 1 Satz 3 des Strafgesetzbuchs angeordnet war, oder

---

1) Neubekanntmachung des StVG v. 19.12.1952 (BGBl. I S. 837) in der ab 18.9.2002 geltenden Fassung.

2) Nr. **3**.

3. in den letzten drei Jahren vor der Tat schon einmal wegen einer Tat nach Absatz 1 verurteilt worden ist.

§ 22 Kennzeichenmissbrauch. (1) Wer in rechtswidriger Absicht

1. ein Kraftfahrzeug oder einen Kraftfahrzeuganhänger, für die ein amtliches Kennzeichen nicht ausgegeben oder zugelassen worden ist, mit einem Zeichen versieht, das geeignet ist, den Anschein amtlicher Kennzeichnung hervorzurufen,
2. ein Kraftfahrzeug oder einen Kraftfahrzeuganhänger mit einer anderen als der amtlich für das Fahrzeug ausgegebenen oder zugelassenen Kennzeichnung versieht,
3. das an einem Kraftfahrzeug oder einem Kraftfahrzeuganhänger angebrachte amtliche Kennzeichen verändert, beseitigt, verdeckt oder sonst in seiner Erkennbarkeit beeinträchtigt,

wird, wenn die Tat nicht in anderen Vorschriften mit schwererer Strafe bedroht ist, mit Freiheitsstrafe bis zu einem Jahr oder mit Geldstrafe bestraft.

(2) Die gleiche Strafe trifft Personen, welche auf öffentlichen Wegen oder Plätzen von einem Kraftfahrzeug oder einem Kraftfahrzeuganhänger Gebrauch machen, von denen sie wissen, dass die Kennzeichnung in der in Absatz 1 Nr. 1 bis 3 bezeichneten Art gefälscht, verfälscht oder unterdrückt worden ist.

§ 22a Missbräuchliches Herstellen, Vertreiben oder Ausgeben von Kennzeichen. (1) Mit Freiheitsstrafe bis zu einem Jahr oder mit Geldstrafe wird bestraft, wer

1. Kennzeichen ohne vorherige Anzeige bei der zuständigen Behörde herstellt, vertreibt oder ausgibt oder
2. (weggefallen)
3. Kennzeichen in der Absicht nachmacht, dass sie als amtlich zugelassene Kennzeichen verwendet oder in Verkehr gebracht werden oder dass ein solches Verwenden oder Inverkehrbringen ermöglicht werde, oder Kennzeichen in dieser Absicht so verfälscht, dass der Anschein der Echtheit hervorgerufen wird, oder
4. nachgemachte oder verfälschte Kennzeichen feilhält oder in den Verkehr bringt.

(2) [1] Nachgemachte oder verfälschte Kennzeichen, auf die sich eine Straftat nach Absatz 1 bezieht, können eingezogen werden. [2] § 74a des Strafgesetzbuchs ist anzuwenden.

§ 22b Missbrauch von Wegstreckenzählern und Geschwindigkeitsbegrenzern. (1) Mit Freiheitsstrafe bis zu einem Jahr oder mit Geldstrafe wird bestraft, wer

1. die Messung eines Wegstreckenzählers, mit dem ein Kraftfahrzeug ausgerüstet ist, dadurch verfälscht, dass er durch Einwirkung auf das Gerät oder den Messvorgang das Ergebnis der Messung beeinflusst,
2. die bestimmungsgemäße Funktion eines Geschwindigkeitsbegrenzers, mit dem ein Kraftfahrzeug ausgerüstet ist, durch Einwirkung auf diese Einrichtung aufhebt oder beeinträchtigt oder

3. eine Straftat nach Nummer 1 oder 2 vorbereitet, indem er Computerprogramme, deren Zweck die Begehung einer solchen Tat ist, herstellt, sich oder einem anderen verschafft, feilhält oder einem anderen überlässt.

(2) In den Fällen des Absatzes 1 Nr. 3 gilt § 149 Abs. 2 und 3 des Strafgesetzbuches entsprechend.

(3) [1] Gegenstände, auf die sich die Straftat nach Absatz 1 bezieht, können eingezogen werden. [2] § 74a des Strafgesetzbuches ist anzuwenden.

§ 23 *(aufgehoben)*

§ 24 Bußgeldvorschriften. (1) Ordnungswidrig handelt, wer vorsätzlich oder fahrlässig einer Rechtsverordnung nach § 1j Absatz 1 Nummer 1, 2, 4, 5 oder 6, § 6 Absatz 1 Satz 1 Nummer 1 Buchstabe a bis c oder d, Nummer 2, 3, 5, 6 Buchstabe a, Nummer 8 bis 16 oder 17, jeweils auch in Verbindung mit § 6 Absatz 3 Nummer 1 bis 5 oder 7, nach § 6e Absatz 1 Nummer 1 bis 5 oder 7 oder nach § 6g Absatz 4 Satz 1 Nummer 3, 5, 7 oder 9 oder einer vollziehbaren Anordnung auf Grund einer solchen Rechtsverordnung zuwiderhandelt, soweit die Rechtsverordnung für einen bestimmten Tatbestand auf diese Bußgeldvorschrift verweist.

(2) [1] Ordnungswidrig handelt, wer vorsätzlich oder fahrlässig

1. einer Rechtsverordnung nach § 6 Absatz 2
   a) Nummer 1 Buchstabe a bis e oder g,
   b) Nummer 1 Buchstabe f, Nummer 2 oder 3 Buchstabe b,
   c) Nummer 3 Buchstabe a oder c oder
   d) Nummer 4,

   jeweils auch in Verbindung mit § 6 Absatz 3 Nummer 1, 2, 3 Buchstabe a oder c, Nummer 4, 5 oder 7 oder einer vollziehbaren Anordnung auf Grund einer solchen Rechtsverordnung zuwiderhandelt, soweit die Rechtsverordnung für einen bestimmten Tatbestand auf diese Bußgeldvorschrift verweist, oder
2. einer unmittelbar geltenden Vorschrift in Rechtsakten der Europäischen Gemeinschaft oder der Europäischen Union zuwiderhandelt, die inhaltlich einer Regelung entspricht, zu der die in Nummer 1
   a) Buchstabe a,
   b) Buchstabe b,
   c) Buchstabe c oder
   d) Buchstabe d

   genannten Vorschriften ermächtigen, soweit eine Rechtsverordnung nach Satz 2 für einen bestimmten Tatbestand auf diese Bußgeldvorschrift verweist.

[2] Das Bundesministerium für Verkehr und digitale Infrastruktur wird ermächtigt, soweit dies zur Durchsetzung der Rechtsakte der Europäischen Gemeinschaft oder der Europäischen Union erforderlich ist, durch Rechtsverordnung ohne Zustimmung des Bundesrates die Tatbestände zu bezeichnen, die als Ordnungswidrigkeit nach Satz 1 Nummer 2 geahndet werden können.

(3) Die Ordnungswidrigkeit kann in den Fällen

1. des Absatzes 2 Satz 1 Nummer 1 Buchstabe d und Nummer 2 Buchstabe d mit einer Geldbuße bis zu fünfhunderttausend Euro,

2. des Absatzes 2 Satz 1 Nummer 1 Buchstabe c und Nummer 2 Buchstabe c mit einer Geldbuße bis zu dreihunderttausend Euro,
3. des Absatzes 2 Satz 1 Nummer 1 Buchstabe a und Nummer 2 Buchstabe a mit einer Geldbuße bis zu hunderttausend Euro,
4. des Absatzes 2 Satz 1 Nummer 1 Buchstabe b und Nummer 2 Buchstabe b mit einer Geldbuße bis zu fünfzigtausend Euro,
5. des Absatzes 1 mit einer Geldbuße bis zu zweitausend Euro

geahndet werden.

(4) In den Fällen des Absatzes 3 Nummer 1 und 2 ist § 30 Absatz 2 Satz 3 des Gesetzes über Ordnungswidrigkeiten anzuwenden.

(5) Fahrzeuge, Fahrzeugteile und Ausrüstungen, auf die sich eine Ordnungswidrigkeit nach Absatz 1 in Verbindung mit § 6 Absatz 1 Satz 1 Nummer 5 oder 10 oder eine Ordnungswidrigkeit nach Absatz 2 Satz 1 bezieht, können eingezogen werden.

§ 24a[1] 0,5 Promille-Grenze. (1) Ordnungswidrig handelt, wer im Straßenverkehr ein Kraftfahrzeug führt, obwohl er 0,25 mg/l oder mehr Alkohol in der Atemluft oder 0,5 Promille oder mehr Alkohol im Blut oder eine Alkoholmenge im Körper hat, die zu einer solchen Atem- oder Blutalkoholkonzentration führt.

(2) [1] Ordnungswidrig handelt, wer unter der Wirkung eines in der Anlage zu dieser Vorschrift genannten berauschenden Mittels im Straßenverkehr ein Kraftfahrzeug führt. [2] Eine solche Wirkung liegt vor, wenn eine in dieser Anlage genannte Substanz im Blut nachgewiesen wird. [3] Satz 1 gilt nicht, wenn die Substanz aus der bestimmungsgemäßen Einnahme eines für einen konkreten Krankheitsfall verschriebenen Arzneimittels herrührt.

(3) Ordnungswidrig handelt auch, wer die Tat fahrlässig begeht.

(4) Die Ordnungswidrigkeit kann mit einer Geldbuße bis zu dreitausend Euro geahndet werden.

(5) Das Bundesministerium für Verkehr und digitale Infrastruktur wird ermächtigt, durch Rechtsverordnung im Einvernehmen mit dem Bundesministerium für Gesundheit und Soziale Sicherung und dem Bundesministerium der Justiz und für Verbraucherschutz mit Zustimmung des Bundesrates die Liste der berauschenden Mittel und Substanzen in der Anlage zu dieser Vorschrift zu ändern oder zu ergänzen, wenn dies nach wissenschaftlicher Erkenntnis im Hinblick auf die Sicherheit des Straßenverkehrs erforderlich ist.

§ 24b *(aufgehoben)*

§ 24c Alkoholverbot für Fahranfänger und Fahranfängerinnen. (1) Ordnungswidrig handelt, wer in der Probezeit nach § 2a oder vor Vollendung des 21. Lebensjahres als Führer eines Kraftfahrzeugs im Straßenverkehr alkoholische Getränke zu sich nimmt oder die Fahrt antritt, obwohl er unter der Wirkung eines solchen Getränks steht.

(2) Ordnungswidrig handelt auch, wer die Tat fahrlässig begeht.

(3) Die Ordnungswidrigkeit kann mit einer Geldbuße geahndet werden.

---

[1] Bußgeldkatalog-Verordnung – BKatV v. 14.3.2013 (BGBl. I S. 498), zuletzt geänd. durch VO v. 13.10.2021 (BGBl. I S. 4688).

§ 25 Fahrverbot. (1) [1] Wird gegen die betroffene Person wegen einer Ordnungswidrigkeit nach § 24 Absatz 1, die sie unter grober oder beharrlicher Verletzung der Pflichten eines Kraftfahrzeugführers begangen hat, eine Geldbuße festgesetzt, so kann ihr die Verwaltungsbehörde oder das Gericht in der Bußgeldentscheidung für die Dauer von einem Monat bis zu drei Monaten verbieten, im Straßenverkehr Kraftfahrzeuge jeder oder einer bestimmten Art zu führen. [2] Wird gegen die betroffene Person wegen einer Ordnungswidrigkeit nach § 24a eine Geldbuße festgesetzt, so ist in der Regel auch ein Fahrverbot anzuordnen.

(2) [1] Das Fahrverbot wird mit der Rechtskraft der Bußgeldentscheidung wirksam. [2] Für seine Dauer werden von einer deutschen Behörde ausgestellte nationale und internationale Führerscheine amtlich verwahrt. [3] Dies gilt auch, wenn der Führerschein von einer Behörde eines Mitgliedstaates der Europäischen Union oder eines anderen Vertragsstaates des Abkommens über den Europäischen Wirtschaftsraum ausgestellt worden ist, sofern der Inhaber seinen ordentlichen Wohnsitz im Inland hat. [4] Wird er nicht freiwillig herausgegeben, so ist er zu beschlagnahmen.

(2a) Ist in den zwei Jahren vor der Ordnungswidrigkeit ein Fahrverbot gegen die betroffene Person nicht verhängt worden und wird auch bis zur Bußgeldentscheidung ein Fahrverbot nicht verhängt, so bestimmt die Verwaltungsbehörde oder das Gericht abweichend von Absatz 2 Satz 1, dass das Fahrverbot erst wirksam wird, wenn der Führerschein nach Rechtskraft der Bußgeldentscheidung in amtliche Verwahrung gelangt, spätestens jedoch mit Ablauf von vier Monaten seit Eintritt der Rechtskraft.

(2b) [1] Werden gegen die betroffene Person mehrere Fahrverbote rechtskräftig verhängt, so sind die Verbotsfristen nacheinander zu berechnen. [2] Die Verbotsfrist auf Grund des früher wirksam gewordenen Fahrverbots läuft zuerst. [3] Werden Fahrverbote gleichzeitig wirksam, so läuft die Verbotsfrist auf Grund des früher angeordneten Fahrverbots zuerst, bei gleichzeitiger Anordnung ist die frühere Tat maßgebend.

(3) [1] In anderen als in Absatz 2 Satz 3 genannten ausländischen Führerscheinen wird das Fahrverbot vermerkt. [2] Zu diesem Zweck kann der Führerschein beschlagnahmt werden.

(4) [1] Wird der Führerschein in den Fällen des Absatzes 2 Satz 4 oder des Absatzes 3 Satz 2 bei der betroffenen Person nicht vorgefunden, so hat sie auf Antrag der Vollstreckungsbehörde (§ 92 des Gesetzes über Ordnungswidrigkeiten[1)]) bei dem Amtsgericht eine eidesstattliche Versicherung über den Verbleib des Führerscheins abzugeben. [2] § 883 Abs. 2 und 3 der Zivilprozessordnung gilt entsprechend.

(5) [1] Ist ein Führerschein amtlich zu verwahren oder das Fahrverbot in einem ausländischen Führerschein zu vermerken, so wird die Verbotsfrist erst von dem Tag an gerechnet, an dem dies geschieht. [2] In die Verbotsfrist wird die Zeit nicht eingerechnet, in welcher der Täter auf behördliche Anordnung in einer Anstalt verwahrt wird.

(6) [1] Die Dauer einer vorläufigen Entziehung der Fahrerlaubnis (§ 111a der Strafprozessordnung) wird auf das Fahrverbot angerechnet. [2] Es kann jedoch angeordnet werden, dass die Anrechnung ganz oder zum Teil unterbleibt, wenn sie im Hinblick auf das Verhalten der betroffenen Person nach Begehung der

[1)] Nr. **1**.

Ordnungswidrigkeit nicht gerechtfertigt ist. [3]Der vorläufigen Entziehung der Fahrerlaubnis steht die Verwahrung, Sicherstellung oder Beschlagnahme des Führerscheins (§ 94 der Strafprozessordnung) gleich.

(7) [1]Wird das Fahrverbot nach Absatz 1 im Strafverfahren angeordnet (§ 82 des Gesetzes über Ordnungswidrigkeiten), so kann die Rückgabe eines in Verwahrung genommenen, sichergestellten oder beschlagnahmten Führerscheins aufgeschoben werden, wenn die betroffene Person nicht widerspricht. [2]In diesem Fall ist die Zeit nach dem Urteil unverkürzt auf das Fahrverbot anzurechnen.

(8) Über den Zeitpunkt der Wirksamkeit des Fahrverbots nach Absatz 2 oder 2a Satz 1 und über den Beginn der Verbotsfrist nach Absatz 5 Satz 1 ist die betroffene Person bei der Zustellung der Bußgeldentscheidung oder im Anschluss an deren Verkündung zu belehren.

§ 25a Kostentragungspflicht des Halters. (1) [1]Kann in einem Bußgeldverfahren wegen eines Halt- oder Parkverstoßes der Führer des Kraftfahrzeugs, der den Verstoß begangen hat, nicht vor Eintritt der Verfolgungsverjährung ermittelt werden oder würde seine Ermittlung einen unangemessenen Aufwand erfordern, so werden dem Halter des Kraftfahrzeugs oder seinem Beauftragten die Kosten des Verfahrens auferlegt; er hat dann auch seine Auslagen zu tragen. [2]Entsprechendes gilt für den Halter eines Kraftfahrzeuganhängers, wenn mit diesem Kraftfahrzeuganhänger, ohne dass dieser an ein Kraftfahrzeug angehängt ist, ein Halt- oder Parkverstoß begangen wurde und derjenige, der den Verstoß begangen hat, nicht vor Eintritt der Verfolgungsverjährung ermittelt werden kann oder seine Ermittlung einen unangemessenen Aufwand erfordern würde. [3]Von einer Entscheidung nach Satz 1 oder 2 wird abgesehen, wenn es unbillig wäre, den Halter oder seinen Beauftragten mit den Kosten zu belasten.

(2) Die Kostenentscheidung ergeht mit der Entscheidung, die das Verfahren abschließt; vor der Entscheidung ist derjenige zu hören, dem die Kosten auferlegt werden sollen.

(3) [1]Gegen die Kostenentscheidung der Verwaltungsbehörde und der Staatsanwaltschaft kann innerhalb von zwei Wochen nach Zustellung gerichtliche Entscheidung beantragt werden. [2]§ 62 Abs. 2 des Gesetzes über Ordnungswidrigkeiten[1)] gilt entsprechend; für die Kostenentscheidung der Staatsanwaltschaft gelten auch § 50 Abs. 2 und § 52 des Gesetzes über Ordnungswidrigkeiten entsprechend. [3]Die Kostenentscheidung des Gerichts ist nicht anfechtbar.

§ 26 Zuständige Verwaltungsbehörde; Verjährung. (1) [1]Bei Ordnungswidrigkeiten nach den § 24 Absatz 1, § 24a Absatz 1 bis 3 und § 24c Absatz 1 und 2 ist Verwaltungsbehörde im Sinne des § 36 Abs. 1 Nr. 1 des Gesetzes über Ordnungswidrigkeiten[1)] die Behörde oder Dienststelle der Polizei, die von der Landesregierung durch Rechtsverordnung[2)] näher bestimmt wird. [2]Die Landes-

[1)] Nr. **1**.

[2)] **Zuständige Verwaltungsbehörden sind:**

in **Baden-Württemberg** die unteren Verwaltungsbehörden, bei Ordnungswidrigkeiten auf Bundesautobahnen das Regierungspräsidium Karlsruhe (VO der Landesregierung über Zuständigkeiten nach dem G über Ordnungswidrigkeiten (OWiZuVO) idF der Bek. v. 2.2.1990 (GBl. S. 75, ber. S. 268), zuletzt geänd. durch VO v. 10.5.2022 (GBl. S. 275));

in **Bayern** das Polizeiverwaltungsamt, die Dienststellen der Landespolizei und der Bereitschaftspolizei (§ 91 ZuständigkeitsVO (ZustV) v. 16.6.2015 (GVBl. S. 184), zuletzt geänd. durch V v. 19.7.2022 (GVBl. S. 397)); →

regierung kann die Ermächtigung auf die zuständige oberste Landesbehörde übertragen.

(2) Verwaltungsbehörde im Sinne des § 36 Absatz 1 Nummer 1 des Gesetzes über Ordnungswidrigkeiten ist das Kraftfahrt-Bundesamt

1. abweichend von Absatz 1 bei Ordnungswidrigkeiten nach § 24 Absatz 1, soweit es für den Vollzug der bewehrten Vorschriften zuständig ist, oder
2. bei Ordnungswidrigkeiten nach § 24 Absatz 2 Satz 1.

(3) [1] Die Frist der Verfolgungsverjährung beträgt bei Ordnungswidrigkeiten nach § 24 Absatz 1 drei Monate, solange wegen der Handlung weder ein Bußgeldbescheid ergangen ist noch öffentliche Klage erhoben worden ist, danach

---

(Fortsetzung der Anm. von voriger Seite)

in **Berlin** der Polizeipräsident in Berlin (VO über sachliche Zuständigkeiten für die Verfolgung und Ahndung von Ordnungswidrigkeiten (ZustVO-OwiG) v. 29.2.2000 (GVBl. S. 249), zuletzt geänd. durch VO v. 1.3.2022 (GVBl. S. 92));

in **Brandenburg** das Polizeipräsidium und die Kreisordnungsbehörden (VerkehrsordnungswidrigkeitenzuständigkeitsVO – VOWiZustV v. 18.6.1996 (GVBl. II S. 412), zuletzt geänd. durch VO v. 19.11.2020 (GVBl. II Nr. 109));

in **Bremen** die Ortspolizeibehörden (VO über die Zuständigkeit für die Verfolgung und Ahndung von Ordnungswidrigkeiten nach den §§ 23, 24 und 24a des StraßenverkehrsG v. 21.7.1980 (Brem.GBl. S. 229), geänd. durch VO v. 14.7.2009 (Brem.GBl. S. 281));

in **Hamburg** die Behörde für Inneres und Sport (AnO über Zuständigkeiten auf dem Gebiet des Straßenverkehrsrechts v. 5.1.1999 (Amtl. Anz. S. 345), zuletzt geänd. durch AO v. 6.10.2020 (Amtl. Anz. S. 2089));

in **Hessen** in der Stadt Frankfurt der Oberbürgermeister als örtliche Ordnungsbehörde, im Übrigen das Regierungspräsidium Kassel als Bezirksordnungsbehörde (VO zur Bestimmung verkehrsrechtlicher Zuständigkeiten v. 12.11.2007 (GVBl. I S. 800), zuletzt geänd. durch VO v. 5.7.2021 (GVBl. S. 331));

in **Mecklenburg-Vorpommern** die Landräte und die Oberbürgermeister der kreisfreien Städte (Straßenverkehr-ZuständigkeitslandesVO – StVZustLVO M-V v. 12.8.2021 (GVOBl. M-V S. 1221));

in **Niedersachsen** die Landkreise und kreisfreien Städte (VO über sachliche Zuständigkeiten für die Verfolgung und Ahndung von Ordnungswidrigkeiten (ZustVO-OWi) v. 30.6.2021 (Nds. GVBl. S. 442), geänd. durch VO v. 28.6.2022 (Nds. GVBl. S. 421));

in **Nordrhein-Westfalen** die Kreisordnungsbehörden (VO zur Bestimmung der für die Verfolgung und Ahndung von Verkehrsordnungswidrigkeiten zuständigen Verwaltungsbehörden v. 25.9.1979 (GV. NRW. S. 652), zuletzt geänd. durch VO v. 6.12.2016 (GV. NRW. S. 1070));

in **Rheinland-Pfalz** das Polizeipräsidium Rheinpfalz (§ 8 LandesVO über Zuständigkeiten auf dem Gebiet des Straßenverkehrsrechts v. 12.3.1987 (GVBl. S. 46), zuletzt geänd. durch VO v. 24.11.2020 (GVBl. S. 147));

im **Saarland** das Landesverwaltungsamt (§ 2 StraßenverkehrszuständigkeitsG (StVZustG) v. 13.6.2001 (Amtsbl. S. 1430), zuletzt geänd. durch G v. 11.11.2020 (Amtsbl. I S. 1262));

in **Sachsen** die Großen Kreisstädte Görlitz, Hoyerswerda, Plauen und Zwickau, bei Ordnungswidrigkeiten auf Bundesautobahnen die Landesdirektion Sachsen (Ordnungswidrigkeiten-ZuständigkeitsVO – OWiZuVO v. 16.6.2014 (SächsGVBl. S. 342), zuletzt geänd. durch VO v. 11.4.2022 (SächsGVBl. S. 285));

in **Sachsen-Anhalt** die Zentrale Bußgeldstelle im Technischen Polizeiamt (VO über sachliche Zuständigkeiten für die Verfolgung und Ahndung von Ordnungswidrigkeiten (ZustVO OWi) v. 2.3.2010 (GVBl. LSA S. 106), zuletzt geänd. durch VO v. 20.11.2019 (GVBl. LSA S. 940));

in **Schleswig-Holstein** die Landräte und die Bürgermeister der kreisfreien Städte (Ordnungswidrigkeiten-ZuständigkeitsVO – OWi-ZustVO v. 22.1.1988 (GVOBl. Schl.-H. S. 32), zuletzt geänd. durch VO v. 24.5.2022 (GVOBl. Schl.-H. S. 676));

in **Thüringen** die Zentrale Bußgeldstelle bei der Landespolizeidirektion, die Dienststellen der Polizei und Einheiten der Bereitschaftspolizei (Thüringer VO über Zuständigkeiten für die Verfolgung und Ahndung von Verkehrsordnungswidrigkeiten (ThürVOWiZustVO) v. 27.10.2021 (GVBl. S. 535), geänd. durch VO v. 18.11.2021 (GVBl. S. 561)).

sechs Monate. [2]Abweichend von Satz 1 beträgt die Frist der Verfolgungsverjährung bei Ordnungswidrigkeiten nach § 24 Absatz 1 in Verbindung mit § 6 Absatz 1 Satz 1 Nummer 5 oder 10 zwei Jahre, soweit diese Ordnungswidrigkeiten Zuwiderhandlungen gegen Vorschriften mit Anforderungen an Fahrzeuge oder Fahrzeugteile betreffen, die der Genehmigung ihrer Bauart bedürfen. [3]Die Frist der Verfolgungsverjährung beträgt bei Ordnungswidrigkeiten nach § 24 Absatz 2 Satz 1 Nummer 1 Buchstabe c und d und Nummer 2 Buchstabe c und d[1)] fünf Jahre.

§ 26a Bußgeldkatalog. (1) Das Bundesministerium für Verkehr und digitale Infrastruktur wird ermächtigt, durch Rechtsverordnung mit Zustimmung des Bundesrates Vorschriften zu erlassen über

1. die Erteilung einer Verwarnung (§ 56 des Gesetzes über Ordnungswidrigkeiten[2)]) wegen einer Ordnungswidrigkeit nach § 24 Absatz 1,
2. Regelsätze für Geldbußen wegen einer Ordnungswidrigkeit nach den § 24 Absatz 1, § 24a Absatz 1 bis 3 und § 24c Absatz 1 und 2,
3. die Anordnung des Fahrverbots nach § 25.

(2) Die Vorschriften nach Absatz 1 bestimmen unter Berücksichtigung der Bedeutung der Ordnungswidrigkeit, in welchen Fällen, unter welchen Voraussetzungen und in welcher Höhe das Verwarnungsgeld erhoben, die Geldbuße festgesetzt und für welche Dauer das Fahrverbot angeordnet werden soll.

§ 27 Informationsschreiben. (1) [1]Hat die Verwaltungsbehörde in einem Bußgeldverfahren den Halter oder Eigentümer eines Kraftfahrzeugs auf Grund einer Abfrage im Sinne des Artikels 4 der Richtlinie (EU) 2015/413 des Europäischen Parlaments und des Rates vom 11. März 2015 zur Erleichterung des grenzüberschreitenden Austauschs von Informationen über die Straßenverkehrssicherheit gefährdende Verkehrsdelikte (ABl. L 68 vom 13.3.2015, S. 9) ermittelt, übersendet sie der ermittelten Person ein Informationsschreiben. [2]In diesem Schreiben werden die Art des Verstoßes, Zeit und Ort seiner Begehung, das gegebenenfalls verwendete Überwachungsgerät, die anwendbaren Bußgeldvorschriften sowie die für einen solchen Verstoß vorgesehene Sanktion angegeben. [3]Das Informationsschreiben ist in der Sprache des Zulassungsdokuments des Kraftfahrzeugs oder in einer der Amtssprachen des Mitgliedstaates zu übermitteln, in dem das Kraftfahrzeug zugelassen ist.

(2) Absatz 1 gilt nicht, wenn die ermittelte Person ihren ordentlichen Wohnsitz im Inland hat.

IV. Fahreignungsregister

§ 28 Führung und Inhalt des Fahreignungsregisters. (1) Das Kraftfahrt-Bundesamt führt das Fahreignungsregister nach den Vorschriften dieses Abschnitts.

(2) Das Fahreignungsregister wird geführt zur Speicherung von Daten, die erforderlich sind

---

1) Nr. **7**.
2) Nr. **1**.

1. für die Beurteilung der Eignung und der Befähigung von Personen zum Führen von Kraftfahrzeugen oder zum Begleiten eines Kraftfahrzeugführers entsprechend einer nach § 6e Abs. 1 erlassenen Rechtsverordnung,
2. für die Prüfung der Berechtigung zum Führen von Fahrzeugen,
3. für die Ahndung der Verstöße von Personen, die wiederholt Straftaten oder Ordnungswidrigkeiten, die im Zusammenhang mit dem Straßenverkehr stehen, begehen oder
4. für die Beurteilung von Personen im Hinblick auf ihre Zuverlässigkeit bei der Wahrnehmung der ihnen durch Gesetz, Satzung oder Vertrag übertragenen Verantwortung für die Einhaltung der zur Sicherheit im Straßenverkehr bestehenden Vorschriften.

(3) Im Fahreignungsregister werden Daten gespeichert über

1. rechtskräftige Entscheidungen der Strafgerichte wegen einer Straftat, die in der Rechtsverordnung nach § 6 Absatz 1 Satz 1 Nummer 4 bezeichnet ist, soweit sie auf Strafe, Verwarnung mit Strafvorbehalt erkennen oder einen Schuldspruch enthalten,
2. rechtskräftige Entscheidungen der Strafgerichte, die die Entziehung der Fahrerlaubnis, eine isolierte Sperre oder ein Fahrverbot anordnen, sofern sie nicht von Nummer 1 erfasst sind, sowie Entscheidungen der Strafgerichte, die die vorläufige Entziehung der Fahrerlaubnis anordnen,
3. rechtskräftige Entscheidungen wegen einer Ordnungswidrigkeit
   a) nach den § 24 Absatz 1, § 24a oder § 24c, soweit sie in der Rechtsverordnung nach § 6 Absatz 1 Satz 1 Nummer 4 bezeichnet ist und gegen die betroffene Person
      aa) ein Fahrverbot nach § 25 angeordnet worden ist oder
      bb) eine Geldbuße von mindestens sechzig Euro festgesetzt worden ist und § 28a nichts anderes bestimmt,
   b) nach den § 24 Absatz 1, § 24a oder § 24c, soweit kein Fall des Buchstaben a vorliegt und ein Fahrverbot angeordnet worden ist,
   c) nach § 10 des Gefahrgutbeförderungsgesetzes, soweit sie in der Rechtsverordnung nach § 6 Absatz 1 Satz 1 Nummer 4 bezeichnet ist,
4. unanfechtbare oder sofort vollziehbare Verbote oder Beschränkungen, ein fahrerlaubnisfreies Fahrzeug zu führen,
5. unanfechtbare Versagungen einer Fahrerlaubnis,
6. unanfechtbare oder sofort vollziehbare
   a) Entziehungen, Widerrufe oder Rücknahmen einer Fahrerlaubnis,
   b) Feststellungen über die fehlende Berechtigung, von einer ausländischen Fahrerlaubnis im Inland Gebrauch zu machen,
7. Verzichte auf die Fahrerlaubnis,
8. unanfechtbare Ablehnungen eines Antrags auf Verlängerung der Geltungsdauer einer Fahrerlaubnis,
9. die Beschlagnahme, Sicherstellung oder Verwahrung von Führerscheinen nach § 94 der Strafprozessordnung[1],
10. *(aufgehoben)*

---

[1] Nr. **3**.

11. Maßnahmen der Fahrerlaubnisbehörde nach § 2a Abs. 2 Satz 1 Nr 1 und 2 und § 4 Absatz 5 Satz 1 Nr. 1 und 2,
12. die Teilnahme an einem Aufbauseminar, an einem besonderen Aufbauseminar und an einer verkehrspsychologischen Beratung, soweit dies für die Anwendung der Regelungen der Fahrerlaubnis auf Probe (§ 2a) erforderlich ist,
13. die Teilnahme an einem Fahreignungsseminar, soweit dies für die Anwendung der Regelungen des Fahreignungs-Bewertungssystems (§ 4) erforderlich ist,
14. Entscheidungen oder Änderungen, die sich auf eine der in den Nummern 1 bis 13 genannten Eintragungen beziehen.

(4) [1] Die Gerichte, Staatsanwaltschaften und anderen Behörden teilen dem Kraftfahrt-Bundesamt unverzüglich die nach Absatz 3 zu speichernden oder zu einer Änderung oder Löschung einer Eintragung führenden Daten mit. [2] Die Datenübermittlung nach Satz 1 kann auch im Wege der Datenfernübertragung durch Direkteinstellung unter Beachtung des § 30a Absatz 2 bis 4 erfolgen.

(5) [1] Bei Zweifeln an der Identität einer eingetragenen Person mit der Person, auf die sich eine Mitteilung nach Absatz 4 bezieht, dürfen die Datenbestände des Zentralen Fahrerlaubnisregisters und des Zentralen Fahrzeugregisters zur Identifizierung dieser Personen verwendet werden. [2] Ist die Feststellung der Identität der betreffenden Personen auf diese Weise nicht möglich, dürfen die auf Anfrage aus den Melderegistern übermittelten Daten zur Behebung der Zweifel verwendet werden. [3] Die Zulässigkeit der Übermittlung durch die Meldebehörden richtet sich nach den Meldegesetzen der Länder. [4] Können die Zweifel an der Identität der betreffenden Personen nicht ausgeräumt werden, werden die Eintragungen über beide Personen mit einem Hinweis auf die Zweifel an deren Identität versehen.

(6) Die regelmäßige Verwendung der auf Grund des § 50 Abs. 1 im Zentralen Fahrerlaubnisregister gespeicherten Daten ist zulässig, um Fehler und Abweichungen bei den Personendaten sowie den Daten über Fahrerlaubnisse und Führerscheine der betreffenden Person im Fahreignungsregister festzustellen und zu beseitigen und um das Fahreignungsregister zu vervollständigen.

§ 28a Eintragung beim Abweichen vom Bußgeldkatalog. [1] Wird die Geldbuße wegen einer Ordnungswidrigkeit nach den § 24 Absatz 1, § 24a und § 24c lediglich mit Rücksicht auf die wirtschaftlichen Verhältnisse der betroffenen Person abweichend von dem Regelsatz der Geldbuße festgesetzt, der für die zugrunde liegende Ordnungswidrigkeit im Bußgeldkatalog (§ 26a) vorgesehen ist, so ist in der Entscheidung dieser Paragraph bei den angewendeten Bußgeldvorschriften aufzuführen, wenn der Regelsatz der Geldbuße

1. sechzig Euro oder mehr beträgt und eine geringere Geldbuße festgesetzt wird oder
2. weniger als sechzig Euro beträgt und eine Geldbuße von sechzig Euro oder mehr festgesetzt wird.

[2] In diesen Fällen ist für die Eintragung in das Fahreignungsregister der im Bußgeldkatalog vorgesehene Regelsatz maßgebend.

§ 28b (weggefallen)

§ 29 Tilgung der Eintragungen. (1) [1]Die im Register gespeicherten Eintragungen werden nach Ablauf der in Satz 2 bestimmten Fristen getilgt. [2]Die Tilgungsfristen betragen

1. zwei Jahre und sechs Monate
   bei Entscheidungen über eine Ordnungswidrigkeit,
   a) die in der Rechtsverordnung nach § 6 Absatz 1 Satz 1 Nummer 4 Buchstabe b als verkehrssicherheitsbeeinträchtigende oder gleichgestellte Ordnungswidrigkeit mit einem Punkt bewertet ist oder
   b) soweit weder ein Fall des Buchstaben a noch der Nummer 2 Buchstabe b vorliegt und in der Entscheidung ein Fahrverbot angeordnet worden ist,
2. fünf Jahre
   a) bei Entscheidungen über eine Straftat, vorbehaltlich der Nummer 3 Buchstabe a,
   b) bei Entscheidungen über eine Ordnungswidrigkeit, die in der Rechtsverordnung nach § 6 Absatz 1 Satz 1 Nummer 4 Buchstabe b als besonders verkehrssicherheitsbeeinträchtigende oder gleichgestellte Ordnungswidrigkeit mit zwei Punkten bewertet ist,
   c) bei von der nach Landesrecht zuständigen Behörde verhängten Verboten oder Beschränkungen, ein fahrerlaubnisfreies Fahrzeug zu führen,
   d) bei Mitteilungen über die Teilnahme an einem Fahreignungsseminar, einem Aufbauseminar, einem besonderen Aufbauseminar oder einer verkehrspsychologischen Beratung,
3. zehn Jahre
   a) bei Entscheidungen über eine Straftat, in denen die Fahrerlaubnis entzogen oder eine isolierte Sperre angeordnet worden ist,
   b) bei Entscheidungen über Maßnahmen oder Verzichte nach § 28 Absatz 3 Nummer 5 bis 8.

[3]Eintragungen über Maßnahmen der nach Landesrecht zuständigen Behörde nach § 2a Absatz 2 Satz 1 Nummer 1 und 2 und § 4 Absatz 5 Satz 1 Nummer 1 und 2 werden getilgt, wenn dem Inhaber einer Fahrerlaubnis die Fahrerlaubnis entzogen wird. [4]Sonst erfolgt eine Tilgung bei den Maßnahmen nach § 2a Absatz 2 Satz 1 Nummer 1 und 2 ein Jahr nach Ablauf der Probezeit und bei Maßnahmen nach § 4 Absatz 5 Satz 1 Nummer 1 und 2 dann, wenn die letzte Eintragung wegen einer Straftat oder Ordnungswidrigkeit getilgt ist. [5]Verkürzungen der Tilgungsfristen nach Absatz 1 können durch Rechtsverordnung gemäß § 30c Abs. 1 Nr. 2 zugelassen werden, wenn die eingetragene Entscheidung auf körperlichen oder geistigen Mängeln oder fehlender Befähigung beruht.

(2) Die Tilgungsfristen gelten nicht, wenn die Erteilung einer Fahrerlaubnis oder die Erteilung des Rechts, von einer ausländischen Fahrerlaubnis wieder Gebrauch zu machen, für immer untersagt ist.

(3) Ohne Rücksicht auf den Lauf der Fristen nach Absatz 1 und das Tilgungsverbot nach Absatz 2 werden getilgt

1. Eintragungen über Entscheidungen, wenn ihre Tilgung im Bundeszentralregister angeordnet oder wenn die Entscheidung im Wiederaufnahmeverfahren

oder nach den §§ 86, 102 Abs. 2 des Gesetzes über Ordnungswidrigkeiten[1] rechtskräftig aufgehoben wird,

2. Eintragungen, die in das Bundeszentralregister nicht aufzunehmen sind, wenn ihre Tilgung durch die nach Landesrecht zuständige Behörde angeordnet wird, wobei die Anordnung nur ergehen darf, wenn dies zur Vermeidung ungerechtfertigter Härten erforderlich ist und öffentliche Interessen nicht gefährdet werden,
3. Eintragungen, bei denen die zugrunde liegende Entscheidung aufgehoben wird oder bei denen nach näherer Bestimmung durch Rechtsverordnung gemäß § 30c Abs. 1 Nr. 2 eine Änderung der zugrunde liegenden Entscheidung Anlass gibt,
4. sämtliche Eintragungen, wenn eine amtliche Mitteilung über den Tod der betroffenen Person eingeht.

(4) Die Tilgungsfrist (Absatz 1) beginnt

1. bei strafgerichtlichen Verurteilungen und bei Strafbefehlen mit dem Tag der Rechtskraft, wobei dieser Tag auch dann maßgebend bleibt, wenn eine Gesamtstrafe oder eine einheitliche Jugendstrafe gebildet oder nach § 30 Abs. 1 des Jugendgerichtsgesetzes auf Jugendstrafe erkannt wird oder eine Entscheidung im Wiederaufnahmeverfahren ergeht, die eine registerpflichtige Verurteilung enthält,
2. bei Entscheidungen der Gerichte nach den §§ 59, 60 des Strafgesetzbuchs und § 27 des Jugendgerichtsgesetzes mit dem Tag der Rechtskraft,
3. bei gerichtlichen und verwaltungsbehördlichen Bußgeldentscheidungen sowie bei anderen Verwaltungsentscheidungen mit dem Tag der Rechtskraft oder Unanfechtbarkeit der beschwerenden Entscheidung,
4. bei Aufbauseminaren nach § 2a Absatz 2 Satz 1 Nummer 1, verkehrspsychologischen Beratungen nach § 2a Absatz 2 Satz 1 Nummer 2 und Fahreignungsseminaren nach § 4 Absatz 7 mit dem Tag der Ausstellung der Teilnahmebescheinigung.

(5) [1] Bei der Versagung oder Entziehung der Fahrerlaubnis wegen mangelnder Eignung, der Anordnung einer Sperre nach § 69a Abs. 1 Satz 3 des Strafgesetzbuchs oder bei einem Verzicht auf die Fahrerlaubnis beginnt die Tilgungsfrist erst mit der Erteilung oder Neuerteilung der Fahrerlaubnis, spätestens jedoch fünf Jahre nach der Rechtskraft der beschwerenden Entscheidung oder dem Tag des Zugangs der Verzichtserklärung bei der zuständigen Behörde. [2] Bei von der nach Landesrecht zuständigen Behörde verhängten Verboten oder Beschränkungen, ein fahrerlaubnisfreies Fahrzeug zu führen, beginnt die Tilgungsfrist fünf Jahre nach Ablauf oder Aufhebung des Verbots oder der Beschränkung.

(6) [1] Nach Eintritt der Tilgungsreife wird eine Eintragung vorbehaltlich der Sätze 2 und 4 gelöscht. [2] Eine Eintragung nach § 28 Absatz 3 Nummer 1 oder 3 Buchstabe a oder c wird nach Eintritt der Tilgungsreife erst nach einer Überliegefrist von einem Jahr gelöscht. [3] Während dieser Überliegefrist darf der Inhalt dieser Eintragung nur noch zu folgenden Zwecken übermittelt, verwendet oder über ihn eine Auskunft erteilt werden:

---

[1] Nr. **1**.

1. zur Übermittlung an die nach Landesrecht zuständige Behörde zur dortigen Verwendung zur Anordnung von Maßnahmen im Rahmen der Fahrerlaubnis auf Probe nach § 2a,
2. zur Übermittlung an die nach Landesrecht zuständige Behörde zur dortigen Verwendung zum Ergreifen von Maßnahmen nach dem Fahreignungs-Bewertungssystem nach § 4 Absatz 5,
3. zur Auskunftserteilung an die betroffene Person nach § 30 Absatz 8,
4. zur Verwendung für die Durchführung anderer als der in den Nummern 1 oder 2 genannten Verfahren zur Erteilung oder Entziehung einer Fahrerlaubnis, wenn die Tat als Grundlage in einer noch gespeicherten Maßnahme nach § 28 Absatz 3 Nummer 5, 6 oder 8 genannt ist.

[4] Die Löschung einer Eintragung nach § 28 Absatz 3 Nummer 3 Buchstabe a oder c unterbleibt in jedem Fall so lange, wie die betroffene Person im Zentralen Fahrerlaubnisregister als Inhaber einer Fahrerlaubnis auf Probe gespeichert ist; während dieser Zeit gilt Satz 3 Nummer 1, 3 und 4 nach Ablauf der Überliegefrist entsprechend.

(7) [1] Ist eine Eintragung im Fahreignungsregister gelöscht, dürfen die Tat und die Entscheidung der betroffenen Person für die Zwecke des § 28 Absatz 2 nicht mehr vorgehalten und nicht zu ihrem Nachteil verwertet werden. [2] Abweichend von Satz 1 darf eine Tat und die hierauf bezogene Entscheidung trotz ihrer Löschung aus dem Fahreignungsregister für die Durchführung anderer als der in Absatz 6 Satz 3 Nummer 4 genannten Verfahren zur Erteilung oder Entziehung einer Fahrerlaubnis verwendet werden, solange die Tat als Grundlage in einer noch gespeicherten Maßnahme nach § 28 Absatz 3 Nummer 5, 6 oder 8 genannt ist. [3] Unterliegt eine Eintragung im Fahreignungsregister über eine gerichtliche Entscheidung nach Absatz 1 Satz 2 Nummer 3 Buchstabe a einer zehnjährigen Tilgungsfrist, darf sie nach Ablauf eines Zeitraums, der einer fünfjährigen Tilgungsfrist nach den vorstehenden Vorschriften entspricht, nur noch für folgende Zwecke an die nach Landesrecht zuständige Behörde übermittelt und dort verwendet werden:

1. zur Durchführung von Verfahren, die eine Erteilung oder Entziehung einer Fahrerlaubnis zum Gegenstand haben,
2. zum Ergreifen von Maßnahmen nach dem Fahreignungs-Bewertungssystem nach § 4 Absatz 5.

[4] Außerdem dürfen für die Prüfung der Berechtigung zum Führen von Kraftfahrzeugen Entscheidungen der Gerichte nach den §§ 69 bis 69b des Strafgesetzbuches an die nach Landesrecht zuständige Behörde übermittelt und dort verwendet werden. [5] Die Sätze 1 bis 3 gelten nicht für Eintragungen wegen strafgerichtlicher Entscheidungen, die für die Ahndung von Straftaten herangezogen werden. [6] Insoweit gelten die Regelungen des Bundeszentralregistergesetzes.

§ 30 Übermittlung. (1) Die Eintragungen im Fahreignungsregister dürfen an die Stellen, die

1. für die Verfolgung von Straftaten, zur Vollstreckung oder zum Vollzug von Strafen,
2. für die Verfolgung von Ordnungswidrigkeiten und die Vollstreckung von Bußgeldbescheiden und ihren Nebenfolgen nach diesem Gesetz und dem Gesetz über das Fahrpersonal im Straßenverkehr oder

3. für Verwaltungsmaßnahmen auf Grund dieses Gesetzes oder der auf ihm beruhenden Rechtsvorschriften

zuständig sind, übermittelt werden, soweit dies für die Erfüllung der diesen Stellen obliegenden Aufgaben zu den in § 28 Abs. 2 genannten Zwecken jeweils erforderlich ist.

(2) Die Eintragungen im Fahreignungsregister dürfen an die Stellen, die für Verwaltungsmaßnahmen auf Grund des Gesetzes über die Beförderung gefährlicher Güter, des Kraftfahrsachverständigengesetzes, des Fahrlehrergesetzes, des Personenbeförderungsgesetzes, der gesetzlichen Bestimmungen über die Notfallrettung und den Krankentransport, des Güterkraftverkehrsgesetzes einschließlich der Verordnung (EWG) Nr. 881/92 des Rates vom 26. März 1992 über den Zugang zum Güterkraftverkehrsmarkt in der Gemeinschaft für Beförderungen aus oder nach einem Mitgliedstaat oder durch einen oder mehrere Mitgliedstaaten (ABl. EG Nr. L 95 S. 1), des Gesetzes über das Fahrpersonal im Straßenverkehr oder der auf Grund dieser Gesetze erlassenen Rechtsvorschriften zuständig sind, übermittelt werden, soweit dies für die Erfüllung der diesen Stellen obliegenden Aufgaben zu den in § 28 Abs. 2 Nr. 2 und 4 genannten Zwecken jeweils erforderlich ist.

(3) Die Eintragungen im Fahreignungsregister dürfen an die für Verkehrs- und Grenzkontrollen zuständigen Stellen übermittelt werden, soweit dies zu dem in § 28 Abs. 2 Nr. 2 genannten Zweck erforderlich ist.

(4) Die Eintragungen im Fahreignungsregister dürfen außerdem für die Erteilung, Verlängerung, Erneuerung, Rücknahme oder den Widerruf einer Erlaubnis für Luftfahrer oder sonstiges Luftfahrpersonal nach den Vorschriften des Luftverkehrsgesetzes oder der auf Grund dieses Gesetzes erlassenen Rechtsvorschriften an die hierfür zuständigen Stellen übermittelt werden, soweit dies für die genannten Maßnahmen erforderlich ist.

(4a) Die Eintragungen im Fahreignungsregister dürfen außerdem an die hierfür zuständigen Stellen übermittelt werden für die Erteilung, den Entzug oder das Anordnen des Ruhens von Befähigungszeugnissen und Erlaubnissen für Kapitäne, Schiffsoffiziere oder sonstige Seeleute nach den Vorschriften des Seeaufgabengesetzes und für Schiffs- und Sportbootführer und sonstige Besatzungsmitglieder nach dem Seeaufgabengesetz oder dem Binnenschifffahrtsaufgabengesetz oder der aufgrund dieser Gesetze erlassenen Rechtsvorschriften, soweit dies für die genannten Maßnahmen erforderlich ist.

(4b) Die Eintragungen im Fahreignungsregister dürfen außerdem für die Erteilung, Aussetzung, Einschränkung und Entziehung des Triebfahrzeugführerscheins auf Grund des Allgemeinen Eisenbahngesetzes oder der auf Grund dieses Gesetzes erlassenen Rechtsvorschriften an die hierfür zuständigen Stellen übermittelt werden, soweit die Eintragungen für die dortige Prüfung der Voraussetzungen für die Erteilung, Aussetzung, Einschränkung und Entziehung des Triebfahrzeugführerscheins erforderlich sind.

(5) [1] Die Eintragungen im Fahreignungsregister dürfen für die wissenschaftliche Forschung entsprechend § 38 und für statistische Zwecke entsprechend § 38a übermittelt und verwendet werden. [2] Zur Vorbereitung von Rechts- und allgemeinen Verwaltungsvorschriften auf dem Gebiet des Straßenverkehrs dürfen die Eintragungen entsprechend § 38b übermittelt und verwendet werden.

(6) [1] Der Empfänger darf die übermittelten Daten nur zu dem Zweck verarbeiten, zu dessen Erfüllung sie ihm übermittelt worden sind. [2] Der Empfänger

darf die übermittelten Daten auch für andere Zwecke verarbeiten, soweit sie ihm auch für diese Zwecke hätten übermittelt werden dürfen. [3] Ist der Empfänger eine nichtöffentliche Stelle, hat die übermittelnde Stelle ihn darauf hinzuweisen. [4] Eine Verarbeitung für andere Zwecke durch nichtöffentliche Stellen bedarf der Zustimmung der übermittelnden Stelle.

(7) [1] Die Eintragungen im Fahreignungsregister dürfen an die zuständigen Stellen anderer Staaten übermittelt werden, soweit dies

1. für Verwaltungsmaßnahmen auf dem Gebiet des Straßenverkehrs,
2. zur Verfolgung von Zuwiderhandlungen gegen Rechtsvorschriften auf dem Gebiet des Straßenverkehrs oder
3. zur Verfolgung von Straftaten, die im Zusammenhang mit dem Straßenverkehr oder sonst mit Kraftfahrzeugen, Anhängern oder Fahrzeugpapieren, Fahrerlaubnissen oder Führerscheinen stehen,

erforderlich ist. [2] Der Empfänger ist darauf hinzuweisen, dass die übermittelten Daten nur zu dem Zweck verarbeitet werden dürfen, zu dessen Erfüllung sie ihm übermittelt werden. [3] Die Übermittlung unterbleibt, wenn durch sie schutzwürdige Interessen der betroffenen Person beeinträchtigt würden, insbesondere wenn im Empfängerland ein angemessener Datenschutzstandard nicht gewährleistet ist.

(8) [1] Der betroffenen Person wird auf Antrag schriftlich über den sie betreffenden Inhalt des Fahreignungsregisters und über die Anzahl der Punkte unentgeltlich Auskunft erteilt. [2] Der Antragsteller hat dem Antrag einen Identitätsnachweis beizufügen und den Antrag, wenn er schriftlich gestellt wird, eigenhändig zu unterschreiben. [3] Die Auskunft kann elektronisch erteilt werden, wenn der Antrag unter Nutzung des elektronischen Identitätsnachweises nach § 18 des Personalausweisgesetzes, nach § 12 des eID-Karte-Gesetzes oder nach § 78 Absatz 5 des Aufenthaltsgesetzes gestellt wird. [4] Hinsichtlich der Protokollierung gilt § 30a Absatz 3 entsprechend.

(9) [1] Übermittlungen von Daten aus dem Fahreignungsregister sind nur auf Ersuchen zulässig, es sei denn, auf Grund besonderer Rechtsvorschrift wird bestimmt, dass die Registerbehörde bestimmte Daten von Amts wegen zu übermitteln hat. [2] Die Verantwortung für die Zulässigkeit der Übermittlung trägt die übermittelnde Stelle. [3] Erfolgt die Übermittlung auf Ersuchen des Empfängers, trägt dieser die Verantwortung. [4] In diesem Fall prüft die übermittelnde Stelle nur, ob das Übermittlungsersuchen im Rahmen der Aufgaben des Empfängers liegt, es sei denn, dass besonderer Anlass zur Prüfung der Zulässigkeit der Übermittlung besteht. [5] Begründet sich der besondere Anlass nach Satz 4 in Zweifeln an der Identität einer Person, auf die sich ein Ersuchen auf Datenübermittlung bezieht, gilt § 28 Absatz 5 Satz 1 bis 3 entsprechend.

(10) [1] Die Eintragungen über rechtskräftige oder unanfechtbare Entscheidungen nach § 28 Absatz 3 Nummer 1 bis 3 und 6, in denen Inhabern ausländischer Fahrerlaubnisse die Fahrerlaubnis entzogen oder ein Fahrverbot angeordnet wird oder die fehlende Berechtigung von der Fahrerlaubnis im Inland Gebrauch zu machen festgestellt wird, werden vom Kraftfahrt-Bundesamt an die zuständigen Stellen der Mitgliedstaaten der Europäischen Union übermittelt, um ihnen die Einleitung eigener Maßnahmen zu ermöglichen. [2] Der Umfang der zu übermittelnden Daten wird durch Rechtsverordnung bestimmt (§ 30c Absatz 1 Nummer 3).

§ 30a Direkteinstellung und Abruf im automatisierten Verfahren.

(1) Den Stellen, denen die Aufgaben nach § 30 Absatz 1 bis 4b obliegen, dürfen die für die Erfüllung dieser Aufgaben jeweils erforderlichen Daten aus dem Fahreignungsregister durch Abruf im automatisierten Verfahren übermittelt werden.

(2) Die Einrichtung von Anlagen zur Datenfernübertragung durch Direkteinstellung oder zum Abruf im automatisierten Verfahren ist nur zulässig, wenn nach näherer Bestimmung durch Rechtsverordnung (§ 30c Absatz 1 Nummer 5) gewährleistet ist, dass

1. die erforderlichen technischen und organisatorischen Maßnahmen nach den Artikeln 24, 25 und 32 der Verordnung (EU) 2016/679 des Europäischen Parlaments und des Rates vom 27. April 2016 zum Schutz natürlicher Personen bei der Verarbeitung personenbezogener Daten, zum freien Datenverkehr und zur Aufhebung der Richtlinie 95/46/EG (Datenschutz-Grundverordnung) (ABl. L 119 vom 4.5.2016, S. 1; L 314 vom 22.11.2016, S. 72; L 127 vom 23.5. 2018, S. 2) in der jeweils geltenden Fassung zur Sicherstellung des Datenschutzes und der Datensicherheit getroffen werden und
2. die Zulässigkeit der Direkteinstellungen oder der Abrufe nach Maßgabe des Absatzes 3 kontrolliert werden kann.

(2a) (weggefallen)

(3) [1] Das Kraftfahrt-Bundesamt fertigt über die Direkteinstellungen und die Abrufe Aufzeichnungen an, die die bei der Durchführung der Direkteinstellungen oder Abrufe verwendeten Daten, den Tag und die Uhrzeit der Direkteinstellungen oder Abrufe, die Kennung der einstellenden oder abrufenden Dienststelle und die eingestellten oder abgerufenen Daten enthalten müssen. [2] Die Zulässigkeit der Direkteinstellungen und Abrufe personenbezogener Daten wird durch Stichproben durch das Kraftfahrt-Bundesamt festgestellt und überprüft. [3] Die Protokolldaten nach Satz 1 dürfen nur für Zwecke der Datenschutzkontrolle, der Datensicherung oder zur Sicherstellung eines ordnungsgemäßen Betriebs der Datenverarbeitungsanlage verwendet werden. [4] Liegen Anhaltspunkte dafür vor, dass ohne ihre Verwendung die Verhinderung oder Verfolgung einer schwerwiegenden Straftat gegen Leib, Leben oder Freiheit einer Person aussichtslos oder wesentlich erschwert wäre, dürfen die Protokolldaten auch für diesen Zweck verwendet werden, sofern das Ersuchen der Strafverfolgungsbehörde unter Verwendung von Personendaten einer bestimmten Person gestellt wird. [5] Die Protokolldaten sind durch geeignete Vorkehrungen gegen zweckfremde Verwendung und gegen sonstigen Missbrauch zu schützen und nach sechs Monaten zu löschen.

(4) [1] Das Kraftfahrt-Bundesamt fertigt weitere Aufzeichnungen, die sich auf den Anlass der Direkteinstellung oder des Abrufs erstrecken und die Feststellung der für die Direkteinstellung oder den Abruf verantwortlichen Person ermöglichen. [2] Das Nähere wird durch Rechtsverordnung (§ 30c Absatz 1 Nummer 5) bestimmt.

(5) [1] Durch Abruf im automatisierten Verfahren dürfen aus dem Fahreignungsregister für die in § 30 Abs. 7 genannten Maßnahmen an die hierfür zuständigen öffentlichen Stellen in einem Mitgliedstaat der Europäischen Union oder einem anderen Vertragsstaat des Abkommens über den Europäischen Wirtschaftsraum übermittelt werden:

1. die Tatsache folgender Entscheidungen der Verwaltungsbehörden:

a) die unanfechtbare Versagung einer Fahrerlaubnis, einschließlich der Ablehnung der Verlängerung einer befristeten Fahrerlaubnis,
b) die unanfechtbaren oder sofort vollziehbaren Entziehungen, Widerrufe oder Rücknahmen einer Fahrerlaubnis oder Feststellungen über die fehlende Berechtigung, von einer ausländischen Fahrerlaubnis im Inland Gebrauch zu machen,
c) die rechtskräftige Anordnung eines Fahrverbots,

2. die Tatsache folgender Entscheidungen der Gerichte:
a) die rechtskräftige oder vorläufige Entziehung einer Fahrerlaubnis,
b) die rechtskräftige Anordnung einer Fahrerlaubnissperre,
c) die rechtskräftige Anordnung eines Fahrverbots,

3. die Tatsache der Beschlagnahme, Sicherstellung oder Verwahrung des Führerscheins nach § 94 der Strafprozessordnung[1)],
4. die Tatsache des Verzichts auf eine Fahrerlaubnis und
5. zusätzlich
a) Klasse, Art und etwaige Beschränkungen der Fahrerlaubnis, die Gegenstand der Entscheidung nach Nummer 1 oder Nummer 2 oder des Verzichts nach Nummer 4 ist, und
b) Familiennamen, Geburtsnamen, sonstige frühere Namen, Vornamen, Ordens- oder Künstlernamen, Tag und Ort der Geburt der Person, zu der eine Eintragung nach den Nummern 1 bis 3 vorliegt.

[2] Der Abruf ist nur zulässig, wenn

1. diese Form der Datenübermittlung unter Berücksichtigung der schutzwürdigen Interessen der betroffenen Personen wegen der Vielzahl der Übermittlungen oder wegen ihrer besonderen Eilbedürftigkeit angemessen ist und
2. der Empfängerstaat die Verordnung (EU) 2016/679 anwendet.

[3] Die Absätze 2 und 3 sowie Absatz 4 wegen des Anlasses der Abrufe sind entsprechend anzuwenden.

§ 30b Automatisiertes Anfrage- und Auskunftsverfahren beim Kraftfahrt-Bundesamt. (1) [1] Die Übermittlung von Daten aus dem Fahreignungsregister nach § 30 Abs. 1 bis 4b und 7 darf nach näherer Bestimmung durch Rechtsverordnung gemäß § 30c Abs. 1 Nr. 6 in einem automatisierten Anfrage- und Auskunftsverfahren erfolgen. [2] Die anfragende Stelle hat die Zwecke anzugeben, für die die zu übermittelnden Daten benötigt werden.

(2) Solche Verfahren dürfen nur eingerichtet werden, wenn gewährleistet ist, dass

1. die zur Sicherung gegen Missbrauch erforderlichen technischen und organisatorischen Maßnahmen ergriffen werden und
2. die Zulässigkeit der Übermittlung nach Maßgabe des Absatzes 3 kontrolliert werden kann.

(3) [1] Das Kraftfahrt-Bundesamt als übermittelnde Behörde hat Aufzeichnungen zu führen, die die übermittelten Daten, den Zeitpunkt der Übermittlung, den Empfänger der Daten und den vom Empfänger angegebenen Zweck enthalten. [2] § 30a Absatz 3 Satz 3 und 4 gilt entsprechend.

---

1) Nr. 3.

§ 30c Verordnungsermächtigungen, Ausführungsvorschriften. [1]Das Bundesministerium für Verkehr und digitale Infrastruktur wird ermächtigt, Rechtsverordnungen mit Zustimmung des Bundesrates zu erlassen über

1. den Inhalt der Eintragungen einschließlich der Personendaten nach § 28 Abs. 3,
2. Verkürzungen der Tilgungsfristen nach § 29 Abs. 1 Satz 5 und über Tilgungen ohne Rücksicht auf den Lauf der Fristen nach § 29 Abs. 3 Nr. 3,
3. die Art und den Umfang der zu übermittelnden Daten nach § 30 Absatz 1 bis 4b, 7 und 10 sowie die Bestimmung der Empfänger und den Geschäftsweg bei Übermittlungen nach § 30 Abs. 7 und 10,
4. den Identitätsnachweis bei Auskünften nach § 30 Abs. 8,
5. die Art und den Umfang der zu übermittelnden Daten nach § 28 Absatz 4 Satz 2 und § 30a Abs. 1, die Maßnahmen zur Sicherung gegen Missbrauch nach § 30a Abs. 2, die weiteren Aufzeichnungen nach § 30a Abs. 4 beim Abruf im automatisierten Verfahren und die Bestimmung der Empfänger bei Übermittlungen nach § 30a Abs. 5,
6. die Art und den Umfang der zu übermittelnden Daten nach § 30b Abs. 1 und die Maßnahmen zur Sicherung gegen Missbrauch nach § 30b Abs. 2 Nr. 1,
7. die Art und Weise der Durchführung von Datenübermittlungen,
8. die Zusammenarbeit zwischen Bundeszentralregister und Fahreignungsregister.

[2]Die Rechtsverordnungen nach Satz 1 Nummer 7, soweit Justizbehörden betroffen sind, und nach Satz 1 Nummer 8 werden im Einvernehmen mit dem Bundesministerium der Justiz und für Verbraucherschutz erlassen.

V.–VII. *(hier nicht wiedergegeben)*

Anlage
(zu § 24a)

Liste der berauschenden Mittel und Substanzen

Berauschende Mittel	Substanzen
Cannabis	Tetrahydrocannabinol (THC)
Heroin	Morphin
Morphin	Morphin
Cocain	Cocain
Cocain	Benzoylecgonin
Amfetamin	Amfetamin
Designer-Amfetamin	Methylendioxyamfetamin (MDA)
Designer-Amfetamin	Methylendioxyethylamfetamin (MDE)
Designer-Amfetamin	Methylendioxymetamfetamin (MDMA)
Metamfetamin	Metamfetamin

8. Abgabenordnung (AO)[1)]

In der Fassung der Bekanntmachung vom 1. Oktober 2002[2)]
(BGBl. I S. 3866, ber. 2003 S. 61)

FNA 610-1-3

zuletzt geänd. durch Art. 1 Zweites Gesetz zur Änderung der Abgabenordnung und des Einführungsgesetzes zur Abgabenordnung v. 12.7.2022 (BGBl. I S. 1142)

– Auszug –

Erster Teil. Einleitende Vorschriften

§§ 1–29b *(hier nicht wiedergegeben)*

Vierter Abschnitt. Verarbeitung geschützter Daten und Steuergeheimnis

§ 29b Verarbeitung personenbezogener Daten durch Finanzbehörden. (1) Die Verarbeitung personenbezogener Daten durch eine Finanzbehörde ist zulässig, wenn sie zur Erfüllung der ihr obliegenden Aufgabe oder in Ausübung öffentlicher Gewalt, die ihr übertragen wurde, erforderlich ist.

(2) [1] Abweichend von Artikel 9 Absatz 1 der Verordnung (EU) 2016/679 ist die Verarbeitung besonderer Kategorien personenbezogener Daten im Sinne des Artikels 9 Absatz 1 der Verordnung (EU) 2016/679 durch eine Finanzbehörde zulässig, soweit die Verarbeitung aus Gründen eines erheblichen öffentlichen Interesses erforderlich ist und soweit die Interessen des Verantwortlichen an der Datenverarbeitung die Interessen der betroffenen Person überwiegen. [2] Die Finanzbehörde hat in diesem Fall angemessene und spezifische Maßnahmen zur Wahrung der Interessen der betroffenen Person vorzusehen; § 22 Absatz 2 Satz 2 des Bundesdatenschutzgesetzes ist entsprechend anzuwenden.

§ 29c Verarbeitung personenbezogener Daten durch Finanzbehörden zu anderen Zwecken. (1) [1] Die Verarbeitung personenbezogener Daten zu einem anderen Zweck als zu demjenigen, zu dem die Daten von einer Finanzbehörde erhoben oder erfasst wurden (Weiterverarbeitung), durch Finanzbehörden im Rahmen ihrer Aufgabenerfüllung ist zulässig, wenn

1. sie einem Verwaltungsverfahren, einem Rechnungsprüfungsverfahren oder einem gerichtlichen Verfahren in Steuersachen, einem Strafverfahren wegen einer Steuerstraftat oder einem Bußgeldverfahren wegen einer Steuerordnungswidrigkeit dient,
2. die gesetzlichen Voraussetzungen vorliegen, die nach § 30 Absatz 4 oder 5 eine Offenbarung der Daten zulassen würden, oder zu prüfen ist, ob diese Voraussetzungen vorliegen,

---

[1)] Beachte Art. 97 Übergangsvorschriften des EGAO v. 14.12.1976 (BGBl. I S. 3341, ber. 1977 S. 667), zuletzt geänd. durch G v. 12.7.2022 (BGBl. I S. 1142).

[2)] Neubekanntmachung der AO v. 16.3.1976 (BGBl. I S. 613, 1977 S. 269) in der ab 1.9.2002 geltenden Fassung.

3. offensichtlich ist, dass die Weiterverarbeitung im Interesse der betroffenen Person liegt und kein Grund zu der Annahme besteht, dass sie in Kenntnis des anderen Zwecks ihre Einwilligung verweigern würde,
4. sie für die Entwicklung, Überprüfung oder Änderung automatisierter Verfahren der Finanzbehörden erforderlich ist, weil
   a) unveränderte Daten benötigt werden oder
   b) eine Anonymisierung oder Pseudonymisierung der Daten nicht oder nur mit unverhältnismäßigem Aufwand möglich ist.

   [2] Die Nutzung personenbezogener Daten ist dabei insbesondere erforderlich, wenn personenbezogene Daten aus mehreren verschiedenen Dateisystemen eindeutig miteinander verknüpft werden sollen und die Schaffung geeigneter Testfälle nicht oder nur mit unverhältnismäßigem Aufwand möglich ist,
5. sie für die Gesetzesfolgenabschätzung erforderlich ist, weil
   a) unveränderte Daten benötigt werden oder
   b) eine Anonymisierung oder Pseudonymisierung der Daten nicht oder nur mit unverhältnismäßigem Aufwand möglich ist,

   oder
6. sie für die Wahrnehmung von Aufsichts-, Steuerungs- und Disziplinarbefugnissen der Finanzbehörde erforderlich ist. [2] Das gilt auch für die Veränderung oder Nutzung personenbezogener Daten zu Ausbildungs- und Prüfungszwecken durch die Finanzbehörde, soweit nicht überwiegende schutzwürdige Interessen der betroffenen Person entgegenstehen.

[2] In den Fällen von Satz 1 Nummer 4 dürfen die Daten ausschließlich für Zwecke der Entwicklung, Überprüfung oder Änderung automatisierter Verfahren verarbeitet werden und müssen innerhalb eines Jahres nach Beendigung dieser Maßnahmen gelöscht werden. [3] In den Fällen von Satz 1 Nummer 6 dürfen die Daten nur durch Personen verarbeitet werden, die nach § 30 zur Wahrung des Steuergeheimnisses verpflichtet sind.

(2) Die Weiterverarbeitung besonderer Kategorien personenbezogener Daten im Sinne des Artikels 9 Absatz 1 der Verordnung (EU) 2016/679 ist zulässig, wenn die Voraussetzungen des Absatzes 1 und ein Ausnahmetatbestand nach Artikel 9 Absatz 2 der Verordnung (EU) 2016/679 oder nach § 29b Absatz 2 vorliegen.

§ 30 Steuergeheimnis. (1) Amtsträger haben das Steuergeheimnis zu wahren.

(2) Ein Amtsträger verletzt das Steuergeheimnis, wenn er

1. personenbezogene Daten eines anderen, die ihm
   a) in einem Verwaltungsverfahren, einem Rechnungsprüfungsverfahren oder einem gerichtlichen Verfahren in Steuersachen,
   b) in einem Strafverfahren wegen einer Steuerstraftat oder einem Bußgeldverfahren wegen einer Steuerordnungswidrigkeit,
   c) im Rahmen einer Weiterverarbeitung nach § 29c Absatz 1 Satz 1 Nummer 4, 5 oder 6 oder aus anderem dienstlichen Anlass, insbesondere durch Mitteilung einer Finanzbehörde oder durch die gesetzlich vorgeschriebene Vorlage eines Steuerbescheids oder einer Bescheinigung über die bei der Besteuerung getroffenen Feststellungen,

bekannt geworden sind, oder

2. ein fremdes Betriebs- oder Geschäftsgeheimnis, das ihm in einem der in Nummer 1 genannten Verfahren bekannt geworden ist,

(geschützte Daten) unbefugt offenbart oder verwertet oder

3. geschützte Daten im automatisierten Verfahren unbefugt abruft, wenn sie für eines der in Nummer 1 genannten Verfahren in einem automationsgestützten Dateisystem gespeichert sind.

(3) Den Amtsträgern stehen gleich

1. die für den öffentlichen Dienst besonders Verpflichteten (§ 11 Abs. 1 Nr. 4 des Strafgesetzbuchs),

1a. die in § 193 Abs. 2 des Gerichtsverfassungsgesetzes genannten Personen,

2. amtlich zugezogene Sachverständige,

3. die Träger von Ämtern der Kirchen und anderen Religionsgemeinschaften, die Körperschaften des öffentlichen Rechts sind.

(4) Die Offenbarung oder Verwertung geschützter Daten ist zulässig, soweit

1. sie der Durchführung eines Verfahrens im Sinne des Absatzes 2 Nr. 1 Buchstaben a und b dient,

1a. sie einer Verarbeitung durch Finanzbehörden nach Maßgabe des § 29c Absatz 1 Satz 1 Nummer 4 oder 6 dient,

1b. sie der Durchführung eines Bußgeldverfahrens nach Artikel 83 der Verordnung (EU) 2016/679 im Anwendungsbereich dieses Gesetzes dient,

2. sie durch Bundesgesetz ausdrücklich zugelassen ist,

2a. sie durch Recht der Europäischen Union vorgeschrieben oder zugelassen ist,

2b. sie der Erfüllung der gesetzlichen Aufgaben des Statistischen Bundesamtes oder für die Erfüllung von Bundesgesetzen durch die Statistischen Landesämter dient,

2c. sie der Gesetzesfolgenabschätzung dient und die Voraussetzungen für eine Weiterverarbeitung nach § 29c Absatz 1 Satz 1 Nummer 5 vorliegen,

3. die betroffene Person zustimmt,

4.[1] sie der Durchführung eines Strafverfahrens wegen einer Tat dient, die keine Steuerstraftat ist, und die Kenntnisse

   a) in einem Verfahren wegen einer Steuerstraftat oder Steuerordnungswidrigkeit erlangt worden sind; dies gilt jedoch nicht für solche Tatsachen, die der Steuerpflichtige in Unkenntnis der Einleitung des Strafverfahrens oder des Bußgeldverfahrens offenbart hat oder die bereits vor Einleitung des Strafverfahrens oder des Bußgeldverfahrens im Besteuerungsverfahren bekannt geworden sind, oder

   b) ohne Bestehen einer steuerlichen Verpflichtung oder unter Verzicht auf ein Auskunftsverweigerungsrecht erlangt worden sind,

5. für sie ein zwingendes öffentliches Interesse besteht; ein zwingendes öffentliches Interesse ist namentlich gegeben, wenn

---

[1] Siehe hierzu § 4 Abs. 5 Nr. 10 Satz 3 EStG idF der Bek. v. 8.10.2009 (BGBl. I S. 3366, ber. S. 3862), zuletzt geänd. durch G v. 19.10.2022 (BGBl. I S. 1743).

a) die Offenbarung erforderlich ist zur Abwehr erheblicher Nachteile für das Gemeinwohl oder einer Gefahr für die öffentliche Sicherheit, die Verteidigung oder die nationale Sicherheit oder zur Verhütung oder Verfolgung von Verbrechen und vorsätzlichen schweren Vergehen gegen Leib und Leben oder gegen den Staat und seine Einrichtungen,

b) Wirtschaftsstraftaten verfolgt werden oder verfolgt werden sollen, die nach ihrer Begehungsweise oder wegen des Umfangs des durch sie verursachten Schadens geeignet sind, die wirtschaftliche Ordnung erheblich zu stören oder das Vertrauen der Allgemeinheit auf die Redlichkeit des geschäftlichen Verkehrs oder auf die ordnungsgemäße Arbeit der Behörden und der öffentlichen Einrichtungen erheblich zu erschüttern, oder

c) die Offenbarung erforderlich ist zur Richtigstellung in der Öffentlichkeit verbreiteter unwahrer Tatsachen, die geeignet sind, das Vertrauen in die Verwaltung erheblich zu erschüttern; die Entscheidung trifft die zuständige oberste Finanzbehörde im Einvernehmen mit dem Bundesministerium der Finanzen; vor der Richtigstellung soll der Steuerpflichtige gehört werden.

(5) Vorsätzlich falsche Angaben der betroffenen Person dürfen den Strafverfolgungsbehörden gegenüber offenbart werden.

(6) [1] Der Abruf geschützter Daten, die für eines der in Absatz 2 Nummer 1 genannten Verfahren in einem automationsgestützten Dateisystem gespeichert sind, ist nur zulässig, soweit er der Durchführung eines Verfahrens im Sinne des Absatzes 2 Nummer 1 Buchstabe a und b oder der zulässigen Übermittlung geschützter Daten durch eine Finanzbehörde an die betroffene Person oder Dritte dient. [2] Zur Wahrung des Steuergeheimnisses kann das Bundesministerium der Finanzen durch Rechtsverordnung mit Zustimmung des Bundesrates bestimmen, welche technischen und organisatorischen Maßnahmen gegen den unbefugten Abruf von Daten zu treffen sind. [3] Insbesondere kann es nähere Regelungen treffen über die Art der Daten, deren Abruf zulässig ist, sowie über den Kreis der Amtsträger, die zum Abruf solcher Daten berechtigt sind. [4] Die Rechtsverordnung bedarf nicht der Zustimmung des Bundesrates, soweit sie die Kraftfahrzeugsteuer, die Luftverkehrsteuer, die Versicherungsteuer sowie Einfuhr- und Ausfuhrabgaben und Verbrauchsteuern, mit Ausnahme der Biersteuer, betrifft.

(7) Werden dem Steuergeheimnis unterliegende Daten durch einen Amtsträger oder diesem nach Absatz 3 gleichgestellte Personen nach Maßgabe des § 87a Absatz 4 oder 7 über De-Mail-Dienste im Sinne des § 1 des De-Mail-Gesetzes versendet, liegt keine unbefugte Offenbarung, Verwertung und kein unbefugter Abruf von dem Steuergeheimnis unterliegenden Daten vor, wenn beim Versenden eine kurzzeitige automatisierte Entschlüsselung durch den akkreditierten Diensteanbieter zum Zweck der Überprüfung auf Schadsoftware und zum Zweck der Weiterleitung an den Adressaten der De-Mail-Nachricht stattfindet.

(8) Die Einrichtung eines automatisierten Verfahrens, das den Abgleich geschützter Daten innerhalb einer Finanzbehörde oder zwischen verschiedenen Finanzbehörden ermöglicht, ist zulässig, soweit die Weiterverarbeitung oder Offenbarung dieser Daten zulässig und dieses Verfahren unter Berücksichtigung der schutzwürdigen Interessen der betroffenen Person und der Aufgaben der beteiligten Finanzbehörden angemessen ist.

(9) Die Finanzbehörden dürfen sich bei der Verarbeitung geschützter Daten nur dann eines Auftragsverarbeiters im Sinne von Artikel 4 Nummer 8 der Verordnung (EU) 2016/679 bedienen, wenn diese Daten ausschließlich durch Personen verarbeitet werden, die zur Wahrung des Steuergeheimnisses verpflichtet sind.

(10) Die Offenbarung besonderer Kategorien personenbezogener Daten im Sinne des Artikels 9 Absatz 1 der Verordnung (EU) 2016/679 durch Finanzbehörden an öffentliche oder nicht-öffentliche Stellen ist zulässig, wenn die Voraussetzungen der Absätze 4 oder 5 und ein Ausnahmetatbestand nach Artikel 9 Absatz 2 der Verordnung (EU) 2016/679 oder nach § 31c vorliegen.

(11) [1] Wurden geschützte Daten

1. einer Person, die nicht zur Wahrung des Steuergeheimnisses verpflichtet ist,
2. einer öffentlichen Stelle, die keine Finanzbehörde ist, oder
3. einer nicht-öffentlichen Stelle

nach den Absätzen 4 oder 5 offenbart, darf der Empfänger diese Daten nur zu dem Zweck speichern, verändern, nutzen oder übermitteln, zu dem sie ihm offenbart worden sind. [2] Die Pflicht eines Amtsträgers oder einer ihm nach Absatz 3 gleichgestellten Person, dem oder der die geschützten Daten durch die Offenbarung bekannt geworden sind, zur Wahrung des Steuergeheimnisses bleibt unberührt.

§ 30a *(aufgehoben)*

§ 31 Mitteilung von Besteuerungsgrundlagen. (1) [1] Die Finanzbehörden sind verpflichtet, Besteuerungsgrundlagen, Steuermessbeträge und Steuerbeträge an Körperschaften des öffentlichen Rechts einschließlich der Religionsgemeinschaften, die Körperschaften des öffentlichen Rechts sind, zur Festsetzung von solchen Abgaben mitzuteilen, die an diese Besteuerungsgrundlagen, Steuermessbeträge oder Steuerbeträge anknüpfen. [2] Die Mitteilungspflicht besteht nicht, soweit deren Erfüllung mit einem unverhältnismäßigen Aufwand verbunden wäre. [3] Die Finanzbehörden dürfen Körperschaften des öffentlichen Rechts auf Ersuchen Namen und Anschriften ihrer Mitglieder, die dem Grunde nach zur Entrichtung von Abgaben im Sinne des Satzes 1 verpflichtet sind, sowie die von der Finanzbehörde für die Körperschaft festgesetzten Abgaben übermitteln, soweit die Kenntnis dieser Daten zur Erfüllung von in der Zuständigkeit der Körperschaft liegenden öffentlichen Aufgaben erforderlich ist und überwiegende schutzwürdige Interessen der betroffenen Person nicht entgegenstehen.

(2) [1] Die Finanzbehörden sind verpflichtet, die nach § 30 Absatz 2 Nummer 1 geschützten personenbezogenen Daten der betroffenen Person den Trägern der gesetzlichen Sozialversicherung, der Bundesagentur für Arbeit und der Künstlersozialkasse mitzuteilen, soweit die Kenntnis dieser Daten für die Feststellung der Versicherungspflicht oder die Festsetzung von Beiträgen einschließlich der Künstlersozialabgabe erforderlich ist oder die betroffene Person einen Antrag auf Mitteilung stellt. [2] Die Mitteilungspflicht besteht nicht, soweit deren Erfüllung mit einem unverhältnismäßigen Aufwand verbunden wäre.

(3) Die für die Verwaltung der Grundsteuer zuständigen Behörden sind berechtigt, die nach § 30 geschützten Namen und Anschriften von Grundstückseigentümern, die bei der Verwaltung der Grundsteuer bekannt geworden

sind, zur Verwaltung anderer Abgaben sowie zur Erfüllung sonstiger öffentlicher Aufgaben zu verwenden oder den hierfür zuständigen Gerichten, Behörden oder juristischen Personen des öffentlichen Rechts auf Ersuchen mitzuteilen, soweit nicht überwiegende schutzwürdige Interessen der betroffenen Person entgegenstehen.

§ 31a Mitteilungen zur Bekämpfung der illegalen Beschäftigung und des Leistungsmissbrauchs. (1) Die Offenbarung der nach § 30 geschützten Daten der betroffenen Person ist zulässig, soweit sie

1. für die Durchführung eines Strafverfahrens, eines Bußgeldverfahrens oder eines anderen gerichtlichen oder Verwaltungsverfahrens mit dem Ziel
   a) der Bekämpfung von illegaler Beschäftigung oder Schwarzarbeit oder
   b) der Entscheidung
      aa) über Erteilung, Rücknahme oder Widerruf einer Erlaubnis nach dem Arbeitnehmerüberlassungsgesetz oder
      bb) über Bewilligung, Gewährung, Rückforderung, Erstattung, Weitergewährung oder Belassen einer Leistung aus öffentlichen Mitteln

   oder
2. für die Geltendmachung eines Anspruchs auf Rückgewähr einer Leistung aus öffentlichen Mitteln

erforderlich ist.

(2) [1] Die Finanzbehörden sind in den Fällen des Absatzes 1 verpflichtet, der zuständigen Stelle die jeweils benötigten Tatsachen mitzuteilen. [2] In den Fällen des Absatzes 1 Nr. 1 Buchstabe b und Nr. 2 erfolgt die Mitteilung auch auf Antrag der betroffenen Person. [3] Die Mitteilungspflicht nach den Sätzen 1 und 2 besteht nicht, soweit deren Erfüllung mit einem unverhältnismäßigen Aufwand verbunden wäre.

§§ 31b–226 *(hier nicht wiedergegeben)*

Fünfter Teil. Erhebungsverfahren

Erster Abschnitt. Verwirklichung, Fälligkeit und Erlöschen von Ansprüchen aus dem Steuerschuldverhältnis

2. Unterabschnitt. Zahlung, Aufrechnung, Erlass

§ 227 Erlass. Die Finanzbehörden können Ansprüche aus dem Steuerschuldverhältnis ganz oder zum Teil erlassen, wenn deren Einziehung nach Lage des einzelnen Falls unbillig wäre; unter den gleichen Voraussetzungen können bereits entrichtete Beträge erstattet oder angerechnet werden.

§§ 228–260 *(hier nicht wiedergegeben)*

Sechster Teil. Vollstreckung

Zweiter Abschnitt. Vollstreckung wegen Geldforderungen

1. Unterabschnitt. Allgemeine Vorschriften

§ 261 Niederschlagung. Ansprüche aus dem Steuerschuldverhältnis dürfen niedergeschlagen werden, wenn zu erwarten ist, dass

1. die Erhebung keinen Erfolg haben wird oder
2. die Kosten der Erhebung außer Verhältnis zu dem zu erhebenden Betrag stehen werden.

§§ 262–368 *(hier nicht wiedergegeben)*

Achter Teil. Straf- und Bußgeldvorschriften, Straf- und Bußgeldverfahren

Erster Abschnitt. Strafvorschriften

§ 369 *(hier nicht wiedergegeben)*

§ 370 Steuerhinterziehung. (1) Mit Freiheitsstrafe bis zu fünf Jahren oder mit Geldstrafe wird bestraft, wer

1. den Finanzbehörden oder anderen Behörden über steuerlich erhebliche Tatsachen unrichtige oder unvollständige Angaben macht,
2. die Finanzbehörden pflichtwidrig über steuerlich erhebliche Tatsachen in Unkenntnis lässt oder
3. pflichtwidrig die Verwendung von Steuerzeichen oder Steuerstemplern unterlässt

und dadurch Steuern verkürzt oder für sich oder einen anderen nicht gerechtfertigte Steuervorteile erlangt.

(2) Der Versuch ist strafbar.

(3) [1] In besonders schweren Fällen ist die Strafe Freiheitsstrafe von sechs Monaten bis zu zehn Jahren. [2] Ein besonders schwerer Fall liegt in der Regel vor, wenn der Täter

1. in großem Ausmaß Steuern verkürzt oder nicht gerechtfertigte Steuervorteile erlangt,
2. seine Befugnisse oder seine Stellung als Amtsträger oder Europäischer Amtsträger (§ 11 Absatz 1 Nummer 2a des Strafgesetzbuchs) missbraucht,
3. die Mithilfe eines Amtsträgers oder Europäischen Amtsträgers (§ 11 Absatz 1 Nummer 2a des Strafgesetzbuchs) ausnutzt, der seine Befugnisse oder seine Stellung missbraucht,
4. unter Verwendung nachgemachter oder verfälschter Belege fortgesetzt Steuern verkürzt oder nicht gerechtfertigte Steuervorteile erlangt,
5. als Mitglied einer Bande, die sich zur fortgesetzten Begehung von Taten nach Absatz 1 verbunden hat, Umsatz- oder Verbrauchssteuern verkürzt oder nicht gerechtfertigte Umsatz- oder Verbrauchssteuervorteile erlangt oder
6. eine Drittstaat-Gesellschaft im Sinne des § 138 Absatz 3, auf die er alleine oder zusammen mit nahestehenden Personen im Sinne des § 1 Absatz 2 des Außensteuergesetzes unmittelbar oder mittelbar einen beherrschenden oder bestimmenden Einfluss ausüben kann, zur Verschleierung steuerlich erheblicher Tatsachen nutzt und auf diese Weise fortgesetzt Steuern verkürzt oder nicht gerechtfertigte Steuervorteile erlangt.

(4) [1] Steuern sind namentlich dann verkürzt, wenn sie nicht, nicht in voller Höhe oder nicht rechtzeitig festgesetzt werden; dies gilt auch dann, wenn die Steuer vorläufig oder unter Vorbehalt der Nachprüfung festgesetzt wird oder eine Steueranmeldung einer Steuerfestsetzung unter Vorbehalt der Nachprü-

fung gleichsteht. [2]Steuervorteile sind auch Steuervergütungen; nicht gerechtfertigte Steuervorteile sind erlangt, soweit sie zu Unrecht gewährt oder belassen werden. [3]Die Voraussetzungen der Sätze 1 und 2 sind auch dann erfüllt, wenn die Steuer, auf die sich die Tat bezieht, aus anderen Gründen hätte ermäßigt oder der Steuervorteil aus anderen Gründen hätte beansprucht werden können.

(5) Die Tat kann auch hinsichtlich solcher Waren begangen werden, deren Einfuhr, Ausfuhr oder Durchfuhr verboten ist.

(6) [1]Die Absätze 1 bis 5 gelten auch dann, wenn sich die Tat auf Einfuhr- oder Ausfuhrabgaben bezieht, die von einem anderen Mitgliedstaat der Europäischen Union verwaltet werden oder die einem Mitgliedstaat der Europäischen Freihandelsassoziation oder einem mit dieser assoziierten Staat zustehen. [2]Das Gleiche gilt, wenn sich die Tat auf Umsatzsteuern oder auf die in Artikel 1 Absatz 1 der Richtlinie 2008/118/EG des Rates vom 16. Dezember 2008 über das allgemeine Verbrauchsteuersystem und zur Aufhebung der Richtlinie 92/12/EWG (ABl. L 9 vom 14.1.2009, S. 12) genannten harmonisierten Verbrauchsteuern bezieht, die von einem anderen Mitgliedstaat der Europäischen Union verwaltet werden.

(7) Die Absätze 1 bis 6 gelten unabhängig von dem Recht des Tatortes auch für Taten, die außerhalb des Geltungsbereiches dieses Gesetzes begangen werden.

§ 370a *(aufgehoben)*

§ 371 Selbstanzeige bei Steuerhinterziehung. (1) [1]Wer gegenüber der Finanzbehörde zu allen Steuerstraftaten einer Steuerart in vollem Umfang die unrichtigen Angaben berichtigt, die unvollständigen Angaben ergänzt oder die unterlassenen Angaben nachholt, wird wegen dieser Steuerstraftaten nicht nach § 370 bestraft. [2]Die Angaben müssen zu allen unverjährten Steuerstraftaten einer Steuerart, mindestens aber zu allen Steuerstraftaten einer Steuerart innerhalb der letzten zehn Kalenderjahre erfolgen.

(2) [1]Straffreiheit tritt nicht ein, wenn

1. bei einer der zur Selbstanzeige gebrachten unverjährten Steuerstraftaten vor der Berichtigung, Ergänzung oder Nachholung
   a) dem an der Tat Beteiligten, seinem Vertreter, dem Begünstigten im Sinne des § 370 Absatz 1 oder dessen Vertreter eine Prüfungsanordnung nach § 196 bekannt gegeben worden ist, beschränkt auf den sachlichen und zeitlichen Umfang der angekündigten Außenprüfung, oder
   b) dem an der Tat Beteiligten oder seinem Vertreter die Einleitung des Straf- oder Bußgeldverfahrens bekannt gegeben worden ist oder
   c) ein Amtsträger der Finanzbehörde zur steuerlichen Prüfung erschienen ist, beschränkt auf den sachlichen und zeitlichen Umfang der Außenprüfung, oder
   d) ein Amtsträger zur Ermittlung einer Steuerstraftat oder einer Steuerordnungswidrigkeit erschienen ist oder
   e) ein Amtsträger der Finanzbehörde zu einer Umsatzsteuer-Nachschau nach § 27b des Umsatzsteuergesetzes, einer Lohnsteuer-Nachschau nach § 42g des Einkommensteuergesetzes oder einer Nachschau nach anderen steuerrechtlichen Vorschriften erschienen ist und sich ausgewiesen hat oder

2. eine der Steuerstraftaten im Zeitpunkt der Berichtigung, Ergänzung oder Nachholung ganz oder zum Teil bereits entdeckt war und der Täter dies wusste oder bei verständiger Würdigung der Sachlage damit rechnen musste,
3. die nach § 370 Absatz 1 verkürzte Steuer oder der für sich oder einen anderen erlangte nicht gerechtfertigte Steuervorteil einen Betrag von 25 000 Euro je Tat übersteigt, oder
4. ein in § 370 Absatz 3 Satz 2 Nummer 2 bis 6 genannter besonders schwerer Fall vorliegt.

[2] Der Ausschluss der Straffreiheit nach Satz 1 Nummer 1 Buchstabe a und c hindert nicht die Abgabe einer Berichtigung nach Absatz 1 für die nicht unter Satz 1 Nummer 1 Buchstabe a und c fallenden Steuerstraftaten einer Steuerart.

(2a) [1] Soweit die Steuerhinterziehung durch Verletzung der Pflicht zur rechtzeitigen Abgabe einer vollständigen und richtigen Umsatzsteuervoranmeldung oder Lohnsteueranmeldung begangen worden ist, tritt Straffreiheit abweichend von den Absätzen 1 und 2 Satz 1 Nummer 3 bei Selbstanzeigen in dem Umfang ein, in dem der Täter gegenüber der zuständigen Finanzbehörde die unrichtigen Angaben berichtigt, die unvollständigen Angaben ergänzt oder die unterlassenen Angaben nachholt. [2] Absatz 2 Satz 1 Nummer 2 gilt nicht, wenn die Entdeckung der Tat darauf beruht, dass eine Umsatzsteuervoranmeldung oder Lohnsteueranmeldung nachgeholt oder berichtigt wurde. [3] Die Sätze 1 und 2 gelten nicht für Steueranmeldungen, die sich auf das Kalenderjahr beziehen. [4] Für die Vollständigkeit der Selbstanzeige hinsichtlich einer auf das Kalenderjahr bezogenen Steueranmeldung ist die Berichtigung, Ergänzung oder Nachholung der Voranmeldungen, die dem Kalenderjahr nachfolgende Zeiträume betreffen, nicht erforderlich.

(3) [1] Sind Steuerverkürzungen bereits eingetreten oder Steuervorteile erlangt, so tritt für den an der Tat Beteiligten Straffreiheit nur ein, wenn er die aus der Tat zu seinen Gunsten hinterzogenen Steuern, die Hinterziehungszinsen nach § 235 und die Zinsen nach § 233a, soweit sie auf die Hinterziehungszinsen nach § 235 Absatz 4 angerechnet werden, innerhalb der ihm bestimmten angemessenen Frist entrichtet. [2] In den Fällen des Absatzes 2a Satz 1 gilt Satz 1 mit der Maßgabe, dass die fristgerechte Entrichtung von Zinsen nach § 233a oder § 235 unerheblich ist.

(4) [1] Wird die in § 153 vorgesehene Anzeige rechtzeitig und ordnungsmäßig erstattet, so wird ein Dritter, der die in § 153 bezeichneten Erklärungen abzugeben unterlassen oder unrichtig oder unvollständig abgegeben hat, strafrechtlich nicht verfolgt, es sei denn, dass ihm oder seinem Vertreter vorher die Einleitung eines Straf- oder Bußgeldverfahrens wegen der Tat bekannt gegeben worden ist. [2] Hat der Dritte zum eigenen Vorteil gehandelt, so gilt Absatz 3 entsprechend.

§§ 372–376 *(hier nicht wiedergegeben)*

Zweiter Abschnitt. Bußgeldvorschriften

§ 377 Steuerordnungswidrigkeiten. (1) Steuerordnungswidrigkeiten (Zollordnungswidrigkeiten) sind Zuwiderhandlungen, die nach diesem Gesetz oder den Steuergesetzen mit Geldbuße geahndet werden können.

(2) Für Steuerordnungswidrigkeiten gelten die Vorschriften des Ersten Teils des Gesetzes über Ordnungswidrigkeiten[1)], soweit die Bußgeldvorschriften dieses Gesetzes oder der Steuergesetze nichts anderes bestimmen.

§ 378 Leichtfertige Steuerverkürzung. (1) [1] Ordnungswidrig handelt, wer als Steuerpflichtiger oder bei Wahrnehmung der Angelegenheiten eines Steuerpflichtigen eine der in § 370 Abs. 1 bezeichneten Taten leichtfertig begeht. [2] § 370 Abs. 4 bis 7 gilt entsprechend.

(2) Die Ordnungswidrigkeit kann mit einer Geldbuße bis zu fünfzigtausend Euro geahndet werden.

(3) [1] Eine Geldbuße wird nicht festgesetzt, soweit der Täter gegenüber der Finanzbehörde die unrichtigen Angaben berichtigt, die unvollständigen Angaben ergänzt oder die unterlassenen Angaben nachholt, bevor ihm oder seinem Vertreter die Einleitung eines Straf- oder Bußgeldverfahrens wegen der Tat bekannt gegeben worden ist. [2] Sind Steuerverkürzungen bereits eingetreten oder Steuervorteile erlangt, so wird eine Geldbuße nicht festgesetzt, wenn der Täter die aus der Tat zu seinen Gunsten verkürzten Steuern innerhalb der ihm bestimmten angemessenen Frist entrichtet. [3] § 371 Absatz 4 gilt entsprechend.

§ 379 Steuergefährdung. (1) [1] Ordnungswidrig handelt, wer vorsätzlich oder leichtfertig

1. Belege ausstellt, die in tatsächlicher Hinsicht unrichtig sind,
2. Belege gegen Entgelt in den Verkehr bringt,
3. nach Gesetz buchungs- oder aufzeichnungspflichtige Geschäftsvorfälle oder Betriebsvorgänge nicht oder in tatsächlicher Hinsicht unrichtig aufzeichnet oder aufzeichnen lässt, verbucht oder verbuchen lässt,
4. entgegen § 146a Absatz 1 Satz 1 ein dort genanntes System nicht oder nicht richtig verwendet,
5. entgegen § 146a Absatz 1 Satz 2 ein dort genanntes System nicht oder nicht richtig schützt oder
6. entgegen § 146a Absatz 1 Satz 5 gewerbsmäßig ein dort genanntes System oder eine dort genannte Software bewirbt oder in den Verkehr bringt

und dadurch ermöglicht, Steuern zu verkürzen oder nicht gerechtfertigte Steuervorteile zu erlangen. [2] Satz 1 Nr. 1 gilt auch dann, wenn Einfuhr- und Ausfuhrabgaben verkürzt werden können, die von einem anderen Mitgliedstaat der Europäischen Union verwaltet werden oder die einem Staat zustehen, der für Waren aus der Europäischen Union auf Grund eines Assoziations- oder Präferenzabkommens eine Vorzugsbehandlung gewährt; § 370 Abs. 7 gilt entsprechend. [3] Das Gleiche gilt, wenn sich die Tat auf Umsatzsteuern bezieht, die von einem anderen Mitgliedstaat der Europäischen Union verwaltet werden.

(2) Ordnungswidrig handelt, wer vorsätzlich oder leichtfertig

1. der Mitteilungspflicht nach § 138 Absatz 2 Satz 1 nicht, nicht vollständig oder nicht rechtzeitig nachkommt,

1a. entgegen § 144 Absatz 1 oder Absatz 2 Satz 1, jeweils auch in Verbindung mit Absatz 5, eine Aufzeichnung nicht, nicht richtig oder nicht vollständig erstellt,

---

[1)] Nr. 1.

1b. einer Rechtsverordnung nach § 117c Absatz 1 oder einer vollziehbaren Anordnung auf Grund einer solchen Rechtsverordnung zuwiderhandelt, soweit die Rechtsverordnung für einen bestimmten Tatbestand auf diese Bußgeldvorschrift verweist,

1c. entgegen § 138a Absatz 1, 3 oder 4 eine Übermittlung des länderbezogenen Berichts oder entgegen § 138a Absatz 4 Satz 3 eine Mitteilung nicht, nicht vollständig oder nicht rechtzeitig (§ 138a Absatz 6) macht,

1d. der Mitteilungspflicht nach § 138b Absatz 1 bis 3 nicht, nicht vollständig oder nicht rechtzeitig nachkommt,

1e. entgegen § 138d Absatz 1, entgegen § 138f Absatz 1, 2, 3 Satz 1 Nummer 1 bis 7 sowie 9 und 10 oder entgegen § 138h Absatz 2 eine Mitteilung über eine grenzüberschreitende Steuergestaltung nicht oder nicht rechtzeitig macht oder zur Verfügung stehende Angaben nicht vollständig mitteilt,

1f. entgegen § 138g Absatz 1 Satz 1 oder entgegen § 138h Absatz 2 die Angaben nicht, nicht richtig, nicht vollständig oder nicht rechtzeitig mitteilt,

1g. entgegen § 138k Satz 1 in der Steuererklärung die Angabe der von ihm verwirklichten grenzüberschreitenden Steuergestaltung nicht, nicht richtig, nicht vollständig oder nicht rechtzeitig macht,

2. die Pflichten nach § 154 Absatz 1 bis 2c verletzt.

(3) Ordnungswidrig handelt, wer vorsätzlich oder fahrlässig einer Auflage nach § 120 Abs. 2 Nr. 4 zuwiderhandelt, die einem Verwaltungsakt für Zwecke der besonderen Steueraufsicht (§§ 209 bis 217) beigefügt worden ist.

(4) Die Ordnungswidrigkeit nach Absatz 1 Satz 1 Nummer 1 und 2, Absatz 2 Nummer 1a, 1b und 2 sowie Absatz 3 kann mit einer Geldbuße bis zu 5000 Euro geahndet werden, wenn die Handlung nicht nach § 378 geahndet werden kann.

(5) Die Ordnungswidrigkeit nach Absatz 2 Nummer 1c kann mit einer Geldbuße bis zu 10 000 Euro geahndet werden, wenn die Handlung nicht nach § 378 geahndet werden kann.

(6) Die Ordnungswidrigkeit nach Absatz 1 Satz 1 Nummer 3 bis 6 kann mit einer Geldbuße bis zu 25 000 Euro geahndet werden, wenn die Handlung nicht nach § 378 geahndet werden kann.

(7) Die Ordnungswidrigkeit nach Absatz 2 Nummer 1 und 1d bis 1g kann mit einer Geldbuße bis zu 25 000 Euro geahndet werden, wenn die Handlung nicht nach § 378 geahndet werden kann.

§ 380 Gefährdung der Abzugsteuern. (1) Ordnungswidrig handelt, wer vorsätzlich oder leichtfertig seiner Verpflichtung, Steuerabzugsbeträge einzubehalten und abzuführen, nicht, nicht vollständig oder nicht rechtzeitig nachkommt.

(2) Die Ordnungswidrigkeit kann mit einer Geldbuße bis zu fünfundzwanzigtausend Euro geahndet werden, wenn die Handlung nicht nach § 378 geahndet werden kann.

§ 381 Verbrauchsteuergefährdung. (1) Ordnungswidrig handelt, wer vorsätzlich oder leichtfertig Vorschriften der Verbrauchsteuergesetze oder der dazu erlassenen Rechtsverordnungen

1. über die zur Vorbereitung, Sicherung oder Nachprüfung der Besteuerung auferlegten Pflichten,
2. über Verpackung und Kennzeichnung verbrauchsteuerpflichtiger Erzeugnisse oder Waren, die solche Erzeugnisse enthalten, oder über Verkehrs- oder Verwendungsbeschränkungen für solche Erzeugnisse oder Waren oder
3. über den Verbrauch unversteuerter Waren in den Freihäfen

zuwiderhandelt, soweit die Verbrauchsteuergesetze oder die dazu erlassenen Rechtsverordnungen für einen bestimmten Tatbestand auf diese Bußgeldvorschrift verweisen.

(2) Die Ordnungswidrigkeit kann mit einer Geldbuße bis zu fünftausend Euro geahndet werden, wenn die Handlung nicht nach § 378 geahndet werden kann.

§ 382 Gefährdung der Einfuhr- und Ausfuhrabgaben. (1) Ordnungswidrig handelt, wer als Pflichtiger oder bei der Wahrnehmung der Angelegenheiten eines Pflichtigen vorsätzlich oder fahrlässig Zollvorschriften, den dazu erlassenen Rechtsverordnungen oder den Verordnungen des Rates der Europäischen Union oder der Europäischen Kommission zuwiderhandelt, die

1. für die zollamtliche Erfassung des Warenverkehrs über die Grenze des Zollgebiets der Europäischen Union sowie über die Freizonengrenzen,
2. für die Überführung von Waren in ein Zollverfahren und dessen Durchführung oder für die Erlangung einer sonstigen zollrechtlichen Bestimmung von Waren,
3. für die Freizonen, den grenznahen Raum sowie die darüber hinaus der Grenzaufsicht unterworfenen Gebiete

gelten, soweit die Zollvorschriften, die dazu oder die auf Grund von Absatz 4 erlassenen Rechtsverordnungen für einen bestimmten Tatbestand auf diese Bußgeldvorschrift verweisen.

(2) Absatz 1 ist auch anzuwenden, soweit die Zollvorschriften und die dazu erlassenen Rechtsverordnungen für Verbrauchsteuern sinngemäß gelten.

(3) Die Ordnungswidrigkeit kann mit einer Geldbuße bis zu fünftausend Euro geahndet werden, wenn die Handlung nicht nach § 378 geahndet werden kann.

(4) Das Bundesministerium der Finanzen kann durch Rechtsverordnungen die Tatbestände der Verordnungen des Rates der Europäischen Union oder der Europäischen Kommission, die nach den Absätzen 1 bis 3 als Ordnungswidrigkeiten mit Geldbuße geahndet werden können, bezeichnen, soweit dies zur Durchführung dieser Rechtsvorschriften erforderlich ist und die Tatbestände Pflichten zur Gestellung, Vorführung, Lagerung oder Behandlung von Waren, zur Abgabe von Erklärungen oder Anzeigen, zur Aufnahme von Niederschriften sowie zur Ausfüllung oder Vorlage von Zolldokumenten oder zur Aufnahme von Vermerken in solchen Dokumenten betreffen.

§ 383 Unzulässiger Erwerb von Steuererstattungs- und Vergütungsansprüchen. (1) Ordnungswidrig handelt, wer entgegen § 46 Abs. 4 Satz 1 Erstattungs- oder Vergütungsansprüche erwirbt.

(2) Die Ordnungswidrigkeit kann mit einer Geldbuße bis zu fünfzigtausend Euro geahndet werden.

§ 383a *(aufgehoben)*

§ 383b Pflichtverletzung bei Übermittlung von Vollmachtsdaten.
(1) Ordnungswidrig handelt, wer den Finanzbehörden vorsätzlich oder leichtfertig
1. entgegen § 80a Absatz 1 Satz 3 unzutreffende Vollmachtsdaten übermittelt oder
2. entgegen § 80a Absatz 1 Satz 4 den Widerruf oder die Veränderung einer nach § 80a Absatz 1 übermittelten Vollmacht durch den Vollmachtgeber nicht unverzüglich mitteilt.

(2) Die Ordnungswidrigkeit kann mit einer Geldbuße bis zu zehntausend Euro geahndet werden.

§ 384 Verfolgungsverjährung. Die Verfolgung von Steuerordnungswidrigkeiten nach den §§ 378 bis 380 verjährt in fünf Jahren.

§ 384a Verstöße nach Artikel 83 Absatz 4 bis 6 der Verordnung (EU) 2016/679. (1) Vorschriften dieses Gesetzes und der Steuergesetze über Steuerordnungswidrigkeiten finden keine Anwendung, soweit für eine Zuwiderhandlung zugleich Artikel 83 der Verordnung (EU) 2016/679 unmittelbar oder nach § 2a Absatz 5 entsprechend gilt.

(2) Für Verstöße nach Artikel 83 Absatz 4 bis 6 der Verordnung (EU) 2016/679 im Anwendungsbereich dieses Gesetzes gilt § 41 des Bundesdatenschutzgesetzes entsprechend.

(3) Eine Meldung nach Artikel 33 der Verordnung (EU) 2016/679 und eine Benachrichtigung nach Artikel 34 Absatz 1 der Verordnung (EU) 2016/679 dürfen in einem Straf- oder Bußgeldverfahren gegen die meldepflichtige Person oder einen ihrer in § 52 Absatz 1 der Strafprozessordnung[1)] bezeichneten Angehörigen nur mit Zustimmung der meldepflichtigen Person verwertet werden.

(4) Gegen Finanzbehörden und andere öffentliche Stellen werden im Anwendungsbereich dieses Gesetzes keine Geldbußen nach Artikel 83 Absatz 4 bis 6 der Verordnung (EU) 2016/679 verhängt.

Dritter Abschnitt. Strafverfahren

1. Unterabschnitt. Allgemeine Vorschriften

§ 385 *(hier nicht wiedergegeben)*

§ 386 Zuständigkeit der Finanzbehörde bei Steuerstraftaten. (1) [1] Bei dem Verdacht einer Steuerstraftat ermittelt die Finanzbehörde den Sachverhalt. [2] Finanzbehörde im Sinne dieses Abschnitts sind das Hauptzollamt, das Finanzamt, das Bundeszentralamt für Steuern und die Familienkasse.

(2) Die Finanzbehörde führt das Ermittlungsverfahren in den Grenzen des § 399 Abs. 1 und der §§ 400, 401 selbständig durch, wenn die Tat
1. ausschließlich eine Steuerstraftat darstellt oder

---

1) Nr. 3.

2. zugleich andere Strafgesetze verletzt und deren Verletzung Kirchensteuern oder andere öffentlich-rechtliche Abgaben betrifft, die an Besteuerungsgrundlagen, Steuermessbeträge oder Steuerbeträge anknüpfen.

(3) Absatz 2 gilt nicht, sobald gegen einen Beschuldigten wegen der Tat ein Haftbefehl oder ein Unterbringungsbefehl erlassen ist.

(4) [1] Die Finanzbehörde kann die Strafsache jederzeit an die Staatsanwaltschaft abgeben. [2] Die Staatsanwaltschaft kann die Strafsache jederzeit an sich ziehen. [3] In beiden Fällen kann die Staatsanwaltschaft im Einvernehmen mit der Finanzbehörde die Strafsache wieder an die Finanzbehörde abgeben.

§ 387 Sachlich zuständige Finanzbehörde. (1) Sachlich zuständig ist die Finanzbehörde, welche die betroffene Steuer verwaltet.

(2) [1] Die Zuständigkeit nach Absatz 1 kann durch Rechtsverordnung einer Finanzbehörde für den Bereich mehrerer Finanzbehörden übertragen werden, soweit dies mit Rücksicht auf die Wirtschafts- oder Verkehrsverhältnisse, den Aufbau der Verwaltungsbehörden oder andere örtliche Bedürfnisse zweckmäßig erscheint. [2] Die Rechtsverordnung erlässt, soweit die Finanzbehörde eine Landesbehörde ist, die Landesregierung, im Übrigen das Bundesministerium der Finanzen. [3] Die Rechtsverordnung des Bundesministeriums der Finanzen bedarf nicht der Zustimmung des Bundesrates. [4] Das Bundesministerium der Finanzen kann die Ermächtigung nach Satz 1 durch Rechtsverordnung, die nicht der Zustimmung des Bundesrates bedarf, auf eine Bundesoberbehörde übertragen. [5] Die Landesregierung kann die Ermächtigung auf die für die Finanzverwaltung zuständige oberste Landesbehörde übertragen.

§ 388 Örtlich zuständige Finanzbehörde. (1) Örtlich zuständig ist die Finanzbehörde,

1. in deren Bezirk die Steuerstraftat begangen oder entdeckt worden ist,
2. die zur Zeit der Einleitung des Strafverfahrens für die Abgabenangelegenheiten zuständig ist oder
3. in deren Bezirk der Beschuldigte zur Zeit der Einleitung des Strafverfahrens seinen Wohnsitz hat.

(2) [1] Ändert sich der Wohnsitz des Beschuldigten nach Einleitung des Strafverfahrens, so ist auch die Finanzbehörde örtlich zuständig, in deren Bezirk der neue Wohnsitz liegt. [2] Entsprechendes gilt, wenn sich die Zuständigkeit der Finanzbehörde für die Abgabenangelegenheit ändert.

(3) Hat der Beschuldigte im räumlichen Geltungsbereich dieses Gesetzes keinen Wohnsitz, so wird die Zuständigkeit auch durch den gewöhnlichen Aufenthaltsort bestimmt.

§ 389 Zusammenhängende Strafsachen. [1] Für zusammenhängende Strafsachen, die einzeln nach § 388 zur Zuständigkeit verschiedener Finanzbehörden gehören würden, ist jede dieser Finanzbehörden zuständig. [2] § 3 der Strafprozessordnung gilt entsprechend.

§ 390 Mehrfache Zuständigkeit. (1) Sind nach den §§ 387 bis 389 mehrere Finanzbehörden zuständig, so gebührt der Vorzug der Finanzbehörde, die wegen der Tat zuerst ein Strafverfahren eingeleitet hat.

(2) [1] Auf Ersuchen dieser Finanzbehörde hat eine andere zuständige Finanzbehörde die Strafsache zu übernehmen, wenn dies für die Ermittlungen sachdienlich erscheint. [2] In Zweifelsfällen entscheidet die Behörde, der die ersuchte Finanzbehörde untersteht.

§ 391 Zuständiges Gericht. (1) [1] Ist das Amtsgericht sachlich zuständig, so ist örtlich zuständig das Amtsgericht, in dessen Bezirk das Landgericht seinen Sitz hat. [2] Im vorbereitenden Verfahren gilt dies, unbeschadet einer weitergehenden Regelung nach § 58 Abs. 1 des Gerichtsverfassungsgesetzes, nur für die Zustimmung des Gerichts nach § 153 Abs. 1 und § 153a Abs. 1 der Strafprozessordnung.

(2) [1] Die Landesregierung kann durch Rechtsverordnung die Zuständigkeit abweichend von Absatz 1 Satz 1 regeln, soweit dies mit Rücksicht auf die Wirtschafts- oder Verkehrsverhältnisse, den Aufbau der Verwaltungsbehörden oder andere örtliche Bedürfnisse zweckmäßig erscheint. [2] Die Landesregierung kann diese Ermächtigung auf die Landesjustizverwaltung übertragen.

(3) Strafsachen wegen Steuerstraftaten sollen beim Amtsgericht einer bestimmten Abteilung zugewiesen werden.

(4) Die Absätze 1 bis 3 gelten auch, wenn das Verfahren nicht nur Steuerstraftaten zum Gegenstand hat; sie gelten jedoch nicht, wenn dieselbe Handlung eine Straftat nach dem Betäubungsmittelgesetz darstellt, und nicht für Steuerstraftaten, welche die Kraftfahrzeugsteuer betreffen.

§ 392 Verteidigung. (1) Abweichend von § 138 Abs. 1 der Strafprozessordnung[1)] können auch Steuerberater, Steuerbevollmächtigte, Wirtschaftsprüfer und vereidigte Buchprüfer zu Verteidigern gewählt werden, soweit die Finanzbehörde das Strafverfahren selbständig durchführt; im Übrigen können sie die Verteidigung nur in Gemeinschaft mit einem Rechtsanwalt oder einem Rechtslehrer an einer deutschen Hochschule im Sinne des Hochschulrahmengesetzes mit Befähigung zum Richteramt führen.

(2) § 138 Abs. 2 der Strafprozessordnung[1)] bleibt unberührt.

§ 393 Verhältnis des Strafverfahrens zum Besteuerungsverfahren.

(1) [1] Die Rechte und Pflichten der Steuerpflichtigen und der Finanzbehörde im Besteuerungsverfahren und im Strafverfahren richten sich nach den für das jeweilige Verfahren geltenden Vorschriften. [2] Im Besteuerungsverfahren sind jedoch Zwangsmittel (§ 328) gegen den Steuerpflichtigen unzulässig, wenn er dadurch gezwungen würde, sich selbst wegen einer von ihm begangenen Steuerstraftat oder Steuerordnungswidrigkeit zu belasten. [3] Dies gilt stets, soweit gegen ihn wegen einer solchen Tat das Strafverfahren eingeleitet worden ist. [4] Der Steuerpflichtige ist hierüber zu belehren, soweit dazu Anlass besteht.

(2) [1] Soweit der Staatsanwaltschaft oder dem Gericht in einem Strafverfahren aus den Steuerakten Tatsachen oder Beweismittel bekannt werden, die der Steuerpflichtige der Finanzbehörde vor Einleitung des Strafverfahrens oder in Unkenntnis der Einleitung des Strafverfahrens in Erfüllung steuerrechtlicher Pflichten offenbart hat, dürfen diese Kenntnisse gegen ihn nicht für die Verfolgung einer Tat verwendet werden, die keine Steuerstraftat ist. [2] Dies gilt nicht

---

[1)] Nr. **3**.

für Straftaten, an deren Verfolgung ein zwingendes öffentliches Interesse (§ 30 Abs. 4 Nr. 5) besteht.

(3) [1] Erkenntnisse, die die Finanzbehörde oder die Staatsanwaltschaft rechtmäßig im Rahmen strafrechtlicher Ermittlungen gewonnen hat, dürfen im Besteuerungsverfahren verwendet werden. [2] Dies gilt auch für Erkenntnisse, die dem Brief-, Post- und Fernmeldegeheimnis unterliegen, soweit die Finanzbehörde diese rechtmäßig im Rahmen eigener strafrechtlicher Ermittlungen gewonnen hat oder soweit nach den Vorschriften der Strafprozessordnung[1)] Auskunft an die Finanzbehörden erteilt werden darf.

§§ 394, 395 *(hier nicht wiedergegeben)*

§ 396 Aussetzung des Verfahrens. (1) Hängt die Beurteilung der Tat als Steuerhinterziehung davon ab, ob ein Steueranspruch besteht, ob Steuern verkürzt oder ob nicht gerechtfertigte Steuervorteile erlangt sind, so kann das Strafverfahren ausgesetzt werden, bis das Besteuerungsverfahren rechtskräftig abgeschlossen ist.

(2) Über die Aussetzung entscheidet im Ermittlungsverfahren die Staatsanwaltschaft, im Verfahren nach Erhebung der öffentlichen Klage das Gericht, das mit der Sache befasst ist.

(3) Während der Aussetzung des Verfahrens ruht die Verjährung.

2. Unterabschnitt. Ermittlungsverfahren

I. Allgemeines

§ 397 Einleitung des Strafverfahrens. (1) Das Strafverfahren ist eingeleitet, sobald die Finanzbehörde, die Polizei, die Staatsanwaltschaft, eine ihrer Ermittlungspersonen oder der Strafrichter eine Maßnahme trifft, die erkennbar darauf abzielt, gegen jemanden wegen einer Steuerstraftat strafrechtlich vorzugehen.

(2) Die Maßnahme ist unter Angabe des Zeitpunkts unverzüglich in den Akten zu vermerken.

(3) Die Einleitung des Strafverfahrens ist dem Beschuldigten spätestens mitzuteilen, wenn er dazu aufgefordert wird, Tatsachen darzulegen oder Unterlagen vorzulegen, die im Zusammenhang mit der Straftat stehen, deren er verdächtig ist.

§§ 398, 398a *(hier nicht wiedergegeben)*

II. Verfahren der Finanzbehörde bei Steuerstraftaten

§ 399 Rechte und Pflichten der Finanzbehörde. (1) Führt die Finanzbehörde das Ermittlungsverfahren auf Grund des § 386 Abs. 2 selbständig durch, so nimmt sie die Rechte und Pflichten wahr, die der Staatsanwaltschaft im Ermittlungsverfahren zustehen.

(2) [1] Ist einer Finanzbehörde nach § 387 Abs. 2 die Zuständigkeit für den Bereich mehrerer Finanzbehörden übertragen, so bleiben das Recht und die Pflicht dieser Finanzbehörden unberührt, bei dem Verdacht einer Steuerstraftat den Sachverhalt zu erforschen und alle unaufschiebbaren Anordnungen zu treffen, um die Verdunkelung der Sache zu verhüten. [2] Sie können Beschlag-

---

[1)] Auszugsweise abgedruckt unter Nr. **3**.

nahmen, Notveräußerungen, Durchsuchungen, Untersuchungen und sonstige Maßnahmen nach den für Ermittlungspersonen der Staatsanwaltschaft geltenden Vorschriften der Strafprozessordnung[1]) anordnen.

§ 400 Antrag auf Erlass eines Strafbefehls. Bieten die Ermittlungen genügenden Anlass zur Erhebung der öffentlichen Klage, so beantragt die Finanzbehörde beim Richter den Erlass eines Strafbefehls, wenn die Strafsache zur Behandlung im Strafbefehlsverfahren geeignet erscheint; ist dies nicht der Fall, so legt die Finanzbehörde die Akten der Staatsanwaltschaft vor.

§ 401 *(hier nicht wiedergegeben)*

III. Stellung der Finanzbehörde im Verfahren der Staatsanwaltschaft

§ 402 Allgemeine Rechte und Pflichten der Finanzbehörde. (1) Führt die Staatsanwaltschaft das Ermittlungsverfahren durch, so hat die sonst zuständige Finanzbehörde dieselben Rechte und Pflichten wie die Behörden des Polizeidienstes nach der Strafprozessordnung[1]) sowie die Befugnisse nach § 399 Abs. 2 Satz 2.

(2) Ist einer Finanzbehörde nach § 387 Abs. 2 die Zuständigkeit für den Bereich mehrerer Finanzbehörden übertragen, so gilt Absatz 1 für jede dieser Finanzbehörden.

§ 403 Beteiligung der Finanzbehörde. (1) [1] Führt die Staatsanwaltschaft oder die Polizei Ermittlungen durch, die Steuerstraftaten betreffen, so ist die sonst zuständige Finanzbehörde befugt, daran teilzunehmen. [2] Ort und Zeit der Ermittlungshandlungen sollen ihr rechtzeitig mitgeteilt werden. [3] Dem Vertreter der Finanzbehörde ist zu gestatten, Fragen an Beschuldigte, Zeugen und Sachverständige zu stellen.

(2) Absatz 1 gilt sinngemäß für solche richterlichen Verhandlungen, bei denen auch der Staatsanwaltschaft die Anwesenheit gestattet ist.

(3) Der sonst zuständigen Finanzbehörde sind die Anklageschrift und der Antrag auf Erlass eines Strafbefehls mitzuteilen.

(4) Erwägt die Staatsanwaltschaft, das Verfahren einzustellen, so hat sie die sonst zuständige Finanzbehörde zu hören.

IV. Steuer- und Zollfahndung

§ 404 Steuer- und Zollfahndung. [1] Die Behörden des Zollfahndungsdienstes und die mit der Steuerfahndung betrauten Dienststellen der Landesfinanzbehörden sowie ihre Beamten haben im Strafverfahren wegen Steuerstraftaten dieselben Rechte und Pflichten wie die Behörden und Beamten des Polizeidienstes nach den Vorschriften der Strafprozessordnung[1]). [2] Die in Satz 1 bezeichneten Stellen haben die Befugnisse nach § 399 Abs. 2 Satz 2 sowie die Befugnis zur Durchsicht der Papiere des von der Durchsuchung Betroffenen (§ 110 Abs. 1 der Strafprozessordnung[2])); ihre Beamten sind Ermittlungspersonen der Staatsanwaltschaft.

---

[1]) Auszugsweise abgedruckt unter Nr. **3**.
[2]) Nr. **3**.

V. Entschädigung der Zeugen und der Sachverständigen

§ 405 Entschädigung der Zeugen und der Sachverständigen. [1] Werden Zeugen und Sachverständige von der Finanzbehörde zu Beweiszwecken herangezogen, so erhalten sie eine Entschädigung oder Vergütung nach dem Justizvergütungs- und -entschädigungsgesetz. [2] Dies gilt auch in den Fällen des § 404.

3. Unterabschnitt. Gerichtliches Verfahren

§ 406 *(hier nicht wiedergegeben)*

§ 407 Beteiligung der Finanzbehörde in sonstigen Fällen. (1) [1] Das Gericht gibt der Finanzbehörde Gelegenheit, die Gesichtspunkte vorzubringen, die von ihrem Standpunkt für die Entscheidung von Bedeutung sind. [2] Dies gilt auch, wenn das Gericht erwägt, das Verfahren einzustellen. [3] Der Termin zur Hauptverhandlung und der Termin zur Vernehmung durch einen beauftragten oder ersuchten Richter (§§ 223, 233 der Strafprozessordnung[1)]) werden der Finanzbehörde mitgeteilt. [4] Ihr Vertreter erhält in der Hauptverhandlung auf Verlangen das Wort. [5] Ihm ist zu gestatten, Fragen an Angeklagte, Zeugen und Sachverständige zu richten.

(2) Das Urteil und andere das Verfahren abschließende Entscheidungen sind der Finanzbehörde mitzuteilen.

4. Unterabschnitt. Kosten des Verfahrens

§ 408 Kosten des Verfahrens. [1] Notwendige Auslagen eines Beteiligten im Sinne des § 464a Abs. 2 Nr. 2 der Strafprozessordnung[1)] sind im Strafverfahren wegen einer Steuerstraftat auch die gesetzlichen Gebühren und Auslagen eines Steuerberaters, Steuerbevollmächtigten, Wirtschaftsprüfers oder vereidigten Buchprüfers. [2] Sind Gebühren und Auslagen gesetzlich nicht geregelt, so können sie bis zur Höhe der gesetzlichen Gebühren und Auslagen eines Rechtsanwalts erstattet werden.

Vierter Abschnitt. Bußgeldverfahren

§ 409 Zuständige Verwaltungsbehörde. [1] Bei Steuerordnungswidrigkeiten ist zuständige Verwaltungsbehörde im Sinne des § 36 Abs. 1 Nr. 1 des Gesetzes über Ordnungswidrigkeiten[2)] die nach § 387 Abs. 1 sachlich zuständige Finanzbehörde. [2] § 387 Abs. 2 gilt entsprechend.

§ 410 Ergänzende Vorschriften für das Bußgeldverfahren. (1) Für das Bußgeldverfahren gelten außer den verfahrensrechtlichen Vorschriften des Gesetzes über Ordnungswidrigkeiten[2)] entsprechend:

1. die §§ 388 bis 390 über die Zuständigkeit der Finanzbehörde,
2. § 391 über die Zuständigkeit des Gerichts,
3. § 392 über die Verteidigung,
4. § 393 über das Verhältnis des Strafverfahrens zum Besteuerungsverfahren,
5. § 396 über die Aussetzung des Verfahrens,

[1)] Nr. **3**.
[2)] Nr. **1**.

6. § 397 über die Einleitung des Strafverfahrens,
7. § 399 Abs. 2 über die Rechte und Pflichten der Finanzbehörde,
8. die §§ 402, 403 Abs. 1, 3 und 4 über die Stellung der Finanzbehörde im Verfahren der Staatsanwaltschaft,
9. § 404 Satz 1 und Satz 2 erster Halbsatz über die Steuer- und Zollfahndung,
10. § 405 über die Entschädigung der Zeugen und der Sachverständigen,
11. § 407 über die Beteiligung der Finanzbehörde und
12. § 408 über die Kosten des Verfahrens.

(2) Verfolgt die Finanzbehörde eine Steuerstraftat, die mit einer Steuerordnungswidrigkeit zusammenhängt (§ 42 Abs. 1 Satz 2 des Gesetzes über Ordnungswidrigkeiten), so kann sie in den Fällen des § 400 beantragen, den Strafbefehl auf die Steuerordnungswidrigkeit zu erstrecken.

§ 411 Bußgeldverfahren gegen Rechtsanwälte, Steuerberater, Steuerbevollmächtigte, Wirtschaftsprüfer oder vereidigte Buchprüfer. Bevor gegen einen Rechtsanwalt, Steuerberater, Steuerbevollmächtigten, Wirtschaftsprüfer oder vereidigten Buchprüfer wegen einer Steuerordnungswidrigkeit, die er in Ausübung seines Berufs bei der Beratung in Steuersachen begangen hat, ein Bußgeldbescheid erlassen wird, gibt die Finanzbehörde der zuständigen Berufskammer Gelegenheit, die Gesichtspunkte vorzubringen, die von ihrem Standpunkt für die Entscheidung von Bedeutung sind.

§ 412 Zustellung, Vollstreckung, Kosten. (1) [1] Für das Zustellungsverfahren gelten abweichend von § 51 Abs. 1 Satz 1 des Gesetzes über Ordnungswidrigkeiten[1)] die Vorschriften des Verwaltungszustellungsgesetzes[2)] auch dann, wenn eine Landesfinanzbehörde den Bescheid erlassen hat. [2] § 51 Abs. 1 Satz 2 und Absatz 2 bis 5 des Gesetzes über Ordnungswidrigkeiten bleibt unberührt.

(2) [1] Für die Vollstreckung von Bescheiden der Finanzbehörden in Bußgeldverfahren gelten abweichend von § 90 Abs. 1 und 4, § 108 Abs. 2 des Gesetzes über Ordnungswidrigkeiten die Vorschriften des Sechsten Teils dieses Gesetzes. [2] Die übrigen Vorschriften des Neunten Abschnitts des Zweiten Teils des Gesetzes über Ordnungswidrigkeiten bleiben unberührt.

(3) Für die Kosten des Bußgeldverfahrens gilt § 107 Absatz 4 des Gesetzes über Ordnungswidrigkeiten auch dann, wenn eine Landesfinanzbehörde den Bußgeldbescheid erlassen hat; an Stelle des § 19 des Verwaltungskostengesetzes in der bis zum 14. August 2013 geltenden Fassung gelten § 227 und § 261 dieses Gesetzes.

Neunter Teil. Schlussvorschriften

§§ 413–415 *(hier nicht wiedergegeben)*

[1)] Nr. **1**.
[2)] Nr. **6**.

9. Gesetz zur weiteren Vereinfachung des Wirtschaftsstrafrechts (Wirtschaftsstrafgesetz 1954)[1)]

In der Fassung der Bekanntmachung vom 3. Juni 1975[2)]
(BGBl. I S. 1313)

FNA 453-11

zuletzt geänd. durch Art. 76 PersonengesellschaftsrechtsmodernisierungsG (MoPeG) v. 10.8.2021 (BGBl. I S. 3436)

Erster Abschnitt. Ahndung von Zuwiderhandlungen im Bereich des Wirtschaftsrechts

§ 1 Strafbare Verstöße gegen Sicherstellungsvorschriften. (1) Wer eine Zuwiderhandlung nach

1. § 18 des Wirtschaftssicherstellungsgesetzes,
2. § 26 des Verkehrssicherstellungsgesetzes,
3. § 22 des Ernährungssicherstellungsgesetzes,
4. § 28 des Wassersicherstellungsgesetzes

begeht, wird mit Freiheitsstrafe bis zu fünf Jahren oder mit Geldstrafe bestraft.

(2) Der Versuch ist strafbar.

(3) [1] In besonders schweren Fällen ist die Strafe Freiheitsstrafe nicht unter sechs Monaten. [2] Ein besonders schwerer Fall liegt in der Regel vor, wenn

1. durch die Handlung
   a) die Versorgung, sei es auch nur auf einem bestimmten Gebiet in einem örtlichen Bereich, schwer gefährdet wird oder
   b) das Leben oder die Freiheit eines anderen gefährdet wird oder eine Maßnahme nicht rechtzeitig getroffen werden kann, die erforderlich ist, um eine gegenwärtige Gefahr für das Leben oder die Freiheit eines anderen abzuwenden, oder
2. der Täter
   a) bei Begehung der Tat eine einflußreiche Stellung im Wirtschaftsleben oder in der Wirtschaftsverwaltung zur Erzielung von bedeutenden Vermögensvorteilen gröblich mißbraucht,
   b) eine außergewöhnliche Mangellage bei der Versorgung mit Sachen oder Leistungen des lebenswichtigen Bedarfs zur Erzielung von bedeutenden Vermögensvorteilen gewissenlos ausnutzt oder
   c) gewerbsmäßig zur Erzielung von hohen Gewinnen handelt.

(4) Handelt der Täter fahrlässig, so ist die Strafe Freiheitsstrafe bis zu zwei Jahren oder Geldstrafe.

[1)] Die Änderung durch G v. 10.8.2021 (BGBl. I S. 3436) tritt erst **mWv 1.1.2024** in Kraft und ist im Text noch nicht berücksichtigt.

[2)] Neubekanntmachung des WiStG (WirtschaftsstrafG 1954) v. 9.7.1954 (BGBl. I S. 175) in der ab 1.1.1975 geltenden Fassung.

§ 2 Ordnungswidrige Verstöße gegen Sicherstellungsvorschriften.

(1) Ordnungswidrig handelt, wer vorsätzlich oder fahrlässig eine der in § 1 Abs. 1 bezeichneten Handlungen begeht, wenn die Tat ihrem Umfang und ihrer Auswirkung nach, namentlich nach Art und Menge der Sachen oder Leistungen, auf die sie sich bezieht, nicht geeignet ist,

1. die Versorgung, sei es auch nur auf einem bestimmten Gebiet in einem örtlichen Bereich, merkbar zu stören und
2. die Verwirklichung der sonstigen Ziele, denen die in § 1 Abs. 1 bezeichneten Rechtsvorschriften im allgemeinen oder im Einzelfall zu dienen bestimmt sind, merkbar zu beeinträchtigen.

(2) Absatz 1 ist nicht anzuwenden, wenn der Täter die Tat beharrlich wiederholt.

(3) Die Ordnungswidrigkeit und der Versuch einer Ordnungswidrigkeit können mit einer Geldbuße bis zu fünfundzwanzigtausend Euro geahndet werden.

§ 3 Verstöße gegen die Preisregelung. (1) [1] Ordnungswidrig handelt, wer in anderen als den in den §§ 1, 2 bezeichneten Fällen vorsätzlich oder fahrlässig einer Rechtsvorschrift über

1. Preise, Preisspannen, Zuschläge oder Abschläge,
2. Preisangaben,
3. Zahlungs- oder Lieferungsbedingungen oder
4. andere der Preisbildung oder dem Preisschutz dienende Maßnahmen

oder einer auf Grund einer solchen Rechtsvorschrift ergangenen vollziehbaren Verfügung zuwiderhandelt, soweit die Rechtsvorschrift für einen bestimmten Tatbestand auf diese Vorschrift verweist. [2] Die Verweisung ist nicht erforderlich, soweit § 16 dies bestimmt.

(2) Die Ordnungswidrigkeit kann mit einer Geldbuße bis zu fünfundzwanzigtausend Euro geahndet werden.

§ 4 Preisüberhöhung in einem Beruf oder Gewerbe. (1) Ordnungswidrig handelt, wer vorsätzlich oder leichtfertig in befugter oder unbefugter Betätigung in einem Beruf oder Gewerbe für Gegenstände oder Leistungen des lebenswichtigen Bedarfs Entgelte fordert, verspricht, vereinbart, annimmt oder gewährt, die infolge einer Beschränkung des Wettbewerbs oder infolge der Ausnutzung einer wirtschaftlichen Machtstellung oder einer Mangellage unangemessen hoch sind.

(2) Die Ordnungswidrigkeit kann mit einer Geldbuße bis zu fünfundzwanzigtausend Euro geahndet werden.

§ 5 Mietpreisüberhöhung[1)]. (1) Ordnungswidrig handelt, wer vorsätzlich oder leichtfertig für die Vermietung von Räumen zum Wohnen oder damit

---

[1)] Siehe auch § 291 StGB idF der Bek. v. 13.11.1998 (BGBl. I S. 3322), zuletzt geänd. durch G v. 11.7.2022 (BGBl. I S. 1082):

„**§ 291 Wucher.** (1) [1] Wer die Zwangslage, die Unerfahrenheit, den Mangel an Urteilsvermögen oder die erhebliche Willensschwäche eines anderen dadurch ausbeutet, daß er sich oder einem Dritten
1. für die Vermietung von Räumen zum Wohnen oder damit verbundene Nebenleistungen,
2. für die Gewährung eines Kredits,

→

verbundene Nebenleistungen unangemessen hohe Entgelte fordert, sich versprechen lässt oder annimmt.

(2) [1]Unangemessen hoch sind Entgelte, die infolge der Ausnutzung eines geringen Angebots an vergleichbaren Räumen die üblichen Entgelte um mehr als 20 vom Hundert übersteigen, die in der Gemeinde oder in vergleichbaren Gemeinden für die Vermietung von Räumen vergleichbarer Art, Größe, Ausstattung, Beschaffenheit und Lage oder damit verbundene Nebenleistungen in den letzten sechs Jahren vereinbart oder, von Erhöhungen der Betriebskosten abgesehen, geändert worden sind. [2]Nicht unangemessen hoch sind Entgelte, die zur Deckung der laufenden Aufwendungen des Vermieters erforderlich sind, sofern sie unter Zugrundelegung der nach Satz 1 maßgeblichen Entgelte nicht in einem auffälligen Missverhältnis zu der Leistung des Vermieters stehen.

(3) Die Ordnungswidrigkeit kann mit einer Geldbuße bis zu fünfzigtausend Euro geahndet werden.

§ 6 Durchführung einer baulichen Veränderung in missbräuchlicher Weise. (1) Ordnungswidrig handelt, wer in der Absicht, einen Mieter von Wohnraum hierdurch zur Kündigung oder zur Mitwirkung an der Aufhebung des Mietverhältnisses zu veranlassen, eine bauliche Veränderung in einer Weise durchführt oder durchführen lässt, die geeignet ist, zu erheblichen, objektiv nicht notwendigen Belastungen des Mieters zu führen.

(2) Die Ordnungswidrigkeit kann mit einer Geldbuße bis zu hunderttausend Euro geahndet werden.

Zweiter Abschnitt. Ergänzende Vorschriften

§ 7 Einziehung. Ist eine Zuwiderhandlung im Sinne der §§ 1 bis 4 begangen worden, so können

1. Gegenstände, auf die sich die Tat bezieht, und
2. Gegenstände, die zu ihrer Begehung oder Vorbereitung gebraucht worden oder bestimmt gewesen sind,

eingezogen werden.

§ 8 Abführung des Mehrerlöses. (1) [1]Hat der Täter durch eine Zuwiderhandlung im Sinne der §§ 1 bis 6 einen höheren als den zulässigen Preis erzielt, so ist anzuordnen, daß er den Unterschiedsbetrag zwischen dem zulässigen und dem erzielten Preis (Mehrerlös) an das Land abführt, soweit er ihn nicht auf

(Fortsetzung der Anm. von voriger Seite)
3. für eine sonstige Leistung oder
4. für die Vermittlung einer der vorbezeichneten Leistungen

Vermögensvorteile versprechen oder gewähren läßt, die in einem auffälligen Mißverhältnis zu der Leistung oder deren Vermittlung stehen, wird mit Freiheitsstrafe bis zu drei Jahren oder mit Geldstrafe bestraft. [2]Wirken mehrere Personen als Leistende, Vermittler oder in anderer Weise mit und ergibt sich dadurch ein auffälliges Mißverhältnis zwischen sämtlichen Vermögensvorteilen und sämtlichen Gegenleistungen, so gilt Satz 1 für jeden, der die Zwangslage oder sonstige Schwäche des anderen für sich oder einen Dritten zur Erzielung eines übermäßigen Vermögensvorteils ausnutzt.

(2) [1]In besonders schweren Fällen ist die Strafe Freiheitsstrafe von sechs Monaten bis zu zehn Jahren. [2]Ein besonders schwerer Fall liegt in der Regel vor, wenn der Täter
1. durch die Tat den anderen in wirtschaftliche Not bringt,
2. die Tat gewerbsmäßig begeht,
3. sich durch Wechsel wucherische Vermögensvorteile versprechen läßt.“

Grund einer rechtlichen Verpflichtung zurückerstattet hat. [2]Die Abführung kann auch angeordnet werden, wenn eine rechtswidrige Tat nach den §§ 1 bis 6 vorliegt, der Täter jedoch nicht schuldhaft gehandelt hat oder die Tat aus anderen Gründen nicht geahndet werden kann.

(2) [1]Wäre die Abführung des Mehrerlöses eine unbillige Härte, so kann die Anordnung auf einen angemessenen Betrag beschränkt werden oder ganz unterbleiben. [2]Sie kann auch unterbleiben, wenn der Mehrerlös gering ist.

(3) [1]Die Höhe des Mehrerlöses kann geschätzt werden. [2]Der abzuführende Betrag ist zahlenmäßig zu bestimmen.

(4) [1]Die Abführung des Mehrerlöses tritt an die Stelle der Einziehung von Taterträgen (§§ 73 bis 73e und 75 des Strafgesetzbuches, § 29a des Gesetzes über Ordnungswidrigkeiten[1)]). [2]Bei Zuwiderhandlungen im Sinne des § 1 gelten die Vorschriften des Strafgesetzbuches über die Verjährung der Einziehung von Taterträgen entsprechend.

§ 9 Rückerstattung des Mehrerlöses. (1) Statt der Abführung kann auf Antrag des Geschädigten die Rückerstattung des Mehrerlöses an ihn angeordnet werden, wenn sein Rückforderungsanspruch gegen den Täter begründet erscheint.

(2) Legt der Täter oder der Geschädigte, nachdem die Abführung des Mehrerlöses angeordnet ist, eine rechtskräftige Entscheidung vor, in welcher der Rückforderungsanspruch gegen den Täter festgestellt ist, so ordnet die Vollstreckungsbehörde an, daß die Anordnung der Abführung des Mehrerlöses insoweit nicht mehr vollstreckt oder der Geschädigte aus dem bereits abgeführten Mehrerlös befriedigt wird.

(3) Die Vorschriften der Strafprozeßordnung[2)] über die Entschädigung des Verletzten (§§ 403 bis 406c) sind mit Ausnahme des § 405 Satz 1, § 406a Abs. 3 und § 406c Abs. 2 entsprechend anzuwenden.

§ 10 Selbständige Abführung des Mehrerlöses. (1) Kann ein Straf- oder Bußgeldverfahren nicht durchgeführt werden, so kann die Abführung oder Rückerstattung des Mehrerlöses selbständig angeordnet werden, wenn im übrigen die Voraussetzungen des § 8 oder § 9 vorliegen.

(2) Ist eine rechtswidrige Tat nach diesem Gesetz in einem Betrieb begangen worden, so kann die Abführung des Mehrerlöses gegen den Inhaber oder Leiter des Betriebes und, falls der Inhaber eine juristische Person oder eine Personengesellschaft des Handelsrechts ist, auch gegen diese selbständig angeordnet werden, wenn ihnen der Mehrerlös zugeflossen ist.

§ 11 Verfahren. (1) [1]Im Strafverfahren ist die Abführung des Mehrerlöses im Urteil auszusprechen. [2]Für das selbständige Verfahren gelten § 435 Absatz 1, 2 und 3 Satz 1 und § 436 Absatz 1 und 2 in Verbindung mit § 434 Absatz 2 oder 3 der Strafprozeßordnung[3)] entsprechend.

(2) [1]Im Bußgeldverfahren ist die Abführung des Mehrerlöses im Bußgeldbescheid auszusprechen. [2]Im selbständigen Verfahren steht der von der Verwaltungsbehörde zu erlassende Bescheid einem Bußgeldbescheid gleich.

[1)] Nr. **1**.
[2)] Auszugsweise abgedruckt unter Nr. **3**.
[3)] Nr. **3**.

§ 12 (weggefallen)

§ 13 Besondere Vorschriften für das Strafverfahren. (1) [1]Soweit für Straftaten nach § 1 das Amtsgericht sachlich zuständig ist, ist örtlich zuständig das Amtsgericht, in dessen Bezirk das Landgericht seinen Sitz hat. [2]Die Landesregierung kann durch Rechtsverordnung[1)] die örtliche Zuständigkeit des Amtsgerichts abweichend regeln, soweit dies mit Rücksicht auf die Wirtschafts- oder Verkehrsverhältnisse, den Aufbau der Verwaltungsbehörden oder andere örtliche Bedürfnisse zweckmäßig erscheint. [3]Die Landesregierung kann diese Ermächtigung auf die Landesjustizverwaltung übertragen.

(2) Im Strafverfahren wegen einer Zuwiderhandlung im Sinne des § 1 gelten die §§ 49, 63 Abs. 1 bis 3 Satz 1 und § 76 Abs. 1, 4 des Gesetzes über Ordnungswidrigkeiten[2)] über die Beteiligung der Verwaltungsbehörde im Verfahren der Staatsanwaltschaft und im gerichtlichen Verfahren entsprechend.

§ 14 (weggefallen)

Dritter Abschnitt. Übergangs- und Schlußvorschriften

§ 15 (weggefallen)

§ 16 Verweisungen. [1]Verweisen Vorschriften der in § 3 Abs. 1 Satz 1 bezeichneten Art auf die Straf- und Bußgeldvorschriften dieses Gesetzes in der vor dem 1. Januar 1975 geltenden Fassung, auf die Straf- und Bußgeldvorschriften des Wirtschaftsstrafgesetzes in der früher geltenden Fassung, auf dessen § 18 oder auf eine nach § 102 des genannten Gesetzes außer Kraft getretene Vorschrift, so gelten solche Verweisungen als ausdrückliche Verweisungen im Sinne des § 3 Abs. 1 Satz 1. [2]Das gleiche gilt, wenn in Vorschriften der in § 3 Abs. 1 Satz 1 bezeichneten Art auf die Straf- und Bußgeldvorschriften des Getreidegesetzes, des Milch- und Fettgesetzes sowie des Zuckergesetzes in der vor dem 1. Januar 1975 geltenden Fassung verwiesen wird. [3]Soweit eine Verweisung nach § 104 Abs. 3 des Wirtschaftsstrafgesetzes in der früher geltenden Fassung nicht erforderlich war, bestimmt sich die Ahndung der Zuwiderhandlungen nach § 3 Abs. 1 Satz 1, ohne daß es einer Verweisung bedarf.

§§ 17–19 (weggefallen)

§ 20 *(aufgehoben)*

§ 21 Begriffsbestimmung. Wirtschaftsstrafgesetz in der früher geltenden Fassung im Sinne der §§ 15 bis 18 ist das Wirtschaftsstrafgesetz vom 26. Juli 1949 (Gesetzblatt der Verwaltung des Vereinigten Wirtschaftsgebietes S. 193) mit seinen weiteren Fassungen, die durch die Erstreckungsverordnung vom 24. Januar 1950 (Bundesgesetzbl. S. 24), das Gesetz zur Erstreckung und zur Verlängerung der Geltungsdauer des Wirtschaftsstrafgesetzes vom 29. März 1950 (Bundesgesetzbl. S. 78), das Gesetz zur Verlängerung des Wirtschaftsstrafgesetzes vom 30. März 1951 (Bundesgesetzbl. I S. 223), das Gesetz zur Änderung und Verlängerung des Wirtschaftsstrafgesetzes vom 25. März 1952

[1)] **Hamburg:** VO v. 7.1.1969 (HmbGVBl. S. 1).
[2)] Nr. 1.

(Bundesgesetzbl. I S. 188) und das Gesetz zur Verlängerung des Wirtschaftsstrafgesetzes vom 17. Dezember 1952 (Bundesgesetzbl. I S. 805) bestimmt sind.

§§ 21a, 22 *(aufgehoben)*

§ 23[1] Inkrafttreten. Dieses Gesetz tritt am Tage nach seiner Verkündung[2] in Kraft.

[1] **Amtl. Anm.:** § 23 betrifft das Inkrafttreten des Gesetzes in der ursprünglichen Fassung. Der Zeitpunkt des Inkrafttretens der späteren Änderungen ergibt sich aus den Änderungsgesetzen.
[2] Verkündet am 9.7.1954.

Sachverzeichnis

Die mageren Ziffern bezeichnen Paragraphen bzw. Artikel; die fetten Ziffern davor beziehen sich auf die Nummern der Gesetze in dieser Ausgabe.

Strafe

StGB · Strafgesetzbuch
Textausgabe **TOPTITEL**
60. Aufl. 2022. 400 S. **NEU**
€ 10,90. dtv 5007

Mit EinführungsG, Völkerstrafgesetzbuch, WehrstrafG, WirtschaftsstrafG, BetäubungsmittelG, VersammlungsG, Auszügen aus dem JugendgerichtsG und OrdnungswidrigkeitenG sowie anderen Vorschriften des Nebenstrafrechts.

StPO · Strafprozessordnung
Textausgabe **TOPTITEL**
57. Aufl. 2022. 432 S. **NEU**
€ 10,90. dtv 5011

Mit EGStPO sowie Auszügen aus dem GerichtsverfassungsG, EGGVG, JugendgerichtsG, StraßenverkehrsG, Grundgesetz und der EMRK.

OWiG · Gesetz über Ordnungswidrigkeiten
Textausgabe **TOPTITEL**
27. Aufl. 2022. 300 S. **NEU**
€ 11,90. dtv 5022

Mit Auszügen aus der StrafprozessO und AbgabenO, dem EGStGB, JugendgerichtsG, StrEG, VerwaltungszustellungsG und StraßenverkehrsG.

Lenßen/Scheel
Der Knast-Guide
für Verurteilte, Angehörige und Interessierte.
2022. 150 S. **NEU**
€ 19,90. dtv 51275

Wie ist das Leben im Strafvollzug?

Welche Rechte und Pflichten haben Inhaftierte? Der Knast-Guide widmet sich ausführlich dem Knastalltag in Deutschland: von der Aufnahme, der Verpflegung und der Kommunikation nach »draußen« bis hin zu Arbeitsmöglichkeiten, der Resozialisierung und der Entlassung.

StVollzG · Strafvollzugsgesetze
Textausgabe **TOPTITEL**
23. Auflage. 2022. 947 S. **NEU**
€ 21,90. dtv 5523

Bund und Länder. Mit StVollstrO.

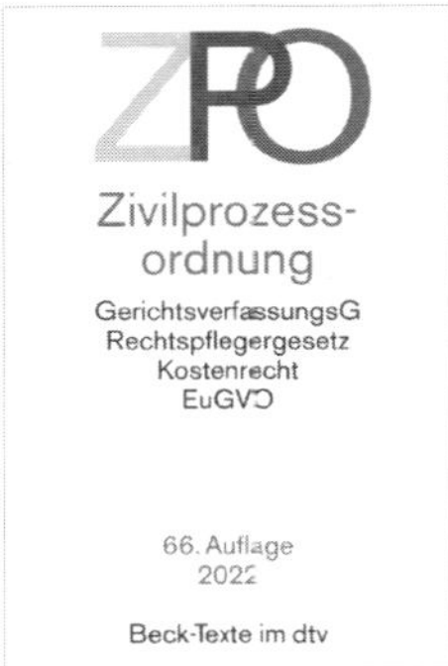

Prozesse und Verfahren

ZPO · Zivilprozessordnung

Textausgabe **TOPTITEL** **NEU**
66. Aufl. 2022. 396 S.
€ 12,90. dtv 5005

Mit Einführungsgesetz, Unterlassungsklagengesetz, Schuldnerverzeichnisführungsverordnung, Gerichtsverfassungsgesetz mit EinführungsG (Auszug), Gesetz über die Zwangsversteigerung und die Zwangsverwaltung (Auszug), Rechtspflegergesetz, Gerichtskostengesetz (Auszug), Rechtsanwaltsvergütungsgesetz (Auszug), Justizvergütungs- und -entschädigungsG

SGG · Sozialgerichtsgesetz, SGB X

Textausgabe
4. Aufl. 2018. 398 S.
€ 14,90. dtv 5778

Mit Sozialverwaltungsverfahren und Sozialdatenschutz (SGB X), GerichtsverfassungsG, Deutschem RichterG, ZPO, VerwaltungszustellungsG, VerwaltungsvollstreckungsG sowie weiteren Vorschriften.

FG · Freiwillige Gerichtsbarkeit

Textausgabe **TOPTITEL** **NEU**
23. Aufl. 2022. 609 S.
€ 17,90. dtv 5527

FamFG, Gerichts- und Notarkostengesetz (GNotKG), Gesetz über Gerichtskosten in Familiensachen (FamGKG), Beurkundungsgesetz (BeurkG), Bundesnotarordnung (Auszug), GBO, Grundbuchverfügung (GBV), Grundbuch-MaßnahmenG (GBMaßnG), Gesetz über das Erbbaurecht (ErbbauRG), Grundstücksverkehrsgesetz (GrdstVG), Rechtspflegergesetz (RPflG), Internationales Erbrechtsverfahrensgesetz (IntErbRVG) (Auszug).